ŒUVRES COMPLÈTES
DE
LAMARTINE

PUBLIÉES ET INÉDITES

HISTOIRE
DE LA RESTAURATION

II

TOME DIX-HUITIÈME

PARIS
CHEZ L'AUTEUR, RUE DE LA VILLE-L'ÉVÊQUE, 43

M DCCC LXI

ŒUVRES COMPLÈTES

DE

LAMARTINE

TOME DIX-HUITIÈME

HISTOIRE

DE LA

RESTAURATION

II

HISTOIRE

DE LA

RESTAURATION

LIVRE DOUZIÈME

Napoléon à la Malmaison. — Ses préparatifs pour la mort du duc d'Enghien. — Interrogatoire du duc d'Enghien. — Son jugement. — Sa condamnation. — Son exécution. — Arrivée de la princesse Charlotte à Paris. — Jugement de la conduite de Napoléon.

I

Mais on ne dormait pas au château de la Malmaison, où le premier consul, pour se recueillir dans ses pensées, dans ses loisirs et dans les premières délices du printemps, s'était retiré depuis huit jours. Ces jours et ces nuits étaient remplis d'agitation, de colères, de conseils, de dépêches aux généraux et aux ministres révoquées par d'autres dépêches ; de veillées, d'allées et de venues, de courriers et de confidents, de Paris à cette retraite et de cette retraite à Paris. Il était visible qu'on y couvait des résolutions tragiques, une précaution d'État, une terreur à l'Europe, un avertissement supérieur aux nombreux conspirateurs, une vengeance, peut-être un crime, bientôt un remords.

Ce fut dans cette demeure, où il semblait attendre un événement inconnu encore à tous, qu'il reçut par le télégraphe, le 15 mars au soir, la nouvelle de l'enlèvement accompli. Ses pensées, jusque-là toutes tendues par la colère, commencèrent à flotter. Il se sentit comme embarrassé de son succès et de sa proie. Il écrivit à l'instant à Réal : « Venez ce soir à dix heures ; une voiture vous attendra sur le pont de Neuilly pour vous faciliter la course. »

Le lendemain, 16, à la suite des premières entrevues avec ses conseillers, se croyant certain alors de fournir les preuves d'une criminalité indubitable à l'opinion, il roule l'idée de faire juger le prince en plein soleil par une haute cour nationale, avec toutes les garanties de la défense et de la publicité. Il s'arrête ensuite à l'idée d'un grand tribunal militaire, composé des principaux généraux siégeant au Sénat. Murat, beau-frère du premier consul et gouverneur de Paris, paraît avoir été chargé de quelques ouvertures préliminaires de ce plan. Murat, nature soldatesque, mais héroïque, gémissant, ainsi que sa jeune femme, d'une arrestation qui ne pouvait qu'ensanglanter et souiller le pouvoir naissant et jusque-là pur de son beau-frère, aurait penché du moins pour le mode d'exécution le plus magnanime. Nous disons *exécution* et non *jugement*; car tout jugement suppose dans les juges le droit de juger. Or, aucun Français n'avait le droit de juger un prince qui n'avait point commis un crime en France; qui résidait depuis l'âge de quatorze ans sur une terre étrangère, et dont l'enlèvement était une illégalité européenne, un crime contre le droit des gens et contre le droit naturel.

11

Murat fit appeler le colonel Préval, jeune militaire déjà renommé pour son talent d'exposition et de parole dans les conseils de guerre, et qui commandait le 2ᵉ régiment de cuirassiers en garnison à Saint-Germain, aux portes de Paris. Il lui annonça que le premier consul avait jeté les yeux sur lui pour être le rapporteur d'une affaire d'État dans laquelle un grand criminel était impliqué. Le colonel Préval ayant demandé le nom de ce grand coupable, et Murat ayant prononcé confidentiellement le nom du duc d'Enghien, Préval déclina, avec un noble instinct des convenances, les fonctions qui lui étaient imposées dans un tel procès. « J'ai fait mes premières armes avant la Révolution, dit-il, dans le régiment du jeune prince. Mon père et mes oncles servaient avant moi sous les ordres des Condé, le rôle d'accusateur de leur fils et de leur petit-fils flétrirait mon cœur et déshonorerait mon épée. » Murat comprenait et sentait comme le jeune officier : il ne pouvait blâmer dans un autre une répugnance qu'il aurait respectée dans lui-même. Il communiqua ce refus au premier consul. On ne parla plus de grand tribunal militaire d'État. La crainte de remuer trop profondément l'opinion royaliste, soulevée par la lenteur et la solennité de longs débats retentissants dans la Vendée, le pressentiment de l'intérêt passionné qui s'attacherait bientôt à un jeune prince ravi par la violence à son asile, et à qui on ne rendait par force sa patrie que pour lui en faire un tombeau, influèrent sans doute aussi sur le mode de jugement. Promptitude, secret, silence, bâillon mis sur la défense, voile jeté sur la victime, coup frappé sans retentissement et ne retentissant ensuite que quand il serait trop tard pour demander grâce. On trouvait toutes ces conditions du crime politique dans un jugement par une commission militaire sans formalité, sans publicité, sans lenteur, nocturne, rapide, instantané, jugeant et frappant du même mot, sous les voûtes et dans les fossés d'une prison d'État.

Bonaparte s'arrêta à ce mode, conforme à ces vengeances ou à ces précautions d'État du conseil des Dix et des cachots sans échos de Venise. Le génie tragique de l'Italien respirait tout entier dans ce tribunal, dans ces juges et dans cette exécution de nuit. Seulement, Venise ne jugeait ainsi que ses citoyens, et n'envoyait pas ravir ses victimes sans défiance à l'inviolabilité de l'asile étranger.

III

Le 17, le premier consul reçut à la Malmaison les détails circonstanciés de la double expédition d'Ordener et de

Caulaincourt. Il sut ainsi que la présence de Dumouriez à Ettenheim était une chimère : le rapport du colonel Charlot le disait textuellement. Ce colonel expliquait la confusion de noms entre Thomery et Dumouriez. Aucun soupçon fondé à cet égard ne pouvait plus subsister dans l'esprit du premier consul.

Le 18, arriva à M. de Talleyrand le rapport de Caulaincourt sur sa mission parallèle à Offenbourg et sur ses communications diplomatiques à la cour de Bade. Les papiers saisis chez le duc d'Enghien arrivèrent par le même courrier. M. de Talleyrand les porta à la Malmaison. Le prince ne devait pas tarder de suivre ces courriers, ces rapports et ces pièces toutes justificatives de son prétendu complot, qui le devançaient à Paris.

Dès le 15 au soir, Bonaparte avait fait ordonner à ses officiers à Strasbourg de faire partir immédiatement le duc d'Enghien pour Paris. L'ordre, arrivé par le télégraphe, avait été exécuté, comme on l'a vu, dans la nuit. Mais, depuis ce moment, le ciel brumeux sur les montagnes de l'Alsace empêchait le télégraphe d'annoncer à la Malmaison le départ accompli du prisonnier. On calculait seulement, par conjectures, qu'il arriverait dans la soirée ou dans la nuit du 20 mars.

Le premier consul, dans cette prévision, prépara tout dans la matinée de ce jour sinistre pour que le jugement et l'exécution attendissent la victime à heure fixe à Vincennes. La rapide succession de délibérations, de messages et d'actes consignés à cette date dans la matinée du 20 mars, prouvent que la pensée de Bonaparte était tendue avec une impatience et une ponctualité fébriles vers le plus rapide et le plus tragique dénoûment dans la nuit suivante.

On dirait qu'il craint d'avoir le remords d'une réflexion, et que, décidé à ne pas se repentir, il ne veut pas se laisser le temps de délibérer.

IV

Tout se presse à cette date et à ces heures.

Il écrit d'abord au ministre de la guerre de charger Murat, gouverneur de Paris, du choix des membres d'une commission militaire pour juger le duc d'Enghien.

Il fait rédiger par Réal un rapport sur les prétendues conspirations auxquelles le prince était odieusement mêlé par les révélations mensongères des explorateurs de police sur le Rhin et à Londres.

Il fait résumer ces accusations conjecturales dans un arrêté du gouvernement, qui affirme que ce prince fait partie des complots tramés par l'Angleterre contre la sûreté extérieure et intérieure de la république.

Il fait écrire deux fois dans la journée par Réal, directeur de la police secrète, à Murat d'abord, à Harel après, pour que ce prince soit conduit et reçu à Vincennes.

Il reçoit à midi M. de Talleyrand à la Malmaison et s'entretient avec ce ministre dans ses jardins.

Son frère Joseph Bonaparte, ému des bruits qui courent, arrive de Morfontaine à la Malmaison. L'épouse du premier consul, Joséphine, le reçoit la première, lui annonce l'arrestation du jeune prince, lui dit qu'elle craint les conseils de ce *maudit boiteux* (M. de Talleyrand), conjure son beau-frère de parler à son mari, de lui insinuer l'indulgence, de ne pas lui dire surtout qu'elle l'a prévenu, afin que son opinion ne lui paraisse pas influencée par l'attendrissement d'une femme.

Joseph, bien disposé par son propre cœur et par ses amis et ses hôtes de Morfontaine, madame de Staël, Mathieu de Montmorency, M. de Jaucourt, descend au jardin, interrompt l'entretien du consul et de M. de Talleyrand. Ce dernier s'éloigne. Bonaparte confie à Joseph sa résolution de faire juger le duc comme complice des conjurations contre lui. Joseph l'en détourne; il supplie son frère de se souvenir que le prince de Condé, gouverneur de la Bourgogne pendant leur enfance, l'a protégé et assisté de sa protection au collége d'Autun, et qu'il lui doit son admission dans les écoles d'artillerie : « Qui nous eût dit alors, ajouta en s'attendrissant Joseph, que nous aurions un jour à délibérer sur la vie ou la mort de son petit-fils et du seul héritier de son nom? » Bonaparte, inflexible, répond que le duc d'Enghien est un des chefs des complots de Georges contre sa propre vie, et qu'il n'y a pas d'inviolabilité pour des Bourbons venant conspirer si près des frontières. Il rompt l'entretien pour lire une dépêche télégraphique de Strasbourg qui lui annonce enfin par un horizon éclairé le départ du prince pour Paris. A quatre heures, une nouvelle dépêche de Paris lui apprend l'arrivée du prisonnier à l'hôtel des affaires étrangères.

Cependant Murat, sur ses ordres de la veille, avait nommé la commission militaire. Il n'avait pas trié les juges avec la partialité d'un homme qui commande une condamnation. Le hasard et les grades les avaient désignés. C'étaient Hullin, commandant les grenadiers à pied de la garde des consuls, président; Guitton, colonel du 1ᵉʳ régiment de cuirassiers; Bazancourt, du 4ᵉ; Ravier, du 18ᵉ; Barrois, du 96ᵉ; Rabbe, de la garde municipale, tous officiers de la garnison de Paris. Le major de la gendarmerie d'élite d'Autencourt était rapporteur. Le malheur de Murat était d'avoir à chercher des juges dans les rangs où l'on ne discute pas l'obéissance, où l'on se laisse ordonner de juger comme on se laisse ordonner de mourir, où l'on ne sait pas distinguer entre un arrêt et un jugement.

Aussitôt que ces juges d'un banni qui n'avait rompu volontairement aucun ban et que la force seule amenait à leur juridiction furent désignés par le gouverneur de Paris, le premier consul les fit prévenir de se rendre chez Murat pour y prendre connaissance de leur mission.

Il ordonna au ministre de la guerre de faire réunir à la barrière Saint-Antoine, plus rapprochée de Vincennes, une brigade d'infanterie casernée dans ce faubourg. Cette brigade, force imposante et disproportionnée à toute circonstance ordinaire, devait s'adjoindre encore une légion de gendarmerie d'élite dont le général Savary, aide de camp du consul, était colonel. Savary, acteur sûr et principal, œil et main du premier consul dans l'événement, devait pendant la courte durée du jugement commander en chef la brigade de troupes de ligne, la légion et la forteresse même. Harel disparaissait devant ce suprême exécuteur des desseins de son maître. Savary dans la soirée reçut ordre de se présenter chez le gouverneur de Paris et de lui donner connaissance préalable des mesures concertées à la Malmaison et au ministère de la guerre pour les dispositions militaires qui le concernaient dans le plan général de la nuit.

Maret, qui retournait de la Malmaison à Paris, reçut

des mains du premier consul copie des mêmes dispositions pour le chef de la police, Réal. Réal devait, dit-on, aller aussi de son côté interroger le prisonnier à son arrivée à Vincennes. On a construit sur cet ordre donné à Réal, et sur les circonstances accidentelles et improbables qui en auraient empêché l'effet, un système d'excuse ou d'atténuation du crime que nous exposerons plus loin. Toutes ces mesures prises, la nuit survint, et la Malmaison attendit.

V

Savary, parti de la Malmaison à cinq heures, avait reçu de Bonaparte dans son cabinet et de sa propre main la lettre scellée contenant les instructions qu'il envoyait par Savary à Murat. En arrivant chez Murat, Savary rencontra sous la porte cochère M. de Talleyrand, qui sortait de l'hôtel. Il monta chez le gouverneur de Paris. Soit que Murat fût réellement malade ce jour-là, soit qu'il répugnât ainsi que sa femme à l'acte odieux connu d'avance d'elle et de lui, soit qu'il ne voulût pas accepter la responsabilité future d'aucune intervention active et directe dans une cruauté capable de ternir un jour sa renommée, il rejeta sur la maladie vraie ou feinte son immobilité dans l'événement. Il parut hors d'état de se tenir debout et de veiller personnellement à l'exécution des ordres militaires. Il se borna à dire à Savary, qu'il n'aimait pas : « Vous devez connaître les ordres dont vous êtes porteur, exécutez-les en ce qui vous concerne. »

Savary sortit, se rendit à la caserne de la légion de gendarmerie d'élite dont il était colonel, la réunit, la dirigea sur Vincennes, et se porta de sa personne à la barrière Saint-Antoine pour y prendre, en vertu des ordres du consul, le commandement de la brigade d'infanterie qui lui avait été donné à la Malmaison. Il arriva à huit heures du soir à Vincennes avec ces forces, il rangea sa brigade d'infanterie de ligne sur l'esplanade qui fait face à la forêt, et il fit entrer sa légion de gendarmerie dans la cour, plaçant des postes de gendarmes à toutes les issues, avec ordre d'intercepter toute communication au dehors sous quelque prétexte que ce fût. Cette consigne annonce assez qu'on ne s'attendait pas à des contre-ordres de Paris ou de la Malmaison.

VI

Au même moment Hullin, président de la commission militaire, se rendit à l'appel du gouverneur de Paris, ainsi que le rapporteur et les juges désignés, chez Murat pour y recevoir leurs instructions. Murat leur ordonna de se rendre à Vincennes. Il leur remit l'ordre officiel qui les instituait en tribunal. Le dernier paragraphe de cet arrêté portait : « qu'ils se réuniront sur-le-champ à Vincennes pour y juger *sans désemparer* le prévenu sur les charges énoncées dans l'arrêté du gouvernement. » Ces officiers partirent successivement pour Vincennes. Leur réunion chez Murat, la rédaction des ordres, leur sortie de Paris, le trajet de la barrière Saint-Antoine au château, avaient pris des heures. La nuit s'avançait quand ils se trouvèrent rassemblés chez le commandant Harel. Harel disposa ce même salon où il avait donné l'hospitalité à son hôte en tribunal pour le juger. Le président Hullin distribua à ses collègues les pièces de l'accusation. Selon les formes, il donna l'ordre au commandant Harel d'aller chercher le prisonnier et de l'amener dans la pièce attenante au salon, pour être interrogé par le rapporteur de la commission militaire d'Autencourt. Les juges s'entretinrent autour du feu en attendant que ces formalités fussent accomplies. Savary et quelques autres habitants du château circulaient dans les escaliers, dans les pièces du logement du commandant, et jusque dans l'enceinte de ce salon bientôt changé en prétoire. Tout était morne, mais sans murmure. Quand on voit ainsi à la fois et à distance l'envers d'un meurtre, le juge qui frémit et la victime qui dort, ne retourne-t-on pas dans sa pensée les rôles? et n'aimerait-on pas mieux mille fois avoir été le condamné que l'exécuteur? Mais dans les temps mûrs pour la servitude on trouve des instruments pour tout.

VII

Pendant que ces préparatifs précipités de sa mort se passaient à la Malmaison, à Paris, et si près de sa tête à Vincennes, le duc d'Enghien, qui s'était couché dans la confiance, dormait du sommeil profond de la lassitude, de la jeunesse et de l'innocence, à côté de ses juges déjà assis pour le condamner. Savary avait posté dans son antichambre un lieutenant et deux gendarmes d'élite. Il leur fit donner l'ordre d'amener leur prisonnier dans la chambre du conseil réuni chez le commandant du château.

Il était onze heures du soir quand le lieutenant Noirot et les deux gendarmes Thersis et Lerva entrèrent dans la chambre du jeune homme endormi. C'étaient des hommes tendres de cœur sous le rude uniforme de leur métier. Ils ont avoué depuis combien il leur en coûta d'interrompre ainsi par l'appel de la mort le seul bonheur que puisse goûter un captif, et combien ils auraient voulu prolonger au moins de quelques minutes le repos ou les rêves de ce prince soldat comme eux. Mais le tribunal et Savary attendaient.

Ils éveillèrent sans précipitation et sans dureté de parole ou de geste le prince, qui lut de la pitié dans leurs yeux et dans leur accent. Il s'habilla des mêmes vêtements que la veille, il chaussa ses guêtres et posa sa casquette de voyage sur ses cheveux, incertain si on l'appelait pour une comparution ou pour un départ. Il permit à son chien, qui avait dormi à ses pieds, de le suivre. Il traversa sur les pas du lieutenant et des deux gendarmes les escaliers, les corridors, les cours, et fut introduit dans la chambre attenante au salon d'Harel, où il se trouva en face du rapporteur d'Autencourt. Il était alors minuit, ainsi que le porte la date de l'interrogatoire. Le chef d'escadron de gendarmes, Jaquin, l'accompagnait.

VIII

Aux questions posées par le rapporteur, il répondit qu'il se nommait Louis-Antoine-Henri de Bourbon, duc d'Enghien, né à Chantilly, ce Versailles des Condé;

Qu'il avait quitté la France à une époque dont il se souvenait à peine, emmené par le prince de Condé, son grand-père, et par son père, le duc de Bourbon ;

Qu'il avait erré avec sa famille en Europe, puis fait la guerre dans l'armée de son grand-père; que, cette armée ayant été licenciée, il avait habité pour son plaisir les montagnes du Tyrol, visité la Suisse en simple voyageur, et qu'enfin, ayant demandé au prince de Rohan la permission d'habiter ses terres du duché de Bade, il s'était fixé à Ettenheim ;

Qu'il n'avait jamais été en Angleterre, qu'il subsistait néanmoins du subside que cette puissance faisait aux princes réfugiés, et qu'il n'avait que cette pension pour vivre ;

Que des raisons intimes et son goût pour la chasse étaient les motifs principaux de sa préférence pour le séjour d'Ettenheim ;

Qu'il correspondait naturellement avec son grand-père et son père, les seuls liens qu'il eût sur la terre étrangère ;

Qu'il avait le grade de commandant de l'avant-garde de l'armée de Condé en 1796 ;

Qu'il n'avait jamais eu la moindre relation avec le général Pichegru; que ce général avait témoigné le désir de le voir; qu'il se félicitait et se faisait gloire de ne l'avoir pas vu, d'après les vils moyens qu'on accusait ce général d'avoir employés, si toutefois cette accusation était vraie ;

Qu'il ne connaissait pas davantage Dumouriez ;

Qu'il avait écrit quelquefois en France à d'anciens camarades, amis et compagnons d'armes qui lui étaient encore attachés, que ces correspondances n'étaient pas de la nature de celles qu'on pouvait incriminer.

Le prince, après ces réponses sobres, claires et franches comme son âme, devait signer l'interrogatoire avec les officiers et les gendarmes présents. Mais s'adressant au rapporteur d'Autencourt, il lui exprima le désir d'avoir une entrevue avec le premier consul. On a vu que, depuis le moment de son arrestation, il avait toujours roulé cette pensée dans son esprit. Il ne croyait pas qu'une ombre pût subsister entre le regard du héros et celui du soldat, qui se comprendraient en se rencontrant. D'Autencourt lui conseilla d'écrire de sa main ce vœu au bas de l'interrogatoire, puisque cette pièce allait passer sous les yeux du conseil de guerre. Le prince prit la plume et écrivit :

« Avant de signer le présent procès-verbal, je fais avec instance la demande d'avoir une audience particulière du premier consul. Mon nom, mon rang, ma façon de penser et l'horreur de ma situation me font espérer qu'il ne se refusera pas à ma demande. »

IX

Le rapporteur, laissant le duc seul avec ses gardiens, apporta cette pièce au conseil. Les juges la lurent, en reçurent les impressions qui semblaient leur avoir été commandées par la position artificieuse des questions rédigées dans l'arrêté du gouvernement, et s'entretinrent brièvement ensemble du vœu exprimé par l'accusé de voir le premier consul. Quelques-uns émirent l'avis de surseoir au jugement jusqu'à ce que ce vœu eût été transmis à la Malmaison. Une heure et un gendarme à cheval y suffisaient. La mort, si elle devait être prononcée après, aurait encore précédé l'aurore. L'homme qui passait pour avoir la pensée intime du gouvernement dit que ce sursis et cet appel à une communication directe avec Bonaparte ne lui semblaient pas devoir entrer dans les vues du premier consul. Le conseil rejeta le vœu du prince et déclara qu'il serait immédiatement jugé.

X

On ouvrit la porte. Il se trouva tout à coup en présence de ses juges. Pour satisfaire à la lettre de la loi qui voulait une fausse apparence de publicité, le tribunal, jugeant la nuit sous les consignes d'une légion de gendarmerie et sous les voûtes d'une prison d'État, laissa introduire dans la salle et dans les abords quelques officiers et quelques habitants du château. Ils furent émus de la jeunesse, de la dignité modeste et ferme, et surtout de l'attitude intrépide du prisonnier. C'est dans leur souvenir que la dernière heure du duc d'Enghien se grava pour l'honneur de sa race et pour la justice de la postérité.

Le président Hullin était un homme d'une stature et d'une physionomie soldatesques, né dans les montagnes de la Suisse, venu à Paris comme artisan avant la Révolution, entré dans la domesticité du marquis de Conflans, mêlé aux scènes révolutionnaires du 14 juillet, un des vainqueurs populaires de la Bastille, volontaire, ensuite signalé par son intrépidité dans nos camps. Officier dévoué à son grade, caractère passif, il était un organe bien choisi pour l'impassibilité d'un tel tribunal. Il n'ajoutait rien par sa propre rigueur à la rigueur d'une telle mission, il n'y retranchait rien par la responsabilité de l'indulgence. Il était affligé de juger, mais il jugeait sans se demander d'où venait celui qui était devant lui, et si un rapt sur la terre étrangère était une mise en accusation selon la conscience, selon l'humanité et selon la loi.

Il adressa une à une à l'accusé les mêmes questions qui avaient été posées et répondues dans l'interrogatoire. Le prince y répondit avec la même précision et la même sincérité. Il rejeta, avec une loyale indignation, loin de lui les suppositions de complots contre la vie du premier consul, et de la complicité avec les conjurés Georges, Pichegru ou autres. Il se souleva de toutes les hauteurs de son âme contre une nature de guerre qui ferait ressembler la victoire au crime. L'énergie et la franchise de son accent se faisaient sentir aux oreilles des spectateurs, autant que l'évidence se faisait conclure à leur esprit.

« Mais cependant, monsieur, lui dit Hullin, comment nous persuaderez-vous que vous ignoriez, aussi complétement que vous le dites, ce qui se passait en France, quand le monde entier en était instruit, et qu'avec votre rang et votre naissance, que vous prenez tant de soin de nous rappeler, vous ayez pu rester indifférent à des événements d'une si grave importance, et dont toutes les conséquences devaient être pour vous? A la manière dont vous nous répondez, vous semblez vous méprendre sur votre position ; prenez-y garde, ceci pourrait devenir sérieux, et les commissions militaires jugent sans appel. »

Ces paroles étaient-elles une impatience du juge, demandant dans un aveu un prétexte à l'apaisement de leur conscience? ou étaient-elles un avertissement à l'accusé pour qu'il tournât autrement sa défense et fît appel non à la justice, mais à la grâce? Hullin l'a prétendu depuis; rien ne le révèle alors. Le jugement la nuit, la précipitation des mesures, l'oubli des formalités, la publicité feinte, le nombre et l'attitude des troupes sous les armes, l'insinuation de Savary de ne pas insister sur une entrevue avec le premier consul, indiquaient assez un parti pris de prompte et irrévocable exécution. Le prince, en avouant des complots imaginaires, aurait trahi à la fois la vérité et son innocence sans qu'aucun aveu rachetât ses heures déjà comptées à la Malmaison.

XI

Il se recueillit un moment, les mains sur ses yeux, sans doute sur ce qu'on demandait de lui; puis il dit : « Je ne puis, monsieur, que vous répéter ce que je vous ai déjà dit. Apprenant que la guerre était déjà déclarée, j'ai fait demander à l'Angleterre du service dans ses armées. Le gouvernement anglais m'a fait répondre qu'il ne pouvait m'en donner, mais que je restasse sur les bords du Rhin, où incessamment j'aurais un rôle à jouer, et j'attendais; voilà, monsieur, tout ce que je puis vous dire. »

Hullin raconte que les juges s'efforcèrent indirectement et plusieurs fois de faire dévier l'accusé de cette franchise qui, selon eux, ne leur permettait pas d'absoudre, et de l'induire à des aveux ou des altérations de la vérité, ou à des excuses auxquelles il ne voulut pas recourir. « Je vois,

dit le prince sensible à ces indices de clémence, je vois avec reconnaissance les intentions honorables des membres de la commission, mais je ne puis me servir des moyens qu'ils semblent m'offrir. Je ne me dissimule pas mon danger, je ne veux l'écarter par aucun indigne subterfuge. Je désire seulement une entrevue avec le premier consul. »
Tout était dit.

Hullin fit retirer l'accusé. Savary, les officiers de la légion de gendarmerie et de la ligne, les spectateurs se retirèrent aussi pour laisser à la délibération des juges le silence et le secret. La délibération ne fut que le temps commandé par la décence de l'acte pour donner aux juges l'apparence d'avoir réfléchi. D'une voix unanime ils prononcèrent la criminalité, d'une voix unanime la peine, d'une voix unanime la mort !

« Qu'on se reporte, dit le président de ce tribunal, au temps où nous vivions ; nommés juges, il nous a fallu juger sous peine d'être jugés nous-mêmes !... »

Ils oublièrent qu'on n'est pas juge sans justiciable, et qu'il n'y avait point de justiciable devant eux, mais un banni traîné, la baïonnette sur la gorge, devant ses ennemis.

Ils oublièrent qu'ils devaient être jugés en effet par l'équité du monde, par leur conscience et par Dieu.

Le prince n'avait point eu de défenseur. Hullin rejeta ce désarmement de l'accusé du défenseur, que toutes les lois civilisées lui donnent, sur la négligence du rapporteur d'Autencourt. Aucun des juges ne rappela ce devoir au président. Le prince dédaigna d'en demander un, ou il ignora que la loi en demandait pour lui.

XII

Aussitôt que l'arrêt fut prononcé et avant même qu'il fût rédigé, Hullin fit donner connaissance de la condamnation à mort à Savary et au capitaine rapporteur, afin qu'ils prissent les mesures qui leur appartenaient pour l'exécution. On eût dit que le temps semblait aussi court au tribunal qu'à ceux qui attendaient le jugement, et qu'un génie invisible pressait les uns sur les autres les actes, les formalités, les heures, pour que le soleil ne vît plus rien de l'œuvre de la nuit. Hullin et ses collègues, restés dans la salle du conseil, rédigèrent au hasard le jugement qu'ils venaient de rendre. Bref, inexpérimenté et résumant tout un interrogatoire en deux questions et deux réponses, ce jugement se terminait par l'ordre d'exécuter de suite la condamnation.

XIII

Savary n'avait pas attendu que cet ordre fût écrit pour en préparer l'exécution. Il en avait déjà désigné la place. La cour et l'esplanade étant encombrées de troupes par la présence de la brigade d'infanterie et de la légion de gendarmes d'élite, on ne trouvait pas d'espace sûr où le feu d'un peloton ne courût risque de frapper un soldat ou un spectateur. On craignait sans doute aussi la trop grande publicité donnée au meurtre au milieu d'une armée, et la distance du lieu de l'exécution au lieu de la sépulture, et la pitié et l'horreur promenées dans les rangs avec ce cadavre d'un jeune homme mutilé. Le fossé du château prévenait tous ces dangers, toutes ces hontes. Il couvrirait le meurtre comme il recouvrirait la victime. Il fut choisi.

Harel reçut l'ordre de donner les clefs des escaliers et des grilles descendant des tours et ouvrant sur les fondations du château, d'indiquer les issues et les sites, de se procurer un fossoyeur qui creusât la terre pendant que l'homme respirait encore. On éveilla un pauvre ouvrier jardinier du château nommé Bontemps, on lui désigna son œuvre, on lui donna une lanterne pour se guider dans le dédale des fossés et pour y creuser la fosse. Bontemps, descendu avec sa pelle et sa pioche au fond du fossé et trouvant partout la terre sèche et dure, se souvint qu'on avait commencé à creuser la veille au pied du pavillon de la Reine, dans l'angle que formaient la tour et un petit mur à hauteur d'appui, une tranchée dans les gravois tombés des toits pour y déposer, disait-on, des décombres. Il se dirigea vers le pied de cette tour, il prit avec ses pas la mesure du corps étendu d'un homme, et il acheva d'ouvrir dans la terre remuée d'avance le lit du cadavre qu'on lui préparait. Le duc d'Enghien pouvait entendre de sa fenêtre, par-dessus le bourdonnement de la troupe, les coups réguliers et sourds de la pioche qui creusait sa dernière couche.

Savary en même temps faisait descendre et ranger lentement dans les fossés les détachements de troupes qui devaient assister à la mort militaire, et charger les armes au piquet de soldats désignés pour l'exécution.

XIV

Le prince était loin de soupçonner ni une telle rigueur ni une telle hâte de ses juges. Il ne doutait pas que son jugement même à mort, s'il était porté par la commission, ne fût une occasion de magnanimité pour le premier consul. Il avait amnistié l'émigration prise les armes à la main. Comment douter que celui qui avait pardonné à des bannis obscurs et coupables ne s'honorât par la justice ou par la clémence envers un prince illustre, chéri de l'Europe et innocent?

On l'avait ramené, après son interrogatoire et sa comparution, dans la chambre où il avait dormi. Il y était rentré sans témoigner aucune des transes que les accusés éprouvent dans l'attente et dans l'incertitude de leur arrêt. Serein de visage et libre d'esprit, il s'entretenait avec ses gendarmes et jouait avec son chien. Le lieutenant Noirot, qui veillait sur lui, avait servi autrefois dans un régiment de cavalerie commandé par un colonel ami du prince de Condé. Il avait vu le duc d'Enghien enfant accompagner quelquefois son père aux revues et aux exercices du régiment. Il rappelait au prince ce temps et ces circonstances de sa jeunesse. Le duc souriait à ces souvenirs et les réveillait lui-même par d'autres mémoires de son enfance qui se confondaient avec celles de Noirot. Il s'informait avec une curiosité pleine d'intérêt de la carrière parcourue depuis cette époque par cet officier, des campagnes qu'il avait faites, des combats auxquels il avait assisté, des avancements qu'il avait obtenus, du grade qu'il occupait et qu'il espérait, du goût qu'il avait pour le service. Il semblait trouver un vif plaisir à cet entretien sur le passé avec un brave officier qui lui parlait de l'accent et du cœur d'un homme qui voudrait pouvoir s'attendrir, sans la sévérité du devoir.

XV

Un bruit de pas qui s'avançaient lentement vers la chambre interrompit ce doux et dernier délassement de la captivité. C'était le commandant de Vincennes, Harel, accompagné du brigadier de la gendarmerie du village, Aufort. Aufort, ami d'Harel, était resté par tolérance dans une des pièces de l'appartement du commandant, après avoir commandé le souper du prince, et de là il avait entendu ou entrevu toutes les scènes de la nuit. Harel, ému et tremblant de la mission qu'il allait accomplir, avait permis à Aufort de le suivre et de l'assister dans son message auprès de son prisonnier.

Ils saluèrent respectueusement le prince. Aucun d'eux n'eut la force de lui dire la vérité. L'attitude abattue et la voix consternée d'Harel révélaient seules à l'œil et à l'âme du prince un funeste pressentiment de la rigueur de ses juges. Il croyait qu'on venait le chercher seulement pour entendre la lecture de son jugement. Harel l'invita de la part du tribunal à le suivre. Il le précéda une lanterne à la main dans les corridors, dans les passages et dans les cours qu'il fallait traverser pour se rendre à la tour appelée la Tour-du-Diable. L'intérieur de cette tour renfermait le seul escalier et la seule porte descendant et ouvrant sur la profondeur des fossés. Le prince parut hésiter deux ou trois fois en pénétrant dans cette tour suspecte, semblable à une victime qui flaire le sang, qui résiste et qui détourne la tête en passant le seuil d'un abattoir.

Savary, en attendant que le prisonnier fût descendu au lieu du supplice et que les détachements et le piquet fussent disposés sur le terrain, se chauffait debout au foyer d'Harel dans la salle du conseil. Hullin, après avoir expédié son procès-verbal de condamnation, était assis devant la table, tournant le dos à Savary. Espérant que l'arrêt serait adouci par la clémence et par la toute-puissance du premier consul, il commençait en son nom et au nom de tous ses collègues une lettre à Bonaparte pour lui faire part du désir que l'accusé avait témoigné d'obtenir une audience de lui, et pour le supplier de remettre une peine que la rigueur de leurs fonctions leur avait seule ordonné d'appliquer. « Que faites-vous là? lui dit l'homme de Bonaparte en s'approchant d'Hullin. — J'écris au premier consul, répondit le président, pour lui exprimer le vœu du condamné et le vœu du conseil... » Mais Savary retirant la plume des mains du président : « Votre affaire est finie, lui dit-il ; maintenant, cela me regarde. »

Hullin céda à l'ascendant du général qui commandait souverainement dans le château. Il se leva avec douleur de se voir enlever ce privilége d'une grâce à demander, privilége habituellement exercé par les tribunaux et par les commissions. Il crut que Savary le revendiquait pour lui-même. Il se plaignit à ses collègues d'un despotisme qui laissait le remords plus lourd sur leur conscience, et se disposa à rentrer avec eux dans Paris.

XVI

Harel et Aufort précédaient le duc en silence sur les marches de l'étroit escalier qui descend comme une poterne entre les murs épais de cette tour. Le prince, à l'horreur du lieu et à la profondeur des degrés s'enfonçant au-dessous du sol, commença à comprendre qu'on ne le conduisait pas devant ses juges, mais devant des meurtriers ou dans les ténèbres d'un cachot. Il frémit de tous ses membres, il retira convulsivement son pied en arrière, et s'adressant aux guides qui marchaient devant lui : « Où me conduisez-vous ? s'écria-t-il d'une voix étouffée. Si c'est pour m'ensevelir vivant dans un de ces cachots, j'aime encore mieux mourir sur l'heure !

» — Monsieur, lui répondit Harel en se retournant, suivez-moi, et rappelez tout votre courage. »

Le prince comprit à moitié et suivit.

XVII

On sortit de l'escalier par une porte basse qui ouvrait sur les fossés. Le cortége longea quelque temps dans l'obscurité le pied des hautes murailles de la forteresse, jusqu'aux soubassements du pavillon de la Reine. Quand on eut tourné l'angle de ce pavillon, qui dérobait une autre partie des fossés cachés par les murs, le prince se trouva, tout à coup, face à face avec les détachements de troupes postés pour le voir mourir. Le piquet de fusiliers commandés pour son supplice était séparé des autres soldats, et leurs fusils brillaient à quelques pas de lui. Quelques lanternes, portées à mains d'hommes, éclairaient le fossé, les murs et la tombe. Le prince s'arrêta au signe de ses guides; il vit d'un regard son sort et ne pâlit pas. Une pluie fine et glaciale tombait d'un ciel sombre. Un morne silence régnait dans le fossé; on entendait seulement à quelque distance les chuchotements et les pas d'un groupe d'officiers et de soldats qui se pressaient sur les parapets et sur le pont-levis de la forêt de Vincennes.

XVIII

L'adjudant Pelé, qui commandait le détachement, s'avança, les yeux baissés, vers le prince. Il tenait à la main le jugement de la commission militaire; il le lut d'une voix sourde, mais intelligible. Le prince l'écouta sans faiblesse et sans observation. Il semblait avoir recueilli en un moment tout son courage et tout l'héroïsme militaire de sa race, pour montrer à ses ennemis qu'il savait mourir. Deux seuls sentiments parurent l'occuper pendant le moment de silence recueilli qui suivit la lecture de sa condamnation à mort : l'un d'appeler la religion à son dernier soupir; l'autre de faire parvenir sa dernière pensée à celle qu'il allait laisser sur la terre.

Il demanda si on pouvait lui donner la consolation d'être assisté par un prêtre. Il n'y en avait point sur les lieux. On pouvait, en quelques minutes, faire appeler le curé de Vincennes ; mais on était pressé par la nuit qui s'avançait et qui devait tout couvrir. Les officiers les plus rapprochés du condamné lui faisaient signe qu'il fallait renoncer à cette consolation. Une voix, partie d'un groupe dans l'ombre, murmura avec ironie : « Veux-tu donc mourir en capucin ? » Le prince releva la tête et parut indigné.

Il se tourna alors vers le groupe d'officiers et de gendarmes qui l'avaient précédé, et demanda à haute voix s'il n'y avait personne parmi eux qui voulût lui rendre un dernier service. Le lieutenant Noirot sortit du groupe et s'approcha. Sa démarche disait son intention. Le prince lui dit quelques mots à voix basse. Noirot, se retournant alors du côté des troupes : « Gendarmes, dit-il, l'un de vous aurait-il des ciseaux sur lui ? » Les gendarmes cherchèrent dans leurs gibernes ; ils passèrent de mains en mains une paire de ciseaux au prince. Il ôta sa casquette, coupa une des mèches de ses cheveux, tira une lettre de son sein, ôta une bague de son doigt, plia les cheveux, la lettre et la bague dans une feuille de papier, et remit ce petit paquet, son seul héritage, au lieutenant Noirot, en le chargeant, au nom de sa situation et de sa mort, de le faire parvenir à la jeune princesse Charlotte de Rohan, à Ettenheim.

Ce message de l'amour ainsi confié, il se recueillit un moment les mains jointes pour faire sa dernière prière, et recommanda à voix basse son âme à Dieu. Puis il fit de lui-même cinq ou six pas pour venir se placer en face du peloton dont il voyait luire les armes chargées. La lueur d'une grosse lanterne à plusieurs chandelles placée sur le petit mur d'appui qui dominait la fosse ouverte, rejaillissait sur lui et éclairait le tir des soldats. Le peloton se retira de quelques toises pour mesurer la distance ; l'adjudant commanda le feu ; le jeune prince, frappé comme de la foudre, tomba sans un cri et sans un mouvement contre terre. Trois heures du matin sonnaient aux horloges du château.

Hullin et ses collègues attendaient, dans le vestibule du logement d'Harel, leurs voitures pour les ramener à Paris, et s'entretenaient avec amertume du refus de Savary de remettre leur lettre à son maître, quand une explosion inattendue, éclatant dans les fossés de la porte du bois, les fit tressaillir et leur apprit que des juges ne doivent compter que sur leur conscience et sur la justice. Ce bruit les poursuivit toute leur vie. Le duc d'Enghien n'était plus.

Son chien, qui l'avait suivi dans le fossé, hurlait et se précipitait sur son corps. On arracha avec peine le pauvre animal, qui fut remis à un des serviteurs du prince et ramené à la princesse Charlotte ; seul messager de cette tombe où dormait celui qu'elle ne cessa de pleurer !

XIX

On le coucha tout habillé dans la fosse creusée sous le mur. On enterra avec lui son or, sa montre, ses bagues, ses bijoux, la chaîne qu'il portait au cou. On ne retira de la poche de son manteau que les pages de son journal de voyage. Hullin l'adressa à Réal pour le premier consul.

Savary ramena avant le jour ses troupes à Paris. L'aide de camp de Murat, le général Brunet, témoin obligé et consterné de cette nuit, alla rendre compte au gouverneur de Paris. Murat versa des larmes, il eut comme un pressentiment du sort pareil qui l'attendait, aussi brave et moins innocent, sur la grève de la mer de Naples. Savary, faisant filer ses bataillons sur la route de Paris, rencontra Réal qui venait, disait-il, interroger le duc d'Enghien, et qui parut confondu d'une exécution si prompte. Ils coururent l'un et l'autre, sans traverser Paris, à la Malmaison, informer le premier consul de l'exécution.

On a fondé, depuis, sur cette hypothèse de Réal accourant trop tard à Vincennes par suite d'un sommeil fatal et d'une confusion d'ordres mal interprétés, un système d'excuse qui laisserait au hasard tout le crime d'une telle mort. Il est impossible de le discuter ni de le croire. Ce système peut innocenter Réal, il ne peut innocenter le premier consul. Comment aurait-on hâté tant de préparatifs et accumulé tant d'instruments du jugement et du supplice en une seule nuit, si on n'avait pas voulu la condamnation et l'exécution? La vie ou la mort du dernier des Condé, enlevé à main armée et tué dans un fossé, qui allait étonner et soulever l'Europe, était-elle un si petit événement dans la renommée et dans la politique de Bonaparte prêt à monter au trône, qu'il eût permis à un aide de camp comme Savary de tromper impunément sa justice ou sa clémence? Bonaparte était-il homme à permettre qu'on jouât à son insu avec un pareil sang? Et, si on l'eût fait, en aurait-il accepté l'odieuse responsabilité? En aurait-il toléré et récompensé les auteurs? Non, tout indique qu'il avait pressé par une main cachée l'exécution, et qu'il voulait laisser seulement planer une certaine incertitude sur un hasard qui aurait déconcerté sa clémence, afin d'avoir tout à la fois l'effet de la mort et la popularité du pardon.

Savary arriva le premier à la Malmaison. Le premier consul, dont les habitudes n'étaient pas matinales, avait eu l'insomnie de l'attente et peut-être du remords. Il était déjà dans son cabinet avec son secrétaire Menneval au lever du jour. Savary lui rendit compte de la nuit et de la rencontre tardive qu'il avait faite au retour de Réal. Réal entra et raconta à son tour le malentendu réel ou calculé qui l'avait empêché d'arriver à temps à Vincennes. Au lieu de l'explosion de reproches, d'indignation et de colère qu'une pareille exécution devait faire jaillir d'une pareille âme en apprenant qu'on avait taché sa vie et frustré sa vertu, le premier consul les écouta en silence, sans donner aucun signe d'émotion ou de douleur, et leur dit : « C'est bien. »

Sa faveur ne cessa pas depuis de les honorer et de les grandir.

XX

Le lendemain, au moment où le commandant Harel sortait du pont-levis du château pour aller régler le compte de l'hôtelier de Vincennes qui avait fourni le souper du duc d'Enghien, une voiture de poste à quatre chevaux, dans laquelle étaient une jeune femme et un homme âgé, s'arrêta devant l'auberge et s'informa si un prisonnier de distinction n'avait pas été enfermé la veille dans la forteresse. Sur la réponse que lui fit l'enfant qui avait servi le prince mais qui ignorait son nom, la jeune femme et le vieillard descendirent de voiture et regardèrent longtemps avec des yeux mouillés les donjons et les tours. Le bruit se répandit plus tard que c'était la princesse Charlotte accourant des bords du Rhin pour implorer la grâce de celui qu'elle aimait, ou pour s'enfermer avec lui dans sa prison. Elle n'arriva à Paris que pour apprendre sa mort et pour pleurer leur éternelle séparation.

XXI

Le premier consul avait dit : « C'est bien ! » La conscience, l'équité, l'humanité, protestèrent contre cette satisfaction du meurtre qui s'applaudit à lui-même. Il revendiqua ce crime pour lui seul dans son testament à Sainte-Hélène ! qu'il le garde donc tout à lui ! Il a moissonné des millions d'hommes par la main de la guerre, et la folle humanité, partiale contre elle-même pour ce qu'elle appelle gloire, lui a pardonné. Il en a tué un seul cruellement, lâchement, dans l'ombre, par la conscience de juges prévaricateurs et par les balles d'exécuteurs vendus, sans risquer même sa poitrine, non en guerrier, mais en meurtrier. Ni les hommes ni l'histoire ne lui pardonneront cette goutte de sang. On lui a élevé un tombeau sous les voûtes bâties par Louis XIV aux Invalides, où les statues de douze victoires taillées d'un seul jet dans le granit, et ne faisant qu'un avec les piliers massifs qui portent le temple même, semblent monter la faction des siècles autour de l'urne de porphyre qui contient ses ossements. Mais il y a dans l'ombre et assise sur son sépulcre une statue invisible qui ternit et qui attriste toutes les autres, la statue d'un jeune homme arraché par des sicaires nocturnes aux bras de celle qu'il aime, à l'asile inviolable auquel il se fie, et assassiné à la lueur d'une lanterne au pied du palais de ses pères. On va visiter avec une froide curiosité les champs de bataille de Marengo, d'Austerlitz, de Wagram, de Leipzig, de Waterloo, on les traverse les yeux secs, puis on se fait montrer, à l'angle d'un mur, autour des fondations de Vincennes, au fond d'une tranchée, une place couverte d'orties et de mauves. On dit : « C'est là ! » on jette un cri, et l'on emporte une pitié éternelle pour la victime, un ressentiment implacable contre l'assassin !

Ce ressentiment est une vengeance pour le passé, elle est aussi une leçon pour l'avenir. Que les ambitieux, soldats, tribuns ou rois, songent que, s'il y a des séides pour les servir et des adulateurs pour les excuser pendant qu'ils règnent, il y a une conscience humaine, après eux, pour les juger et une pitié pour les haïr. Le meurtrier n'a qu'une heure, la victime a l'éternité !

LIVRE TREIZIÈME

Les Bourbons quittent l'Angleterre. — Indifférence de la France et des alliés envers les Bourbons en janvier 1814. — Le comte d'Artois entre en France. — Sa situation au milieu des alliés. — Débarquement du duc d'Angoulême en Espagne. — Ses proclamations. — Ordre du jour du maréchal Soult. — Attitude de Wellington. — Conspiration royaliste à Bordeaux. — Entrée du duc d'Angoulême à Bordeaux. — Le duc de Berri à Jersey. — Dualité du parti royaliste à Paris. — Discussions entre le Sénat et l'abbé de Montesquiou, commissaire de Louis XVIII. — Reconnaissance de Louis XVIII comme roi de France par le Sénat, le 6 avril 1814. — Départ du comte d'Artois de Nancy. — Son entrée à Paris. — Le Sénat le reconnaît comme lieutenant général du royaume. — Réception du Sénat et du Corps législatif par le comte d'Artois. — Il nomme un conseil de gouvernement. — M. de Vitrolles. — Convention du 23 avril. — Députation du comte de Bruges et de Pozzo di Borgo à Louis XVIII. — Départ de Louis XVIII d'Hartwell le 18 avril. — Son entrée à Londres. — Son arrivée à Douvres. — Son discours au prince régent. — Il part pour la France et débarque à Calais. — Il traverse Boulogne, Montreuil, Abbeville et Amiens. — Sa halte à Compiègne. — Députation des maréchaux de Napoléon. — Discours de Berthier. — Députation du Corps législatif. — Conférence de Louis XVIII et d'Alexandre. — L'empereur d'Autriche et le roi de Prusse se rendent à Compiègne. — Repas des souverains.

1

Telle était la famille des Bourbons, avec ses vieillards, ses hommes mûrs, ses jeunes princes, ses présents et ses absents, ses victimes et ses souvenirs faisant partie de son nom dans la pensée et dans la mémoire de l'Europe, au moment où Napoléon quittait Fontainebleau.

Les symptômes de sa décadence et les espérances de sa ruine n'avaient pas laissé les membres de cette famille indifférents et inactifs pendant la campagne de Paris. La politique de Louis XVIII à Hartwell s'était préparée à disputer et à recueillir l'héritage du trône que l'empire allait laisser vacant. Ce prince éclairé, patient et jaloux d'avance du règne qui s'approchait de lui, ne désirait pas que sa dynastie tentât sur le continent des aventures disproportionnées à ses forces. Il savait que sa force était dans son nom et dans le principe d'hérédité du pouvoir auquel l'Europe victorieuse serait entraînée à se rattacher pour fonder quelque chose d'analogue à elle-même en France. Il se posait comme un dogme et non comme un prétendant. Ce mot de légitimité, qui exprimait si bien ce principe et ce dogme, avait été adopté et popularisé par M. de Talleyrand, mais il avait été inventé par Louis XVIII à Hartwell. L'impatience du comte d'Artois et de sa petite cour chevaleresque ne s'accommodait pas de ces lenteurs. Ce prince et ses amis brûlaient de se jeter au milieu même des événements et des alliés en France pour prendre pied sur les circonstances, pour reformer à l'intérieur, s'il était possible, une armée de princes, pour tirailler les cabinets des souverains coalisés dans le sens de leurs désirs, pour les détourner de la paix avec Napoléon, et surtout pour se substituer par quelque explosion d'opinion royaliste à la régence de Marie-Louise, à la proclamation d'un second empire sur la tête de Napoléon II, ou aux entreprises républicaines du Sénat, qui, après avoir vendu son ambition au despotisme, pouvait essayer de la perpétuer en la vendant à la république.

II

Louis XVIII, qui craignait également la légèreté et l'ardeur de règne ou d'importance de son frère, avait ralenti, autant qu'il l'avait pu avec décence, cette impatience de passer sur le continent qui dévorait l'âme du comte d'Artois. Cette pensée était sage. Les Bourbons, pour être forts et populaires en France dans le cas d'une restauration, avaient besoin d'être appelés par la nation comme des sauveurs après la conquête, non d'être présentés, patronnés ou imposés par la main des conquérants. Ce serait là une tache qui s'étendrait sur tous leurs règnes et qui fausserait toute leur situation. Confondus par la nation avec ses revers et avec les armées étrangères, ces princes paraîtraient injustement ainsi faire partie de ses douleurs et de ses humiliations. Mais des pensées si prévoyantes et si sages n'entraient pas dans les conseils précipités et superficiels du comte d'Artois. La politique de ces deux frères était déjà aussi opposée sur la terre d'exil qu'elle devait l'être sur le sol de la patrie. Ils s'aimaient, mais ils ne se ressemblaient pas. Louis XVIII paraissait au comte d'Artois un pédagogue sédentaire et pédantesque mal détrempé des doctrines philosophiques et révolutionnaires de 1789, une espèce de Jacobin couronné. Le comte d'Artois, aux yeux de Louis XVIII, était toujours un héros théâtral de Coblentz, un bon cœur, un esprit futile, un politique de préjugés, un frère compromettant et dangereux, un âge mûr sans maturité, une jeunesse et une étourderie en cheveux blancs. Mais la cause et les espérances communes les unissaient et les forçaient à paraître concerter leurs desseins. Louis XVIII ne pouvait donc employer sur son frère que l'influence du titre, de l'âge, des conseils, sans le contraindre par une autorité qui aurait blessé et divisé la famille devant les royalistes émigrés et devant l'Europe.

Parmi les jeunes princes, l'un, le duc de Berri, favori de son père, paraissait suivre la politique hâtive et aventureuse du comte d'Artois; l'autre, le duc d'Angoulême, esprit modeste, réfléchi, subordonné, était obéissant aux inspirations de son oncle, Louis XVIII. La duchesse d'Angoulême, également vénérée des deux cours d'Hartwell et de Londres, victime de la Révolution, n'avait pour politique que ses larmes et ses ressentiments contre les persécuteurs de son père. Tout ce qui datait de leur échafaud lui paraissait démence ou crime. On ne pouvait accuser des préjugés qui étaient pour ainsi dire sanctifiés en elle par la piété filiale et par le sang de sa famille. Mais cette princesse avait plus qu'aucun membre de sa famille cette virilité de cœur et cette intrépidité de résolution qu'elle avait reçues des veines de Marie-Thérèse. Elle s'efforçait d'en communiquer l'héroïsme à son mari.

III

Louis XVIII céda donc plutôt qu'il ne consentit avec conviction aux instances du comte d'Artois et de ses neveux, pour quitter l'Angleterre et pour se hasarder sur le continent dans la mêlée d'événements que la coalition allait ouvrir sur la France. Le gouvernement britannique accorda passage à ces princes, le 14 janvier 1814, sur des bâtiments de guerre anglais. Ils partirent avec l'espérance vague de retrouver un trône sous ces débris que la guerre et la politique allaient précipiter sur leur pays. Ils n'y étaient appelés alors par aucun parti. La Vendée dormait, le Midi attendait, l'opinion regardait, le centre s'armait, l'armée combattait. Paris, dominé par la cour impériale, par les fonctionnaires, par la police et par la garde nationale, bourgeoisie armée indifférente aux querelles de trône, dévouée au patriotisme et à l'ordre, n'offrait aucune prise à des explosions de sentiment pour la dynastie oubliée. On commençait seulement à murmurer, çà et là, le nom de cette race bannie qui avait autrefois gouverné nos pères, et qui apparaissait, dans le lointain des événements menaçants, comme une résurrection et comme une dernière possibilité de la Providence. A peine quelques correspondants timides de Louis XVIII lui donnaient-ils de temps en temps des informations générales sur l'état des esprits. Quelques salons de Paris et quelques châteaux se flattaient mystérieusement de l'espoir d'une restauration de la dynastie de leurs cœurs. Quelques légers fils de trames royalistes s'ourdissaient avec plus de chimère que de réalité. Intrigues plus que conspirations, rêves plus qu'entreprises exploités par l'importance et par la vanité de quelques aventuriers d'opinion. Voilà la France en janvier 1814. Les armées étrangères ne présentaient pas plus d'ouverture et plus de prise aux desseins des trois princes de la maison de Bourbon. Ils allaient tenter des hasards.

IV

Le comte d'Artois et ses deux fils se divisèrent le continent et les différentes frontières de la France. Le comte d'Artois résolut de se jeter au milieu des armées russe, autrichienne et prussienne, qui entamaient le nord et l'est de la France. Il envoya son fils aîné, le duc d'Angoulême, en Espagne, à la tête ou à la suite de la grande armée anglo-espagnole qui s'avançait sur le midi et sur l'ouest. Le duc de Berri, son second fils et le plus téméraire en résolutions, se porta dans l'île anglaise de Jersey pour se lancer de là dans une barque et aborder en Normandie, où les plus puérils et les plus perfides renseignements des agents royalistes d'Hartwell le flattaient d'être entouré, à son débarquement, par une armée de cinquante mille hommes déjà enrégimentés sous le drapeau blanc. La terre étrangère rend toujours les prétendants crédules, parce que l'espérance de revoir la patrie est toujours de moitié dans les illusions que des agents intéressés leur font concevoir.

V

Le comte d'Artois, débarqué en Hollande avec une petite cour qui grossit en route, MM. de Trogoff, de Wals, d'Escars, de Polignac, de Bruges, et son conseiller le plus assidu, l'abbé de Latil, remonta le Rhin par la rive allemande et pénétra en France par la Suisse. Il ne devança nulle part l'invasion autrichienne. Les généraux de cette armée ne lui firent ni obstacle ni concours. Ils le laissèrent inaperçu entrer comme un simple émigré dans les villes qu'ils occupaient. Le peuple, intimidé par l'occupation étrangère, ne s'émut pas sur son passage. Quelques gentilshommes, en petit nombre et avec une extrême circonspection, accoururent seulement un à un des villes et des provinces voisines, pour lui présenter leur fidélité et pour lui offrir des plans renouvelés de Coblentz et des populations imaginaires, indifférentes jusque-là à son nom. Après un court séjour à Pontarlier, il se rendit à Vesoul. Les souvenirs des intrigues douteuses entre Fauche-Borel et Pichegru lui faisaient croire que ces départements de la Franche-Comté se lèveraient à son approche avec le double fanatisme du catholicisme espagnol et du royalisme émigré. Le prince fut tristement détrompé dès les premiers pas. On le vit passer avec indifférence. Les commandants autrichiens lui disputèrent les portes de Vesoul. On ne l'autorisa à y entrer que comme simple voyageur. On lui interdit de prendre aucun titre qui pût préjuger la question du trône en France. Quelques visites reçues dans une hôtellerie de la ville furent le seul accueil de la population. Le congrès de Châtillon, qui négociait encore avec les plénipotentiaires de Napoléon, refroidissait les âmes et faisait la solitude autour d'un prince qui pouvait être roi aujourd'hui, mais proscrit demain.

VI

Il espéra mieux des armées russes qui occupaient la Lorraine. Il leur fit demander protection ouverte et appui pour sa cause. Les généraux russes éludèrent durement sa requête. Ils finirent par l'autoriser à venir à Nancy, mais seul, sans cocarde, sans décoration, sans titre politique autre que son nom, et à la condition qu'il ne logerait dans aucun édifice public. Le comte d'Artois, ainsi dénationalisé, se rendit à Nancy. Il reçut l'hospitalité d'un simple citoyen de la ville ; il établit là un petit centre de négociations sourdes avec les généraux des puissances, et des manœuvres plus ténébreuses avec les ambitieux mécontents de la société de Talleyrand et avec quelques royalistes de Paris. Le baron de Vitrolles fut l'agent le plus actif, le plus insinuant et le plus intrépide de cette cour errante. Il pénétra jusqu'à l'empereur Alexandre ; il jeta dans l'esprit de ce prince la foi d'une immense cause royaliste, qui n'existait que dans ses désirs. Il sapa dans son âme et dans l'âme de ses ministres l'idée de la toute-puissance de Napoléon dans le cœur des Français ; il courut de Paris à Nancy, de Nancy à Saint-Dizier, du comte d'Artois à M. de Talleyrand, de M. de Talleyrand à Fouché, de Fouché aux royalistes, des royalistes aux républicains, insinuant à celui-ci une mission, arrachant à celui-là une parole, interprétant ici le silence, là le langage, risquant sa liberté et sa vie sur les grands chemins entre les deux armées, et d'abord importun, bientôt utile, à la fois nécessaire à tous, et nouant ainsi, presque à lui seul, les fils d'une triple négociation royaliste dont il avait pris l'initiative dans sa remuante et téméraire résolution.

VII

Le comte d'Artois, découragé et prêt à être enveloppé à Nancy par le reflux de l'armée française, craignant le sort du duc d'Enghien, se préparait à sortir de nouveau de la Lorraine, quand M. de Vitrolles vint le conjurer de ne pas faire violence à la fortune, en se maintenant même au prix de quelques dangers et de quelques humiliations sur la ligne des événements. Il communiqua au prince la résolution hardie et décisive que les conseils de Pozzo di Borgo et les siens avaient fait prendre à l'empereur Alexandre et à Blücher de marcher à tout hasard et directement sur Paris. Le prince ne devait-il pas tout attendre d'une capitulation de Paris arrachée en l'absence de l'empereur, de l'embarras des souverains de proclamer un gouvernement à la France, du zèle de ses amis, de la connivence habile de M. de Talleyrand, de la complicité de Fouché, de la lassitude du pays, de l'impatience de vengeance du parti républicain prêt à transiger pour une constitution libérale, enfin de la mobilité de la France?

VIII

Le comte d'Artois resta et s'approcha pas à pas de la capitale à mesure que les étrangers lui en ouvraient la route. M. de Vitrolles, un moment arrêté par les Français, puis évadé, revint à Paris, et ne cessa pas de tenir son nouveau maître au courant des manœuvres sourdes qu'il ourdissait pour sa cause avec les familiers de M. de Talleyrand, avec les républicains et avec les royalistes de la haute aristocratie du faubourg Saint-Germain. M. de Vitrolles eut l'art de faire croire à l'armée des alliés qu'il était le représentant d'une force intérieure irrésistible, et de faire croire aux différents partis de la capitale qu'il avait le mot des puissances en faveur des Bourbons. Il fut l'entrepreneur et l'entremetteur multiple à lui seul de trois ou quatre conspirations. Il les conçut, il les noua, il les combina dans sa tête ; et après leur avoir persuadé ainsi à toutes qu'elles existaient, il les livra aux événements, qui ne pouvaient manquer de les servir. Ce fut la conspiration de Malet avec les armées de l'Europe derrière elle pour donner la réalité aux imaginations de la nuit où trois hommes, du sein d'une prison, avaient enseveli l'empire et supposé un gouvernement.

IX

Le duc d'Angoulême se trouvait à peu près dans la même perplexité sur les frontières d'Espagne. Il avait débarqué à Saint-Jean-de-Lûz avec quelques aides de camp, et il suivait le flux et le reflux de l'armée anglaise sans que lord Wellington lui prêtât ni force ni encouragement. Du quartier général de cette armée, le jeune prince lançait des proclamations royalistes dans les Pyrénées et sur le littoral de l'Océan. « J'arrive, disait-il, je suis en France, je viens briser vos fers, je viens déployer le drapeau blanc. Ralliez-vous, Français, marchons ensemble au renversement de la tyrannie. Mon espoir ne sera pas trompé ; je suis fils de vos rois et vous êtes Français ! »

Le maréchal Soult, qui commandait l'armée française opposée à celle de Wellington, répondait à cet embauchage de ses troupes par des adresses à ses propres soldats, qui repoussaient avec une injurieuse indignation ces provocations à la défection de l'armée.

« Soldats ! leur disait le lieutenant encore fidèle de Napoléon, le général qui commande l'armée contre laquelle nous nous battons tous les jours a l'impudence de vous provoquer à la sédition. Il parle de paix, et vous appelle à la guerre civile !... On a l'infamie de vous exciter à trahir vos serments à l'empereur. Cette offense ne peut être vengée que dans le sang. Aux armes !... Vouons à l'opprobre et à l'exécration publique tout Français qui favoriserait les projets insidieux de nos ennemis. Combattons jusqu'au dernier les ennemis de notre auguste empereur et de notre patrie ! Haine aux traîtres ! Guerre à mort à ceux qui tenteraient de nous diviser ! Contemplons les efforts prodigieux de notre grand empereur et ses victoires signalées, et mourons les armes à la main plutôt que de survivre à notre honneur ! »

X

Ces reproches de Soult à Wellington étaient injustes. Le général anglais restait inflexible aux sollicitations des amis du duc d'Angoulême, et se refusait avec une loyauté prudente et rude à tout encouragement à la cause des Bourbons, de peur d'avoir à l'abandonner après l'avoir compromise. La correspondance secrète de ce général avec son gouvernement, avec les conjurés de Bordeaux et avec le duc d'Angoulême lui-même, révélée depuis, atteste une probité de caractère et une réserve de promesses qui honorent son commandement. Wellington était sur la frontière du Midi le général du gouvernement anglais. Ce gouvernement était celui de tous qui avait le moins de mesures à garder avec l'empereur. L'insurrection des Pyrénées, de Bordeaux, de Toulouse, pouvait servir puissamment ses plans militaires. Le drapeau blanc levé dans les provinces, sur la foi de l'appui de l'Angleterre à cette cause, pouvait enlever des départements et des corps d'armée au drapeau de Soult. Wellington ne voulut point acheter ces avantages au prix du mensonge ou même de la réticence sur ses véritables intentions. Il ne voulut pas exposer les royalistes à des provocations d'insurrection sans aveu qui les livreraient ensuite à la vengeance de Bonaparte. Il ne cessa d'écrire à son gouvernement pour le détourner de ces incitations au royalisme. « Vingt ans se sont écoulés, dit-il au premier ministre, depuis que les princes de la maison de Bourbon ont quitté la France. Ils sont plus inconnus à la France que les princes de toute autre maison royale de l'Europe. Il faut sans doute pour la paix du monde que l'Europe expulse Bonaparte, mais il importe peu qu'il soit remplacé par un prince de la maison de Bourbon ou par tout autre prince d'une maison couronnée. » Il n'écrivait pas avec moins de franchise et de sévérité au duc d'Angoulême pour lui reprocher ou pour lui interdire toute parole qui le présenterait aux populations françaises comme appuyé par lui.

XI

Cinq mois entiers, le duc de Wellington s'obstina dans la même froideur, et le duc d'Angoulême languit aux avant-postes dans le même découragement. L'armée anglaise calculait ses pas vers Bordeaux sur les progrès que les armées d'Alexandre et de Blücher faisaient dans le Nord. Le génie infaillible de Wellington fut toujours et partout la prudence. Avancer peu, ne jamais reculer, mourir sur la position prise et ne laisser à la fortune que ses hasards, c'est la grandeur de cet Annibal anglais. Bordeaux l'appelait en vain, il n'écoutait pas.

Cette grande ville était impatiente de secouer le joug de

Napoléon. Bordeaux était à la fois la ville des Girondins et la ville des Vendéens. Révolutionnaire libérale, intellectuelle comme les amis de Vergniaud; royale, enthousiaste, téméraire comme Charette et La Rochejaquelein; nœud de l'Ouest et du Midi. Bordeaux était de plus une ville commerçante, la grande échelle de nos colonies, le port de notre marine marchande, alors stagnante dans ses rades; elle allait exporter à Londres et dans la Baltique les vins de la Gironde, et chercher à Saint-Domingue les riches cargaisons de nos sucres et de nos cafés. A tous ces titres, Bordeaux était la ville d'opposition au gouvernement de Bonaparte. Ce gouvernement de guerre et de despotisme avait tué la pensée, incriminé l'éloquence, mutilé la liberté, vendu la Louisiane, dédaigné ou perdu les colonies, muré les mers, anéanti le commerce maritime, réduit Bordeaux à la pénurie et à l'humiliation. Toutes les classes de la population, marins, négociants, avocats, cultivateurs; toutes les opinions, révolution ou royalisme, s'y rencontraient dans une même haine à l'opinion de fer de Napoléon. Bordeaux aspirait à la chute de son despotisme comme à sa propre résurrection. Aucune ville ne pouvait être mieux choisie pour centre d'une conjuration sourde et pour foyer d'une explosion décisive contre un empire qui pesait sur les affections dans la Vendée, sur les opinions dans la Gironde, sur les intérêts dans tout le littoral de cette côte bloquée de l'Océan.

XII

Cette conjuration s'y était organisée depuis les désastres de la Russie entre un petit nombre d'habitants de Bordeaux de toutes les classes et quelques gentilshommes vendéens. Ces conspirateurs à visage découvert n'avaient pas besoin de confier leurs vues secrètes à la multitude. Ils étaient sûrs qu'elle suivrait d'elle-même le jour où il leur conviendrait d'éclater. Les cœurs dans la foule conspiraient presque unanimement. La guerre nationale n'aurait qu'à changer son drapeau pour être l'armée d'un soulèvement. Les autorités municipales de la ville et M. Linch, maire de Bordeaux, s'entendaient avec M. de La Rochejaquelein, frère du héros de la Vendée, et avec les émissaires du duc d'Angoulême. Chose étrange! c'était le général anglais lui-même qui comprimait l'explosion de Bordeaux. Le comité royaliste de cette ville lui avait envoyé plusieurs députations pour le solliciter d'avancer avec confiance et d'occuper la ville. Il s'y était refusé. Lord Beresford, général de son avant-garde, reçut enfin l'ordre de s'approcher de la ville, mais il reçut en même temps de lord Wellington l'ordre de s'abstenir sévèrement de toute excitation à l'insurrection contre le gouvernement impérial et de tout engagement avec la cause aventurée des Bourbons. Lord Beresford, plus entraîné que son général par les instances du duc d'Angoulême et par l'enthousiasme de Bordeaux, s'approcha avec quinze mille hommes de la ville et toléra la présence du duc d'Angoulême à son quartier général. A son approche, la conspiration éclata. Le commissaire de Louis XVIII, M. de Saint-Germain, se porta, accompagné de toute la jeunesse royaliste du pays, à l'hôtel de ville, confirma le maire, M. Linch, et le conseil municipal dans leurs fonctions, qui devenaient souveraines en l'absence des autorités impériales en fuite. Il reçut leurs serments au roi.

Le lendemain 12 mars, la ville entière, sur les pas de ses magistrats, alla au-devant du duc d'Angoulême, qui s'avançait avec l'armée anglaise. Les autorités, à son aspect, arrachèrent les signes de l'empire, qu'ils avaient portés jusque-là, les jetèrent dans la poussière et arborèrent la cocarde blanche. « Prenez garde, leur dit Beresford, vous vous perdez peut-être à l'heure où vous répudiez Napoléon. On négocie encore avec lui au congrès de Châtillon. Au reste, vous êtes les maîtres, vos révolutions ne me regardent pas; je prends possession de votre ville au nom des puissances belligérantes. »

XIII

Le duc d'Angoulême marchait isolé, à une certaine distance des colonnes anglaises, entouré de la jeunesse de Bordeaux et de la Vendée. Ce cortége enleva la population ébranlée aux cris de : « Vive le roi! » Le duc répondait aux acclamations du peuple par les promesses qui résonnaient le mieux dans le cœur du pays : « Plus de guerre! Plus de conscription! Plus d'impôts sur les vins! » Le drapeau blanc, soudainement arboré sur tous les édifices publics et flottant aux fenêtres de toutes les maisons, salua le retour de la dynastie exilée. M. Lainé, que son courage et la colère de Bonaparte avaient signalé à l'estime et à la popularité de la Gironde, homme qui plaisait aux républicains par ses opinions, aux royalistes par son horreur de la tyrannie, à tous par son éloquence et sa vertu, fut investi de l'autorité souveraine, au nom de la révolution consommée. Ce coup ébranla le Midi et eut ses contre-coups dans l'intérieur de l'empire.

XIV

Mais il n'ébranla pas lord Wellington. Ce général, en vain provoqué par M. Linch, par le duc d'Angoulême, par les royalistes des deux provinces, se refusa jusqu'au bout à prendre sous sa responsabilité les mouvements révolutionnaires, qu'on le suppliait de soutenir par l'envoi de ses troupes aux provinces ébranlées. Il réprimanda lord Beresford des moindres complaisances affichées pour la cause royaliste. Il repoussa avec inflexibilité les demandes du duc d'Angoulême : « C'est contre mon avis et ma manière de voir, répondit-il après le 12 mars à ce prince, que certaines personnes de la ville de Bordeaux ont jugé convenable de proclamer roi Louis XVIII. Ces personnes ne se sont donné aucune peine, elles n'ont pas fourni une obole, ni levé un seul soldat pour le soutien de leur cause, et maintenant, parce qu'elles courent un danger, elles m'accusent de ne pas les soutenir avec mes troupes... Je ne sais pas si je ne vais pas au delà de la ligne de mes devoirs en prêtant à

votre cause la moindre protection et le moindre appui...
Il faut que le public connaisse la vérité. Si d'ici à dix jours vous n'avez pas démenti la proclamation du maire de Bordeaux qui m'attribue le devoir de protéger la cause des royalistes de Bordeaux, je la démentirai moi-même publiquement ! »

Mais pendant que lord Wellington se réservait si sévèrement ainsi, les événements de Paris entraînaient la France et les alliés au renversement complet de l'empire.

Quant au duc de Berri, bientôt détrompé sur la prétendue insurrection de la Normandie, qui devait venir le recevoir au rivage et le conduire en triomphe jusqu'aux portes de Paris, il resta sur le rocher de Jersey en vue de la France, craignant un piége de la police de Bonaparte dans chaque insinuation nouvelle de débarquement qu'il recevait de l'Ouest, entretenant quelques correspondances insignifiantes avec les agents subalternes du royalisme à Paris. Il ne sortit de l'île et n'accourut à Paris qu'après que la révolution fut consommée et assise sur le trône avec son oncle Louis XVIII.

XV

Nous avons laissé Paris flottant, après l'entrée des alliés, entre les différents partis que la chute irrémédiable et universellement acclamée alors de Napoléon laissait à la France. Nous avons vu le petit nombre de royalistes sortis des grandes familles ou des salons littéraires et libéraux de la capitale se réunir, le jour de l'entrée des souverains, sur les boulevards, se prononcer pour le retour des Bourbons, et s'efforcer, sans opposition comme sans faveur de la part de la population également désaffectionnée de l'empire, de faire illusion aux regards des étrangers sur leur force par l'énergie de leur enthousiasme. Chaque heure, depuis, leur avait donné plus de consistance et plus d'audace. Paris et la France étaient dans un de ces moments de prostration et de flottement, fréquents dans la vie des nations, où quelques mains actives, hardies et concertées suffisent pour imprimer un courant inattendu et général aux choses.

M. de Talleyrand, l'abbé Louis, l'abbé de Pradt, archevêque de Malines, aumônier de l'empereur, flatteur, puis insulteur de cette fortune, nature spirituelle, turbulente et irrespectueuse d'elle-même dans sa versatilité; M. de Vitrolles, le duc d'Alberg, M. de Jaucourt; les propriétaires du *Journal des Débats*; Laborie, insatiable de menées et fougueux d'intrigues; les deux Bertin, amis de M. de Chateaubriand, rompus depuis 1789 aux péripéties révolutionnaires, et d'une supériorité de tactique et d'esprit qui faisait d'eux de véritables hommes d'État de l'opinion; l'abbé de Montesquiou; M. de Chateaubriand lui-même, dont une page faisait pencher alors le destin; Mathieu de Montmorency, grand nom et grande âme; Sosthène de La Rochefoucauld, son gendre, portant la passion dans le dévouement; tout le parti de madame de Staël; quelques têtes du parti républicain survivant à la tyrannie dans le Sénat; la jeune aristocratie et la jeune littérature, pressées de se précipiter avec l'impétuosité de l'âge et du sang dans les nouveautés, sous des noms antiques; enfin, le parti toujours matinal des hommes qui flairent le vent et qui s'emparent des premières heures d'un règne pour occuper les avenues de la faveur et du pouvoir; voilà les moteurs principaux du mouvement qui portait les choses de la Restauration.

Toutefois deux camps se dessinaient déjà visiblement dans le parti royaliste : ceux qui voulaient rappeler les Bourbons comme des maîtres ; ceux qui voulaient les admettre avec des conditions et les forcer à associer à leur règne les hommes de l'empire, le Sénat et les principaux constitutionnels, afin que leur retour ne fût ni la ruine de leur fortune politique, ni l'apostasie de la Révolution.

XVI

Ce dernier parti, que dirigeait surtout M. de Talleyrand et dans lequel il réussissait à entraîner l'empereur Alexandre, ralentissait à dessein le courant de l'opinion royaliste et négociait tantôt secrètement, tantôt ouvertement avec Louis XVIII, encore à Hartwell, pour en obtenir des gages et des concessions. Il s'appuyait sur l'ombre de ce Sénat ruiné d'avance dans l'esprit de la nation et qui s'efforçait vainement de reconquérir un peu d'estime en s'interposant, comme le représentant des libertés qu'il avait vendues, entre le roi et le peuple. Il était trop évident qu'il ne représentait que sa propre cupidité et toutes les honteuses servitudes du règne de Napoléon. L'hypocrisie du Sénat, dans ce moment suprême, n'était qu'une bassesse de plus qui l'avilissait davantage au lieu de le populariser dans le pays. La constitution qu'il réclamait pour condition de son rappel des Bourbons n'était que les stipulations de ses dotations et de ses honneurs. Il avait vendu la liberté, il voulait la revendre. Le peuple ne s'y trompait pas. Quatre ou cinq grands caractères seulement avaient survécu dans ce corps à la corruption générale, et cherchaient à retrouver dans les ruines de l'empire quelques fondements de l'antique liberté.

XVII

Le Sénat prépara dans quelques comités les bases de la déclaration des principes qu'il voulait faire préalablement accepter à tout gouvernement : il ne nommait pas encore les Bourbons. Il voulait, avant de les nommer, que Louis XVIII s'expliquât lui-même et déclarât à quel titre et à quelles conditions il revendiquait le trône. L'abbé de Montesquiou, commissaire confidentiel de ce prince auprès du Sénat et dans le gouvernement provisoire, insistait pour que les sénateurs reconnussent d'abord le roi. M. de Talleyrand flottait, donnant des paroles aux deux partis, soufflant des résistances à ceux-ci, des concessions à ceux-là, nécessaire à tous ; en conversation journalière avec les sénateurs, en correspondance secrète avec Hartwell ; en relations plus mesurées avec le comte d'Artois, à Nancy, par M. de Vitrolles ; en intimité avec l'empereur Alexandre, avec Pozzo di Borgo, M. de Nesselrode et M. de Metternich ; entraîné par les événements, changeant avec les heures, fidèle à un seul intérêt, celui de son importance et de son avenir. Le récit de ces jours qui s'écoulèrent à Paris entre la chute de Napoléon et l'entrée des Bourbons ne serait autre chose que le récit des fluctuations de cette longue et fastidieuse intrigue pour faire croire aux Bourbons que le Sénat avait la puissance de décerner l'empire, et pour faire croire au Sénat que les Bourbons tremblaient et composaient avec lui. Rien de tout cela n'était vrai. Les Bourbons sans doute avaient à composer, pour être durables, avec l'esprit du siècle, qui ressortait jeune et impatient des débris du despotisme renversé. Mais un mouvement désormais irrésistible entraînait la France vers eux par le sentiment de leur nécessité. Il ne dépendait pas du Sénat de ralentir ce mouvement, pas plus qu'il ne dépendait de M. de Talleyrand de l'accélérer. Napoléon était l'antipathie de l'Europe, la république était l'effroi des aristocraties et des trônes, la régence de Marie-Louise était la tutelle de l'Autriche. Le duc d'Orléans, inconnu alors, était une usurpation de famille, la plus suspecte et la plus dangereuse des usurpations aux dynasties. Le partage de la France était le crime contre les nationalités, le crime impossible. Le besoin de paix, l'impatience de délivrer le sol de l'occupation étrangère, le dégoût de la gloire, l'épuisement de richesse et de population, l'influence des cabinets étrangers ne trouvant de gages sérieux de réconciliation que dans les princes légitimes, l'impossibilité de laisser en suspens un peuple conquis, les souvenirs, les terreurs et les espérances; tout jetait la France politique à la Restauration. L'armée elle-même ne résistait pas, ses chefs se précipitaient aux nouveaux princes. Les hommes se vantent de l'œuvre de Dieu quand ils prétendent avoir créé de pareils mouvements. Ils ne font que les suivre. L'action individuelle disparaît dans ces grandes impulsions instinctives des époques et des peuples. Bonaparte s'était appelé lui-même le Destin. Les Bourbons, en 1814, pouvaient s'appeler la Providence. Ils revenaient, envers et contre tous, avec le reflux d'une révolution qui avait achevé son cercle de vicissitudes et de débordement.

XVIII

Les discussions d'un pacte entre la nation et les Bourbons, entre M. de Montesquiou et les sénateurs, ne furent que les puérilités dogmatiques d'un corps qui ne représentait rien, et d'un ministre qui ne représentait que des ombres. Elles roulèrent sur le préambule d'une constitution qui déclarerait qu'elle était l'œuvre de la nation, ou qu'elle était le don de la royauté. On était du reste d'accord sur la nature des institutions qui entoureraient la nouvelle monarchie. Le système représentatif divisé en deux chambres et toutes les libertés de cultes, de pensée, de discussions, devenues le droit commun des royautés constitutionnelles, étaient également admis par les deux partis. Chacun céda quelque chose non dans les principes, mais dans les termes. On voila sous le vague ou sous la réticence les articles sur lesquels on différait. A l'aide de ces compositions mutuelles de M. de Montesquiou et du Sénat, le Sénat appela, le 6 avril, « au trône de France, Louis-Stanislas-Xavier de France, frère du dernier roi, et, après lui, les autres membres de la famille des Bourbons dans l'ordre ancien. »

Mais, dans la lettre même que M. de Montesquiou adressait à Hartwell pour annoncer au roi cet acte du Sénat, il prémunissait d'avance ce prince contre le caractère obligatoire de la constitution qu'on lui imposait. « Cette constitution ne peut être un embarras pour vous, disait-il à son maître. Où sont les titres? où est le mandat du Sénat? Publiez en entrant en France un édit royal, donnez vous-même des priviléges à la nation. Traitez non avec ce Sénat méprisé, mais avec quelques-uns de ses membres accessibles à toutes les promesses d'avantages personnels. La nation veut de l'ancien. »

XIX

Louis XVIII, avec la circonspection qui caractérisait sa politique, laissait sagement s'user à Paris ces intrigues impuissantes, sûr d'avance de recueillir le fruit de la lassitude générale et de dicter des conditions que sa présence prématurée l'aurait forcé de subir. Il attendait, il réfléchissait, il discutait avec lui-même et avec ses favoris, il atermoyait avec son ambition. Sûr du trône, il semblait jouir de la perspective sans se hâter d'en approcher, il se faisait désirer comme une solution et espérer comme un mystère. Il savait que l'impatience de chaque jour accroissait sa force, et que l'élan de la nation vers lui serait égal à la perplexité dans laquelle elle se consumait.

XX

Le comte d'Artois était dans des dispositions toutes contraires. Ce prince croyait qu'il fallait surprendre au lieu d'attendre la nation. Moins intelligent que son frère, il s'imaginait que le mouvement de la France vers les Bourbons était une passion et non une raison. Il se flattait que sa présence porterait cette passion jusqu'au délire, et qu'il conquerrait la France d'un regard. Ses familiers autour de lui et ses correspondants à Paris l'entretenaient dans cette illusion. Ils voyaient en lui le représentant de l'aristocratie et de la royauté selon leurs cœurs, le prince de leur jeunesse, le Charles II de leurs rêves, le caractère incorruptible aux nouveautés. Ils ne considéraient Louis XVIII que comme un principe, à leurs yeux le comte d'Artois était la Restauration à lui seul. Ils l'enivraient de sa future popularité.

Ce prince, séduit par ces adulations du parti aristocratique qui l'avait circonvenu depuis sa jeunesse, se donnait plus d'importance et plus de mouvement qu'il ne convenait à un prince au second rang. Il avait pris lui-même, et comme rajeunissement à son ancien rôle pendant l'émigration, le titre de lieutenant général du royaume, que Louis XVIII lui laissait par tolérance, mais qu'il ne lui avait pas donné. Ce titre ainsi moitié usurpé, moitié concédé, attribuait au comte d'Artois toutes les fonctions et toutes les déterminations royales en l'absence de son frère. Louis XVIII ne voyait cette toute-puissance, exercée en son nom et sans son aveu, ni sans ombrage, ni sans inquiétude. Il craignait que des conseils intéressés et ambitieux ne fissent affecter au comte d'Artois une autorité sur l'opinion qui gênerait plus tard l'autorité de son propre règne. Il craignait que son frère ne dépopularisât d'avance son retour par quelques actes ou par quelques paroles de nature à blesser l'esprit nouveau. Il se fiait à sa conscience, il ne se fiait ni à son esprit ni à sa solidité. Ce qu'il redoutait surtout, c'était l'asservissement du comte d'Artois aux influences ecclésiastiques et son engouement pour la noblesse émigrée. Louis XVIII savait assez de la France pour comprendre que la liberté des cultes et l'égalité des conditions étaient les deux passions de la Révolution qui avaient survécu à la terreur comme au despotisme, et que présenter à la France la royauté de la maison de Bourbon entre un évêque réclamant les priviléges de ses autels et un noble réclamant les priviléges de sa naissance, c'était jeter deux ombres funestes sur les premiers pas de la Restauration.

XXI

Dans l'incertitude de la réception qui l'attendait à Paris, le comte d'Artois était resté jusque-là à Nancy. M. de Talleyrand, voyant que l'indécision calculée du gouvernement provisoire ne pouvait se prolonger et que l'opinion commençait à lui reprocher de sacrifier les intérêts de la France à ceux du Sénat, abandonna secrètement la cause perdue de ce corps, et écrivit enfin par M. de Vitrolles au comte d'Artois, pour le prier de venir prendre le gouvernement en qualité de lieutenant général de son frère. Ce prince partit à l'instant. Il traversa la Lorraine et la Champagne au milieu de l'enthousiasme des populations, qui voyaient en lui un libérateur, et aux cris de paix et d'abolition de la conscription et des impôts! Il reçut en route le projet de constitution voté par le Sénat comme condition de la reconnaissance de son pouvoir. Il dédaigna de répondre à cet acte ou de le discuter. Il pensa, avec raison, que la voix discréditée du Sénat serait étouffée, à son entrée dans Paris, par l'acclamation d'un peuple qui reconnaîtrait en lui l'héritier d'un trône antérieur.

Arrivé au château de Livry, aux portes de Paris, chez le comte Charles de Damas, un de ses officiers, il y reçut la visite de M. de Choiseul-Gouffier, envoyé par M. de Talleyrand. M. de Talleyrand avait chargé M. de Choiseul d'une note du gouvernement provisoire qui lui indiquait à quel titre il serait investi du pouvoir en rentrant dans le palais de ses pères. « Les prétentions du Sénat sont inadmissibles, disait M. de Talleyrand : le frère du roi et son représentant ne peut partager l'autorité avec une commission du Sénat. L'exercice pur et simple de l'autorité de lieutenant général est dangereux. Le gouvernement propose que le frère du roi soit nommé par un décret du Sénat chef du gouvernement provisoire. »

Le prince ne s'arrêta pas davantage à ce compromis, il n'y répondit pas. L'impatience de Paris, exaltée par les royalistes, partagée par le peuple qui ne comprend jamais que les idées simples, ouvrait les portes malgré le Sénat et malgré les scrupules du gouvernement provisoire. La multitude se précipitait du côté de Livry au-devant du prince. M. de Talleyrand, le gouvernement, les autorités, les corps constitués, les maréchaux, s'y laissaient entraîner par un de ces élans qu'aucune politique ne peut dompter ni ralentir. Le président du gouvernement provisoire reçut le prince à la barrière de Bondy. Les paroles échangées entre M. de Talleyrand et le prince furent vagues et insignifiantes comme des congratulations. Elles ne préjugeaient rien sur les conditions proposées, rejetées ou consenties entre le prince et le peuple. Le comte d'Artois était reçu en qualité de Bourbon et conduit aux Tuileries comme à la maison de ses pères.

XXII

Toute la haute noblesse et toute la haute bourgeoisie de Paris s'étaient portées à cheval, à la barrière, pour faire cortége au frère du roi. Les Damas, les Luxembourg, les Crillon, les Mortemart, les Rohan, les Montmorency, confondus avec les grands officiers et les maréchaux de l'empire, Ney, Marmont, Oudinot, Moncey, Kellermann, Nansouty, précédaient ou suivaient le prince : les uns, comme le comte d'Artois lui-même, déjà décorés de la cocarde blanche ; les autres portant encore la cocarde tricolore sous laquelle ils avaient combattu jusque-là la Restauration. La garde nationale à cheval, qui venait de se former spontanément, s'était parée la veille de ce signe agréable aux yeux des Bourbons. Elle brandissait ses sabres au-dessus de la foule en poussant et en propageant autour d'elle le cri répété de : « Vive le roi ! » Le comte d'Artois était l'objet de tous les regards et de tous les enthousiasmes. Ce prince montait avec grâce un cheval magnifique. Il conservait sous la maturité des années et sous les traces des longs exils cette beauté sereine de physionomie, cette fierté douce d'expression, cette élégance de taille et cette apparence de mâle jeunesse qui faisaient retrouver en lui l'idole de la cour et le modèle extérieur de l'aristocratie. Il avait tous les dons qui attirent l'œil et qui touchent le cœur d'une multitude. La restauration d'une royauté absente ne pouvait se produire sous des traits plus gracieux et imposants. Le nom de Bourbon, les tristesses de l'exil, les joies du retour, l'ombre de Louis XVI, son frère, l'entouraient d'un respect, d'un prestige et d'un attendrissement de souvenirs qui courbaient toutes les têtes devant lui. Ses amis faisaient courir dans la foule un mot qu'il n'avait pas dit, mais qui était admirablement inventé pour lui ouvrir les cœurs et pour lui préparer les applaudissements : « Je revois mon pays, je suis heureux. Il n'y a rien de changé en France, il n'y a qu'un Français de plus ! »

Il se dirigea, à travers ces flots de peuple, vers la cathédrale pour y remercier le Dieu de ses pères, avant de repasser le seuil de leur palais. Paris tout entier lui fit cortége jusqu'aux Tuileries. Au moment où il descendit de cheval dans la cour, un immense pavillon blanc se déroula au sommet de l'édifice. Le prince revit avec une joie mêlée de larmes ces appartements et ces jardins, pleins à ses yeux des grandeurs de sa race, des grâces de la reine, des angoisses, des captivités, de la mort de Louis XVI, des tumultes de la Convention, des trophées de l'empire. En retrouvant la demeure paternelle, il la retrouvait vide de tous les siens et pleine des difficultés, des périls et des catastrophes du trône. Entre un pareil retour et un éternel exil on ne sait ce qu'un cœur d'homme vulgaire aurait préféré. Un cœur de prince y fut bientôt distrait de la nature par les tiraillements des partis, par les soucis du gouvernement, par les conseils opposés de la Révolution et de la contre-révolution face à face, et par les perspectives de l'ambition.

XXIII

L'empereur Alexandre, qui avait jusque-là habité l'hôtel de M. de Talleyrand et prononcé en dernier ressort sur les mesures du gouvernement provisoire, quitta à l'instant ce siége du gouvernement et alla habiter comme un simple général étranger le palais de l'Élysée. Il vint rendre visite au comte d'Artois aux Tuileries. Les deux princes s'entretinrent sans témoins. L'empereur Alexandre, déjà circonvenu par M. de Talleyrand et par les hommes de l'empire, conseilla au prince les transactions constitutionnelles, qui pouvaient rendre seules une restauration populaire et durable. Le Sénat, vaincu par l'entraînement populaire, se présenta au palais et reconnut le titre de lieutenant général du royaume. Le comte d'Artois répondit par des promesses vagues de constitution, mais sans engager trop formellement le roi son frère. Toutefois le discours qu'il lut à la députation du Sénat, rédigé par Fouché chez M. de Talleyrand et imposé par l'empereur Alexandre, renfermait le texte de toutes les libertés et de toutes les garanties nationales revendiquées par le parti républicain devenu parti libéral.

Il reçut le même jour les membres du Corps législatif présents à Paris. Le président de cette assemblée, Félix Faulcon, omit dans ses paroles au prince tout ce qui pouvait ressembler à une sommation ou même à une condition de gages constitutionnels. Le comte d'Artois, froid avec le Sénat, fut cordial avec le Corps législatif. Il affecta de voir dans ces membres de la représentation nationale les véritables organes du pays.

XXIV

Le comte d'Artois composa trois jours après son gouvernement. Ce gouvernement, prolongation du gouvernement provisoire, prit la forme d'un grand conseil d'État réuni autour du prince pour l'assister de ses conseils et pour administrer en son nom. Ce conseil de gouvernement se composait de M. de Talleyrand, du maréchal Moncey, du maréchal Oudinot, du duc d'Alberg, du comte de Jaucourt, du général de Beurnonville, du général Dessoles, de l'abbé de Montesquiou. Le baron de Vitrolles, jusque-là intermédiaire officieux entre le prince et les partis dominants à Paris, fut nommé secrétaire de ce conseil avec le titre de secrétaire d'État. Logé aux Tuileries à côté du prince, véritable ministre personnel du comte d'Artois au milieu de ces ministres inconnus ou suspects, M. de Vitrolles, utile au prince près du conseil, utile au conseil près de son maître, s'appuyant tantôt sur ses services à la royauté comme agent actif de la restauration, tantôt sur ses rapports antécédents avec Talleyrand et Fouché, prit pendant quelques jours le rôle d'un homme nécessaire. Parvenu au pouvoir en quelques mois d'intermixtion entre les événements, M. de Vitrolles rassurait à la fois le prince par son dévouement, les zélateurs de constitution par ses relations sourdes avec eux, les royalistes par sa ferveur. Homme d'action plutôt que de réflexion, sans racines dans aucun des partis, obligé de les flatter tous pour qu'ils acceptassent tous sa domination, M. de Vitrolles était un bon éclaireur des embûches dans lesquelles un prince nouveau pouvait tomber en arrivant dans un monde inconnu ; il était un mauvais conseiller pour lui tracer une ligne politique à grand horizon. Serviteur plutôt que ministre, trop dévoué pour être indépendant, ayant trop besoin de tout le monde pour dominer personne, il fit flotter l'esprit de son maître pendant quelques semaines entre l'impérialisme, le libéralisme et l'absolutisme, puis il l'entraîna de dépit dans cette opposition sourde et dans ces manœuvres occultes qui faussèrent la vie politique du comte d'Artois, embarrassèrent le règne de son frère et préjugèrent fatalement le sien.

XXV

Le lieutenant général du royaume se hâta de nommer des commissaires généraux avec mission de faire reconnaître dans toutes les provinces l'autorité du roi. Ces commissaires furent choisis en majorité parmi les hommes de la familiarité du prince, quelques-uns parmi les maréchaux et les généraux qui avaient couru le plus vite au nouveau pouvoir. Ils n'éprouvèrent de résistance nulle part. La France entière accueillit avec l'enthousiasme de l'espérance le retour des Bourbons. L'armée seule resta muette et morne, mais ses murmures n'éclatèrent jamais en séditions. Elle passa de l'empereur au roi avec la convenance de ses regrets, mais avec l'unanimité et la discipline de son patriotisme. Elle sentait que la nation avait payé trop chèrement sa gloire, et qu'elle devait disparaître pour laisser s'accomplir la paix. Les ordres du gouvernement l'écartèrent des provinces occupées par l'étranger, et la reléguèrent momentanément derrière la Loire.

XXVI

Dix jours après le départ de Napoléon de Fontainebleau, M. de Talleyrand conclut avec les puissances alliées une suspension d'hostilités par laquelle il désarmait entièrement la France. Les places fortes et tout ce qu'elles contenaient en armes, munitions, artillerie, étaient concédées aux alliés. C'était une capitulation complète d'un pays vaincu. Sans rien préjuger sur les conditions ultérieures de la paix qui devaient être exécutées, les souverains promettaient de leur côté de faire évacuer par leurs troupes les frontières de la France telles qu'elles existaient en 1792, aussitôt que les troupes françaises auraient évacué les places et les territoires qu'elles occupaient encore sur le sol européen. Un murmure général accueillit cette capitulation de la France, signée pour premier acte de son avénement par le comte d'Artois. Ses conseillers faisaient ainsi de lui l'exécuteur des rigueurs de l'invasion et des humiliations de la conquête. Sans doute une nation dont la capitale était occupée par deux cent mille hommes ne pouvait pas discuter librement avec ses vainqueurs les conditions de sa paix; mais elle pouvait ne pas les ratifier, si spoliatrices et si honteuses, par la main de son propre gouvernement. Le comte d'Artois mieux conseillé n'aurait dû entrer à Paris que pour relever la France et non pour signer du nom d'un Bourbon des sévérités, des ruines et des désarmements qui lui seraient éternellement reprochés. On crut revoir dans cet acte le génie de Coblentz prêtant la main à l'étranger et vendant la France pour racheter le trône. Ce n'était que hâte et irréflexion. La nation mécontente affecta d'y voir une complicité. Cet acte dépopularisa en peu de jours le prince, ses conseillers et son gouvernement. On tourna ses regards vers Louis XVIII. On comprit la prudence de ce prince, qui avait laissé faire cette étourderie à son frère, et qui allait rentrer pour protester contre cette précipitation de faiblesse. M. de Talleyrand pouvait donner d'autres conseils au prince. Mais il avait besoin de donner surtout des gages. Suspect aux émigrés, odieux aux évêques qui entouraient le comte d'Artois, utile mais répugnant à cette cour, il lui fallait acheter par de larges concessions diplomatiques l'appui dont il avait besoin dans le conseil des souverains étrangers. On peut croire qu'il ne marchanda pas la faveur à l'Europe qui le rendait nécessaire aux Tuileries.

XXVII

Sa correspondance avec Hartwell se resserrait de jour en jour. Il avait usé à Paris les prétentions du Sénat. L'opinion tournait contre ce corps. Il n'était pas homme à lutter vainement contre l'opinion. Il préparait maintenant les voies au roi. Il voulait s'assurer des titres à sa reconnaissance. Les exigences constitutionnelles s'affaiblissaient tous les jours. Il avait servi avec trop de souplesse la contre-révolution et le despotisme sous la main de Napoléon pour être bien difficile en gages de liberté. La meilleure constitution serait celle qui lui garantirait le mieux son ascendant sur les nouveaux princes, sa fortune et sa dignité. Louis XVIII l'avait connu avant la Révolution, il l'avait suivi du regard pendant le Directoire et pendant l'Empire, il ne craignait pas en lui un obstacle, il y voyait un complaisant obligé de son gouvernement. Il savait que les restaurations ont plus besoin d'hommes souples que toutes les autres natures de révolutions, parce qu'en conservant les principes elles changent seulement les instruments de règne. Nul n'avait à la fois plus de finesse, plus d'audace et plus de souplesse que M. de Talleyrand. Il appartenait à l'ancien régime par sa naissance, à la Révolution par son sacerdoce répudié, à l'empire par les dignités, à l'Europe par sa défection à l'empire, à la Restauration par sa complicité dans les manœuvres qui avaient soulevé le Sénat contre l'empereur, à tous les partis par sa flexibilité à tous les vents. C'était le type du changement, le modèle et l'instrument des inconstances qu'un souverain restauré devait demander aux caractères, aux lois et aux mœurs d'une révolution domptée. Louis XVIII caressait donc de loin M. de Talleyrand. Il ne l'estimait pas, il ne l'aimait pas, mais il le comprenait. M. de Talleyrand était à ses yeux un précieux hasard des circonstances, un résumé de toutes les habiletés utiles pour faire passer une nation, par des nuances graduées, d'un principe dans un autre. Homme prédestiné par sa nature à se trouver à propos sur le seuil des Tuileries pour congédier la dynastie tombée et pour introduire la dynastie future, ancien pour les anciens, nouveau pour les nouveaux, gage pour les vaincus, complice pour les vainqueurs, l'homme de tous.

XXVIII

Louis XVIII écoutait du fond de sa retraite d'Hartwell toutes les voix qui lui venaient ainsi de la France, les unes invoquant le principe de la souveraineté du peuple, les autres demandant le rétablissement des ordres et les états généraux, quelques-unes l'ancienne constitution, comme s'il eût jamais existé d'autres constitutions en France que des coutumes modifiées par le hasard et données par la puissance et par la volonté du roi; quelques autres enfin un franc despotisme sanctifié par le droit de naissance, par la tradition et par la religion; tous du moins dans ces pensées diverses reconnaissant la convenance ou la nécessité des Bourbons : « Eh quoi! disait M..., publiciste alors imposant du droit divin, à ceux qui faisaient des conditions au retour du roi, quoi! vous viendrez donc, votre morceau de papier à la main, nous signifier que le prince qui s'avance n'est pas notre roi? — Il faut assurer l'avenir, répondait Fouché dans une adresse au comte d'Artois; le ciel et la terre retentissent d'acclamations, les transports de la joie universelle sont bien l'expression de toutes les âmes. Il faut des gages à toutes les opinions, des garanties à tous les intérêts. Un législateur de l'antiquité et l'un des plus renommés pour sa sagesse, Solon, après de longues agitations, voulut que la cité de Minerve fût purifiée tout entière comme un temple dont il fallait laver les marbres ; il fit promener les statues des dieux dans toutes les rues et dans toutes les places; il mit la réconciliation et la paix publique sous la garantie du ciel... Le roi ne suivra pas l'exemple de Charles II, qui, après avoir promis l'oubli à tous, ne pardonna à personne, mêla le spectacle des échafauds à celui des réjouissances, et prépara une nouvelle déchéance à la famille des Stuarts... Je crois connaître l'esprit de la France : la France est tout entière disposée à se presser autour du trône des Bourbons, si une constitution royale et nationale garantit tous les droits. » Les royalistes purs répliquaient que la meilleure constitution était l'âme d'un bon roi.

XXIX

L'abbé de Montesquiou, ministre confidentiel du roi Louis XVIII, membre du gouvernement provisoire, lié avec M. de Talleyrand par politique, avec les royalistes par sentiment, placé au centre de ce tumulte d'opinions diverses, et cherchant à démêler l'esprit général de la situation au milieu de ces avis opposés, écrivait à Hartwell : « Mon avis et celui de M. de Talleyrand est que le roi, en entrant en France, publie simplement un édit royal par lequel il déclare sa propre souveraineté, sans se laisser entraver d'avance par une constitution non avenue. Puis, que le roi proclame ensuite les droits qu'il reconnaîtra à la nation et la réunion des corps législatifs. L'état des finances, ajoutait-il, m'y décide. »

Le comte d'Artois, évidemment embarrassé des concessions qu'il avait faites dans sa précipitation d'entrer à Paris et de jouir des prémices du gouvernement, ne donnait ni lumières ni avis au roi son frère. Il semblait craindre de s'engager par des conseils qui auraient déplu à Hartwell, ou qu'on aurait pu lui opposer plus tard quand la nature l'aurait ramené à son opposition aux concessions. Il se contenta d'envoyer au roi le comte de Bruges, un de ses aides de camp les plus familiers, pour engager son frère à venir enfin prendre la couronne. Le comte de Bruges exprima au roi la véritable et secrète pensée du comte d'Artois. C'était celle des émigrés et des publicistes de l'ancien régime, qui regardaient toute reconnaissance des droits de la nation et des actes révolutionnaires comme une abdication partielle et comme une dégradation anticipée du mystère de la royauté du droit divin. Le roi au fond penchait vers ce dogme, non par conviction d'esprit, mais par habitude de naissance et par respect pour sa race; mais par politique il penchait vers une transaction apparente entre les droits du peuple et le droit de sa souveraineté. Seulement il voulait que cette reconnaissance fût concédée par lui et non arrachée par les circonstances, et que l'origine toute royale et les termes souverains de cette transaction entre le trône et le peuple fussent tels que tout parût un don de la royauté, et que ce don conditionnel pût être suspendu ou retiré si jamais la nation prétendait se mettre au niveau ou au-dessus du trône.

Pendant que le comte de Bruges arrivait ainsi à Hartwell pour porter au roi les inspirations téméraires et absolutistes de son frère, Pozzo di Borgo, aide de camp de l'empereur Alexandre, et ami de M. de Talleyrand, y arrivait de son côté au nom des puissances alliées pour faire prévaloir dans l'esprit de ce prince les inspirations constitutionnelles qui prévalaient dans le conseil des souverains et des diplomates à Paris. Louis XVIII avait donc à se décider sur la terre étrangère entre les deux grandes pensées qui se combattaient déjà en France et qui allaient se le disputer pendant tout son règne. Prudent, réfléchi, négociateur et temporisateur comme un prince vieilli dans les intrigues et dans les hésitations d'un long exil, ce prince écoutait, inclinait tour à tour vers les deux partis, donnait des espérances, méditait des paroles d'oracle à sens double et profond, mais ne se décidait avec une irrévocable franchise pour aucun des deux partis. Sa haute raison le portait aux accommodements avec le temps et avec l'opinion publique; M. de Blacas et la duchesse d'Angoulême, l'un esprit retardataire et étroit, l'autre princesse ulcérée et énergique, le retenaient dans la superstition de sa souveraineté sans partage.

Ce fut dans ces dispositions d'esprit qu'il quitta enfin sa retraite champêtre d'Hartwell, le 18 avril, et qu'il traversa Londres pour rentrer dans son royaume.

XXX.

L'Angleterre tout entière semblait regarder la restauration des Bourbons comme un triomphe national longtemps préparé, longtemps attendu par le peuple de la Grande-Bretagne. La nation anglaise, émue à la voix de Burke et de ses orateurs par la mort tragique de Louis XVI, de la reine et de la famille royale, témoin indigné et attendri du supplice de tant de victimes immolées par la terreur, était constitutionnelle par instinct, royaliste par pitié. L'histoire de la Révolution française, continuellement racontée et commentée à Londres par les écrivains royalistes réfugiés, y était devenue une poésie du malheur, du crime, du trône et de l'échafaud. Le foyer des Anglais avait été généreux, prodigue, hospitalier pour la noblesse française émigrée et reconnaissante alors. Le gouvernement anglais avait contemplé de loin les prodiges d'intrépidité des aventuriers et des héros royalistes de la Vendée; il les avait secourus de ses subsides et de ses escadres, il avait combattu ensuite dix ans l'usurpation du continent par Napoléon en Portugal, en Espagne, en Allemagne, en Sicile; il était fier de la délivrance du monde accomplie par l'obstination de sa politique, de son trésor et de ses armées. La chute de Napoléon et son remplacement sur le trône de France par un frère de Louis XVI paraissaient aux Anglais une des plus grandes œuvres de leur histoire. Leur cœur s'exaltait de joie et d'orgueil en voyant ce sage, longtemps leur hôte, aujourd'hui roi, sortir de sa demeure obscure au milieu de leur île pour aller recevoir de leurs mains le trône de ses pères, et reprendre sa place à la tête des vieilles races couronnées. La ville de Londres tout entière s'était pavoisée et se pressait sur toutes les routes et dans toutes les rues que traversaient Louis XVIII et la duchesse d'Angoulême, depuis la porte du jardin d'Hartwell jusqu'au palais du prince régent. L'entrée du roi à Londres fut aussi solennelle et aussi royale que son entrée dans sa propre capitale. L'ivresse du peuple fut même plus entière, car il ne s'y mêlait ni le deuil de l'occupation du pays par des troupes étrangères, ni les sourds pressentiments de la division des partis. Le prince régent alla recevoir le roi de France aux portes de Londres, et l'accompagna le lendemain jusqu'à Douvres, pour le saluer et le congédier en roi à son dernier pas sur la plage anglaise.

« Je prie Votre Altesse Royale, répondit le roi aux félicitations du prince régent, d'agréer mes plus vives et mes plus sincères actions de grâces pour les félicitations qu'elle vient de m'adresser : je lui en rends de particulières pour les attentions soutenues dont j'ai été l'objet tant de la part de Votre Altesse Royale que de la part de chacun des membres de votre illustre maison. C'est aux conseils de Votre Altesse Royale, à ce glorieux pays, à la constance de ses habitants, que j'attribuerai toujours, après la divine Providence, le rétablissement de notre maison sur le trône de ses ancêtres, et cet heureux état de choses qui permet de fermer les plaies, de calmer les passions, de rendre la paix, le repos et le bonheur à tous les peuples. »

Ces paroles que la reconnaissance de l'exilé inspirait, mais que la dignité du roi de France défendait à ses lèvres, furent plus tard le remords de son règne et le texte du patriotisme contre sa maison. La France y était non-seulement oubliée, mais humiliée.

XXXI

Louis XVIII s'embarqua à Douvres le 24 avril sur le vaisseau *le Royal-Souverain*, escorté de la frégate *le Jason*, aux salves de l'artillerie de la côte et de la flotte, qui saluaient de la mer et du rivage le départ de cette dynastie exilée pour aller retrouver une famille, un peuple et un trône. Le détroit était couvert de barques et de navires pavoisés faisant cortége au vaisseau qui reportait la vieille monarchie en France. Le drapeau blanc flottait à tous les mâts, les applaudissements et les hourras se renouvelaient à toutes les vagues. Une mer calme, un vent doux, un soleil serein, favorisaient cette manifestation de la joie des deux peuples impatients de renouer la paix dans ce roi qui en paraissait le symbole. Le bonheur que devait éprouver l'âme de l'exilé semblait s'être répandu dans l'âme de toute l'Angleterre. Elle était fière d'avoir conservé et de rendre ce souverain à son pays.

A moitié du canal, le vaisseau qui portait le roi passa du cortége naval des Anglais au milieu du cortége des barques et des vaisseaux français. Il trouva sa patrie s'avançant vers lui sur les flots. Il entra en triomphe dans le port de Calais. Les canons de la côte française répondaient depuis l'aurore aux canons de Douvres. Les dunes, les caps, les jetées, les langues de terre avancées dans la mer, les murailles et les tours de Calais étaient couverts d'un peuple qui attendait le roi comme un salut et comme une espérance. Aucune division n'existait en ce moment ni dans les esprits ni dans les cœurs. Ceux qui n'avaient ni souvenir ni affection pour la vieille monarchie n'avaient du moins nulle répugnance. Un murmure d'allégresse sortait de cette foule répandue hors de ses demeures. La terre elle-même et les murailles par la voix des cloches et des canons semblaient participer à cette émotion des hommes. Louis XVIII attendri jusqu'aux larmes, et habile à calculer même ses impressions sincères, jetait autour de lui, à toutes les députations et à tous les spectateurs qui entouraient son vaisseau, de ces mots heureux où le sentiment jaillit de la circonstance pour voler de bouche en bouche. Il s'emparait de sa nouvelle patrie par l'à-propos de ses réponses, et fixait pour ainsi dire l'enthousiasme en l'exprimant. La nature semblait l'avoir créé pour de pareils moments. C'était le génie naturel de ces solennités.

XXXII

Debout sur la proue élevée du vaisseau, appuyé sur les fidèles compagnons de sa proscription, entouré de la France nouvelle qui s'était portée à sa rencontre, il tendait les bras au rivage et les refermait sur son cœur, en élevant ses regards au ciel, comme pour embrasser sa patrie. Il montrait à ses côtés madame la duchesse d'Angoulême, cette fille de Louis XVI à qui la France redevait en amour et en pitié le sang de son père, de sa mère, de sa tante; le prince de Condé, le duc de Bourbon, dont l'ombre du duc d'Enghien, leur fils et leur petit-fils, attristait la physionomie et changeait le retour en deuil visible sur leurs traits. Le peuple immobile d'émotion répondait à chaque geste par des acclamations et par des larmes. Le roi en touchant la terre voulut d'abord, suivant l'antique usage, rendre grâces au Dieu de ses pères pour imprimer un caractère plus religieux à l'embrassement du peuple et du souverain. Assis dans une calèche découverte à côté de la duchesse d'Angoulême, il fendit lentement la foule inclinée pour se rendre à l'église de Calais. Il y pria dans une pieuse attitude aux autels de ses pères. Le reste de la journée fut consommé dans les réceptions et les cérémonies du retour. Les populations du nord de la France se pressaient par leurs députations sur toutes les routes et dans toutes les places de Calais. Ce pays froid, réfléchi, sensible, avait mieux gardé que les contrées légères de la France la mémoire de la monarchie et la piété pour la famille royale. Le général Maison, commandant l'armée du Nord, soldat qui s'était signalé dans la dernière guerre par une énergie et par un patriotisme plus obstinés, était accouru de Lille avec une partie de ses troupes pour lui présenter les premières baïonnettes et les premiers hommages de l'armée. Il escorta le lendemain le prince à son départ de Calais. Le roi reçut ce représentant de l'armée française et ses soldats, comme s'ils eussent servi sa propre cause en servant celle de la patrie sous un autre chef. Il eut pour les officiers et pour les troupes cette confiance qui inspire la loyauté, et ces mots qui effacent tout autre souvenir que les souvenirs de gloire. Il retrouva sur toute sa route vers Paris, à Boulogne, à Montreuil, à Abbeville, à Amiens, le même peuple, le même attendrissement des visages, le même empressement des populations, la même unanimité d'espérances. Il sentit au tressaillement universel et spontané de sa patrie qu'il était maître de ce peuple et qu'on ne lui marchanderait pas sérieusement le règne à Paris. Il était évident pour lui et pour tous que si le pays confiant et versatile eût été seul en face de son roi, le roi aurait dicté arbitrairement et sans obstacle les conditions du nouveau pacte entre le trône et le pays; l'empereur Alexandre stipulait pour la liberté plus que la liberté à ce moment ne stipulait pour elle-même.

XXXIII

Des courriers de Paris rejoignaient d'heure en heure le roi sur la route, et lui apportaient les nouvelles, les impressions et les dispositions publiques par des messages confidentiels de l'abbé de Montesquiou et de M. de Talleyrand. A chaque relais, les exigences de M. de Talleyrand semblaient se relâcher, et ses conseils, d'abord rigoureusement constitutionnels, devenaient plus souples et plus accommodants. Cependant, il l'engageait encore à ne pas entrer à Paris avant d'avoir adressé une proclamation royale à la nation, rassurante pour le passé, et de nature à déterminer et à fixer l'opinion et le serment de l'armée. Le roi suivit ces conseils, et se décida à faire une halte au château de Compiègne avant d'entrer dans sa capitale, soit pour se donner le temps de la réflexion, soit pour combiner avec M. de Talleyrand ses paroles et ses actes, soit pour donner, par la lenteur même de sa marche, plus de dignité et plus de solennité à son retour, et pour accroître l'impatience de sa capitale par l'apparente hésitation de son esprit. Peut-être aussi l'homme privé prévalut-il en cela sur le souverain, et ce prince voulut-il retremper ses yeux et son cœur dans l'antique demeure et dans les vieilles forêts d'un domaine de ses aïeux cher à sa jeunesse, en reposant quelques jours ses regards sur les arbres, sur les eaux et sur les tours où il avait passé ses premières années, avant de se plonger dans ce palais des Tuileries, plein de soucis du trône, de souvenirs de larmes et de sang.

XXXIV

Les maréchaux de Napoléon et ses familiers les plus intimes s'étaient hâtés de devancer le roi à Compiègne pour s'assurer des premiers regards et s'emparer les premiers du règne. Le maréchal Berthier, qui n'avait pas quitté depuis douze ans la tente ou le cabinet de l'empereur; le maréchal Ney, son plus intrépide lieutenant sur tous les champs de bataille, dont l'empereur avait dit : « J'ai trois cents millions en or dans les caves de mon palais, je les donnerais pour racheter la vie d'un pareil homme, » s'y montraient les plus empressés auprès de son successeur. Le maréchal Ney, à cheval avec ses collègues autour de la voiture royale, et agitant son épée sur sa tête, s'écriait en montrant ce prince à la foule : « Vive le roi! Le voilà, mes amis, le roi légitime! le véritable roi de la France! » Ces hommes de guerre, si braves au feu, se montrent trop souvent faibles de cœur devant les changements des cours. Le peuple s'étonnait de tant de versatilité dans tant d'héroïsme. Il commençait à soupçonner, ce qu'il a eu tant d'occasions de reconnaître depuis, que l'habitude d'obéir à toutes les puissances ne crée pas la constance dans le cœur des hommes de guerre, et que les révolutions qu'ils ont à combattre la veille n'ont pas de plus complaisants serviteurs le lendemain.

Le roi feignait d'estimer des inconstants qui ne faisaient pas illusion à sa sagacité. Il couvrait d'honneur ces adulations pour en encourager d'autres. Il jugeait du pays par les représentants de l'armée : il se trompait. Les hommes du 18 brumaire et de l'empire avaient perdu le droit de marchander la liberté. Mais il restait des citoyens dans les rangs civils et obscurs de la population.

Le maréchal Berthier, à titre de chef d'état-major général et de plus ancien des maréchaux présents, adressa un discours au roi. On eût cru entendre une voix de l'antique monarchie portant l'hommage de l'inviolable fidélité à l'héritier non interrompu de l'antique race : « Vos armées, Sire, lui dit-il, dont vos maréchaux sont aujourd'hui l'organe, se trouvent heureuses de vous offrir aujourd'hui leur dévouement. » Il présenta ensuite tous les lieutenants de Napoléon en répétant au roi des noms que ce prince avait longtemps entendu répéter comme ceux des implacables soutiens de la cause ennemie. Le roi, préparé à cette réception, et qui avait rangé dans sa mémoire les principales actions de guerre où ces compagnons de l'empereur s'étaient illustrés, adressa à chacun d'eux le mot et le souvenir qui devait le flatter davantage. Il enchaîna par l'orgueil ceux qui ne demandaient qu'à être enchaînés par la faveur. Il feignit, à la fin de l'audience, de chanceler sous le poids de l'âge et des infirmités. Ses familiers s'avancèrent pour le soutenir ; mais le roi les écartant du geste et s'appuyant sur les bras des maréchaux avec une affectation d'abandon et de confiance pleine de ruse et de grâce : « C'est sur vous, messieurs, leur dit-il en souriant, que je veux désormais m'appuyer ! Approchez et entourez-moi ; vous avez toujours été bons Français ; j'espère que la France n'aura plus besoin de votre épée ; mais si jamais, ce qu'à Dieu ne plaise, on nous forçait à la tirer, tout infirme que je suis, je marcherais avec vous ! »

Ces paroles et ce geste attendrirent jusqu'à l'ivresse des hommes qui ne demandaient qu'à être émus, pour justifier la promptitude de leur adhésion intéressée par l'apparence d'un entraînement de cœur.

XXXV

Une députation du Corps législatif avait devancé aussi le roi à Compiègne. Le président et l'orateur de cette députation était M. Bruys de Charly, député de Saône-et-Loire, homme d'une figure imposante, d'un cœur royaliste, d'un dévouement raisonné mais traditionnel aux Bourbons et aux principes de la monarchie tempérée. « Oui, dit-il au roi d'une voix où l'émotion attendrissait la force, venez, descendant de tant de rois! Montez au trône où nos pères placèrent autrefois vos augustes ancêtres, et que nous sommes heureux de vous voir occuper aujourd'hui! Tout ce que vainement nous avions espéré loin de vous, Votre Majesté nous l'apporte; vous venez sécher toutes les larmes, guérir toutes les blessures.

» Nous vous devrons plus encore : ce retour va cimenter les bases d'un gouvernement sage et prudemment balancé. Votre Majesté ne veut rentrer que dans l'exercice des droits qui suffisent à l'autorité royale. L'exécution de la volonté générale confiée à vos mains paternelles n'en deviendra que plus respectable et plus assurée. »

Le roi savait, par sa correspondance et par les journaux, que la nation, qui ne voyait dans le Sénat que les soutiens du despotisme répudié de l'empire, entourait de plus faveur les membres du Corps législatif, d'où les premières voix d'indépendance étaient sorties. Il eut la présence d'esprit de s'appuyer, dès les premiers mots, sur le Corps législatif contre le Sénat absent. Il reconnut formellement dans sa réponse les membres du pouvoir législatif comme les représentants de la nation, et ne craignit pas d'engager sa prérogative en leur parlant de l'union nécessaire de son pouvoir avec les députés du pays pour assurer la force des lois et la félicité publique.

XXXVI

L'effet produit par cette première rencontre du souverain avec les représentants de l'armée et avec les représentants élus de la nation, l'émotion qui passionnait tout, l'adulation qui courbait tout, les conseils et les encouragements de ces entourages anciens et nouveaux, parurent suffisants au roi pour qu'il bravât les exigences de ce Sénat à moitié soumis, à moitié rebelle, qui n'avait envoyé ni paroles ni députation au nouveau maître. Louis XVIII se décida à prendre possession de son trône, sans conditions et sans stipulations échangées avec ce pouvoir faible, exigeant et haï. L'empereur Alexandre, circonvenu plus que jamais par les hommes de la cour impériale, maîtres du Sénat, et qui voulaient conserver ce gage de sûreté et d'influence dans le règne nouveau, céda à leurs instances et partit pour Compiègne, afin de porter lui-même à Louis XVIII et d'appuyer de son crédit tout-puissant les prétentions du Sénat.

Louis XVIII vit arriver Alexandre avec déplaisir. Il savait que la popularité dont il était enivré à Paris par les impérialistes avait fasciné son jugement ; qu'il prenait dans sa capitale l'attitude d'un négociateur impérieux entre la nation et les Bourbons. Il n'ignorait pas les répugnances que le jeune empereur avait témoignées pendant les premiers jours de la restauration de sa famille ; il se souvenait que ce souverain avait revendiqué avec orgueil et affiché avec affectation l'amitié de Napoléon. Enfin, il s'attendait à des sollicitations impérieuses ou à une protection humiliante d'Alexandre. Sa politique et son orgueil en étaient également alarmés. C'était même là le motif secret de son hésitation à se rendre à Paris, depuis tant de jours de la lenteur de sa marche et de sa halte prolongée à Compiègne. Mais il trouva dans le sentiment de sa dignité et dans le souvenir de son sang le courage pénible de résister à un négociateur couronné, et de refuser une complaisance à celui qui lui rendait un trône : dès le premier jour, il fut roi.

XXXVII

Louis XVIII reçut froidement le czar. Après les premières politesses, les deux souverains se retirèrent dans l'intérieur du château et eurent ensemble, seul à seul, un long et sérieux entretien. Alexandre insista pour persuader au roi que les droits traditionnels de son sang et les mystères du droit divin des couronnes étaient percés à jour et répudiés par l'opinion ; qu'il convenait de régner en vertu d'un titre nouveau et d'un appel volontaire à la nation, exprimé par le Sénat, en échange d'une constitution acceptée des mains de ce pouvoir de l'État; que la date du règne des Bourbons devait se rajeunir et se confondre avec la date de la chute de l'empire; que la nécessité et la prudence commandaient au roi de reconnaître, au moins de fait, l'existence des gouvernements qui avaient régi la France depuis vingt-cinq ans; que si les familles royales avaient des intrigues, les nations n'en avaient pas. Enfin, il grossit démesurément aux yeux du prince exilé l'importance de ce petit groupe d'hommes d'ambition dont il était lui-même entouré à Paris, et qui, selon lui, tenaient les opinions et la couronne dans leurs mains, l'offrant en échange d'une constitution dictée par eux seuls, la retirant en échange d'une constitution émanée du monarque. En un mot, il parut mettre le trône et l'entrée de Paris au prix des condescendances, les unes justes, les autres timides et impolitiques, qu'il proposait au roi.

XXXVIII

Louis XVIII l'écoutait avec impatience, l'interrompait avec liberté, et lui répondit avec une imperturbable fermeté : « Je suis étonné d'avoir à rappeler à un empereur de Russie, lui dit-il, que la couronne n'appartient pas aux sujets. A quel titre un sénat, instrument et complice de toutes les violences et de toutes les démences d'un usurpateur, peuplé de ses plus serviles et de ses plus criminelles créatures, disposerait-il de la couronne de France? Lui appartient-elle? Et si elle lui appartenait en effet, est-ce à un Bourbon qu'il l'offrirait librement? N'y a-t-il pas dans son sein des hommes tarés dans la Révolution de 1793 et tachés du sang d'un Bourbon décapité? Je suis trop éclairé pour attacher au droit divin la signification que les superstitions religieuses ou populaires y attachèrent jadis ; mais ce droit divin, qui n'est, pour moi comme pour vous, qu'une loi de bon sens passée en politique immuable dans la transmission héréditaire du droit de souveraineté, est devenu aussi une loi de la nation, dix ans violée, dix siècles suivie ! La mort de mon frère et celle de mon neveu m'ont transmis ce droit; c'est en vertu de ce seul titre que je suis ici et que l'Europe m'a rappelé pour rétablir en moi non un homme, non une race, mais un principe. Je n'en ai pas d'autres, je n'en veux pas d'autres à présenter à la France et au monde. L'acceptation de tout autre titre anéantirait en moi celui-là. Je suis un roi; je serais un mendiant de trône ! Et quel autre droit aurais-je hors de ce droit que le sang a fait couler dans mes veines? Que suis-je? Un vieillard infirme, un malheureux proscrit, réduit longtemps à emprunter une patrie et du pain aux terres étrangères : tel j'étais encore il y a peu de jours ; mais ce vieillard, ce proscrit était le roi de France, et voilà pourquoi Votre Majesté est ici; voilà pourquoi une nation entière, qui ne me connaît que par ce nom, m'a rappelé au trône de mes pères. Je reviens à sa voix, mais j'y reviens roi de France, ou je ne suis encore qu'un proscrit.

» Vous-même, ajouta-t-il en regardant Alexandre et en le frappant de son regard comme d'un reproche muet de l'inconvenance de sa demande, en vertu de quel titre commandez-vous donc à ces millions d'hommes dont vous avez guidé les armées à la délivrance de mon trône et de mon pays? » Alexandre reconnut la force de cette interrogation, et se borna à alléguer la toute-puissance des faits accomplis et les conseils impérieux des circonstances. Mais Louis XVIII ne se rendit pas à ces raisons, qui, selon lui, brisaient d'avance son sceptre dans ses mains, et qui en remettaient la disposition à la merci d'un corps aujourd'hui obéissant, séditieux demain. « Non, dit-il, je ne flétrirai point par une lâcheté le nom que je porte et le peu de jours que j'ai à vivre; je n'achèterai point une faveur mobile d'opinion au prix d'un droit sacré, de moi, de ma maison, de mon principe. Je sais que je dois à vos armes victorieuses la délivrance de mon peuple; mais si ces importants services devaient mettre à votre disposition l'honneur de ma couronne, j'en appellerais à la France et je retournerais en exil. »

XXXIX

La France alors aurait presque unanimement répondu à cet appel du roi par une nouvelle proclamation de sa royauté. Le départ de Louis XVIII aurait été le signal de nouveaux embarras et de graves agitations pour les alliés. Alexandre fut intimidé à son tour. Il se borna à rappeler au roi les engagements à demi consentis par le comte d'Artois son frère, à son entrée dans Paris. Louis XVIII ne les démentit pas, mais il feignit de les satisfaire par la promesse d'une déclaration ou d'un édit qui les confirmerait de sa pleine et libre autorité, au lieu de les accepter comme une loi des alliés et comme une condition de son peuple.

Alexandre sortit de cet entretien vaincu, étonné. Il avait cru rencontrer un vieillard d'un esprit faible, affamé du trône et heureux de le recouvrer à tout prix. Il avait trouvé un esprit supérieur, une foi obstinée, une éloquence majestueuse, un caractère inflexible, un roi qu'on pouvait repousser encore, mais qui, une fois sur le trône, se placerait par sa légitimité au niveau et au-dessus de ses libérateurs.

L'empereur d'Autriche et le roi de Prusse arrivèrent plus tard à Compiègne et ne renouvelèrent pas sur Louis XVIII les tentatives d'Alexandre. Ces souverains, moins influencés par les jeunes courtisans de l'empire et par les vieux débris de la Révolution, était plus disposés par leur nature et par leurs ministres à soutenir l'autorité personnelle du roi qu'à l'affaiblir par de timides concessions. Alexandre leur était suspect sinon de complicité avec la Révolution, au moins de jeunesse et de faiblesse pour les révolutionnaires. La même table réunit ce jour-là les quatre souverains et leurs principaux lieutenants. Bernadotte, ce roi de Suède, ancien Jacobin parvenu au trône et qui combattait contre sa patrie pour mériter de garder sa couronne, assistait à ce banquet. Un des augustes convives, dans la liberté du repas, ayant parlé au roi de cette mobilité du Français qui le précipitait avec la même facilité dans l'insurrection ou dans la servitude : « Faites-vous craindre, Sire, dit Bernadotte à Louis XVIII, et ils vous aimeront : sauvez seulement avec eux l'honneur et les apparences : ayez un gant de velours sur une main de fer. » Le mot resta un dogme aux ambitieux.

LIVRE QUATORZIÈME

Projet de déclaration royale proposé par le Sénat à Louis XVIII. — Son refus. — Il se rend à Saint-Ouen. — Députation du Sénat. — Discours de M. de Talleyrand. — Déclaration de Saint-Ouen. — Entrée de Louis XVIII à Paris. — Son cortége. — Il se rend à la cathédrale. — Son entrée aux Tuileries. — Il nomme son ministère. — M. d'Ambray. — L'abbé de Montesquiou. — L'abbé Louis. — M. Beugnot. — Le général Dupont. — M. Ferrand. — M. de Talleyrand. — M. de Blacas. — Mémoire de Fouché à Louis XVIII. — Création de la maison militaire du roi. — Charte de 1814. — Opposition de M. de Villèle. — Traité de Paris. — Départ des alliés. — Formation de la chambre des pairs. — Ouverture des chambres le 4 juin 1814. — Discours du roi. — Discours du chancelier d'Ambray et de M. Ferrand. — Adresse de la chambre des pairs et du Corps législatif. — Ordonnance sur l'observation du dimanche. — Projet de loi sur la presse. — Discours de l'abbé de Montesquiou. — Rapport de M. Raynouard. — Adoption de la loi par le Corps législatif et la chambre des pairs. — Mesures financières présentées au roi par l'abbé Louis. — Loi de restitution des rentes et des biens non vendus. — Exposé des motifs de M. Ferrand. — Rapport de M. Bédoch. — Discours de M. Lainé et du maréchal Macdonald. — Adoption de la loi. — Le général Excelmans et le maréchal Soult. — Le duc d'Orléans au Palais-Royal. — Le duc et la duchesse d'Angoulême en Vendée. — Le duc de Berri. — Le comte d'Artois. — Le prince de Condé. — Le duc de Bourbon. — Retour de la France aux Bourbons. — Situation de Louis XVIII. — Départ de M. de Talleyrand pour Vienne. — Congrès de Vienne.

I

Cependant l'empereur Alexandre était revenu rapporter à Paris l'impression qu'il avait reçue de la fermeté de

Louis XVIII et ses refus. Le Sénat tremblait, hésitait, reculait; M. de Talleyrand se maintenait en perdant chaque jour du terrain dans ce double rôle d'intermédiaire confidentiel entre les exigences des uns et l'obstination des autres, trompant à la fois les deux. Des plans adoucis et amendés de constitution se succédaient vainement dans les comités du Luxembourg et dans les salons de ce ministre. Le diplomate conserva le ton de la plaisanterie avec les puritains du Sénat pour les préparer aux sacrifices par le doute jeté d'avance dans leur conseil : « Vous allez, leur disait-il, avoir affaire à un roi qui est un homme supérieur : attendez-vous à le voir discuter votre constitution : préparez-vous à l'honneur d'entrer en controverse avec lui. »

Les sénateurs soumirent enfin à M. de Talleyrand un projet de déclaration royale dans lequel ils faisaient promettre à ce prince de conserver le Sénat, aux lumières duquel il reconnaîtrait devoir son retour dans son royaume. M. de Talleyrand alla le présenter au roi à Compiègne, ne doutant pas qu'il ne fût accepté. Mais ce prince, aussi inflexible aux insinuations du négociateur qu'il l'avait été aux sommations d'Alexandre, répondit fièrement à M. de Talleyrand : « Si j'acceptais une constitution de mon peuple, dans la séance où je jurerais de l'observer, vous seriez assis et je serais debout ! » Cette attitude seule de celui qui prête un serment devant celui qui l'impose paraissait au roi la réfutation la plus énergique du rôle subalterne que les prétentions du Sénat voulaient assigner à la couronne. Il méditait un autre rôle pour la royauté : il voulait confondre la majesté d'un descendant de Louis XIV et la prudence d'un politique du dix-neuvième siècle venant pacifier une révolution sans la reconnaître, dans une sagesse émanant du trône, non par suggestion, mais par inspiration. Mais la crainte de l'empereur Alexandre et le désir d'user la résistance de ce prince par la temporisation l'empêchèrent encore d'entrer immédiatement dans sa capitale. Il voulait s'en rapprocher pas à pas, afin d'accroître le désir du peuple par l'impatience. Les royalistes qui venaient d'heure en heure lui rapporter les sentiments de ce peuple faisaient espérer au roi qu'un mouvement irrésistible d'opinion éclaterait malgré l'empereur de Russie et malgré le Sénat à son approche, et qu'une acclamation renverserait ces barrières factices qu'on voulait élever entre la nation et lui. Il se rendit au château isolé de Saint-Ouen, ancienne demeure de M. Necker, dans la plaine de Saint-Denis, aux portes de Paris, comme s'il eût voulu, par le choix de ce lieu des conférences, rappeler à la nation le souvenir d'un ministre populaire qu'il avait lui-même soutenu jadis dans la convocation des états généraux du royaume. La nécessité de préparer son entrée royale à Paris fut le prétexte de ce séjour inexpliqué sous les murs de sa capitale. Le véritable motif fut une dernière négociation avec Alexandre et avec les résistances d'opinion qui lui contestaient le suprême pouvoir.

II

Mais ce rapprochement même était une menace à laquelle le Sénat, à la fois pressé et retenu par M. de Talleyrand, ne résista pas. A peine le roi était-il établi à Saint-Ouen que l'élan général emporta vers cette résidence tous les royalistes ou tous ceux qui feignaient de l'être. Le peuple lui-même inondait les champs et les routes qui conduisent à cette demeure. Paris débordait d'impatience, d'émotion et de curiosité vers Saint-Ouen. Le Sénat se hâta d'y envoyer une députation, et confia à M. de Talleyrand lui-même la parole en son nom. Cette parole, qui n'avait plus d'autre mission que de sauver les apparences, s'étudia à être aussi flexible et aussi agréable au roi que réservée et digne pour le Sénat. Mais on y sentait déjà la résistance qui se lasse et les prétentions qui capitulent avec la force en se réfugiant dans le sentiment.

« Sire, disait M. de Talleyrand au nom de la députation du Sénat, tous les cœurs sentent que ce bienfait ne pouvait être dû qu'à vous-même : aussi tous les cœurs se précipitent sur votre passage. Il est des joies que l'on ne peut feindre : celle dont vous entendez les transports est une joie vraiment nationale.

» Le Sénat, profondément ému de ce touchant spectacle, heureux de confondre ses sentiments avec ceux du peuple, vient, comme lui, déposer au pied du trône les témoignages de son respect et de son amour.

» Sire, des fléaux sans nombre ont désolé le royaume de vos pères. Votre gloire s'est réfugiée dans nos camps ; les armées ont sauvé l'honneur français : en remontant sur le trône, vous succédez à vingt années de ruines et de malheurs.

» Cet héritage pourrait effrayer une vertu commune ; la réparation d'un si grand désordre veut le dévouement d'un grand courage ; il faut des prodiges pour guérir les blessures de la patrie ; mais nous sommes vos enfants, et les prodiges sont réservés à vos soins paternels.

» Plus les circonstances sont difficiles, plus l'autorité royale doit être puissante et révérée. En parlant à l'imagination par tout l'éclat des anciens souvenirs, elle saura se concilier tous les vœux de la nation moderne en lui empruntant les plus sages théories politiques.

» Une charte constitutionnelle réunira tous les intérêts à celui du trône, et fortifiera la volonté première du concours de toutes les volontés.

» Vous savez mieux que nous, Sire, que de telles institutions, si bien éprouvées chez un peuple voisin, donnent des appuis et non des barrières aux monarques amis des lois et pères des peuples.

» Oui, Sire, la nation et le Sénat, pleins de confiance dans les hautes lumières et dans les sentiments magnanimes de Votre Majesté, désirent avec elle que la France soit libre pour que le roi soit puissant. »

Le roi, affectant une majesté silencieuse, comme un esprit dont la résolution ne délibère plus, se borna à répondre par un de ces vagues remercîments qui laissent tout espérer et tout craindre. Il ne fit aucune allusion aux termes ambigus et politiques dans lesquels M. de Talleyrand avait enveloppé les prétentions expirantes du Sénat. Ce silence y répondait assez par son dédain, et, comme s'il eût voulu les braver ou les défier davantage, il fit publier quelques heures après la fameuse déclaration de Saint-Ouen, cet *ultimatum* de la royauté à la révolution. Cette déclaration rappelait en tout celle de Louis XVI lorsque ce prince voulut éluder tardivement les états généraux en les devançant par des concessions au siècle. Mais Louis XVI parlait seul et sans force la veille d'une révolution qui ne voulait plus attendre. Louis XVIII parlait au milieu d'un million de baïonnettes européennes, maîtresses du sol asservi de la patrie, au cœur d'un peuple fatigué de vingt-cinq ans de luttes et sur les ruines d'un empire qui demandait à la royauté non la liberté, mais la vie. L'empereur Alexandre, qui avait eu communication le matin de ce projet de déclaration, avait exigé en termes impérieux la modification de quelques articles.

Cette déclaration s'exprimait ainsi :

« Louis, par la grâce de Dieu roi de France et de Navarre, à tous ceux qui ces présentes verront, salut.

» Rappelé par l'amour de notre peuple au trône de nos pères, éclairé par les malheurs de la nation que nous sommes appelé à gouverner, notre première pensée est d'invoquer cette confiance mutuelle si nécessaire à notre repos, à notre bonheur.

» Après avoir lu attentivement le plan de constitution proposé par le Sénat dans sa séance du 6 avril dernier, nous avons reconnu que les bases en étaient bonnes, mais qu'un grand nombre d'articles, portant l'empreinte de la précipitation avec laquelle ils ont été rédigés, ne peuvent, dans leur forme actuelle, devenir lois fondamentales de l'État.

» Résolu d'adopter une constitution libérale, voulant qu'elle soit sagement combinée et ne pouvant en accepter une qu'il est indispensable de rectifier, nous convoquons pour le 10 du mois de juin de la présente année le Sénat et le Corps législatif, nous engageant à mettre sous leurs yeux le travail que nous aurons fait avec une commission choisie dans le sein de ces deux corps, et à donner pour base à cette constitution les garanties suivantes :

» Le gouvernement représentatif sera maintenu tel qu'il

existe aujourd'hui, divisé en deux corps, savoir : le Sénat et la chambre des députés des départements ;

» L'impôt sera librement consenti ;

» La propriété publique et individuelle assurée ;

» La liberté de la presse respectée, sauf les précautions nécessaires à la tranquillité publique ;

» La liberté des cultes garantie ;

» Les propriétés seront inviolables et sacrées : la vente des biens nationaux restera irrévocable ;

» Les ministres, révocables, pourront être poursuivis par une des chambres législatives, et jugés par l'autre ;

» Les juges seront inamovibles, et le pouvoir judiciaire indépendant ;

» La dette publique sera garantie ; les pensions, grades, honneurs militaires, seront conservés, ainsi que l'ancienne et la nouvelle noblesse ;

» La Légion d'honneur, dont nous déterminerons la décoration, sera maintenue ;

» Tout Français sera admissible aux emplois civils et militaires ;

» Enfin nul individu ne pourra être inquiété pour ses opinions et ses votes. »

III

Une immense acclamation du peuple salua cette déclaration de principes, affichée avec profusion sur tous les murs de Paris comme un préambule du règne. C'était la Révolution légitimée par la royauté, le traité de pacification entre le passé et l'avenir, l'amnistie mutuelle du roi au peuple, du peuple au roi. On ne contesta pas sur la source d'où émanait cette reconnaissance de la Révolution. Peu importait en ce moment à la nation qu'une telle constitution tombât du trône ou remontât du peuple, pourvu qu'elle garantît ses conquêtes au siècle, ses intérêts au pays. La popularité de Louis XVIII entraîna tout dans le courant de la joie publique. Les royalistes seuls qui avaient conservé dans leur exil les sophismes, les systèmes ou les superstitions de la royauté sans contrôle, murmuraient sourdement contre une sagesse qu'ils appelaient tout bas une lâcheté. Ces murmures mêmes de quelques retardataires du siècle ne faisaient qu'accroître la faveur publique pour le roi. Plus ces courtisans obstinés du principe mort répudiaient ce prince, plus la nation nouvelle l'adoptait.

Le roi profita avec habileté de ce mouvement passionné d'étonnement et d'enthousiasme pour rentrer dans la ville et dans le palais de ses pères. Tout un peuple était debout pour le devancer ou le revoir.

IV

Le 3 mai 1814, la plaine de Saint-Ouen, les collines de Montmartre, les avenues de Paris, les rives de la Seine étaient couvertes, comme autant de gradins d'un cirque, de la population et des troupes sorties des villages et des faubourgs pour assister à l'entrée du roi dans sa capitale. Un ciel splendide, un soleil de fête, une verdure de printemps, semblaient associer la nature à cette foule pour solenniser, rasséréner une des plus étonnantes époques de la vie d'une nation, la première entrevue d'un peuple et d'un roi, la réconciliation d'une royauté proscrite et d'une révolution pacifiée, la libération enfin du sol de la patrie par la main d'un sage désarmé.

Le roi sortit à onze heures des jardins de Saint-Ouen, auxquels il laissait la mémoire de son séjour, les traces de ses méditations, et dont il fit plus tard un hommage monumental à une favorite de l'amitié. Un immense et somptueux cortége à cheval, formé des princes de sa maison et des hommes notables des deux époques : émigrés, soldats de la république, courtisans d'Hartwell, courtisans des Tuileries, généraux de l'étranger, maréchaux de l'empire, noms consulaires de toutes les dates de l'histoire de nos trente dernières années, noms illustres de l'antique monarchie, ministres, administrateurs, diplomates, écrivains ou orateurs célèbres, confondus en groupes impartiaux par la réconciliation des circonstances et par le miracle des événements, précédait, suivait, entourait la voiture découverte du roi, attelée de huit chevaux blancs des écuries de l'empereur. Les uniformes et les costumes de cette suite de toutes dates, de tous les règnes, de toutes les armées, attestaient cette rencontre de tout un peuple et de toute l'Europe dans cette réception unanime d'un souverain longtemps absent qui revenait représenter, confondre et unir deux temps. Nul prince n'était plus propre que Louis XVIII à personnifier cette conciliation et à représenter paternellement le vieux siècle en se faisant accueillir du nouveau.

Son âge imposait par la maturité des années sans offrir encore aucun autre signe de décadence que ses cheveux

blancs, apparence de sagesse sur un visage encore jeune :
les infirmités de ses jambes étaient dérobées à la foule par
son manteau rejeté sur ses genoux. Mais ce roi assis dont
on connaissait les souffrances et la vie forcément sédentaire
était un symbole de réflexion et de paix. Cette infirmité
même, en intéressant pour ce vieillard, semblait offrir un
gage de repos, passion unanime en ce moment de la
France. Sa physionomie empreinte d'une fine intelligence,
l'éclat et la fermeté de ses regards planant d'en haut sur la
foule, comme ceux d'une pensée accoutumée à regarder
sans éblouissement son peuple; la curiosité et l'étonnement
naturel de ses yeux cherchant à reconnaître à travers les
changements de vingt-cinq années les horizons, les campagnes, les murs, les monuments de sa jeunesse; les interrogations qu'il adressait de temps en temps aux personnages de sa suite plus heureux que lui et qui n'avaient
jamais quitté la patrie; cette joie intime et triste du retour
se mêlant sur ses traits à la dignité d'une entrée triomphale; son costume même étranger rappelant le temps et
l'exil; cette princesse à ses côtés, la duchesse d'Angoulême, à qui la patrie repentante ne pouvait rendre qu'un
nom, mais non une famille disparue dans la tempête; les
larmes involontaires qui luttaient avec le bonheur dans les
yeux de cette orpheline de l'échafaud; le vieux prince de
Condé, vétéran des guerres monarchiques, usé de corps
par près d'un siècle de combats, affaibli d'intelligence et
de mémoire par l'exil, et promenant des regards d'enfant
sur cette pompe dont il était l'objet et qu'il semblait à
peine comprendre; le duc de Bourbon, son fils, le visage
et le cœur en deuil comme s'il eût suivi le cortége funèbre
du duc d'Enghien au lieu de suivre le triomphe de la

royauté ; le comte d'Artois, sourire et popularité chevaleresques de la dynastie, à cheval à la portière du roi, paraissant présenter son frère au peuple et le peuple à son frère; le duc d'Angoulême et le duc de Berri, ses deux fils, héritiers futurs du trône, l'un modeste et réfléchi, l'autre affectant la rudesse martiale des officiers de l'Empire; l'éclat des armes, l'ondulation des chevaux, le flottement des panaches, la haie vivante de peuple et de soldats qui bordait les champs et les avenues de la plaine, les maisons débordant jusqu'aux toits de femmes et d'enfants, les fenêtres pavoisées de drapeaux blancs, les battements de mains, les acclamations prolongées, expirantes, renaissantes à chaque tour de roue du char royal, la pluie de fleurs tombant des balcons et jonchant les pavés, les fanfares des instruments, le roulement des tambours, les salves de canon sur Montmartre et aux Invalides interrompant les courts silences de la foule et donnant le contrecoup des émotions d'un million d'hommes; tous ces aspects, tous ces regards, tous ces bruits, tous ces étonnements, tous ces sentiments de la foule, donnaient à l'entrée de Louis XVIII à Paris un caractère de pathétique et de sensibilité qui effaçait la pompe même d'une entrée triomphale. La nature y participait plus encore que le cérémonial. Il y avait du père dans ce roi, de la piété filiale dans ce peuple, des larmes sincères entre eux. On se revoyait après une longue séparation, on cherchait mutuellement à se reconnaître, à se pressentir, on espérait l'un dans l'autre, on voulait s'aimer : le cœur d'un roi et le cœur d'un peuple ne battirent peut-être jamais plus près l'un de l'autre. La tradition monarchique recouvrait un trône, l'exil une patrie, la Révolution une consécration, le passé un oubli, l'avenir un gage, les idées un arbitre, la patrie une indépendance, le monde une paix.

Le roi reçut à la porte Saint-Denis les clefs de Paris des mains de M. de Chabrol, préfet sous Napoléon. Il les lui rendit avec un mot de confiance, comme pour imprimer à son gouvernement une signification d'amnistie pour tous les services rendus sous un autre drapeau, et pour donner un gage d'immutabilité à tous les fonctionnaires de l'empire. Le cortége s'avança de là par les quartiers les plus populeux de Paris vers la cathédrale. Il fut reçu comme ses aïeux à la porte de ce temple du vieux culte et de la vieille dynastie par le clergé, qui lui présenta les eaux lustrales et les symboles de la souveraineté. « Fils de saint Louis, dit-il aux prêtres qui l'accueillaient dans le sanctuaire, j'imiterai ses vertus. » Il attribua aussi la fin des malheurs de sa race à la protection de Dieu et de sa mère, comme pour raviver dès le premier mot les pieuses coutumes de Louis XIII et les cérémonies chères à la crédulité de l'ancien peuple. Politique avec les politiques, croyant avec les croyants, roi des deux âges et des deux races qui se rencontraient en lui sous ces voûtes.

Après les chants d'allégresse que l'Église consacre aux victoires ou au bonheur des nations, le roi et les princes remontèrent en voiture et traversèrent au milieu des flots du peuple les rues et les quais qui séparent la cathédrale du Louvre. La physionomie du prince et celle de la duchesse d'Angoulême s'assombrissaient en approchant des Tuileries, où l'on avait préparé leur séjour. Le roi n'avait pas revu ce palais depuis le jour du départ de Louis XVI et de la reine pour Varennes, veille de leur captivité et de leur long supplice; la duchesse d'Angoulême, depuis la matinée du 10 août, quand elle avait fui donnant la main à son père au bruit de l'assaut qui démolissait les portes et sur les cadavres de leurs défenseurs. Les acclamations de cette foule qui semblaient lui faire réparation de sa famille immolée se confondaient dans sa mémoire avec les clameurs des grandes séditions qui avaient autrefois assiégé son enfance dans ces mêmes cours. Elle n'avait pu voir sans défaillance, en passant devant l'ancien palais de saint Louis, la Conciergerie, les soupiraux et les grilles du cachot de sa mère. En descendant de voiture à la porte des Tuileries, elle tomba évanouie dans les bras de ses serviteurs. Ils la transportèrent à demi morte dans ses appartements. Elle s'y enferma le reste du jour entre Dieu et le souvenir de sa famille anéantie. Il lui fallait la solitude et la prière pour l'apprivoiser à ces grandeurs dont elle connaissait les revers, et à des triomphes dont elle pressentait les retours.

V

Le roi parcourut les salles du palais rajeuni, pleines encore de tout le luxe et de toutes les pompes militaires de l'empire. On n'avait pas eu le temps d'effacer sur les murs les chiffres couronnés de Napoléon, ni d'enlever les statues, les tableaux, les portraits dans lesquels, pendant dix ans, il avait contemplé son image et sa gloire. Louis XVIII se sentait assez fort et assez glorieux de ses ancêtres pour regarder sans colère et sans envie ces vestiges d'un parvenu de la victoire. Il semblait adopter ainsi tout ce qui avait décoré la France, même contre lui. Cette magnanimité de son droit rassurait et touchait les guerriers de la cour de Napoléon qui l'introduisaient dans le palais de leur chef. Ils se montraient fiers eux-mêmes d'être adoptés par cette monarchie des siècles passés qui semblait donner de l'antiquité à leurs nouveaux titres. Ils se prosternaient devant le temps pour que ce temps se hâtât de mêler leurs noms récents aux vieux noms de la monarchie. Deux cours rivalisant d'empressement et d'adulations, les unes naturelles, les autres serviles, se confondaient ainsi pour accueillir le roi et sa famille dans le palais de la royauté. Louis XVIII ce jour-là sembla oublier ses anciens serviteurs pour ne s'occuper que des nouveaux. Le cœur était avec l'émigration, mais les sourires pour l'empire et pour la Révolution. La statue de son aïeul Henri IV, qu'on avait rélevée pour son passage sur le Pont-Neuf et qu'il avait saluée en traversant le fleuve, semblait lui avoir inspiré son sourire et ses mots. Habile inconséquence des souverains réconciliés avec leurs sujets qui sacrifient les amis pour reconquérir leurs ennemis !

VI

Aussitôt que la nuit eut dissipé cette foule de courtisans et cette multitude ivre d'espérance, le roi retint auprès de lui M. de Talleyrand et composa son ministère. Le moment ne permettait pas qu'il perdît une heure pour régner. La France était conquise, il fallait traiter en son nom de sa rançon et de sa délivrance. Les esprits étaient flottants et incertains de la signification du gouvernement nouveau; il fallait les fixer. L'œuvre était difficile. Un acte ou un nom pouvait changer l'enthousiasme en désaffection. Si la Révolution inquiète et l'impérialisme mécontent avaient leurs exigences, l'opinion royaliste avait ses emportements, l'émigration ses susceptibilités et ses ambitions, la duchesse d'Angoulême ses répugnances, le comte d'Artois et sa cour leurs audaces contre-révolutionnaires et leurs prétentions. Le roi chercha, de concert avec M. de Talleyrand, des noms enfouis depuis de longues années dans l'obscurité et dans la retraite, dont le mérite était un mystère, dont les opinions étaient un secret, dont la sagesse et l'impartialité présumées désarmaient l'envie et avaient du moins le prestige de l'inconnu. Ces noms étaient empruntés en majorité à l'ancienne magistrature parlementaire ; comme si le roi en choisissant ces hommes intermédiaires entre les plébéiens et les patriciens eût voulu rassurer à la fois l'aristocratie et la bourgeoisie, et laisser sa faveur indécise aussi entre l'ancienne et la nouvelle noblesse. Il nomma chancelier de France et ministre de la justice M. d'Ambray. M. d'Ambray, ancien avocat général au parlement de Paris, s'y était distingué avant la Révolution dans l'exercice de ses fonctions par un talent que le souvenir et la longue retraite avaient exagéré. Il n'avait point émigré. Les persécutions et la Révolution l'avaient épargné dans sa retraite en Normandie, comme un de ces hommes qui se plient assez aux circonstances et qui s'effacent assez devant les changements de leur pays pour être respectés et tolérés par tous les partis. Son titre aux fonctions de chancelier dont le roi l'investissait était d'être le gendre de l'ancien chancelier de Louis XVI, M. de Barentin, sorte d'hérédité des hautes charges de la couronne, à laquelle Louis XVIII tenait sévèrement comme à une des traditions sacrées de la royauté. M. d'Ambray était au-dessous de son temps; propre seulement à honorer la justice par des vertus personnelles, mais incapable d'élever ses fonctions jusqu'à la hauteur d'un système politique adapté à une transition de génie entre deux règnes. Formuler et contresigner les ordres de la cour était toute son aptitude et tout son dévouement. Il passait pour avoir, ainsi que son beau-père, M. de Barentin, entretenu une correspondance secrète avec Hartwell pendant le règne de Napoléon. Ces sortes de correspondances, connues et tolérées par la police de l'empereur parce qu'elles étaient des évaporations sans danger des opinions royalistes, et qu'elles révélaient à Napoléon lui-même les pensées inoffensives des derniers partisans des Bourbons, étaient néanmoins un titre à la reconnaissance du roi. Il acquittait cette reconnaissance à son avénement au trône. Ce dévouement lui paraissait méritoire, bien qu'il eût été sans danger. Il était bien aise de faire croire à la nation et à l'Europe qu'il ne devait pas tout à la force des choses, mais que ses habiles et sourdes négociations d'Hartwell était pour quelque chose dans son retour. Il récompensait ainsi plus de fidélité qu'il n'en présumait.

VII

L'abbé de Montesquiou, un autre de ses correspondants intimes et son véritable négociateur entre l'opinion et lui, fut nommé ministre de l'intérieur. Plus propre aux cours qu'aux affaires et aux négociations qu'à l'administration, l'abbé de Montesquiou avait trop de nonchalance pour un homme d'État. Louvoyant entre deux idées et deux époques sans en satisfaire et sans en irriter aucune, il avait le seul mérite des esprits flottants, le mérite de sa faiblesse.

L'abbé Louis, homme consommé dans les finances et passionné contre le despotisme impérial, dévoué à M. de Talleyrand par analogie d'origine cléricale et par analogie de répudiation du sacerdoce, fut appelé au ministère des finances. Bonaparte les laissait anéanties dans le trésor, épuisées dans l'impôt, spoliées par l'invasion. Il y fallait génie, activité, audace, initiative. L'abbé Louis, qui avait étudié à l'école de Mirabeau, de Necker, de Calonne, les mystères du crédit et les miracles de la confiance, y apportait un esprit ferme et une main hardie. Il osait ne pas désespérer d'un trésor vide en face d'exigences insatiables, de l'étranger et de l'émigration. Il évoqua du sein de ces ruines le vrai génie des finances, la probité du gouvernement. Il trouva la richesse dans la prodigalité du remboursement.

M. Beugnot reçut la direction générale de la police, véritable ministère de l'opinion, le plus important de tous pour un prince nouveau qui doit bien connaître l'esprit des partis pour traiter avec eux. M. Beugnot, homme d'un esprit répandu sur tout et d'une flexibilité pleine de grâce, semblait indiqué par la nature et par ses antécédents pour ces difficiles fonctions. Il trompa toutes les espérances : trop superficiel pour bien voir, trop dévoué pour bien conseiller, trop souple pour résister aux caprices de la cour.

VIII

Un homme enveloppé d'une de ces renommées mystérieuses qui cachent beaucoup de nullité sous beaucoup de considération, M. Ferrand, fut investi des postes. C'était alors un second ministère de la police formé pour l'espionnage des opinions par l'empereur. M. Ferrand, ancien parlementaire comme M. de Barentin et M. d'Ambray, avait émigré. Lassé de l'exil, il était rentré dans sa patrie au commencement de l'empire. De tels hommes n'inquiétaient pas Napoléon. Adorateurs et débris de l'ancien régime, il leur pardonnait aisément leurs sentiments en faveur de leurs dogmes. Ces hommes, comme MM. de Fontanes, de Montlosier, Molé, Ferrand, de Bonald, lui faisaient la théorie de son despotisme. Il les grandissait dans l'opinion quand il ne pouvait pas les rattacher à son trône. Ils étaient des alliés qu'il respectait et qu'il caressait dans le camp des Bourbons. M. Ferrand avait écrit un livre intitulé *l'Esprit de l'histoire*, long et fastidieux paradoxe contre toutes les nouveautés et toutes les libertés de l'esprit humain. Ce livre, adopté par l'université de l'empire comme un catéchisme de la servitude raisonnée, et exalté par la noblesse et par le clergé comme une déification du passé, avait fait à son auteur une de ces gloires voilées que personne ne soulève et devant lesquelles tout le monde s'incline sur parole. Louis XVIII affectait de partager ce culte pour l'autorité de M. Ferrand. C'était le Montesquieu de la circonstance qu'il introduisait dans le conseil, et qu'il chargeait de méditer la constitution.

Enfin M. de Talleyrand, comme l'homme de la nécessité et de la double tradition révolutionnaire et monarchique, reçut le ministère des affaires étrangères et la présidence du conseil des ministres. Sa grâce, son insouciance, sa négligence qui laissait tout flotter, excepté son ascendant; ses mots à double interprétation, ses sourires aux deux opinions, sa déférence pour le roi, son crédit sur Alexandre, faisaient de lui le centre accepté, l'auxiliaire et l'espérance de tout le conseil.

IX

Le roi ne réserva qu'une place, la plus humble en apparence, la plus importante au fond, à l'amitié. Ce fut le ministère de la maison du roi, véritable mairie du palais, succession du grand maréchalat de l'empire, institué par Napoléon en faveur de ses plus intimes serviteurs, ministère du favoritisme sous un prince qui ne pouvait se passer d'un ami. Ce ministère, négligé ou concédé par M. de Talleyrand, fut donné à M. de Blacas, successeur du comte d'Avaray dans le cœur du roi. C'était l'intimité d'Hartwell transportée et transformée en puissance politique aux Tuileries. Ce ministre, qui tenait ouverte ou fermée la porte du cabinet du roi, qui recevait les autres ministres, qui résumait seul leur travail, qui examinait leurs communications au prince, qui avait seul l'oreille, qui transmettait seul la parole au roi, ne tarda pas à tout absorber. La responsabilité et la constitution s'effacèrent devant l'habitude et devant la nature. La vérité ne passa plus sans un passe-port de M. de Blacas. Imbu d'une fidélité superstitieuse pour son maître, étranger au pays, neuf aux affaires, dédaigneux de l'opinion, toute liberté et toute sévérité de langage lui eût paru un attentat de lèse-majesté de son souverain.

Le comte d'Artois, humilié des légèretés qu'il avait commises en engageant la parole de son frère envers le Sénat et en livrant les places fortes aux alliés, se retira dans le pavillon des Tuileries qui lui était affecté, avec ses fils et sa petite cour d'émigrés remuants, d'évêques implacables, d'aventuriers nouveaux d'ancien régime, mauvais conseillers de sa faiblesse. Le roi le combla d'honneurs presque royaux, de munificences, de crédit, de gardes, presque roi par les pompes de sa maison, mais refoulé respectueusement du gouvernement, dont le roi le savait à la fois ambitieux et incapable. Les favoris de ce frère du roi commencèrent de ce jour-là à le circonvenir d'opposition, de mécontentement, d'intrigues contre le système pacificateur de la couronne, et à agiter sourdement le palais, le gouvernement, la famille royale. Deux esprits semblaient être entrés avec une seule famille aux Tuileries, comme ils se partageaient déjà la nation.

X

Fouché, pressé de se signaler aux yeux de la nouvelle royauté et de laver le sang de Louis XVI dans des services audacieusement offerts, fit présenter au roi un mémoire où il traçait dès les premiers jours à ce prince la voie dans laquelle il serait, disait-il, suivi par la nation. Son titre d'ancien ministre de la police, l'ambiguïté de son rôle pendant les dernières années de l'empire, sa disgrâce et sa relégation en Italie, sa trahison même, rendaient ses avis précieux au roi et à M. de Blacas. Le ministre confidentiel et le prince les lurent avec attention et en firent la ligne de leurs principes politiques. L'audace et la rudesse de ces conseils leur donnèrent plus d'autorité sur l'esprit du roi. Il croyait pouvoir se fier à un homme qui dédaignait en apparence de complaire et qui ne craignait pas de flatter, flatterie la pire de toutes, qui se masque sous l'insolence, la servilité, et qui assaisonne l'ambition de vérités.

« Nous voulons de bonne foi, disait Fouché dans ce mémoire que Louis XVIII trouva sur la table de son cabinet à son réveil, nous voulons de bonne foi et de bon cœur le rétablissement des Bourbons. Nous savons tous que leur règne ne saurait être aussi dur, ni aussi dispendieux, ni aussi fatigant que celui de Bonaparte : nous sommes persuadés qu'ils gouverneront avec sagesse, justice et modération, et qu'ils cicatriseront une partie de nos blessures. Nous avons des infidélités à expier à leur égard. Mais telle est la confiance que nous avons dans leur bonté héréditaire, tel est le repentir qui nous ramène vers eux, que personne ne leur a cherché, ni autour de soi, ni dans le lointain, aucuns compétiteurs, et qu'ils sont paisiblement remontés sur le trône de leurs ancêtres sans qu'une seule goutte de sang ni aucune larme aient été versées.

» C'est parce que nous voulons de bonne foi que les Bourbons se rétablissent sur le trône de France que nous devons désirer qu'ils n'écoutent pas les conseillers stupides ou perfides qui les pressent d'être l'âme d'un parti plutôt que les pères de toute la nation, de démolir l'ouvrage qu'ils trouvent fait et d'attaquer les idées qu'ils trouvent établies, au risque de rallumer les passions, d'enflammer et d'aigrir les amours-propres, et de répandre dans les esprits une méfiance générale, dont les conséquences seront incalculables.

» Ce sera certainement la faute de ces hommes-là si la nation se trouve encore une fois égarée, remuée, poussée au trouble : et il ne tiendra pas à eux que ce malheur n'arrive bientôt. Les boutiques sont tapissées de leurs libelles et de leurs constitutions. Bonaparte, qui n'était pas plus libéral qu'un autre en fait de concessions, nous avait pourtant laissé deux fiches de consolation : le jury et la représentation nationale. Nos puristes actuels n'en veulent plus. Heureusement le roi sera moins royaliste que ces gens-là. Il a l'esprit trop cultivé et l'âme trop élevée : ses études, son goût pour les sciences et les lettres, l'ont mis en rapport avec trop d'hommes instruits pour qu'il soit permis de craindre que son règne tende à faire rétrograder le dix-neuvième siècle. La guerre que l'on ferait de nos jours aux idées libérales coûterait certainement plus cher à la France que la révocation de l'édit de Nantes : et en tout cas elle serait plus dangereuse pour ceux qui la déclareraient que pour ceux qui la soutiendraient.

» Outre les six cent mille citoyens rentrés dans leurs familles, après avoir glorieusement servi comme militaires, nous en comptons encore cinq cent mille sous les armes. Plusieurs autres millions d'hommes ont participé de près ou de loin par leurs opinions, leurs écrits, leurs emplois, aux événements de la Révolution et du règne de Bonaparte.

Presque tous ont de l'énergie et de l'élévation dans le caractère. Tous ces hommes qui se sentent grandis par les événements et les idées de leur siècle ne souffriront point que l'on se moque de ce qu'ils ont fait. Ils ne blâmeront point ceux qui ont suivi d'autres routes, mais qu'on ne les blâme pas non plus.

» La famille des Bourbons remonte sur le trône dans les circonstances les plus favorables. Le fléau de la guerre nous était devenu insupportable, et nous avions une soif ardente de la paix. La conservation de quatre cent mille hommes qui auraient encore péri cette année est due au retour de ces princes. Mais prenez garde à un écueil que la niaiserie et la légèreté de nos libellistes ne leur ont point permis d'apercevoir. Bonaparte se croit encore un colosse dans son île d'Elbe : nos rivaux le tiennent en réserve comme un épouvantail qui assiste merveilleusement leur politique, et dont ils sauraient faire usage contre nous si nous avions l'imprudence de nous diviser et de leur laisser découvrir une portion de nous qui ne fût pas rangée en bataille autour du trône. Nous n'avons qu'un moyen de le bien anéantir et de tromper les calculs de ceux qui le ménagent et le conservent si précieusement : c'est d'étouffer parmi nous tous les germes de la guerre civile, c'est de fondre ensemble tous les intérêts, tous les amours-propres, tous les genres de services, tous les titres de gloire et d'illustration : c'est d'éviter les mécontentements, les haines, les vengeances, les querelles de religion et de politique : c'est d'agir comme s'il n'y avait pas eu de révolution en France, et ne jamais perdre de vue que Bonaparte serait le refuge naturel et l'âme de tous les partis qui se détacheraient de la cause du roi. »

XI

Pendant que Louis XVIII méditait ces pensées de Fouché communes à M. de Talleyrand et à l'empereur Alexandre, l'enthousiasme du vieux parti royaliste, qui, en retrouvant son chef naturel sur le trône, croyait devoir retrouver tout l'ancien ordre de choses, s'exaltait jusqu'au délire et commençait à peser sur la sagesse du roi. Ce prince lui-même, si éclairé et si transactionnaire en théorie de gouvernement, était dominé par ses traditions et par ses habitudes. Il ne voyait point de trône sans noblesse, et point de restauration de la monarchie sans ces corps privilégiés de gentilshommes auxquels les longues guerres de la république et de l'empire avaient enlevé les grades exclusifs de l'armée, mais auxquels il voulait rendre du moins la garde de sa personne et les grades de sa maison militaire. Napoléon lui-même avait donné ces exemples et ce prétexte au roi par la formation de cette garde impériale, de prétoriens de l'empire, de privilégiés de la victoire dont il s'était entouré. La première pensée de Louis XVIII avait été de se confier lui-même à cette élite de l'armée française, et de livrer son trône, sa personne et sa famille à la loyauté de ces braves soldats. On l'en dissuada. La froideur morne de quelques régiments de cette garde impériale rangée sur son passage à son entrée dans Paris parut un signe de mécontentement présage de séditions ou de trahisons. On se hâta de reléguer ces régiments, sans toutefois les dissoudre, dans les départements du nord de la France. On songea à les remplacer par une force personnelle au roi. Il fallait de plus satisfaire aux promesses faites dans l'exil aux courtisans compagnons des adversités du prince. Il fallait des grades ou des subsides à ces nombreux officiers ou soldats de l'armée de Condé ou de l'armée des princes, rentrés indigents dans leur patrie, où ils avaient trouvé leurs biens vendus et leurs foyers paternels occupés par les acquéreurs des biens nationaux. Il fallait enfin, en réservant les hautes dignités civiles des cours aux grands noms de la monarchie, créer pour les maréchaux et pour les généraux transfuges empressés de l'empire, un certain nombre de dignités militaires qui leur rendissent auprès du nouveau maître les honneurs et les traitements de cette haute domesticité du palais, auxquels ils avaient tenu plus qu'à leur fidélité.

La maison militaire du roi de France répondait à toutes ces nécessités de situation.

XII

Le roi recréa sa maison militaire telle qu'elle existait depuis Louis XIV, et avant les réformes que la paternelle économie de Louis XVI avait faites dans ce luxe armé de la cour. Gardes du corps, chevau-légers, mousquetaires, hallebardiers, Cent-Suisses, gardes de la porte, gardes de Monsieur, comte d'Artois. Les grades d'officiers attribués à chaque soldat de ces corps, les priviléges de garnison, de cour et de palais, les chevaux de main, les riches uniformes, la résidence exclusive dans la capitale ou dans les villes rapprochées, la solde égale pour les simples gardes à la solde de lieutenant de cavalerie, la familiarité quotidienne du roi et des princes, les chasses, les voyages, les cérémonies militaires à suivre, l'espérance enfin de voir insensiblement sortir de cette pépinière de jeune noblesse tous les officiers et tous les chefs de la nouvelle armée monarchique, et surtout, il faut le dire, l'ardeur des nouveautés et l'enthousiasme désintéressé de cette jeunesse royaliste pour la royauté des princes qui avaient régné sur leurs pères, entraînèrent d'un mouvement irrésistible à Paris et firent enrôler en peu de jours des milliers de jeunes gens de familles nobles ou de familles aisées de toute la France. Il n'y eut pas une maison illustre de l'ancienne aristocratie, pas un hôtel du faubourg Saint-Germain, pas un château des provinces les plus reculées, pas un foyer d'honorable bourgeoisie dans les villes de département, qui ne fournît un fils à ce recrutement volontaire de la garde du roi. En quelques semaines, ces corps furent complétés, montés, armés, disciplinés, exercés. Ils étonnèrent Paris par l'élégance de leur costume, par la splendeur de leurs armes et par l'insolence de leur bravoure. Le goût des armes et la tradition de la valeur personnelle, familiers dans cette noblesse des provinces et transmis de père en fils, la beauté et la vigueur de ces races militaires et chevaleresques, transformèrent à l'instant cette élite de l'aristocratie en garde prétorienne de la royauté. Admirés de Paris, enviés par l'armée, souvent raillés, fréquemment défiés par les officiers licenciés de Napoléon, ces jeunes gens rivalisaient d'insolence et de bravoure avec ces vétérans qui leur reprochaient leurs priviléges, leurs opinions ou leur jeunesse. Aussi exercés aux combats de l'escrime que les autres l'étaient aux batailles et aux victoires, ils eurent tous les jours de nombreuses rencontres avec les soldats de l'empire, ils tuèrent ou blessèrent un grand nombre de leurs adversaires, et firent promptement respecter leur épée dans leurs mains. Mais ce germe de préférence et de division entre les deux classes et les deux armées jeta dès les premiers jours la discorde entre les armes et la désaffection dans l'ancienne armée. Les nécessités d'économie en épargnant la cour et les nouveaux corps militaires pesèrent sur l'immense cadre d'officiers de Napoléon, disproportionné désormais à la paix et au recrutement de la France restreinte dans ses limites. Quinze ou seize mille officiers de tout grade réduits à une demi-solde allèrent porter dans toutes les villes et dans tous les villages le mécontentement de leur carrière interrompue et le murmure de leur existence diminuée. Plus près du peuple que la noblesse, ces officiers à demi-solde sortis des plus humbles familles et mêlés à toutes les populations rurales commencèrent l'impopularité des Bourbons, et devinrent le germe actif d'une sourde conspiration militaire et populaire où la démocratie et le despotisme devaient s'unir contre la Restauration et la liberté.

Les chefs de cette maison militaire du roi furent pris avec une politique impartialité par Louis XVIII parmi les maréchaux de l'empire et les grands noms de l'ancienne monarchie. Le maréchal Berthier et le maréchal Marmont furent nommés capitaines des gardes avec le duc de Luxembourg et le duc d'Avray. Les mousquetaires et les chevau-légers de la garde furent commandés aussi par des généraux de l'époque impériale. Le comte d'Artois, le prince de Condé, le duc d'Orléans, reprirent les anciens titres des chefs de leur maison, de colonel général des Suisses, de l'infanterie, des dragons, des hussards. L'armée fut vieillie de toutes les traditions de l'ancien état militaire de France, et de tous les officiers de l'émigration, de l'armée de Condé ou de la marine que la Révolution, l'exil, la lassitude ou l'âge avaient repoussés depuis vingt ans des rangs. Les grades, les pensions, les décorations militaires, remontèrent d'un quart de siècle pour aller récompenser dans le passé des services douteux, des fidélités suspectes, des incapacités ridicules, des prétentions quelquefois justifiées, quelquefois menteuses. Les titres, les honneurs et le trésor furent à la merci des vétérans de la Restauration. Paris offrait le bizarre spectacle d'un siècle exhumé sortant de l'oubli avec ses noms, ses opinions et ses costumes, pour venir arracher ou mendier les faveurs d'un autre siècle. Le ridicule commença à lutter avec le respect en montrant au peuple ce cortége de vétusté, de fidélité et de mendicité aux portes des ministres et du palais des Bourbons. Le roi en riait lui-même, mais il commandait à ses ministres de prodiguer les dédommagements et les faveurs utiles ou honorifiques, afin d'étouffer autour de lui les murmures d'ingratitude des royalistes et de rester maître de leur refuser sa politique en leur livrant ses trésors et ses hochets.

Le général Dupont, que le roi avait conservé comme ministre de la guerre pour être l'exécuteur des sévérités du licenciement, réduisit l'armée à deux cent mille hommes. C'était assez pour un pays qui nourrissait en ce moment huit cent mille soldats étrangers et qui négociait une paix comme on implore une capitulation. Mais la transition d'une monarchie universelle qui soldait et recrutait un million d'hommes, à une monarchie limitée et pacifique qui devait solder encore les arrérages de ses conquêtes et les indemnités de sa gloire, pesait fatalement à la nation. On faisait injustement porter ce fardeau au gouvernement nouveau, innocent de l'ambition de Napoléon et de la pénurie de la France.

XIII

Cette paix même, première promesse du roi, subissait des lenteurs et des difficultés qui impatientaient l'opinion publique. Les provinces occupées étaient pressurées, consommées, imposées par les troupes étrangères cantonnées sur le sol. Paris était humilié de l'aspect des armées du Nord campées dans ses jardins et dans ses parcs. Mais la faction bonapartiste et sénatoriale, qui avait de plus en plus l'oreille d'Alexandre, lui faisait imposer comme une première condition de la paix la proclamation d'une charte constitutionnelle, garantie de son passé, gage de son avenir. Le roi se décida enfin à désigner des commissaires pris en proportion à peu près égale parmi les hommes de sa confiance personnelle, parmi les membres du Corps législatif et parmi les anciens sénateurs, pour fixer les bases de la constitution et pour en délibérer le texte. C'étaient l'abbé de Montesquiou, son ministre intime et confidentiel ; M. Ferrand, son théoricien dogmatique, défenseur de sa prérogative absolue; M. Beugnot, le négociateur de ses concessions : il leur adjoignit MM. Barthélemy, Barbé-Marbois, Boissy-d'Anglas, Fontanes, Garnier, Pastoret, Semonville, le maréchal Serrurier, Blancart de Bailleul, Bois-Savary, Chabaud-Latour, Clausel de Coussergues, Duchesne, Duhamel, Faget de Baure, Félix Faulcon, Lainé, d'Ambray, chancelier de France, la plupart royalistes purs, quelques-uns hommes de fructidor, proscrits pour leur royalisme prématuré ou pour leur opposition héroïque aux excès révolutionnaires; d'autres, comme M. Lainé et ses collègues, zélateurs d'une liberté modérée sous une royauté antique ; tous ennemis du régime impérial et favorablement disposés à la réconciliation de la nation et de la famille des Bourbons. C'était une sorte de conférence diplomatique chargée de préparer les préliminaires de ce grand traité de pacification entre les races et les idées qui se combattaient depuis trente ans, le concile de la royauté et de la liberté modernes. Mais le roi se réservait à lui seul d'admettre ou de rejeter, de signer ou de biffer les clauses de ce traité. Il voulait que cette charte lui appartînt encore même après qu'il l'aurait promulguée.

Quelques séances pressées par l'impatience impérative de l'empereur Alexandre, qui déclarait que ses troupes ne quitteraient pas Paris avant la promulgation de la charte, suffirent pour la discussion et la rédaction de ce monument. Le roi le signa avec la réserve formelle et répétée que ce droit de la nation était un don et une concession du trône, se réservant ainsi, comme il l'avait fait à Compiègne, de rappeler à son origine la toute-puissance dont il abandonnait une partie.

Voici ce traité de paix entre les Bourbons et la nation, dont nul alors ne contesta la sagesse, que personne ne crut révocable, qui suffisait à l'autorité du trône comme à la liberté du temps, qui servit de base morale au rétablissement solide de la monarchie traditionnelle et temporaire, et qui aurait supporté longtemps encore ce gouvernement appuyé sur deux droits et sur deux époques, si l'impatience d'un roi contre les agitations du peuple n'en avait sapé les bases sous sa propre monarchie.

DROIT PUBLIC DES FRANÇAIS.

« Les Français sont égaux devant la loi, quels que soient d'ailleurs leurs titres et leur rang.

» Ils contribuent indistinctement, dans la proportion de leur fortune, aux charges de l'État.

» Ils sont tous également admissibles aux emplois civils et militaires.

» Leur liberté individuelle est également garantie; personne ne pouvant être poursuivi ni arrêté que dans les cas prévus par la loi et dans la forme qu'elle prescrit.

» Chacun professe sa religion avec une égale liberté, et obtient pour son culte la même protection.

» Cependant la religion catholique, apostolique et romaine, est la religion de l'État.

» Les ministres de la religion catholique, apostolique et romaine, et ceux des autres cultes chrétiens, reçoivent seuls des traitements du trésor royal.

» Les Français ont le droit de publier et de faire imprimer leurs opinions, en se conformant aux lois qui doivent réprimer les abus de cette liberté.

» Toutes les propriétés sont inviolables, sans aucune exception de celles qu'on appelle nationales, la loi ne mettant aucune différence entre elles.

» L'État peut exiger le sacrifice d'une propriété pour cause d'intérêt public légalement constaté, mais avec une indemnité préalable.

» Toutes recherches des opinions et votes émis jusqu'à la Restauration sont interdites. Le même oubli est commandé aux tribunaux et aux citoyens.

» La conscription est abolie. Le mode de recrutement de l'armée de terre et de mer est déterminé par une loi. »

FORMES DU GOUVERNEMENT DU ROI.

« La personne du roi est inviolable et sacrée. Les ministres sont responsables. Au roi seul appartient la puissance exécutive.

» Le roi est le chef suprême de l'État, commande les forces de terre et de mer, déclare la guerre, fait les traités de paix, d'alliance et de commerce, nomme à tous les emplois d'administration publique, et fait les règlements et ordonnances nécessaires pour l'exécution des lois et la sûreté de l'État.

» La puissance législative s'exerce collectivement par le roi, la chambre des pairs et la chambre des députés des départements.

» Le roi propose la loi.

» La proposition de la loi est portée, au gré du roi, à la chambre des pairs ou à celle des députés, excepté la loi de l'impôt, qui doit être adressée d'abord à la chambre des députés.

» Toute loi doit être discutée et votée librement par la majorité de chacune des deux chambres.

» Les chambres ont la faculté de supplier le roi de proposer une loi sur quelque objet que ce soit, et d'indiquer ce qu'il leur paraît convenable que la loi contienne.

» Cette demande pourra être faite par chacune des deux

chambres, mais après avoir été discutée en comité secret : elle ne sera envoyée à l'autre chambre, par celle qui l'aura proposée, qu'après un délai de dix jours.

» Si la proposition est adoptée par l'autre chambre, elle sera mise sous les yeux du roi : si elle est rejetée, elle ne pourra être représentée dans la même session.

» Le roi seul sanctionne et promulgue les lois.

» La liste civile est fixée pour toute la durée du règne par la première législature assemblée depuis l'avénement du roi. »

DE LA CHAMBRE DES PAIRS.

« La chambre des pairs est une portion essentielle de la puissance législative.

» Elle est convoquée par le roi en même temps que la chambre des députés des départements. La session de l'une commence et finit en même temps que celle de l'autre.

» Toute assemblée de la chambre des pairs qui serait tenue hors du temps de la session de la chambre des députés, ou qui ne serait pas ordonnée par le roi, est illicite et nulle de plein droit.

» La nomination des pairs de France appartient au roi. Leur nombre est illimité ; il peut en varier les dignités, les nommer à vie ou les rendre héréditaires, selon sa volonté.

» Les pairs ont entrée dans la chambre à vingt-cinq ans, et voix délibérative à trente ans seulement.

» La chambre des pairs est présidée par le chancelier de France, et, en son absence, par un pair nommé par le roi.

» Les membres de la famille royale et les princes du sang sont pairs par le droit de leur naissance. Ils siégent immédiatement après le président, mais ils n'ont voix délibérative qu'à vingt-cinq ans.

» Les princes ne peuvent prendre séance à la chambre que de l'ordre du roi, exprimé pour chaque session par un message, à peine de nullité de tout ce qui aurait été fait en leur présence.

» Toutes les délibérations de la chambre des pairs sont secrètes.

» La chambre des pairs connaît des crimes de haute trahison et des attentats à la sûreté de l'État, qui seront définis par la loi.

» Aucun pair ne peut être arrêté que de l'autorité de la chambre, et jugé que par elle en matière criminelle. »

DE LA CHAMBRE DES DÉPUTÉS DES DÉPARTEMENTS.

« La chambre des députés sera composée des députés élus par les colléges électoraux, dont l'organisation sera déterminée par les lois.

» Chaque département aura le même nombre de députés qu'il a eu jusqu'à présent.

» Les députés seront élus pour cinq ans, et de manière que la chambre soit renouvelée chaque année par cinquième.

» Aucun député ne peut être admis dans la chambre s'il n'est âgé de quarante ans et s'il ne paye une contribution directe de mille francs.

» Les électeurs qui concourent à la nomination des députés ne peuvent avoir droit de suffrage, s'ils ne payent une contribution directe de trois cents francs et s'ils ont moins de trente ans.

» Les présidents des colléges électoraux seront nommés par le roi, et de droit membres du collége.

» La moitié au moins des députés sera choisie parmi des éligibles qui ont leur domicile politique dans le département.

» Le président de la chambre des députés est nommé par le roi, sur une liste de cinq membres présentée par la chambre.

» Les séances de la chambre sont publiques ; mais la demande de cinq membres suffit pour qu'elle se forme en comité secret.

» Aucun amendement ne peut être fait à une loi, s'il n'a été proposé ou consenti par le roi, et s'il n'a été renvoyé et discuté dans les bureaux.

» La chambre des députés reçoit toutes les propositions d'impôts : ce n'est qu'après que ces propositions ont été admises qu'elles peuvent être portées à la chambre des pairs.

» Aucun impôt ne peut être établi ni perçu s'il n'a été consenti par les deux chambres et sanctionné par le roi.

» L'impôt foncier n'est consenti que pour un an. Les impositions indirectes peuvent l'être pour plusieurs années.

» Le roi convoque chaque année les deux chambres : il les proroge et peut dissoudre celle des députés des départements : mais, dans ce cas, il doit en convoquer une nouvelle dans le délai de trois mois.

» Aucune contrainte par corps ne peut être exercée contre un membre de la chambre durant la session, et dans les six semaines qui l'auront précédée ou suivie.

» Aucun membre de la chambre ne peut, pendant la durée de la session, être poursuivi ni arrêté en matière criminelle, sauf le cas de flagrant délit, qu'après que la chambre a permis sa poursuite.

» Toute pétition à l'une ou à l'autre des chambres ne peut être faite et présentée que par écrit. La loi interdit d'en apporter en personne et à la barre. »

DES MINISTRES.

« Les ministres peuvent être membres de la chambre des pairs ou de la chambre des députés. Ils ont en outre leur entrée dans l'une ou dans l'autre chambre, et doivent être entendus quand ils le demandent.

» La chambre des députés a le droit d'accuser les ministres et de les traduire devant la chambre des pairs, qui seule a celui de les juger.

» Ils ne peuvent être accusés que pour fait de trahison ou de concussion. »

DE L'ORDRE JUDICIAIRE.

« Toute justice émane du roi. Elle s'administre en son nom par des juges qu'il nomme et qu'il institue.

» Les juges nommés par le roi sont inamovibles.

» Les cours et tribunaux ordinaires actuellement existants sont maintenus. Il n'y sera rien changé qu'en vertu d'une loi.

» L'institution actuelle des juges de commerce est conservée.

» La justice de paix est également conservée. Les juges de paix, quoique nommés par le roi, ne sont point inamovibles.

» Nul ne pourra être distrait de ses juges naturels.

» Il ne pourra en conséquence être créé de commissions et de tribunaux extraordinaires. Ne sont pas comprises sous cette dénomination les juridictions prévôtales, si leur rétablissement est jugé nécessaire.

» Les débats seront publics en matière criminelle, à moins que cette publicité ne soit dangereuse pour l'ordre et les mœurs : et, dans ce cas, le tribunal le déclare par un jugement.

» L'institution des jurés est conservée. Les changements qu'une plus longue expérience ferait juger nécessaires ne peuvent être effectués que par une loi.

» La peine de la confiscation est abolie et ne pourra pas être rétablie.

» Le roi a le droit de faire grâce et celui de commuer les peines.

» Le Code civil et les lois actuellement existantes qui ne sont pas contraires à la présente charte restent en vigueur jusqu'à ce qu'il y soit légalement dérogé. »

DROITS PARTICULIERS GARANTIS PAR L'ÉTAT.

« Les militaires en activité de service, les officiers et soldats en retraite, les veuves, les officiers et soldats pensionnés, conserveront leurs grades, honneurs et pensions.

» La dette publique est garantie. Toute espèce d'engagement pris par l'État avec ses créanciers est inviolable.

» La noblesse ancienne reprend ses titres. La nouvelle conserve les siens. Le roi fait des nobles à sa volonté : mais il ne leur accorde que des rangs et des honneurs, sans aucune exemption des charges et des devoirs de la société.

» La Légion d'honneur est maintenue. Le roi déterminera les règlements intérieurs et la décoration.

» Les colonies seront régies par des lois et des règlements particuliers.

» Le roi et ses successeurs jureront, dans la solennité de leur sacre, d'observer fidèlement la présente charte constitutionnelle.

» Donné à Paris le 4 juin, l'an de grâce 1814, et de notre règne le dix-neuvième.

» *Signé* : LOUIS.

» Et plus bas :

» *Le ministre secrétaire d'État,*

« *Signé* : L'ABBÉ DE MONTESQUIOU. »

XIV

Cet acte est la date des vérités politiques passées alors à l'état de droit commun entre l'esprit des peuples et les prétentions des rois. A l'exception de la liberté sincère et sérieuse des consciences, pour une religion de l'État qui solde un ou deux cultes et proscrit les autres, toutes les libertés constitutionnelles y étaient proclamées et garanties. C'était l'acte de naissance du nouveau régime baptisé de sang sur les échafauds et sur le champ de bataille depuis vingt-cinq ans, en contraste avec l'ancien régime écroulé en 1789. C'était un second Henri IV répudiant sa vieille foi pour un trône, et confessant les dogmes nouveaux. La royauté triomphante en apparence était soumise par son retour même. Elle adoptait les mœurs, les droits, la langue, les institutions des vaincus.

Cet acte satisfit la France. Deux murmures seulement s'élevèrent, mais furent étouffés dans le consentement général. L'un, des anciens royalistes, exprimé par un homme devenu célèbre et important depuis, M. de Villèle, gentilhomme de Toulouse imbu de l'esprit féodal et absolu du Midi. L'autre, de Carnot, de Fouché, des amis de madame de Staël, des courtisans congédiés du despotisme impérial; les uns sincères dans leur libéralisme ombrageux, les autres affectant de se précipiter dans les doctrines constitutionnelles les plus exigeantes pour se venger de leur despotisme perdu.

XV

M. de Villèle écrivait : « La lassitude générale permettra peut-être de faire marcher quelque temps cette œuvre d'égoïsme et d'imprévoyance, mais au premier choc tout croulera et nous rentrerons en révolution.

» Gardons les institutions qui nous conviennent; ayons la sagesse et la noble fierté de croire qu'elles sont aussi bonnes pour nous que celles de nos voisins le sont pour eux, et ne nous croyons pas plus qu'eux réduits à aller chercher hors de chez nous le modèle de notre constitution.

» Les lumières ont fait de grands progrès en France. Les richesses et l'instruction y sont répandues dans toutes les classes; le désir de voir le mérite tourner à la gloire et au profit de notre pays est gravé dans tous les cœurs. Faisons au régime qui nous gouverne les changements que le temps nous indique ; rétablissons tout ce qui est susceptible d'être rétabli. Soyons sobres d'innovations : la déclaration du roi qui nous occupe est calquée presque en entier sur la constitution déjà proposée par le Sénat. *Cette œuvre n'est donc pas celle du roi*, c'est celle d'un corps qui, comme toute la France le sait, n'avait point qualité pour la faire.

» N'ont-ils pas fait assez d'essais sur nous, les hommes par lesquels nous nous sommes laissé diriger trop longtemps ? N'avons-nous pas sacrifié au soutien des funestes idées de ces empiriques assez de richesses et de générations ? Qu'est-il résulté de leur science et de la confiance que nous avons eue dans leurs promesses ? la dévastation du monde et l'envahissement de notre patrie ! Les institutions politiques ne se jettent point dans un moule et ne peuvent être fondées sur des théories, nous en avons fait une assez longue expérience. Revenons à la constitution de nos pères, à celle qui est conforme à notre caractère national, qui est dans le sens de nos opinions, qui est gravée en traits ineffaçables dans le cœur de tous les Français : les parties de notre ancienne organisation qui ont souffert nous coûteront moins à réparer que les nouvelles institutions ne coûteraient à établir ; l'expérience et l'opinion publique commandent la première de ces mesures et se réunissent pour faire rejeter les autres. »

XVI

Ces murmures se perdirent dans l'impatience de voir le sol de la patrie évacué par les armées étrangères. Le 30 mai, le canon des Invalides apprit à la France que le traité préliminaire de Paris entre les souverains alliés et le gouvernement du roi était signé. Le comte d'Artois l'avait trop préjugé par la convention du 23 avril. Ce prince avait livré tous les gages d'une négociation plus favorable dans les mains de la France. Louis XVIII et M. de Talleyrand n'eurent qu'à ratifier cet acte précipité. Il faisait pressentir les traités prochains de Vienne, où l'Europe antifrançaise et monarchique allait se reconstituer les armes encore dans la main, et où la France, en apparence plus indépendante et plus respectée, n'aurait que l'honneur de délibérer sur son propre abaissement.

Ce traité de Paris portait : « Qu'il y aurait paix et amitié perpétuelles entre le roi de France, l'empereur d'Autriche et ses alliés ;

» Que la France rentrait dans ses limites du 1er janvier 1792, sauf quelques changements de ses frontières dans les départements du Nord, de Sambre-et-Meuse, de la Moselle, de la Sarre et du Bas-Rhin, sauf aussi la conservation de Mulhouse, d'Avignon, de Montbéliard et de la sous-préfecture de Chambéry ;

» Que la liberté de navigation sur le Rhin, garantie à tous par les États riverains, serait réglée par le futur congrès ;

» Que la Hollande, placée sous la souveraineté de la maison d'Orange, recevrait un accroissement de territoire ;

» Que tous les États d'Allemagne seraient indépendants et unis par un lien fédératif ;

» Que la Suisse resterait indépendante ;

» Que l'Italie, hors les pays revenant à l'Autriche, serait composée d'États souverains ;

» Que l'île de Malte et ses dépendances deviendraient possessions britanniques ;

» Que la France recouvrait ses anciennes colonies, moins les îles de Tabago, de Sainte-Lucie, l'île de France, Rodrigue, les Séchelles, qu'elle abandonnait à l'Angleterre, ainsi que tous les forts et établissements en dépendant ;

» Que la France s'interdisait toute espèce de fortification sur les territoires qu'elle recouvrait dans l'Inde, et ne pourrait y entretenir que le nombre de soldats nécessaire pour le maintien de la police ;

» Que le droit de pêche sur le grand banc et sur les côtes de Terre-Neuve, ainsi que dans le golfe de Saint-Laurent, était rendu à la France ;

» Que la France partagerait avec les puissances alliées tous les vaisseaux et bâtiments armés ou non armés qui se trouvent dans les places maritimes cédées par elle ;

» Que ce partage aurait lieu dans la proportion d'un tiers pour les puissances dont ces places devenaient la propriété, et des deux tiers pour la France, qui renonçait en outre à tous ses droits sur la flotte du Texel ;

» Que nul individu appartenant aux pays cédés ou restitués ne pourrait être recherché pour ses actes ou ses opinions politiques antérieurs au traité. »

Ce traité portait en outre, dans des articles additionnels, l'annulation des deux traités de 1805 et de 1809 en faveur de l'Autriche; le concours de la France à l'abolition de la traite des noirs avec l'Angleterre; le payement des dettes de nos prisonniers de guerre; la mainlevée des séquestres mis depuis 1792 sur les immeubles et les propriétés mobilières des sujets des deux gouvernements; la promesse d'une prochaine convention de commerce; l'annulation en faveur de la Prusse des engagements patents ou secrets pris par cette puissance envers la France depuis la paix de Bâle; avec la Russie, la nomination d'une commission chargée de l'examen et de la liquidation des créances du duché de Varsovie sur le gouvernement français.

Le traité contenait cinq articles secrets par lesquels la France s'obligeait à reconnaître d'avance la distribution que les alliés pourraient faire entre eux des territoires abandonnés par elle, consentait à ce qu'un agrandissement territorial fût donné au roi de Sardaigne, à la libre navigation du Rhin et de l'Escaut.

XVII

Un cri s'éleva et s'est prolongé jusqu'aujourd'hui contre ces condescendances de la France cédant une faible partie de ses colonies, s'interdisant une concurrence armée contre les Anglais dans les Indes, et enfin consentant à laisser Malte, cette forteresse de la Méditerranée, à l'Angleterre. C'était oublier la situation de la France désarmée, prosternée et conquise devant un million d'envahisseurs victorieux ; c'était exiger de sa défaite plus qu'on n'aurait exigé de ses victoires ; c'était reprocher à Louis XVIII l'expiation fatale et impérieuse des fautes de l'empereur. Qu'aurait-il pu faire et que pouvait faire la France sans lui ? En quoi sa présence sur le trône de ses pères aggravait-elle la rançon de la patrie, qu'une ambition dont il était innocent avait livrée garrottée entre les mains de l'Europe ? Louis XVIII de moins à Paris, la France eût-elle été plus libre et plus forte pour discuter ses conditions ? Les souverains et leurs armées auraient-elles accordé à la France sans chef, ou à la France sous la tutelle d'une régence autrichienne, ou à la France combattant derrière la Loire et dans le plateau de ses montagnes du centre avec ses dernières armes, des conditions plus douces qu'elle ne les accordait à un roi de son sang et de son principe, restaurateur de la monarchie modérée ? Napoléon lui-même, à l'apogée de sa force et de sa gloire, n'avait-il pas cédé ces colonies, vendu l'immense empire de la Louisiane, troqué Venise avec l'Autriche, garanti le démembrement de la Pologne à l'Autriche et à la Russie, laissé cette même île de Malte et la Sicile aux Anglais ? Le bonapartisme, seul coupable de tous ces revers, les rejetait avec iniquité sur les Bourbons ; le libéralisme répétait ces reproches sans les comprendre ; l'opposition contre la Restauration commençait ce jour-là, comme toutes les oppositions systématiques, par l'ingratitude et par la mauvaise foi.

XVIII

En vertu de ce traité, les îles Ioniennes, Hambourg et Magdebourg, encore occupés par soixante mille Français, furent débloqués et restitués aux puissances. Les troupes rentrèrent de ces inutiles forteresses où l'imprévoyante hésitation de Napoléon les avait laissées enfermées pendant qu'il demandait en vain des bataillons au sol épuisé pour défendre la mère patrie. M. de Talleyrand, qui voulait s'autoriser plus tard des gratifications diplomatiques attribuées par l'usage aux négociateurs des traités de territoire, distribua six ou huit millions en rançon aux diplomates européens signataires du traité de Paris. Le prince de Metternich, ministre de l'Autriche; lord Castlereagh, plénipotentiaire du gouvernement britannique; M. de Nesselrode et M. de Hardenberg, l'un surtout au nom de la Russie, l'autre au nom de la Prusse, reçurent chacun un million. Les ministres des puissances secondaires reçurent des sommes considérables, proportionnées à l'importance des cours qu'ils représentaient. Cette rançon, offerte et acceptée pour prix de la paix, la rendit plus prompte, mais plus humiliante. Comme procédé elle était honteuse, comme marché elle était avantageuse au pays, car chaque jour d'occupation perpétuée coûtait plus de huit millions à la France.

XIX

Les souverains quittèrent Paris et donnèrent à leurs armées l'ordre d'évacuer le lendemain de la signature du traité. L'empereur Alexandre alla jouir de sa popularité triomphale à Londres, avant de se rendre dans ses États. Le roi de Prusse et l'empereur d'Autriche repassèrent le Rhin. Bernadotte, roi de Suède, qui avait nourri quelque temps le fol espoir, favorisé par Alexandre, de succéder à Napoléon pour prix de sa part d'hostilités contre sa propre patrie, s'était déjà retiré vainqueur, mais confus, devant les reproches de sa conscience et devant la réprobation de ses anciens amis. Moreau et Bernadotte avaient été diversement punis de leurs fautes contre la patrie, l'un par la mort, l'autre par la victoire, tous deux par la réprobation du patriotisme.

XX

Le roi se prépara au premier acte de son règne constitutionnel, l'ouverture des chambres.

Le silence de la charte avait effacé le Sénat du nombre des pouvoirs publics. Les sénateurs, inquiets ou consternés, imploraient individuellement la faveur d'être appelés à la chambre des pairs. Cinquante-quatre sénateurs en furent exclus par la main du roi, en souvenir d'actes ou d'opinions auxquels il avait promis oubli, non faveur. Les principaux étaient Cambacérès, Chaptal, Chasset, Fouché, qu'une faveur secrète ne couvrit pas au dehors de la responsabilité du régicide; l'oncle de l'empereur, le cardinal Fesch; François de Neufchâteau, poëte précoce des dernières années du règne de Louis XVI, puni de ses enthousiasmes successifs pour la république et pour le despotisme de l'empire; Garat, qui avait livré Louis XVI au bourreau, tout en gémissant sur la victime et en lui offrant des larmes; Grégoire, qui se défendait de toute complicité dans ce vote, mais qui avouait son culte persévérant pour la république; Rœderer, intrépide défenseur du trône constitutionnel au 10 août, mais dont le nom était injustement proscrit avec les souvenirs mal transmis de cette journée et avec les griefs contre la commune de Paris; Sieyès enfin, le premier prophète de la Révolution de 1789, le législateur qui avait concédé la tête d'un roi à l'implacabilité du peuple, le directeur qui avait tramé sa propre déchéance avec l'ambition de Bonaparte, et préféré le despotisme comme antidote de l'anarchie. Tous ces hommes se retirèrent un moment dans l'ombre, mais avec des titres, des honneurs et des traitements qui n'avaient d'autres persécutions que l'oubli. Parmi les maréchaux, le roi n'avait exclu que ceux qui dataient surtout des guerres de la Révolution et de la république : Brune, qu'un murmure injuste et odieux accusait d'avoir prêté sa main aux massacres de septembre et à la décapitation de la princesse de Lamballe, qui était revenue chercher la mort par dévouement à la reine; Davoust, ancien gentilhomme, ayant répudié sa race et pris ses grades dans l'armée plébéienne de 1792; Jourdan, le vainqueur de Fleurus, resté républicain par conviction et par respect pour ses propres exploits; Soult, le plus consommé des lieutenants de l'empereur, suspect d'une ambition personnelle montant jusqu'aux trônes, et qui venait de prolonger la lutte à Toulouse par une bataille livrée, disait-on, plus pour sa popularité que pour la patrie; Victor enfin, élevé des derniers rangs de l'armée au rang des maréchaux, et qui, méconnu alors par les Bourbons, devait se venger bientôt de cette injustice par une fidélité vengeance des braves.

XXI

Le clergé et la haute noblesse rentraient à large proportion dans la politique et dans le privilége de l'Église et de la naissance par la porte de la pairie. Toutes les grandes dignités, tous les grands siéges épiscopaux, tous les grands noms de l'ancienne cour et de l'ancienne aristocratie retrouvaient leur restauration héréditaire dans ce corps de l'État. C'était une renaissance indirecte et constitutionnelle des illustrations nationales dans le nouvel anoblissement des familles séculaires ou historiques. On y retrouvait, avec un certain orgueil de patriotisme, les noms des Périgord, des La Luzerne, des Clermont-Tonnerre, comme évêques des principaux siéges de France, et comme antiquité ou gloire, les noms des d'Elbeuf, des Montbason, des La Trémouille, des Chevreuse, des Brissac, des Richelieu, des Rohan, des Luxembourg, des Gramont, des Mortemart, des Noailles, des Saint-Aignan, des d'Aramont, des d'Harcourt, des Fitz-James, des Brancas, des Duras, des La

Vauguyon, des Choiseul, des Coigny, des La Rochefoucauld, des Croy, des Montmorency, des Lévis, des Maillé, des La Force, des Saulx-Tavannes, des de Sèze, à côté des Ney, des Berthier, des Suchet, des Masséna, des Oudinot, des Serurier, des Mortier, des Pérignon, et des hommes qui avaient rajeuni la gloire civile ou militaire de la France.

XXII

Le Corps législatif, convoqué d'urgence tel qu'il se trouva composé, n'avait pas eu besoin d'épuration. Le seul régicide qui fît encore partie de cette représentation nationale, subordonnée aux inspirations des préfets de l'empire, se retira de lui-même par bienséance devant le frère de Louis XVI, pour qu'aucun souvenir sinistre n'attristât l'oreille ou les yeux du nouveau souverain. La France entière était alors dans ce sentiment; elle ne reniait pas les œuvres de sa révolution, mais elle aurait voulu effacer du sol et de l'histoire les traces de ses discordes et de ses vengeances, pour que sa paix ne fût troublée par aucun fantôme sorti de ses tombes.

La séance d'ouverture était fixée au 4 juin 1814. Louis XVIII, accompagné de tous les princes de sa maison, s'y rendit dans toute la pompe des successeurs de Louis XIV. Plus il consentait à s'entretenir avec ce parlement national, plus il voulait que la majesté de la couronne brillât au milieu des armes et à une distance démesurée de grandeur au-dessus de la représentation du peuple. Les esprits, éblouis comme les cœurs, étaient disposés à saluer en lui ce prestige. On ne disputait pas avec le sentiment qui ralliait la nation autour de ce vieillard législateur. L'empereur avait accoutumé les yeux aux pompes des armes. On était heureux de saluer la pompe des lois. Une foule immense, comparable à celle qui avait accueilli la royauté le jour de son entrée dans Paris, se pressait sur les deux rives de la Seine pour voir défiler le cortége royal et pour bénir le roi de ses institutions qu'il allait sceller. Les tribunes du Corps législatif étaient pleines de l'élite de la France et de l'Europe. Les pairs et les membres du Corps législatif étaient réunis et pressés dans la même enceinte; un trône était préparé pour le roi.

Il parut. Les voûtes du palais retentirent d'acclamations unanimes, les uns saluant la royauté rétablie, les autres attendant avec anxiété de ses lèvres la première consécration de la liberté. Le roi, relevant ce jour-là son attitude à la hauteur de la majesté des siècles personnifiés dans son nom, et éclairant tout le groupe de famille et de dignitaires qui l'entourait de l'éclat réel et dominant de son intelligence, s'assit sur son trône et s'inclina avec une dignité émue devant ces acclamations des législateurs debout. Les larmes des vieillards et des femmes, compagnons de ses longs exils, coulaient dans les tribunes à l'aspect de ce nouveau couronnement du roi qu'ils avaient suivi errant et découronné. Tout dissentiment politique s'effaçait devant l'unanimité des sentiments.

XXIII

Louis XVIII avait voulu écrire seul et sans subir le secours ou le concours d'aucun de ses ministres le discours qu'il avait à prononcer. Prince lettré, il trouvait avec bonheur et orgueil dans ces solennités l'occasion, rare pour un roi, de faire éclater le talent dont la nature et l'étude l'avaient doué. De plus, il savait que le cœur est la vraie source de l'éloquence; le sien était ému, attendri du passé, confiant dans l'avenir; aucun de ses ministres ou de ses écrivains officiels n'aurait pu trouver dans ses réflexions l'accent pathétique, élevé et vrai, que le frère de Louis XVI trouvait dans son âme. Le roi avait médité ses mots, mais il avait laissé parler ses sentiments. Ses cheveux blancs, ses regards à la fois majestueux et doux, son geste sobre et paternel, sa prononciation pleine d'inflexions où l'on sentait le cœur, le son de sa voix grave et vibrant, remuant les âmes parce qu'il était remué lui-même, gravaient ses paroles dans l'oreille et dans la mémoire. Un silence sourd semblait devancer les mots sur ses lèvres. On eût dit que tout un peuple attendait de chaque pensée la révélation de son sort.

XXIV

« Messieurs, lorsque pour la première fois je viens dans cette enceinte m'environner des grands corps de l'État, des représentants d'une nation qui ne cesse de me prodiguer les plus touchantes marques de son amour, je me félicite d'être devenu le dispensateur des bienfaits que la divine Providence daigne accorder à mon peuple.

» J'ai fait avec la Russie, l'Autriche, l'Angleterre et la Prusse une paix dans laquelle sont compris leurs alliés, c'est-à-dire tous les princes de la chrétienté. La guerre était universelle : la réconciliation l'est pareillement.

» Le rang que la France a toujours occupé parmi les nations n'a été transféré à aucune autre, et lui demeure sans partage. Tout ce que les autres États acquièrent de sécurité accroît également la sienne, et par conséquent ajoute à sa puissance véritable. Ce qu'elle ne conserve pas de ses conquêtes ne doit donc pas être regardé comme retranché de sa force réelle.

» La gloire des armées françaises n'a reçu aucune atteinte : les monuments de leur valeur subsistent, et les chefs-d'œuvre des arts nous appartiennent désormais par des droits plus stables et plus sacrés que ceux de la victoire.

» Les routes du commerce, si longtemps fermées, vont être libres. Le marché de la France ne sera plus seul ouvert aux productions de son sol et de son industrie ; celles dont l'habitude lui a fait un besoin, ou qui sont nécessaires aux arts qu'elle exerce, lui seront fournies par les possessions qu'elle recouvre. Elle ne sera plus réduite à s'en priver ou à ne les obtenir qu'à des conditions ruineuses. Nos manufactures vont refleurir, nos villes maritimes vont renaître, et tout nous promet qu'un long calme au dehors et une félicité durable au dedans seront les heureux fruits de la paix.

» Un souvenir douloureux vient toutefois troubler ma joie. J'étais né, je me flattais de rester toute ma vie le plus fidèle sujet du meilleur des rois, et j'occupe aujourd'hui sa place ! Mais du moins il n'est pas mort tout entier, il revit dans ce testament qu'il destinait à l'instruction de l'auguste et malheureux enfant auquel je devais succéder ! C'est les yeux fixés sur cet immortel ouvrage, c'est pénétré des sentiments qui le dictèrent, c'est guidé par l'expérience et secondé par les conseils de plusieurs d'entre vous, que j'ai rédigé la charte constitutionnelle dont vous allez entendre la lecture et qui assoit sur des bases solides la prospérité de l'État. »

XXV

La voix du roi s'était affaissée à ce dernier paragraphe de son discours. Ces allusions à un frère mort dans l'enfantement de la liberté à laquelle il avait souri et qui l'avait immolé comme pour le punir de sa vertu, à une reine, à un enfant héritier de tant de trônes, puis de tant d'échafauds de sa race ; cette résurrection de la royauté sortant de l'exil comme du sépulcre dans la personne des parents les plus rapprochés des victimes, ce testament évangélique de Louis XVI élevé par la main du roi son frère et son vengeur comme un drapeau de paix entre les deux partis, ce pardon descendant du ciel dans la dernière volonté d'un martyr du peuple pour inspirer à ce peuple la confiance et le pardon aussi à sa dynastie, ce trône où l'on croyait voir assis deux rois, l'un pour inspirer, l'autre pour régner ; cette princesse orpheline, la duchesse d'Angoulême, assistant du haut d'une tribune à ces réparations de la Providence, inondant de ses larmes le voile dont elle essuyait ses yeux et étouffant avec peine ses sanglots ; tous ces souvenirs, toutes ces scènes, toutes ces émotions ajoutaient à l'éloquence du discours l'éloquence des yeux, des mémoires, des compassions, des frémissements des auditeurs. Enfin un gage de liberté sortait sanctionné par la royauté, accueilli par le peuple, payé par ce sang, arrosé par les larmes de cette scène à la fois tragique, politique et sainte, dont les acteurs étaient un peuple et un roi. Un long silence plein de réflexions, de joies et de tristesses, succéda aux applaudissements qui avaient couvert les dernières paroles du roi.

Le chancelier d'Ambray prit la parole à son tour pour lire le discours qui allait motiver et commenter d'avance la charte. Les émotions de la nature se calmèrent, et les susceptibilités politiques reprirent promptement la place des sentiments. Ce discours inhabile, dogmatique, paradoxal, plein de réserves maladroites dans les concessions, retirant à la couronne d'une main ce qu'on semblait donner à la liberté de l'autre, blessant pour la Révolution, défiant et provocateur, s'efforçant en vain de concilier les dogmes absolus de l'antique monarchie féodale avec les dogmes rationnels de la monarchie de consentement national, effaçant vingt-cinq ans de notre histoire, supposant la patrie émigrée comme le trône, datant le règne des Bourbons non du rappel du roi par la France, mais de la mort de Louis XVII dans les cachots du Temple, appelant enfin la controverse là où il fallait l'étouffer sous l'unanimité de la réconciliation et sous le droit confondu des deux époques et des deux principes, refroidit les cœurs, sécha les larmes, irrita les esprits, souleva les frémissements et les murmures.

Ils parcoururent l'assemblée et avertirent le roi, malgré le respect et l'attendrissement qu'on voulait lui témoigner, quand le chancelier appela gauchement la charte une simple ordonnance de réformes. Ils redoublèrent quand il appela des égarements et des théories coupables les efforts persévérants d'une nation pour enfanter un ordre nouveau conforme au développement des idées et des droits d'une civilisation plus parfaite. Ils s'élevèrent et se prolongèrent plus sensiblement quand M. d'Ambray, remontant par la pensée au delà même des états généraux de 1789, appela les pairs et les représentants les *notables* du royaume. Le roi put pressentir la lutte prochaine et inévitable des deux principes entre lesquels sa sagesse personnelle avait voulu s'interposer, et que l'imprudente provocation des théoriciens de l'ancienne royauté allait réveiller. Ces paroles étaient des concessions à son frère, le comte d'Artois, et aux publicistes de l'émigration, qui voulaient reconquérir, au nom du droit impérissable et infaillible du trône, un peuple par lequel Louis XVIII devait être au contraire reconquis.

XXVI

M. Ferrand, un de ces théoriciens les plus impérieux et les plus inintelligents, parla à son tour avant de donner lecture de la charte. Il parla des funestes écarts qui avaient interrompu la chaîne des temps ; il appela la charte un don et non un droit, une concession et non une conquête du temps; il offensa, il inquiéta, il contrista les âmes qui ne demandaient qu'à s'épanouir. Mais la lecture de la charte elle-même, et l'énonciation des principes et des institutions qui allaient désormais régir les rapports du trône et du peuple, effaça toutes ces irritations fugitives, et rendit à tous la sécurité complète de la possession de la liberté. On attribua à ces conseillers obstinés et maladroits les paroles qui retenaient en donnant. On attribua au roi seul la sagesse et la consécration des principes de la charte. Chacun y retrouvait une des vérités auxquelles il avait dévoué son intelligence ou son sang. Ce symbole du siècle nouveau, médité, écrit, adopté par un prince sans préjugés et sans ressentiment, reportait vers lui tout l'amour qu'on avait pour ces principes eux-mêmes. Louis XVIII, en quittant le palais, était véritablement le roi de toutes les convictions comme de tous les cœurs. Les acclamations et les bénédictions de deux siècles se réunissaient sur sa tête. Elles le suivirent jusqu'à son palais et retentirent jusqu'à la nuit dans les cours et dans les jardins des Tuileries. Il avait conquis la France en lui présentant son image dans ce code des nouvelles institutions.

« Ma couronne est là, dit-il en contemplant du haut du balcon des Tuileries ce peuple ivre de retrouver ses idées dans son roi : Henri IV l'a conquise par les armes ; moi, je l'ai conquise par mes méditations à Hartwell. J'ai gagné ma bataille d'Ivry. »

XXVII

Les murmures qui avaient éclaté dans la séance d'ouverture aux paroles de M. d'Ambray et de M. Ferrand, ministres restrictifs des concessions royales, agitèrent légèrement les premières réunions des deux assemblées. Les deux adresses que ces corps délibérèrent en réponse au discours de la couronne n'y firent néanmoins que de muettes allusions. On semblait craindre de troubler l'harmonie que la France entière désirait entre les représentants du pays et le représentant héréditaire du pouvoir royal. On confondit les dissentiments sur l'origine et la révocabilité de la charte dans des circonlocutions ambiguës qui laissaient de l'espace entre les prétentions du peuple et les droits du trône.

« Sire, disait la chambre des pairs, les fidèles sujets de Votre Majesté viennent déposer au pied de son trône le tribut de la plus juste reconnaissance pour le double et inappréciable bienfait d'une paix glorieuse à la France et d'une constitution régénératrice. La grande charte que Votre Majesté vient de faire publier consacre de nouveau l'antique principe constitutif de la monarchie française, qui établit sur le même fondement et par un admirable accord la puissance du roi et la liberté du peuple. La forme que Votre Majesté a donnée à l'application de cet inaltérable principe est un témoignage éclatant de sa profonde sagesse et de son amour pour les Français : c'est ainsi que la force de la monarchie se développera et s'accroîtra de plus en plus comme la gloire personnelle de Votre Majesté ;

et après que nous aurons eu le bonheur d'être longtemps gouvernés par elle, la postérité s'empressera d'unir le nom de Louis XVIII à celui de ses plus illustres prédécesseurs. »

Les députés s'inspirèrent de la même réserve et ne disputèrent aucun enthousiasme et aucune adulation anticipée au roi.

« Sire, disaient les législateurs, la charte constitutionnelle promet à la France et la jouissance de cette liberté politique qui en élevant la nation donne plus d'éclat au trône lui-même, et les bienfaits de cette liberté civile qui, en faisant chérir par toutes les classes l'autorité royale, rend l'obéissance à la fois plus douce et plus sûre. La durée de ces bienfaits paraît devoir être inaltérable, lorsqu'ils arrivent au moment d'une paix que le ciel accorde enfin à la France. L'armée qui a combattu pour la patrie et pour l'honneur, et le peuple qu'elle a défendu, reconnaissent à l'envi que cette paix signée dès le premier mois du retour de Votre Majesté dans la capitale est due à l'auguste maison de Bourbon, autour de qui la grande famille française se rallie tout entière dans l'espoir de réparer ses malheurs.

» Oui, Sire, tous les intérêts, tous les droits, toutes les espérances, se confondent sous la protection de la couronne. On ne verra plus en France que de véritables citoyens, ne s'occupant du passé qu'afin d'y chercher d'utiles leçons pour l'avenir, et disposés à faire le sacrifice de leurs prétentions opposées et de leurs ressentiments. Les Français, également remplis d'amour pour leur patrie et d'amour pour leur roi, ne sépareront jamais dans leur cœur ces nobles sentiments, et le roi que la Providence leur a rendu, unissant ces deux grands ressorts des États anciens et des

États modernes, conduira des sujets libres et réconciliés à la véritable gloire et au bonheur qu'ils doivent à Louis le Désiré. »

XXVIII

M. Lainé, la première voix de la liberté et le premier précurseur d'une restauration constitutionnelle, fut nommé président du Corps législatif. Ce choix exprimait en un seul nom la double pensée qui animait la chambre des députés : la volonté d'un gouvernement libre et l'acceptation des Bourbons. Les travaux des deux chambres commencèrent. On y sentait l'inexpérience et l'hésitation d'un peuple qui avait perdu l'usage des discussions politiques, et qui, ne connaissant ni ses droits, ni ses limites, risquait de les compromettre ou de les dépasser. Le roi, attentif et mal fixé lui-même sur les attributions qu'il avait prétendu concéder aux deux chambres, surveillait de son cabinet ces premiers débats avec une ombrageuse sollicitude. Les courtisans lui faisaient peur des premiers balbutiements de l'opposition. Les royalistes, pleins de souvenirs et de terreurs, n'avaient jamais rien compris à ce partage de souveraineté dont l'oscillation entre un roi et un peuple constitue le gouvernement mixte et représentatif de l'Angleterre. Chaque indépendance leur semblait une insulte, chaque droit national une révolte, chaque discours un indice de lèse-majesté. Le roi, plus exercé et plus ferme, les rassurait et s'efforçait de modérer d'un côté les audaces, de l'autre les terreurs du nouveau mode de gouvernement.

Mais aucun de ses ministres n'était capable, par sa sagacité ou par son éloquence, d'habituer la tribune et le conseil au jeu du régime représentatif. M. d'Ambray et M. Ferrand n'étaient que des rhéteurs surannés. M. de Talleyrand, homme de cabinet, de couloir et de salon, n'avait dans sa nature ni ce mâle courage qui lutte, appuyé sur des convictions fortes, contre les tumultes d'une assemblée, ni ce rayonnement foudroyant d'esprit qui les subjugue, ni cet accent dans la voix qui est la domination de l'orateur politique. Ami silencieux de Mirabeau, il s'était tenu toujours à l'ombre de ce grand discuteur dans l'Assemblée constituante. Il n'avait grandi dans l'opinion publique que depuis que la tribune avait été démolie par le despotisme et qu'on s'était fait des renommées non en plein jour, mais par l'artifice et le mystère des habiletés de cour. Il affectait de dédaigner ce vain bruit de discussions publiques et de tenir quelques fils des consciences et des ambitions dans les deux chambres. Il oubliait et il faisait oublier au roi que la France avait passé en un jour, par la promulgation de la charte, du gouvernement du silence au gouvernement de l'opinion.

Sous ses ordres, M. Beugnot, homme de même nature, donnait à la police les attributions de la justice et de la loi. La censure préalable des journaux et des livres, héritage de l'empire, s'exerçait par M. Beugnot sous l'inspiration de l'abbé de Montesquiou. Un jeune homme célèbre depuis sous beaucoup de règnes, M. Guizot, dirigeait au ministère de l'intérieur cette partie de l'administration, et préludait par la surveillance arbitraire de la pensée à une vie de publicité et de tribune qui devait démentir ses premières années. Un des premiers chocs du gouvernement et de l'opinion fut imprudemment causé par M. Beugnot à propos d'une ordonnance de police sur l'observation obligatoire et méticuleuse du dimanche. Le roi avait cru devoir ce premier hommage au clergé, dont il affichait la restauration comme conséquence de la restauration de son propre trône. Il oubliait que la Révolution était plus religieuse encore que politique dans le fond du peuple. Les consciences, plus susceptibles que les opinions, voulaient bien la restauration de l'Église catholique dans la liberté, comme les opinions voulaient bien de la restauration du trône dans la constitution ; mais un acte de répression ou de compression sur les consciences paraissait un symptôme de domination d'un seul culte privilégié et un attentat contre la tolérance du siècle. Un cri d'indignation s'éleva de la multitude qui fit reculer les ministres et avertit le roi. L'ordonnance, méprisée et inexécutée, tomba en désuétude dès le premier jour. La tentative de M. Beugnot expira dans le ridicule. Elle suffit néanmoins pour irriter la nation contre l'Église et pour jeter dans l'opposition naissante un ferment de mécontentement populaire et d'agitation qui dépopularisa un peu la royauté. La chambre des députés menaça de provoquer des lois pour garantir à la fois la conscience, l'opinion et le gouvernement de discussion par la liberté de la presse. Le gouvernement, averti et intimidé par ces propositions, se hâta de présenter une loi sur la pensée, de peur que la chambre ne décrétât la pensée libre. Les ministres spécialement chargés de présenter et de défendre cette loi disaient assez, par leurs noms, quel en serait le sens. C'étaient les membres du conseil les plus antipathiques à toute intelligence de la liberté : M. Beugnot qui saisissait les imprimeurs, M. Ferrand qui maudissait l'imprimerie, M. de

Blacas qui voyait la révolte dans toute indépendance de jugement. M. de Talleyrand semblait s'être joué de ses collègues en les envoyant subir, à forces si inégales devant des assemblées jalouses et éloquentes, la lutte de l'esprit de cour contre l'esprit de liberté.

L'abbé de Montesquiou, ministre de l'intérieur, moins neuf que les autres aux discussions des assemblées délibérantes, lut un discours. Ce discours faisait présager toute la loi. Il avait été médité par M. Royer-Collard, indécis encore entre son passé et son avenir, et rédigé par M. Guizot, serviteur hâté d'un gouvernement où il voulait faire place par ses services à son talent.

« Messieurs, dit M. de Montesquiou, vous le savez, ce ne sont point de vaines subtilités, mais le résultat d'une triste expérience : la liberté de la presse, souvent proclamée en France depuis vingt-cinq ans, y est toujours devenue elle-même son plus grand ennemi; la cause, dira-t-on, en était dans l'effervescence des passions populaires, dans la facilité avec laquelle on entraînait un peuple encore incapable de juger les écrits et d'en prévoir les conséquences... Mais ces causes ont-elles déjà disparu? Peut-on se flatter qu'elles n'agiront plus désormais? Nous n'osons le penser. La servitude silencieuse qui a succédé à la turbulence des premières années de la Révolution ne nous a pas mieux formés à la liberté; les passions qui n'ont pu se manifester durant cet intervalle éclateraient aujourd'hui fortifiées de passions nouvelles. Qu'opposerions-nous à leur explosion? Presque autant d'inexpérience et plus de faiblesse... Telle est la nature de la liberté, que pour savoir en faire usage il faut en avoir joui. Donnez-lui donc toute l'étendue nécessaire pour que la nation n'apprenne qu'à s'en servir; mais opposez-lui encore quelques barrières pour la sauver de ses propres excès...

» C'est sur ces principes que reposent les bases de la loi qui vous est proposée; les articles dont elle se compose n'en sont que le développement... En vous demandant d'assigner quelques limites à la liberté de la presse, on ne vous demande point de violer un principe, mais de l'appliquer comme il convient à nos mœurs. Le roi ne vous propose rien qui ne lui paraisse rigoureusement nécessaire pour le salut des institutions nationales et pour la marche du gouvernement. Ce que l'on a voulu surtout arrêter, c'est la publication des écrits d'un petit volume, qui, plus faciles à répandre et plus propres à être lus avec avidité, menaceraient de troubler la tranquillité publique.

» Tout écrit de plus de trente feuilles d'impression pourra être publié librement et sans examen de censure préalable.

» Il en sera de même, quel que soit le nombre de feuilles, des écrits en langues mortes et en langues étrangères; des mandements, lettres pastorales, catéchismes, livres de prières; mémoires sur procès signés d'un avocat près les cours et tribunaux.

» Si deux censeurs au moins jugent que l'écrit est un libelle diffamatoire, ou qu'il peut troubler la tranquillité publique, ou qu'il est contraire à l'article 11 de la charte, ou qu'il blesse les bonnes mœurs, le directeur général de la librairie *pourra* ordonner qu'il soit sursis à l'impression.

» Il sera formé au commencement de chaque session des deux chambres une commission composée de trois pairs, trois députés, élus par leur chambre respective, et trois commissaires du roi.

» Nul ne sera imprimeur ni libraire s'il n'est breveté par le roi et assermenté. Les imprimeries clandestines seront détruites, et les possesseurs et dépositaires punis d'une amende de dix mille francs et d'un emprisonnement de six mois.

» Le défaut de déclaration avant l'impression et le défaut de dépôt avant la publication seront punis chacun d'une amende de mille francs pour la première fois, et de deux mille francs pour la seconde. L'indication d'un faux nom ou d'une fausse demeure sera punie d'une amende de six mille francs, sans préjudice de l'emprisonnement prononcé par le Code pénal.

» Tout libraire chez qui il sera trouvé un ouvrage sans nom d'imprimeur sera condamné à une amende de deux mille francs, l'amende réduite à mille francs si le libraire fait connaître l'imprimeur. »

Enfin, la loi devait être revue dans trois ans, pour y apporter les modifications que l'expérience aurait fait juger nécessaires...

XXIX

Cette loi de circonstance, qui démentait, dès le premier jour, une des promesses les plus chères à la nation dans la charte, parut un attentat à cette charte elle-même, dont la liberté de penser et d'écrire était la seule garantie. La prérogative de l'opinion expirait dans la prérogative de la police. La chambre et le pays continrent mal leur indignation. Les journaux et les pamphlets forcèrent la main de la police et semèrent partout le murmure, l'ironie, la colère et le mépris contre les ministres. Les écrivains les plus modérés et les plus favorables aux Bourbons, Dussault, Benjamin Constant, Suard, discutèrent avant la tribune les sévérités et les démences de la loi. La chambre des députés nomma pour lui en faire le rapport M. Raynouard, écrivain royaliste et libéral, ami et complice de M. Lainé dans sa révolte contre le despotisme impérial. Une foule immense, qui témoignait assez de la passion publique, assiégea les abords et l'intérieur de la chambre des députés le jour où M. Raynouard devait présenter ce texte de discussion à la chambre. La force armée fut obligée d'intervenir pour faire évacuer les tribunes. La foule et le tumulte firent remettre la séance au lendemain.

XXX

Une force imposante assura cette fois la réunion des députés et le calme de la délibération. M. Raynouard lut son rapport. Il était digne de cet homme de bien. Il savait sacrifier à ses opinions même ses inclinations de cœur pour les Bourbons.

Il parla au milieu d'un silence qui attestait l'anxiété de l'attention publique. Après une théorie sage et forte de la liberté réglée de la première des facultés humaines, celle de penser, et de la première des prérogatives politiques, celle de discuter le gouvernement, M. Raynouard concluait au rejet de la loi de censure et de silence. Il fut couvert d'applaudissements. La discussion s'ouvrit avec l'impatience d'opinions qui ne veulent attendre ni la victoire ni la défaite. Elle dura quatre jours. Tout fut dit sur les avantages et les dangers de la liberté complète ou de la liberté restreinte de la pensée à la suite d'une révolution qui avait excité les ressentiments et qui bouillonnait encore. L'assemblée en masse tremblait devant la puissance qu'elle allait déchaîner. Cette réunion d'hommes lassés de révolutions, timides d'idées, indécis de doctrines, façonnés par un long silence aux habitudes de despotisme et qui ne s'étaient soulevés contre lui que le jour où il les avait menacés de s'écrouler sur eux, n'avait ni l'intelligence, ni l'audace, ni le caractère d'une assemblée depuis longtemps libre. L'immense majorité céda aux raisons de prudence alléguées par M. de Montesquiou. Quatre-vingts membres seulement, parmi lesquels tous les hommes d'élite de la Révolution ou des lettres, Dupont (de l'Eure), Dumolard, Durbach, Raynouard, Gallois, Lainé, protestèrent contre cette faiblesse et contre cet ajournement de l'opinion libre. La loi fut adoptée.

Boissy-d'Anglas et Lanjuinais, à la chambre des pairs, combattirent avec énergie et avec éloquence cette loi servile. Ces deux vétérans de la tribune, qui avaient été les plus intrépides contre la démagogie, contre la tyrannie populaire du peuple à la Convention, furent les plus inflexibles contre les excès de l'arbitraire devant la royauté qu'ils aimaient. M. de Talleyrand garda le silence devant eux, soit qu'il sentît son impuissance à la tribune, soit qu'il voulût, dans l'indécision du résultat et devant l'impopularité de la loi, rester lui-même indécis, énigmatique et libre de sacrifier ses collègues à l'opinion, si l'opinion exigeait ce sacrifice. Les hommes de la cour et de l'émigration soutinrent les doctrines qu'ils avaient sucées avec le lait et maudirent dans la liberté de la pensée la cause de leur ruine et de leur exil. La loi fut votée à une faible majorité. Cette indépendance donna à la chambre des pairs une popularité que le Sénat avait perdue.

XXXI

Les chambres s'occupèrent ensuite des finances, obérées de plus d'un milliard par les guerres de Napoléon. L'abbé Louis, ministre habile et de sang-froid, osa évoquer le crédit public, qui sauve tout quand tout est perdu. Il fit pressentir la création de l'amortissement de la dette publique, mesure puérile en elle-même, mais décevante pour l'imagination des prêteurs. Il prépara, sans se troubler devant l'énormité des sacrifices, non-seulement le service des dépenses de l'armée, de l'administration et de la cour, mais encore la liquidation prompte et entière des réparations et des indemnités que l'empereur laissait à payer comme la rançon de sa gloire et de ses revers à la nation. Ce ministre avait proposé hardiment au roi la vente de trois cent mille hectares de forêts nationales, restes des dépouilles énormes d'un clergé propriétaire et dépossédé. L'Église avait usurpé trois fois en treize siècles la propriété du sol entier de la France. Louis XVIII, dans le commencement de la Révolution, avait applaudi à la rédimition de ce sol envahi par cette féodalité des consciences. Il pensait, comme Mirabeau et comme la raison de 1789, que des corporations immortelles, célibataires et toujours croissantes, ne devaient posséder que des salaires de l'État proportionnés à leur service, ou des salaires libres et privés offerts volontairement par la piété des croyants, et que la propriété du sol devait être réservée aux familles, source et réservoir de la population. Mais Louis XVIII, influencé pendant son exil par son frère et par les évêques composant la cour du comte d'Artois, cédait alors à des scrupules de politique plus que de conscience qu'il était loin d'avoir en 1789. Il voulait, dans un intérêt de règne, rétablir, autant que la Révolution le lui permettait, un établissement ecclésiastique ; il ne voulait pas surtout que son frère, la duchesse d'Angoulême, les évêques rentrés et les théoriciens puritains de l'ancien régime dont sa cour était remplie, eussent à lui reprocher sa part de spoliation et de profanation dans ce qui restait des biens de l'Église. En vain M. de Talleyrand et l'abbé Louis le pressaient de consentir à la vente de ces trois cent mille hectares de forêts ; il affectait de ne pas entendre, il ne répondait que par le silence. Il était évident qu'il voulait avoir la main forcée en apparence par les chambres. Un de ses confidents lui ayant enfin renouvelé un jour les instances de son cabinet pour obtenir de lui un aveu formel de cette mesure : « Jamais, monsieur, lui dit le roi avec un accent de haute indignation, on n'obtiendra de moi cet aveu. La vente des biens de l'Église n'est pas seulement une spoliation, c'est un sacrilége ! » On attendit une heure plus propice pour arracher de lui un consentement qui était dans son cœur, mais qui ne voulait pas passer sur ses lèvres.

XXXII ·

La nation se montra prodigue de réparations, d'indemnités et de dotations envers la couronne et envers les princes. Un vote spontané et unanime des chambres affecta une somme de trente-trois millions au roi pour l'entretien annuel et pour le luxe royal de sa maison. Elle paya en outre trente millions de dettes qu'il avait contractées pendant son exil, ainsi que les dettes du comte d'Artois et des princes. Elle lui remit de plus les biens de la couronne.

Le roi rougissait de retrouver seul un si splendide établissement pour lui et pour sa famille, tandis que les émigrés proscrits et dépouillés pour sa cause contemplaient les maisons et les champs de leurs familles passés dans les mains des acquéreurs de domaines nationaux. La mendicité de ces défenseurs du trône était un reproche au trône relevé sur leurs ruines. Il désirait avec ardeur liquider ce procès entre les anciens et les nouveaux possesseurs. Il avait cédé au temps, même pendant l'émigration, en promettant dans ses déclarations royales qu'il n'attenterait jamais à la validité de ces contrats entre les acquéreurs des biens de l'Église et des émigrés, et en jetant le voile de la politique sur le passé. Mais il voulait, et il avait raison de vouloir rendre du moins aux familles proscrites ce qui restait intact de leurs dépouilles entre les mains de la nation. Il lui paraissait odieux de faire profiter sous le règne d'un Bourbon le trésor public des domaines, des rentes et des forêts confisqués sur ces familles pour crime de fidélité aux Bourbons. C'était convenance, politique, justice ; tout le monde le sentait avec lui, excepté l'ombrageuse classe des nouveaux acquéreurs, qui tremblaient au seul nom d'émigrés, et qui, dans le principe de l'inaliénabilité des biens des proscrits, voyaient la condamnation de la possession des biens confisqués. Ces acquéreurs étaient riches, nombreux, dispersés sur toute la surface du sol ; la nature de leurs biens les avait attachés plus passionnément que les autres classes aux principes et même aux violences de la Révolution, seuls titres de leur propriété. Ils avaient adhéré ensuite à l'empire de toute la masse de leurs biens scandaleusement acquis à des prix dérisoires, mais dont l'éloignement des Bourbons était à leurs yeux la garantie. Ils troublaient d'avance le pays de leurs inquiétudes, ils achetaient les journaux, ils cointéressaient le peuple à leurs griefs. Ils semaient l'alarme, ils présentaient le fantôme de la contre-révolution. Un mot les jetait dans la panique, la panique dans la fureur. Toucher à leur cause, c'était toucher à la cause même de la Révolution. Le peuple, qui avait vu leur enrichissement rapide et souvent odieux, les aimait peu. Le sceau de la proscription et du sang qui était visible encore sur leurs champs et sur leurs maisons les désignait à l'impopularité des campagnes. Les foyers antiques occupés par eux rappelaient leurs anciens maîtres de ce cri des souvenirs, des habitudes et de la nature, consécration de la propriété par le sentiment. Mais leur cause, bien qu'impopulaire, était tellement confondue avec celle du droit de la Révolution et du patriotisme, que l'opinion des masses, tout en haïssant les acquéreurs, protégeait le principe de leur possession. D'ailleurs ces propriétés avaient presque toutes changé de maîtres par la transmission héréditaire depuis vingt-cinq ans. Ce qui avait été injuste à l'origine était devenu légitime par le temps.

XXXIII

Le roi profita de l'enthousiasme de réconciliation qui avait saisi la France pour obtenir des chambres la part de réparation due aux familles proscrites rentrées avec lui. Il fit présenter une loi qui restituait aux anciens propriétaires les rentes, les biens non vendus, restés jusqu'alors entre les mains de la nation. Cette loi prudemment motivée n'aurait soulevé aucun murmure. Elle aurait au contraire rassuré les nouveaux acquéreurs en consacrant par des dispositions formelles l'amnistie du temps sur leurs propriétés. La maladresse, l'ambiguïté, les réticences de M. Ferrand, rédacteur de l'exposé de la loi, jetaient l'alarme, la controverse et l'irritation dans les esprits. La main gâta l'œuvre. Une autre main plus politique et plus habile, celle de M. de Villèle, devait la reprendre et l'accomplir plus tard à l'honneur de la nation et au profit de la richesse publique comme du droit des familles.

« Lorsque après avoir essuyé les tourmentes d'une révolution dont l'histoire n'offre pas d'exemple, disait M. Ferrand, une grande nation revient enfin dans le port d'un gouvernement sage et paternel, le bonheur général qu'elle éprouve peut encore être pendant longtemps entremêlé de malheurs individuels... C'est une suite des inconvénients trop souvent attachés aux lois qui remplacent les lois révolutionnaires : elles ne peuvent avoir l'unique et pure empreinte d'une équité rigide et absolue. Méditées d'après les principes, rédigées d'après les circonstances, elles sont quelquefois entraînées par celles-ci quand elles voudraient ne pas se séparer de ceux-là. Le souverain qui se résigne à de si grands sacrifices peut seul savoir ce qu'ils lui coûtent, et une seule pensée peut les adoucir, c'est qu'en s'identifiant avec tous les sujets qui lui sont rendus, il anéantit toutes les dénominations révolutionnaires qui avaient divisé la grande famille. Telles sont les maximes que le roi a constamment suivies depuis son retour. Il est bien reconnu aujourd'hui que les regnicoles, comme ces fidèles Français jetés passagèrement sur des rives étrangères, appelaient de tous leurs vœux un heureux changement, lors même qu'ils n'osaient l'espérer. A force de malheurs et d'agitations, tous se retrouvaient donc au même point; tous y étaient arrivés, les uns en suivant la ligne droite sans jamais en dévier, les autres après avoir parcouru plus ou moins les phases révolutionnaires au milieu desquelles ils se sont trouvés. La loi que nous vous présentons, messieurs, reconnaît un droit de propriété qui existait toujours, elle en légalise la réintégration ; mais dans cette réintégration même le roi a voulu apporter une grande réserve. »

Cette controverse si témérairement soulevée entre les deux patries, les deux patriotismes, les deux propriétés, alluma l'incendie dans l'opinion. La chambre des députés répondit au ministre imprudent qui avait émis des doctrines si excessives par des considérations excessives aussi dans un autre sens. M. Bédoch, député modéré, fut chargé de rédiger le rapport sur cette proposition du ministre. Ce rapport écartait avec dédain et colère les témérités et les outrages de M. Ferrand.

« Votre commission, disait M. Bédoch, ne s'engagera pas dans l'imprudente recherche des sacrifices et des pertes réciproques, des erreurs et des fautes communes. Que pourrait-il servir de reconnaître les liaisons qui existent entre les événements les plus opposés en apparence, et de découvrir, par exemple, que les plus grands attentats n'ont peut-être été que les suites nécessaires de premières et imprudentes résistances? Le roi n'a et ne peut avoir au fond de son cœur que la ferme volonté de tenir ses promesses. Il a déclaré que toutes les propriétés étaient inviolables ; que les droits acquis à des tiers devaient être maintenus. On ne peut donc pas espérer de voir arriver une époque qui permette de diminuer les exceptions contenues dans le projet de loi qui nous occupe. Que sert de donner aux uns des espérances qu'on ne pourra jamais réaliser ? d'inspirer aux autres des craintes mal fondées ?... Non, l'exposé fait par M. Ferrand n'est point l'expression de la volonté du roi ; disons-le franchement, le ministre a substitué l'aigreur de ses sentiments particuliers aux sentiments du monarque.

» Mais c'est assez, messieurs, insister sur le discours de M. Ferrand. En vous présentant les réflexions de votre commission, j'ai fait tout ce qu'il a dépendu de moi pour concilier les égards dus au caractère du ministre d'État avec la volonté fermement et formellement exprimée par vos bureaux, dont quelques-uns voulaient même demander la suppression d'un discours si menaçant pour la sécurité publique. »

La discussion fut provoquante du côté des émigrés, dure et cruelle du côté des hommes de la Révolution : les premiers disputant le droit à la patrie; les autres, les indemnités et les consolations au malheur. Tout s'envenimait, quand un homme qui tempérait toujours la justice par le sentiment et dont le cœur agrandissait l'esprit, M. Lainé, soulevé de son siége de président par l'émotion de l'honnête homme, parut à la tribune et s'écria avec l'impartialité de l'histoire : « Votre commission en refusant de reconnaître jusqu'au droit d'indemnité et de réparation croit-elle ajouter quoi que ce soit à la sécurité des acquéreurs? Rassurés déjà par le temps, par une longue possession, plus encore par la parole royale, ne le sont-ils pas par la charte constitutionnelle, qui a, pour ainsi dire, emprunté des termes à la religion, en disant que les propriétés autrefois nationales seraient désormais inviolables et sacrées?... Voudrez-vous maintenant vous interdire d'avance et interdire à vos successeurs la possibilité d'être justes, le droit d'être charitables?... Pourquoi la plupart d'entre vous, car je crois lire dans vos cœurs, se sont-ils refusés, quant à présent, à cette modique indemnité, dernier soutien du malheureux qui rentre dans sa patrie, et qui jusqu'à ce jour avait été soutenu par l'étranger? C'est à cause de l'indigence de la patrie. Eh bien! si notre patrie était un jour dans un état plus prospère; si l'activité du commerce, la réunion des Français, les progrès de l'industrie augmentaient les ressources, comment se pourrait-il que cette nombreuse classe d'hommes qui ont cru à la fois défendre leur patrie et leur prince ne trouvât pas quelques secours? A cette tribune, quelqu'un a prononcé hier le sinistre augure d'une guerre possible. Si jamais les ennemis nous attaquent, les émigrés se réuniront avec nous, comme leurs enfants avec les nôtres, pour défendre le territoire menacé; et cependant la plupart d'entre eux, ceux à qui on ne remet rien, ne trouveront rien à défendre que le roi et les acquéreurs de leurs propres domaines. Après avoir combattu, après avoir versé leur sang pour leur roi, pour leur patrie et les nouveaux propriétaires de leurs biens, ils ne vous demanderont rien, sans doute ; mais si vous jugez à propos, à cause de leur indigence, de leur malheur, d'écouter l'humanité, et alors la reconnaissance, pouvez-vous souffrir dans la loi une déclaration qui vous interdise à vous-mêmes ces sentiments, et qui l'interdise à vos successeurs ? Non, messieurs, je ne crains pas que l'Assemblée ait épuisé pour le présent, et encore moins pour l'avenir, les trésors de la justice et, j'ose le dire, les trésors de la miséricorde nationale... »

Ces paroles avaient rétabli pour un moment la sérénité dans les âmes avec la justice et la pitié. L'éloquence avait emporté d'un élan tout ce poids de haine. La chambre se leva tout entière, soulagée de ces controverses sans âme, et vota presque unanimement cet acte auquel M. Lainé avait restitué son seul caractère, la magnanimité.

XXXIV

Le maréchal Macdonald, le plus fidèle, quoique le plus indépendant des généraux de la république et des lieutenants de l'empereur, alla plus loin à la chambre des pairs ; il eut la première pensée et la première audace d'une grande mesure de réparation qui éteignît à jamais cette guerre civile des propriétés entre les Français des deux dates. Son opinion, méditée et écrite de concert avec les royalistes politiques et prévoyants des deux chambres, élargit l'horizon de l'indemnité, que M. Lainé avait frappé d'un éclair.

« Les fidèles défenseurs de la monarchie reparaissent au milieu de vous, dit le maréchal, protégés par la vieillesse et le malheur ; ce sont des espèces de croisés qui ont suivi l'oriflamme en terre étrangère, et nous racontent ces longues vicissitudes, ces orages, ces tempêtes qui les ont enfin poussés dans le port où ils avaient perdu l'espoir d'aborder. Qui de nous pourrait se défendre de leur donner la main en signe d'alliance éternelle ?...

» Mais que de changements opérés dans cette France si longtemps désirée ! Que de destructions consommées ! Que de monuments renversés ! Que d'autres élevés avec leurs débris ! Que de rêves prospères évanouis en un seul jour, après avoir été durant tant de nuits les consolations de l'exil ! Descendons dans nos cœurs, messieurs, pour juger nos semblables. Plaçons-nous par la pensée dans la position que je décris, et au lieu de partager des plaintes vulgaires sur l'accueil des frères qui nous sont rendus, reconnaissons des Français au calme du désintéressement de la plupart d'entre eux et à la noblesse de leur attitude.

» Importe-t-il à la tranquillité publique qu'ils la changent ; alors il faut changer leurs rapports, autrement nos campagnes seront semées d'agitations secrètes, indéterminées pour ceux qui les éprouveront, involontaires pour ceux qui en seront la cause. Le retour d'une seule famille exilée sera-t-il dans une contrée l'objet de la curiosité et des entretiens domestiques, il deviendra le jour suivant le motif des affections de quelques-uns ; le lendemain, celui des alarmes de plusieurs autres. Les récits, les propos, les suppositions, voleront de bouche en bouche. Une fois les intérêts de la propriété ou de l'estime publique mis en jeu, on parlera aux passions; elles entreront en effervescence, soit qu'un vieillard ait jeté un regard douloureux sur son ancien domaine, soit qu'il ait affecté d'en détourner les yeux. Et dans ce tableau, messieurs, vous le voyez, je ne fais ressortir ni les imprudences, ni les provocations, je ne suppose ni ressentiments, ni craintes dans l'origine, mais j'établis que les uns et les autres naîtront par un fait qui est hors de l'autorité du roi et de la vôtre.

» Je soutiens que ce fait aura, s'il n'a déjà, les conséquences les plus désastreuses pour la tranquillité publique; or, comme ce fait (l'existence des anciens propriétaires en présence des acquéreurs) ne peut ni ne doit cesser d'être, j'en ai tiré cette conséquence nécessaire, qu'il fallait déplacer la difficulté au lieu de tenter vainement de la vaincre, changer l'état présent pour un état nouveau; en un mot, oser faire connaître l'abîme ouvert devant nous, le franchir et nous lancer, armés de toute la générosité, de toutes les forces de la nation, dans un vaste système d'indemnités. Est-il possible, il est adopté : j'en ai pour garant le cœur du roi, les nôtres, ceux de tous les Français, et la seule gloire qui nous reste à conquérir, celle de l'union entre tous les citoyens.

» ..... Je ne crains point de le proclamer, je n'ai rien trouvé dans le projet de loi qui tende à effacer le souvenir de ces grands déchirements qui ont ébranlé la société, disséminé les familles, déplacé les propriétés et altéré parmi les Français jusqu'au caractère national. Non, messieurs, le projet de loi n'atteint pas ce but si désirable, et, s'il m'est permis de m'exprimer avec la franchise d'un soldat, les discussions provoquées dans la chambre des députés, et qui ont retenti dans toute la France, nous en ont encore éloignés. Que devait-on faire, au contraire, pour s'en rapprocher? Deux opérations bien distinctes : par la première, rendre aux familles frappées de séquestre ou de confiscation tous les biens non vendus existant en nature dans les mains du gouvernement ; cette mesure résulte de la loi. Des discussions déclamatoires n'étaient point nécessaires pour l'obtenir. La justice parlait toute seule. La seconde opération n'a pas même été indiquée dans le projet de loi, mais elle est attendue de votre sagesse. L'humanité, la justice, le salut de la France, le vœu de son roi, commandaient de fermer toutes ses plaies ; elles ont été rouvertes par des discours imprudents! Oui, sans doute, plusieurs millions d'acquéreurs de biens nationaux sont inquiets de la direction que quelques individus cherchent à donner à l'opinion publique, et l'on s'est réjoui de leurs alarmes ; on s'est bercé du chimérique espoir que des craintes habilement jetées dans les esprits obtiendraient de nouveau des déplacements contre lesquels eût échoué toute la puissance du gouvernement le plus fort dont l'histoire ait encore fait mention. Eh quoi! les spectateurs de sa chute rapide sont-ils encore assez stupéfaits de cette catastrophe, pour n'avoir point médité sur ses causes? Ignorent-ils que ni les constitutions, ni les lois, ni les années ne défendent les gouvernements contre la masse des intérêts sociaux? Ignorent-ils que lorsque ces intérêts sont dans un péril imminent, les gouvernements sont atteints les premiers?...

» ..... Loin de moi la pensée de concourir à aggraver les charges publiques pour satisfaire à des dispositions d'une proportion plus élevée. Il peut m'être permis, sans crainte d'être désavoué, d'être ici l'interprète de mes compagnons d'armes : tous avec moi réclameront votre justice pour les droits et les besoins de ces braves ; mais nul ne sollicitera le retour de ces munificences dont l'excès ou l'éloignement ont si souvent menacé la durée. Ce n'est point à nous qu'appartiendraient les souvenirs de la fortune passée. Nous serons heureux quand le roi, quand les compagnons de ses malheurs, défendus ici par leur respectable chef, quand ceux de nos longs et mémorables travaux n'auront plus de regrets à former ni de privations à subir ; nous serons heureux, autant que nous sommes fidèles et dévoués, quand nos anciens dans l'art de la guerre s'associeront à la gloire que nous avons conservée à leurs drapeaux ; quand nous pourrons les serrer dans nos bras comme des pères dont nous avons été les dignes élèves ; quand nos provinces tranquilles, nos cités libres de toutes dissensions politiques ne présenteront plus aux yeux du roi que des Français satisfaits du présent, oublieux du passé et riches de l'avenir... Tels sont, messieurs, nos vœux les plus ardents ; vous les partagez sans doute, et c'est parce que j'en ai l'assurance que j'ai osé me livrer à un travail étranger à mes habitudes...

» Et si, après avoir prêté à cette ébauche l'appui de vos lumières, vous la rendez digne de devenir l'objet d'une proposition au roi, vous serez à jamais environnés de la reconnaissance nationale pour avoir consacré l'alliance inséparable de la gloire avec les plus nobles infortunes, de la justice avec la générosité, et de la paix publique avec la félicité du monarque. »

La proposition du maréchal Macdonald, unanimement approuvée par la chambre haute, recueillit les applaudissements, mais ne motiva aucun vote. C'était une tentative sur l'opinion. Le maréchal voulait seulement la jeter aux méditations des partis comme un germe de paix qui devait mûrir. La loi du gouvernement fut votée comme une tendance à une indemnité plus complète.

XXXV

Cette discussion avait distrait et calmé pour un moment l'animation renaissante entre les hommes de l'exil et les hommes de la Révolution. Une circonstance accidentelle vint rallumer inopinément ce feu. Elle confondit dans une même cause la république et l'empire, l'opposition révolutionnaire et l'opposition bonapartiste, les susceptibilités de la gloire et les irritations de la liberté. Elle fut le premier symptôme de cette fusion qu'une haine commune allait opérer entre les libéraux et les bonapartistes. Un guerrier loyal et intrépide dont le nom était cher à l'armée et au peuple, illustré par des exploits récents, en fut l'involontaire occasion. C'était le général Excelmans.

Le général Excelmans avait été le compagnon d'armes et le grand écuyer du roi de Naples, Murat. Fidèle à l'amitié et à la reconnaissance, ce général, alors à Paris, écrivit sans aucune intention hostile aux Bourbons une lettre de congratulation sur la conservation de son trône à son ancien ami. Cette lettre, qui exprimait des sentiments non de haine au nouveau gouvernement, mais de regrets naturels pour un passé cher à des soldats, fut saisie sur un voyageur. M. de Blacas la remit au roi. Le roi n'y vit que l'inconvenance d'une correspondance secrète d'un officier supérieur avec un roi étranger, ennemi né de sa maison. Il n'incrimina pas cette légèreté au delà de la faute. Il chargea seulement le général Dupont, alors ministre de la guerre, de recommander au général Excelmans plus de réserve à l'avenir dans ses relations. L'affaire parut assoupie par cette indulgence. Elle toucha le cœur noble et généreux d'Excelmans.

Mais quelques jours plus tard, le maréchal Soult, que sa victoire de Toulouse, son autorité dans l'armée et son dévouement subit et bruyant à la nouvelle cour avaient désigné au roi, ayant reçu le ministère de la guerre, voulut imprimer à l'armée par un exemple la vigueur de sa main et la terreur de sa discipline. Il espéra porter l'esprit des camps dans l'administration militaire, et apprendre aux généraux qu'il n'y avait plus de constitution devant le sceptre et devant son épée. Il exila de son autorité de ministre le général Excelmans dans une ville de département. Excelmans ne résista pas avec insubordination d'abord. Il se contenta de représenter au roi et au ministre qu'il n'avait d'autre résidence que Paris ou les camps, que sa femme près d'accoucher ne pouvait le suivre, qu'il demandait quelques jours pour obéir à son bannissement. Cette réclamation respectueuse, mais où le maréchal Soult, enrichi par la guerre, avait vu des allusions offensantes à sa personne par l'affectation même avec laquelle Excelmans faisait ressortir sa propre pauvreté, irrita davantage le ministre. Il ne voulut pas que cette première tentative de résistance impunie à un ordre arbitraire encourageât d'autres indépendances dans l'armée. Il ordonna au général Maison, gouverneur de Paris, d'arrêter Excelmans. Maison obéit. Excelmans ferma ses portes, défia les soldats envoyés pour forcer sa demeure, s'arma de la loi et de son épée, et déclara qu'il ferait feu de ses pistolets sur le premier officier ou soldat qui porterait la main sur lui. Le détachement de troupes et de gendarmes envoyé pour se saisir de lui hésita devant cette téméraire intrépidité d'un homme de guerre aimé et célèbre par sa folle bravoure. Excelmans traversant les rangs alla se réfugier chez un ami et braver de là le mécontentement de la cour.

L'acte de ce Sidney militaire émut Paris et la France. Il écrivit à la chambre des députés pour mettre sa personne menacée, son domicile violé, sa femme gardée à vue par des soldats, sous la protection de la loi et des députés de son pays. Ce fut le premier appel à la constitution. L'opinion y répondit avec passion, la chambre avec faiblesse. L'habitude de servilité contractée par les députés sous l'empire les faisait hésiter encore à reconnaître et à exercer des droits en opposition avec la volonté d'une cour. Un corps qui a servi le despotisme n'est jamais propre à inaugurer la liberté. Les actes passés sont un reproche à son indépendance présente. Il a trop le souvenir de la subordination pour se relever jusqu'à la dignité. Tel était ce Corps législatif impérial dépaysé dans la royauté représentative. Le roi le méprisait, les royalistes le haïssaient, les libéraux s'y confiaient mal. Usé avant de naître, il fut dissous dans le courant de novembre 1814, et prorogé au mois de mai 1815. La nation, plus attentive à la cour qu'au parlement, ne s'aperçut pas de cet interrègne de sa représentation.

XXXVI

Pendant que cette session discourait et se terminait ainsi dans l'indifférence publique, Louis XVIII s'installait de plus en plus dans les splendeurs traditionnelles de l'ancienne cour. Il venait d'effacer avec magnanimité le passé et de jeter l'amnistie sur la famille royale en restituant au duc d'Orléans, fils de Louis-Philippe-Égalité, les immenses domaines de sa maison réunis au domaine de la couronne, plus soigneux de grandir les dotations et les pompes de la maison royale que de prévenir des rivalités de trône. Le génie, à la fois souple pour la cour et caressant pour la popularité, du duc d'Orléans, son origine, la complicité de son nom dans les actes les plus réprouvés de la Révolution, ses liaisons facilement renouées avec ce qui restait des amis de son père, le danger d'ajouter à tous ces moyens de candidature à la couronne cette toute-puissance de corruption et de clientèle qu'un prince ambitieux puise dans des apanages démesurés, n'avaient pas arrêté Louis XVIII. Il croyait à la sincérité et au repentir du duc d'Orléans. Il se souvenait de l'hommage que ce prince était venu apporter à Londres à la branche aînée, et de la retraite dans laquelle il s'était renfermé à Twykenham, sur les bords de la Tamise. Il pensait qu'un homme de ce caractère et de ce nom ne serait jamais dangereux en France pendant son règne, que son nom même pèserait sur lui, qu'il le porterait dans l'obscurité d'un père de famille entre les reproches des royalistes et les défiances des républicains. Ses enfants après lui se partageraient son héritage, et cette fortune, divisée en plusieurs parts, cesserait d'être un danger pour la couronne. Mais le duc d'Orléans, à peine arrivé en France, avait démenti ces prévisions du roi. Il avait eu sur les autres princes de la famille royale et de la maison de Condé le bénéfice du double rôle que lui assignaient son nom et sa situation. Prince aux Tuileries, jouissant du respect que le sang royal lui assurait, homme populaire au Palais-Royal, s'emparant des préférences de l'opinion qui se tournaient par instinct vers lui ; réservé dans son attitude, courtisan du roi et surtout de l'opinion libérale, ne s'expliquant qu'à demi-mots, mais laissant entrevoir et pénétrer dans ses réticences un secret dédain de la cour, et des faveurs de souvenir pour tout ce qui respirait la Révolution, s'associant même avec une habile flatterie aux regrets et aux gloires de l'armée, choisissant sa maison militaire parmi les jeunes généraux de Napoléon, sa société intime parmi les écrivains et les orateurs de la liberté, irréprochable en apparence pour la cour, gracieux et attractif pour l'opposition naissante. Cette opposition semblait renaître dans ce même palais d'Orléans où la Révolution était née.

XXXVII

Les autres princes parcouraient la France pour se montrer à l'armée et au peuple, et recueillaient sur leur passage l'enthousiasme de la vieillesse émigrée et de la jeune noblesse royaliste. Le duc et la duchesse d'Angoulême étaient à Bordeaux. Ils portaient à cette ville, la première qui eût arboré le drapeau de leur cause avant la capitulation de Paris, la reconnaissance de leur famille. Ils traversaient rapidement la Vendée au milieu de ces populations héroïques debout pour saluer la fille de Louis XVI. Les respects que cette infortunée princesse suscitait dans ces contrées tenaient plus du culte que du royalisme. Le martyre du père avait divinisé la fille. Timide et silencieuse, ne s'exprimant que par des larmes, réprimant comme une faiblesse de son rang tout élan extérieur de sensibilité en public, la duchesse frappait sans séduire. Son mari, prince modeste et studieux, mais dépourvu de ces dons qui popularisent les héritiers du trône, ne promettait que de la sagesse et de la méditation au pays. Ces vertus sans éclat ne lui conquirent que de l'estime, jamais de la passion. Cependant sa modestie même plaisait à l'armée. Il lui parlait avec ce respect sérieux qui relève des troupes humiliées par les revers. Il se posait devant les officiers en homme qui vient recevoir des leçons, non en donner aux maîtres de la guerre, et qui désire être adopté par des braves malheureux.

Le duc de Berri, prince d'une fougue plus spirituelle et plus turbulente, affectait l'imitation des manières et du ton de l'empereur vis-à-vis des troupes, ses familiarités avec le soldat, ses rudesses avec les généraux. Il croyait flatter la jeune armée en prenant ses défauts pour modèle et pour gloire. Il s'était entouré des officiers les plus légers et les plus insolents de l'état-major de Napoléon, mêlés à quelques amis de son enfance rentrés avec lui de l'émigration. Des mots maladroits, des scènes violentes, des gestes brusques et souvent offensants, des revues perpétuellement passées avec la sévérité d'un élève de Frédéric II et avec le dédain d'un vieux soldat pour des troupes neuves, des reparties plus brutales que soldatesques, des légèretés de conduite, des amours qu'on pardonne aux Henri IV, mais qu'on blâme dans les princes dont la gloire ne couvre pas les faiblesses, une agitation perpétuelle et sans autre but que de capter l'attention publique, rendaient ce prince, quoique bon, brave et généreux, un sujet de raillerie, d'antipathie populaire et de désaffection militaire entre l'opinion publique et les Bourbons. Il avait cependant des vertus de cœur, des promptitudes d'esprit, le courage de ses aïeux, la passion de la gloire, la franchise du soldat, les retours magnanimes et spontanés sur les offenses qu'il avait faites, les fidélités de l'amitié, les prodigalités de l'amour, le goût et l'intelligence des arts; il aurait plu aux Français s'il avait été moins pressé de plaire, à l'armée s'il avait moins affecté les manies de soldat. L'impatience, la brusquerie, la tenue soldatesque, la supériorité du rang affichée au milieu des généraux ses maîtres, gâtaient tout. Il lui fallait réparer le lendemain les fautes de la veille. A chacune de ses tournées dans les garnisons et de ses revues à Paris, il rapportait de nouvelles impopularités à sa maison et à sa cause.

XXXVIII

Le comte d'Artois, père de ces deux princes, était déjà à Paris ce qu'il avait été à Versailles en 1790, et ce qu'il avait continué d'être en Angleterre, le centre et l'espérance de la contre-révolution. Entouré de toute la haute Église, de toute l'émigration et de toute la noblesse, il était la cour du passé mécontent et exigeant, à côté de la cour politique et conciliatrice de son frère. Il semblait se préparer à hériter des fautes que Louis XVIII lui laisserait à réparer. Il ne manifestait néanmoins au dehors aucune opposition trop formelle au gouvernement. Il s'était contenté d'y avoir un œil et une main dans la personne de M. de Vitrolles, qu'il avait fait nommer secrétaire d'État du conseil des ministres. Mais l'influence intime de M. de Blacas et l'influence extérieure de M. de Talleyrand avaient promptement annulé l'action de M. de Vitrolles dans les affaires. Un esprit frondeur, des intrigues sourdes, des rapports mystérieux avec Fouché et Barras pour demander à la Révolution le secret de museler l'esprit révolutionnaire, des espionnages de haute police, des plans éventuels de gouvernement, des ligues de journaux, des encouragements et des écrits ultra-royalistes, des subsides de cour dévorés par des écrivains adulateurs et faméliques, formaient toute la politique du frère du roi. La duchesse d'Angoulême, qui n'avait que des instincts pour politique, penchait du côté de cette cour du comte d'Artois. Elle était trop pieuse pour désirer la vengeance ; mais elle avait trop souffert et trop pleuré pour n'avoir pas la secrète horreur de tout ce qui lui rappelait le sang de son père et de sa mère. Elle voulait bien pardonner à la Révolution, mais elle ne voulait pas la voir. Elle plaignait le roi son oncle d'être obligé d'employer les mains, suspectes ou flétries à ses yeux, des hommes de la république et de l'empire. Elle en comprenait la nécessité, mais elle ne pouvait se contraindre à leur sourire ; elle se réfugiait chez son beau-père le comte d'Artois, ou, quand elle paraissait chez le roi, elle s'enveloppait dans sa dignité et dans son silence glacial. On prenait pour de l'orgueil ce qui n'était que de la mémoire et du deuil. Elle s'aliénait ainsi les cœurs, qui n'avaient pas la justice de lui pardonner ses aversions.

XXXIX

Le vieux prince de Condé végétait au Palais-Bourbon au milieu d'une cour surannée de vieux serviteurs et de vieux soldats de son armée, qui contrastaient avec l'armée nouvelle et qui s'arrachaient les grades, les faveurs et les prodigalités du trésor. Son fils le duc de Bourbon, entouré de quelques femmes et de quelques amis, compagnons de sa mauvaise fortune, se réfugiait dans le château de Chantilly et s'étourdissait sur ses malheurs dans des chasses incessantes au sein de ses forêts natales.

On voit qu'à l'exception du roi, aucun de ces princes rentrés de la maison de Bourbon n'avait été formé par la nature, ou façonné par l'éducation pour reconquérir par l'ascendant de la popularité le cœur de la France. Ce que le duc d'Orléans reconquérait dans l'ombre n'était pas reconquis pour les Bourbons. Il séparait déjà sa cause de la cause de la dynastie. Il préméditait un avenir, mais un avenir pour lui seul.

XL

La France cependant ne témoignait aucun éloignement pour la famille royale. Les revers récents écrasaient les opinions. On se contentait de respirer un moment entre deux orages, on essuyait ses plaies, on se reposait de ses agitations, on se pliait avec facilité au temps, on espérait bien de l'avenir, on s'enivrait de l'idée d'une longue paix, on était fier de la liberté rendue à la tribune, de la discussion discrètement permise aux journaux. Les impérialistes partageaient la cour, les grands commandements militaires, les magistratures, les préfectures, avec les grands noms de l'ancienne noblesse; les républicains jouissaient de la chute de cette longue tyrannie du Cromwell de la liberté française, ils n'exigeaient pas des Bourbons plus que des républicains vieillis ne peuvent exiger d'un roi. Les royalistes s'entouraient de souvenirs, de piétés royales, de légendes du *Temple*, de la *Conciergerie*, de l'*échafaud* du roi et de la reine, des cérémonies expiatoires consacrées à la mémoire des victimes de la cause royale, Louis XVI, la reine, Louis XVII, madame Élisabeth, Pichegru, Moreau, confondus à dessein dans un même culte de souvenirs, afin que l'opinion du peuple vît des partisans des Bourbons dans tous ceux qui avaient conspiré contre la tyrannie de Napoléon. On exhumait du cimetière de la Madeleine, tombeau banal des suppliciés, les restes du roi et de Marie-Antoinette à demi-consumés par la chaux vive, pour leur faire des obsèques royales à Saint-Denis. Les généraux et les maréchaux, les dignitaires de l'empire, les corps constitués, les académies, les écrivains et les poëtes, se pressaient en foule à ces cérémonies, maudissaient ces crimes, en lavaient l'armée et la nation. Ils flattaient de leurs imprécations et de leurs larmes une race royale dont ils avaient depuis vingt-cinq ans oublié la cause. Ils se confondaient avec la vieille aristocratie et l'émigration dans ces solennités pour être confondus avec elles dans les faveurs qui en étaient le prix. On eût dit qu'il n'existait plus en France un seul homme de cette nation, de ces assemblées, de cette république ou de cet empire, qui avaient vu ces temps, ces guerres, ces tribunaux, ces immolations. La France entière semblait dater du retour des Bourbons. Les régicides eux-mêmes rejetaient sur la terreur et le malheur des temps, des votes de mort dans le jugement de Louis XVI ou dans celui du duc d'Enghien, que chacun d'eux s'efforçait de désavouer ou d'expliquer. Ils ne se contentaient pas de l'amnistie, ils briguaient l'attention et la faveur du roi. Ils voulaient forcer l'entrée des Tuileries pour y retrouver sous des princes rentrés le prix des services suspects qu'ils avaient rendus à Napoléon, ou des complicités qu'ils avaient partagées avec les noms les plus sinistres de la république.

XLI

Louis XVIII n'avait qu'à modérer le zèle de ses anciens amis et l'impatience des nouveaux. Il n'avait aucune opposition à combattre. La seule difficulté pour lui consistait alors à partager ses faveurs et ses sourires dans son palais avec assez d'impartialité et de mesure entre l'ancienne et la nouvelle cour, pour que le mécontentement des vanités blessées ne fît pas prévaloir trop imprudemment l'une de ces cours sur l'autre, et pour que l'ancienne et la nouvelle France se trouvassent également flattées de son accueil et se crussent également en possession de sa confiance. Il y mettait un art et une diplomatie consommée. Les hommes nouveaux se sentaient auprès de lui nécessaires, les hommes anciens se sentaient préférés. Les femmes seules, plus jalouses et plus soudaines que les hommes, se plaignaient avec amertume, les unes de se voir confondues avec les parvenues de la Révolution ou de l'empire, les autres de se voir dédaignées par les habituées des vieilles cours. Les premières avaient peine à pardonner à une restauration qui leur rappelait leur nouveauté dans les rangs de la noblesse. Les secondes méprisaient une politique qui les humiliait et leur commandait l'égalité avec des rivales de titres et de rangs qu'elles ne reconnaissaient que par condescendance pour le roi. Elles reportaient des deux côtés dans leur société naturelle, celles-ci les dédains de leur ancien orgueil, celles-là les colères de leurs humiliations. L'opinion était pacifiée, la vanité recréait les partis.

XLII

Le traité préliminaire de Paris n'était que l'ébauche de la paix générale et le règlement particulier des relations de la France avec les puissances. Un congrès devait régler à Vienne les relations définitives de toutes les nations entre elles, et refaire, pour ainsi dire, la carte de l'Europe. M. de Talleyrand semblait pressé de laisser à d'autres les embarras et les responsabilités du gouvernement intérieur, qui lui échappait depuis que le roi attirait tout à lui par la main impérieuse de M. de Blacas et par l'esprit indolent de M. de Montesquiou. Il partit pour Vienne. Le rôle qu'il venait de jouer à Paris dans l'œuvre de la restauration, son crédit sur l'empereur Alexandre, son intimité avec les principaux diplomates européens, sa haute renommée d'habileté, la confiance enfin de Louis XVIII et le mandat de représenter devant tous les trônes le droit, l'indépendance et la dignité de ce trône antique dont les souverains ne pouvaient pas vouloir la honte puisqu'ils en avaient voulu le rétablissement, donnaient à M. de Talleyrand une des plus hautes attitudes que le plénipotentiaire d'un peuple vaincu ait jamais pu prendre devant ses vainqueurs. La connaissance de son caractère, son goût pour l'intrigue, son ambition, sa naissance, ses liens de révolutionnaire avec les princes nouveaux, de restaurateur de la légitimité avec les princes légitimes, la corruptibilité présumée de son caractère, qui, si elle ne le rendait pas séductible par l'or des cours, le rendait, disait-on, complaisant à leurs séductions et accessibles à leurs récompenses en titres, en possessions, en dotations pour lui et pour sa famille, tout contribuait à faire de M. de Talleyrand à Vienne le mobile et l'arbitre du remaniement européen. Jamais depuis Charlemagne l'Europe entière n'avait été aussi complétement jetée à la merci d'une réunion de princes et d'hommes d'État. Son dominateur était abattu. Les débris échappés de ses mains étaient sur la table du congrès. Un million d'hommes encore armés étaient debout pour exécuter ses résolutions. Les nationalités brisées et les peuples depuis un quart de siècle jetés d'une domination à l'autre, attendaient en silence leur sort. Le congrès pouvait à son gré rétablir l'ancienne Europe ou recréer une Europe nouvelle. Le premier parti était évidemment plus conforme à l'esprit d'une ligue de princes armés pour protester contre les convulsions d'une révolution et contre les envahissements d'une monarchie universelle ; il était plus conforme aussi à l'intérêt de ces princes qui ne pouvaient consacrer la légitimité de leur couronne sans consacrer de la même main la légitimité des nationalités. Mais les longues guerres de la république et de l'empire, les traités séparés entre Napoléon et les puissances qu'il avait bouleversées, les concessions de territoire faites aux unes aux dépens des autres, les services rendus par la Suède ou par Naples à récompenser, les infidélités de quelques puissances germaniques, telles que la Saxe, à punir, les agrandissements de la Russie à satisfaire en Pologne, les subsides de l'Angleterre à solder en importance et en influence lentement conquises sur le continent ou sur les mers, firent pencher le congrès vers le second parti. Une nouvelle distribution des territoires calquée autant que possible sur les limites antiques, et consacrée par les anciennes souverainetés restaurées, mais sans égard et sans scrupule pour les petites puissances déjà effacées de la carte, et des appoints de populations et de territoires arbitrairement enlevés ou donnés aux grandes puissances et aux puissances secondaires pour établir, non une justice reposant sur des droits, mais un équilibre approximatif reposant sur des frontières naturelles et sur des balances numériques de sujets : tel fut l'esprit général du congrès de Vienne.

On reprocha très-injustement à M. de Talleyrand de n'y avoir pas obtenu pour la Restauration autre chose que sa libération, nos limites antiques et l'adjonction de la Savoie, frontière importante et nouvelle qui complétait la France du côté de la Suisse et de l'Italie. Ce reproche était dérisoire dans la bouche des bonapartistes, qui venaient de capituler eux-mêmes à Paris et d'attirer sur la patrie l'invasion de l'Europe. Était-ce du droit de leurs conquêtes perdues, de la France envahie, de l'empire écroulé, du territoire épuisé d'hommes et d'or, qu'un négociateur, au nom des Bourbons, pouvait se prévaloir pour revendiquer en faveur de la France une partie des dépouilles du monde? Et en vertu de quel droit et au nom de quelle force M. de Talleyrand aurait-il ainsi dicté la loi à l'Europe victorieuse? L'empereur était enchaîné à l'île d'Elbe, l'armée évanouie, la France saignante, l'Europe armée et irritée. C'était beaucoup pour la Restauration que d'obtenir, au nom des Bourbons, l'entrée dans le conseil des souverains, la discussion libre et imposante de ses intérêts, l'évacuation du sol, la paix sans honte, les frontières de Louis XIV, et une province de plus enlevée par les puissances à la maison de Savoie pour en accroître et en fortifier la France. Ce fut l'œuvre des Bourbons et le mérite de M. de Talleyrand. Si les traités de Vienne pèsent sur la France, la justice historique en doit rejeter le poids non sur la faiblesse des Bourbons, mais sur l'ambition de l'empire.

XLIII

Ce congrès se prolongea pendant tout l'hiver de 1814 à 1815. Ses longs débats intérieurs n'ont d'intérêt aujourd'hui que par leurs résultats. Déjà au milieu du concert général des puissances alliées s'établissaient des luttes sourdes, des répulsions, des affinités et des préférences qui groupaient l'Europe en alliances naturelles pour contrebalancer d'autres alliances de situation. M. de Talleyrand, qui dès sa jeunesse avait pressenti comme Mirabeau l'heureuse fatalité d'une alliance de la France et de l'Angleterre pour l'indépendance du continent et pour la cause du principe croissant de la liberté dans le monde, ajouta à cette alliance naturelle celle de l'Autriche, alliance moins indiquée et moins permanente pour la France. Il signa le 3 janvier un traité particulier, offensif et défensif, entre ces trois puissances. La condition secrète de ce traité était le détrônement de Murat et la restitution du trône de Naples à la maison de Bourbon que les Anglais avaient soutenue en Sicile, que la maison d'Autriche préférait à une souveraineté napoléonienne et guerrière en Italie, et que Louis XVIII, comme chef de la maison de Bourbon, devait naturellement désirer à Naples comme complément de sa propre restauration. Assuré de ce résultat, qui fortifiait d'un succès de famille son crédit sur l'esprit de Louis XVIII, M. de Talleyrand concéda facilement au congrès l'abaissement de la Saxe, le troisième partage de la Pologne, l'anéantissement de la confédération du Rhin, rêve évanoui avec la toute-puissance de l'empire, qui pouvait seule lui donner une ombre de réalité. Il sentit avec justesse que la plus compromettante et la plus illusoire des alliances pour nous serait cette ligue de la France avec cinq ou six petites puissances germaniques qui engageraient sans cesse notre politique dans leurs querelles impuissantes entre elles et avec les grands États de l'Allemagne, sans pouvoir jamais nous prêter une force réelle et prépondérante pour nos propres desseins. Les alliances ne sont dignes qu'entre puissances égales et ne sont utiles qu'avec des États importants. Les autres ne sont pas des alliances, mais des protections onéreuses. M. de Talleyrand montra dans ce dédain de ce qu'on appelle les États secondaires de l'Allemagne le coup d'œil au-dessus du vulgaire et le génie sérieux du négociateur. Sa correspondance avec Louis XVIII atteste à la fois, pendant cette période de sa vie, la supériorité instinctive et la liberté de son esprit.

Toutes les questions soumises au traité de Vienne étaient résolues. Les souverains se préparaient à rentrer dans leurs États et à licencier leurs troupes. Les fêtes consumaient à Vienne les derniers jours de l'hiver. Tout annonçait au monde une longue ère de paix. Murat seul tremblait sur son trône. Il se préparait en silence à le disputer à l'Angleterre, à l'Autriche et à la maison de Bourbon.

LIVRE QUINZIÈME

Renaissance de la littérature, de la philosophie, de l'histoire, de la presse. — Madame de Staël. — M. de Chateaubriand. — M. de Bonald. — M. de Fontanes. — M. de Maistre. — M. de Lamennais. — M. Cousin. — Les salons de Paris. — Le cabinet du roi. — M. de Talleyrand. — Madame de Staël. — Madame de Duras. — Madame de La Trémouille. — Madame de Broglie. — Madame de Saint-Aulaire. — Madame de Montcalm. — M. Casimir Périer. — M. Laffitte. — Béranger. — Les journaux. — La reine Hortense. — Brochure de Carnot. — Lettres de Fouché. — Rapports de Louis XVIII et de Barras.

I

Cette paix, quoique si récente, si lassée de vingt ans de guerre, et si chargée de problèmes inconnus à résoudre par cette réconciliation forcée de la Révolution et de la Restauration, commençait à ranimer en France la pensée, le génie, les arts, étouffés par le long despotisme et renaissant du même souffle que la liberté.

Cette époque était un réveil de l'esprit humain. A cette date de la Restauration, beaucoup d'hommes dont nous allons parler n'avaient pas encore écrit leurs œuvres et conquis leur renommée. Nous ne nous bornerons pourtant pas à l'histoire littéraire de ce moment. Nous la suivrons dans l'avenir pour donner tout l'horizon de cette renaissance de la pensée.

Le dix-huitième siècle avait été interrompu dans ses pensées, dans ses œuvres et dans ses arts par une catastrophe qui avait dispersé ses philosophes, ses poëtes, ses orateurs et ses écrivains. L'émigration, la terreur, l'échafaud, avaient décimé l'intelligence. Condorcet et Chamfort s'étaient donné la mort; André Chénier et Roucher étaient tombés sous la hache. Mirabeau était mort de fatigue à la révolution et peut-être d'angoisse devant les perspectives qui ne pouvaient échapper à son génie. Vergniaud avait disparu dans la tempête, heureux s'il eût échappé au remords par le martyre de l'éloquence auquel il aspirait. Delille s'était enfui loin de sa patrie et avait chanté pour les exilés en Pologne et en Angleterre. L'abbé Raynal avait vieilli dans le repentir et dans le découragement de ses espérances. Parny avait travesti ses amours en cynisme et s'était mis aux gages des publicains. La philosophie et la littérature en France, à la fin du règne de Napoléon, avaient été condamnées au silence ou disciplinées et alignées comme des bataillons soldés sous le sabre. La nature s'était épuisée d'hommes au commencement du siècle pour préparer et accomplir la Révolution. La Révolution accomplie, la pensée qui l'avait faite semblait avoir eu effroi d'elle-même en voyant qu'elle serait anéantie par son enfantement.

Bonaparte, qui haïssait la pensée parce qu'elle est la liberté de l'âme, avait profité de cet épuisement et de cette lassitude de l'esprit humain pour museler ou pour énerver toute littérature. Il n'avait favorisé que les sciences mathématiques, parce que les chiffres mesurent, comptent et ne pensent pas. Il n'honorait des facultés humaines que celles dont il pouvait se faire de dociles instruments. Les géomètres étaient ses hommes, les écrivains le faisaient trembler! C'était le siècle du compas. Il tolérait seulement cette littérature légère et futile qui distrait le peuple et qui encense le pouvoir. Il aurait fait bâillonner par sa police toute voix dont l'accent mâle aurait ébranlé une des cordes graves du cœur humain. Il permettait les rimes qui assourdissent l'oreille, mais la poésie qui exalte l'âme, non. Le jeune Charles Nodier ayant écrit dans les montagnes du Jura une ode qui respirait trop haut pour la servilité du temps, le poëte fut obligé de se proscrire lui-même devant la proscription qui l'épiait.

II

Il fallait que la tyrannie de Napoléon fût bien âpre pour que le retour de l'ancien régime parût rendre la liberté et le souffle à l'âme. Il en fut ainsi cependant. A peine l'empire était-il renversé, que l'on recommença à penser, à écrire et à chanter en France. Les Bourbons, contemporains de notre littérature, se firent gloire de la ramener avec eux. Le régime constitutionnel rendait la parole à deux tribunes. Malgré quelques lois préventives ou répressives, la liberté de la presse rendit la respiration aux lettres. Tout ce qui se taisait reprit la voix. Les esprits humiliés de compression, la société affamée d'idées, la jeunesse impatiente de gloire intellectuelle, se vengeaient du long silence par une éclosion soudaine et presque continue de philosophie, d'histoire, de poésie, de polémique, de mémoires, de drames, d'œuvres d'art et d'imagination. Le siècle de François Ier est plein d'originalité; le siècle de Louis XIV est plein de gloire. Ni l'un ni l'autre n'eurent plus d'enthousiasme et de mouvement que les premières années de la Restauration. La servitude avait tout accumulé pendant vingt ans dans les âmes. Elles étaient pleines, elles débordaient. L'histoire leur doit ses pages. Ces pages ne sont pas seulement les annales des guerres ou des cours, elles sont surtout les annales de l'esprit humain.

III

De grands esprits s'étaient mûris pendant ces années d'oppression : ils réapparaissaient dans leur liberté et dans leur éclat. Madame de Staël et M. de Chateaubriand se partageaient depuis vingt ans l'admiration de l'Europe et la persécution de Napoléon.

Madame de Staël, fille de M. Necker, génie précoce nourri dans le salon de son père de la lecture et de la conversation des orateurs, des philosophes et des poëtes du dix-huitième siècle, avait respiré la Révolution dans son berceau. Fille de l'Helvétie, transplantée dans les cours, son âme et son style participaient de cette double origine. Elle était républicaine d'imagination, aristocrate de mœurs. Il y avait en elle du Rousseau et du Mirabeau : rêveuse comme l'un, oratoire comme l'autre. Son véritable parti en politique était le parti girondin. Plus grande de talent, plus généreuse d'âme que madame Roland, c'était un grand homme avec les passions d'une femme. Mais ces passions tendres et fortes donnaient à son talent les qualités de son âme, l'accent, la chaleur et l'héroïsme du sentiment. Napoléon l'avait jugée plus dangereuse que La Fayette à sa tyrannie. Il l'avait exilée loin de Paris. Cet ostracisme avait fait de sa maison, sur les bords du lac de Genève, le dernier foyer de la liberté. Les écrits de madame de Staël, tantôt poétiques, tantôt politiques, quoique proscrits ou mutilés par la police, avaient toujours laissé transpirer en France et en Europe, pendant le règne de l'empire, les flammes du cœur, les enthousiasmes de l'esprit, les aspirations de la liberté, la sainte haine de l'abrutissement et de la servitude. Cette femme avait été la dernière des Romaines sous ce César qui n'osait pas la frapper et qui n'avait pu l'avilir. Des amis fidèles et généreux, en hommes et en femmes, lui étaient restés : Mathieu de Montmorency, madame Récamier, les philosophes allemands, les poëtes de l'Italie, les hommes d'État libéraux de l'Angleterre. Pendant les dernières années du règne où la chute accélérée rendait Napoléon plus implacable, madame de Staël avait fui jusqu'au fond du Nord. Elle soufflait l'insurrection des cours et des peuples contre l'oppresseur de l'esprit humain. A sa chute elle reparut à Paris, triomphante sur les ruines de son ennemi. Le monde armé l'avait vengée sans le vouloir. Elle voulait, elle, que cette victoire des nations contre la conquête fût aussi la victoire de la liberté contre le despotisme. Mûrie par les années et par l'expérience des choses humaines, elle avait perdu l'âpreté de ces idées républicaines qui avaient fanatisé sa jeunesse en 1791 et 1792. Elle avait de bienveillants souvenirs pour les Bourbons. Elle espérait bien d'une Restauration éprouvée comme elle par l'échafaud et par l'exil, et qui concilierait autour du trône les libertés représentatives avec les traditions du sentiment national. Son salon, à Paris, était une des forces de la Restauration. Son éloquence convertissait les vieux républicains, les jeunes libéraux, les âmes flottantes, à un régime constitutionnel imité de l'Angleterre, qui rendrait l'indépendance aux opinions, la tribune aux orateurs, le gouvernement à l'intelligence. Louis XVIII, par l'élévation de son esprit, par ses goûts littéraires, par la grâce de ses admirations pour elle, la consolait des dédains et des brutalités de Napoléon. Il traitait madame de Staël en alliée à sa couronne, parce qu'elle représentait l'esprit européen.

IV

Elle était heureuse alors par le cœur autant que glorieuse par le génie. Elle avait deux enfants : un fils, qui ne révélait pas l'éclat de sa mère, mais qui promettait toutes les qualités solides et modestes du patriote et de l'homme de bien ; une fille, mariée depuis au duc de Broglie, qui ressemblait à la plus belle et à la plus pure pensée de sa mère, incarnée sous une forme angélique pour élever le regard au ciel et pour figurer la sainteté dans la beauté. A peine encore au milieu de la vie, jeune de cette jeunesse renaissante qui renouvelle l'imagination, cette séve de l'amour, madame de Staël venait d'épouser la dernière idole de son sentiment. Elle était aimée et elle aimait. Elle se préparait à publier ses *Considérations sur la Révolution*, qu'elle avait vue de si près, et le récit personnel et passionné de ses *Dix années d'exil*. Enfin, un livre sur le génie de l'Allemagne, dans lequel elle avait versé et comme filtré goutte à goutte toutes les sources de son âme, de son imagination et de sa religion, venait de paraître à la fois en France et en Angleterre et faisait l'entretien de l'Europe. Son style, dans le livre de l'Allemagne surtout, sans rien perdre de sa jeunesse et de sa splendeur, semblait s'être allumé de lueurs plus hautes et plus éternelles en s'approchant du soir de la vie et des autels mystérieux de la pensée. Ce style ne peignait plus, il ne chantait plus seulement, il adorait. On respirait l'encens d'une âme sur ses pages : c'était Corinne devenue prêtresse et entrevoyant du bord de la vie le Dieu inconnu au fond des horizons de l'humanité.

Ce fut alors qu'elle mourut à Paris, laissant un grand éblouissement dans le cœur de son siècle. C'est le Jean-Jacques Rousseau des femmes, mais plus tendre, plus sensée et plus capable de grandes actions que lui. Génie à deux sexes, un pour penser, un pour aimer : la plus passionnée des femmes et le plus viril des écrivains dans un même être. Nom qui vivra autant que la littérature et autant que l'histoire de son pays.

V

M. de Chateaubriand était alors le seul homme qui pût contre-balancer la renommée de cette femme. Ennemi comme elle de Bonaparte, parce qu'il y a guerre naturelle entre le génie de la pensée et le génie de l'oppression, la chute de l'empereur, qui offusquait tout, laissait réapparaître ces deux grands écrivains.

M. de Chateaubriand, gentilhomme breton, né sur les grèves de l'Océan, bercé au murmure des vents et des flots de sa patrie, jeté ensuite par le hasard de sa naissance, plus que par ses opinions incertaines, dans les camps errants de l'émigration, puis dans les forêts d'Amérique, puis dans les brouillards de Londres, était l'*Ossian* français. Il en avait dans l'imagination le vague, les couleurs, l'immensité, les cris, les plaintes, l'infini. Son nom était une harpe éolienne rendant des sons qui ravissent l'oreille, qui remuent le cœur et que l'esprit ne peut définir; le poëte des instincts plutôt que des idées, le souvenir et le pressentiment de l'indéfinissable, le murmure mystérieux des éléments. Cet homme avait retenti dans toutes les âmes et conquis un immense empire, non sur la raison, mais sur l'imagination des temps.

VI

Comme tous les grands talents, il était né de lui-même. Seul, oisif à Londres pendant les dernières années de la république, il avait écrit un livre sceptique comme sa pensée et comme les ruines dont l'écroulement de l'Église et du trône avait semé le monde. On lui avait dit : Ce n'est pas cela; le monde ne veut plus douter, car il a besoin d'espérer; rendez-lui de la foi. Jeune, mélancolique, incliné aux croyances, indifférent à la nature des émotions, pourvu que ces émotions lui revinssent en applaudissements et en gloire après l'avoir remué lui-même, il brûla son livre et il en écrivit un autre. Cette fois, c'était le *Génie du Christianisme*. La philosophie avait vaincu, la Révolution avait sapé et immolé en son nom; les philosophes étaient accusés de toutes les calamités du temps. Ils étaient devenus impopulaires, comme les démolisseurs sont maudits des fidèles dont ils ont ruiné le temple. M. de Chateaubriand entreprit l'œuvre de le reconstruire dans l'imagination : il voulut être l'*Esdras* de l'Église détruite et des adorateurs dispersés.

VII

Un philosophe pieux avait une œuvre belle et sainte à faire sur un pareil plan. La philosophie religieuse et lumineuse s'était avancée de siècle en siècle en pénétrant rayon par rayon dans les ombres des temples; elle avait fait pâlir les superstitions et mis plus de jour, plus de raison et par conséquent plus de divinité sur les autels. Une philosophie impie, cynique, matérialiste, s'était mêlée dans les derniers temps à l'œuvre, et l'avait viciée et pervertie en s'y mêlant. Remonter aux sources du christianisme, épurer les cœurs; montrer aux hommes de notre temps ce que Dieu avait mis de sainteté, de vertu et d'efficacité dans les doctrines du christianisme, en imprégnant les cultes, la législation, la politique, toutes les œuvres sociales d'une plus parfaite sainteté c'était là l'œuvre d'une grande raison, d'une grande imagination et d'une grande piété, remuant d'une main respectueuse, mais libre, les ruines du sanctuaire ancien pour relever le sanctuaire nouveau. M. de Chateaubriand était doué d'une assez haute raison pour l'entreprendre et d'un assez grand génie pour l'accomplir. Le christianisme aurait eu son Montesquieu avec la poésie de plus.

VIII

Au lieu de cette œuvre, M. de Chateaubriand avait fait dans son livre, comme *Ovide*, les *Fastes de la religion*. Il avait exhumé non le génie, mais la mythologie et le cérémonial du christianisme. Il avait chanté sans choix et sans critique ses dogmes et ses superstitions, sa foi et ses crédulités, ses vertus et ses vices. Il avait fait le poëme de toutes ses vétustés populaires et de toutes ses institutions déchues ; depuis la domination politique des consciences par le glaive jusqu'aux richesses temporelles de l'Église, depuis les aberrations de l'ascétisme monacal jusqu'à ses ignorances béatifiées, et jusqu'aux fraudes pieuses des prodiges populaires inventés par le zèle et perpétués par la routine du clergé rural pour séduire l'imagination au lieu de sanctifier l'esprit des peuples. M. de Chateaubriand avait tout divinisé. Son livre était le reliquaire de la crédulité humaine.

IX

Il avait immensément réussi. Les raisons de ce succès étaient doubles : dans l'écrivain par son génie, dans l'opinion par sa pente. La Révolution avait secoué et désorienté l'esprit humain. Les tremblements de terre donnent le vertige ; le peuple, en voyant s'écrouler en même temps le trône, la société, les autels, s'était cru à la fin des temps. Le fer et le feu avaient ravagé les temples, l'impiété avait persécuté la foi, la hache avait frappé les prêtres ; la conscience et la prière avaient été obligées de se cacher comme des crimes ; le Dieu domestique était devenu un secret entre le père, la mère et les enfants ; la persécution avait attendri le peuple pour le sacerdoce, le sang avait sanctifié les martyrs ; les ruines des temples jonchaient le sol et semblaient accuser la terre d'athéisme. De plus, le monde était triste comme après les grandes commotions. Une mélancolie inquiète avait saisi les imaginations ; on cherchait l'oracle pour dire au genre humain son avenir. M. de Chateaubriand montra l'autel ancien, la religion du berceau, la prière aux genoux pliés devant la mère, les vieux prêtres blanchis par la proscription revenant errer sur les tombes des aïeux, rapporter aux chaumières le Dieu exilé, le son de la cloche du berceau, l'hymne de l'encens, le mystère, l'espérance, la consolation, le pardon. Le cœur était de son parti. On accepta pour prophète de l'avenir le poëte qui brodait de tant de fleurs sacrées et de tant de larmes saintes le linceul du passé. Jamais la poésie n'avait fait une pareille conversion des cœurs par la magie de l'imagination et par l'élégance du sentiment. Ce livre étonna tout le monde comme une voix sortie du sépulcre. On admira, on se souvint, on pleura, on pria, on ne raisonna plus. La France avait été convaincue par le cœur. De ce jour, M. de Chateaubriand était devenu l'homme nécessaire de toutes les restaurations. Il avait restauré le christianisme et Dieu dans les âmes; comment ne restaurerait-il pas la monarchie et les rois dans leur palais? Cher à l'Église qu'il avait rajeunie dans ses larmes, cher à l'aristocratie dont il avait sanctifié la proscription, cher aux femmes par la tendresse de ses poëmes où la religion ne luttait avec l'amour que pour diviniser la passion, cher à la jeunesse qui entendait pour la première fois, dans cette poésie, des notes où la nature et Dieu résonnaient comme des cordes neuves ajoutées à l'instrument lyrique du cœur de l'homme; son nom régna sur le sanctuaire, sur le foyer domestique, sur le berceau des enfants, sur la tombe des pères, sur le presbytère du hameau, sur le château du village, sur la couche des époux, sur le rêve du jeune homme. La poésie s'était perdue dans l'athéisme : il l'avait retrouvée en Dieu. La poésie sera une des puissances réelles de ce monde tant que l'imagination sera une moitié de la nature humaine.

X

M. de Chateaubriand était rentré librement en France pour y publier ce livre. Bonaparte, qui était le poëte du passé aussi en action, voulait une main assez riche de couleur pour lui dorer les institutions, les préjugés sur lesquels il fondait sa puissance. Son génie vaste, mais non créateur, n'était pas autre chose que le génie même des restaurations. Il aspirait à refaire en lui Charlemagne, ce créateur d'un temps à la fin d'un autre, le dixième siècle à la fin du dix-huitième. Il se trompait de date et remontait l'esprit humain de huit siècles. M. de Chateaubriand lui convenait et il devait convenir à M. de Chateaubriand. Leur idée était la même : M. de Chateaubriand était le Napoléon de la littérature.

XI

L'écrivain ne résista pas aux avances du conquérant : il fut nommé secrétaire d'ambassade à Rome, la capitale du catholicisme restauré, où l'oncle de Bonaparte, le cardinal Fesch, était ambassadeur. Cette subalternité ne satisfit pas longtemps l'homme de génie qui régnait par le talent sur sa patrie : il rompit par de mesquines querelles avec cet ambassadeur simple et rude d'esprit. Napoléon se défiait de toute grandeur naturelle qui ne relevait pas exclusivement de lui. Il affecta de traiter M. de Chateaubriand en homme inférieur en le nommant ministre plénipotentiaire à *Sion*, bourgade du Valais perdue dans une vallée des Alpes. Il y avait tout à la fois de la faveur et de l'ironie dans une pareille mission et dans une telle résidence assignée à un pareil homme. C'était Ovide chez les Sarmates. On peut croire que M. de Chateaubriand le ressentit.

L'assassinat du duc d'Enghien, qui souleva l'indignation de l'Europe à cette époque, lui fournit une noble vengeance. Il envoya sa démission de ses fonctions au meurtrier tout-puissant. C'était une déclaration de guerre de l'honneur au crime. Cette démission n'avait d'injurieuse que sa date. Toutefois, M. de Chateaubriand se rangea de ce jour-là devant la fortune de Bonaparte. Il ne lui refusa pas cependant quelques phrases adulatrices à l'époque de son élection à l'Académie française, comme une avance à la réconciliation. L'empereur respira l'encens, mais il écarta encore la main. Distrait par la guerre, il oublia le grand écrivain, qui, de son côté, parut s'abriter exclusivement dans les lettres. M. de Fontanes, son ami et l'un des familiers de l'empereur, le couvrait contre toute persécution réelle. Grâce à cet intermédiaire, les deux grands rivaux de renommée pouvaient toujours renouer l'un à l'autre leur fortune. Les symptômes de la décadence de Napoléon, rendue plus inévitable par l'excès même de sa tyrannie, frappant M. de Chateaubriand, il prépara en silence la dernière arme dont il voulait le frapper à propos. C'était le libelle intitulé : *De Bonaparte et des Bourbons*. Il le porta plusieurs mois comme un poignard cousu dans la doublure de son vêtement. Ce libelle découvert pouvait être son arrêt de mort. C'était plus qu'une conjuration, c'était un outrage. Ce livre puissant, mais odieux, puisqu'il calomniait l'homme en frappant le tyran, avait élevé M. de Chateaubriand au rang des favoris les plus accrédités de la Restauration. Il était devenu l'homme consulaire de tous les partis royalistes. Il soufflait par le journalisme, où il convenait à sa domination, tantôt le royalisme implacable, tantôt le libéralisme caressant, tantôt l'ancien régime sans contre-poids, tantôt la conciliation captieuse, ayant pour

écho le *Journal des Débats* et le *Conservateur*, pour école
la jeunesse aristocratique, pour mobile une capricieuse
ambition et une immense personnalité, quelquefois vaincu,
quelquefois vainqueur, mais toujours sûr de retrouver la
faveur publique en affectant la persécution et en se retirant
dans son génie.

XII

M. de Bonald, talent bien inférieur, mais caractère bien
supérieur à M. de Chateaubriand, avait, à cette même
époque, un nom égal; mais sa popularité mystérieuse ne
dépassait pas les limites d'une école et d'une secte : c'était
le législateur religieux du passé renfermé dans le sanctuaire du temps. Il rendait des oracles pour les croyants, il
ne se répandait pas sur le peuple.

M. de Bonald était la plus noble et la plus pure figure
que l'ancien régime pût présenter au nouveau. Gentilhomme de province, chrétien de foi, patriote de cœur,
royaliste de dogme, bourbonien d'honneur et de fidélité,
il avait revendiqué sa part de proscription et d'indigence
pendant l'émigration. Il avait erré de camps en camps et
de villes en villes à l'étranger, avec sa femme et ses enfants
nourris de son travail. Il avait étudié l'histoire, les mœurs,
les religions, les révolutions des peuples dans leurs catastrophes mêmes et sur place. Comme Archimède, il avait
écrit et calculé au milieu de l'assaut des hommes et de l'incendie européen. Sa religion était sincère et soumise,
comme à un ordre reçu d'en haut et non discuté. Il em-

pruntait toute sa philosophie aux livres saints. Il croyait à la révélation politique comme à la révélation chrétienne. Il remontait toujours d'échelon en échelon jusqu'à l'oracle primitif, Dieu. Sa théocratie n'admettait ni le doute ni la révolte. Mais, comme dans toutes les fois sincères et désintéressées, il n'y avait en lui ni excès ni violence. Il était indulgent et doux comme les hommes qui se croient possesseurs certains et infaillibles de leur vérité. Il composait avec les temps, les mœurs, les opinions, les circonstances, jamais avec l'autorité. Son caractère avait la modération du possible. Il aurait été le ministre très-sage d'une restauration patiente, prudente et mesurée. Il possédait la sagesse de ses opinions. L'habitude de méditer et d'écrire lui avait enlevé le talent de la parole. Il était trop élevé et trop serein pour être orateur parlementaire ou orateur populaire. Il ne parlait pas, il pensait à la tribune. Mais ses livres et ses opinions écrites faisaient dogme dans le parti monarchique et religieux. Son style simple, réfléchi, coulant sans écume et sans secousse, était l'image de son esprit. On y sentait l'honnêteté et la candeur de l'intelligence, on s'y attachait comme à un doux et intime entretien; on en prenait l'habitude, et, même en résistant aux convictions, on suivait entraîné par le charme de la bonne foi et du naturel dans la vérité. Sa conversation surtout était attachante. C'était la confidence de l'homme de bien. M. de Bonald n'était pas seulement pour la France d'alors un grand publiciste, c'était un pontife de la religion et de la monarchie.

XIII

M. de Fontanes, depuis la mort de l'abbé Delille, passait de confiance pour le poëte survivant de l'école antique du dix-septième siècle. Son nom avait une immense autorité. Il abritait cette renommée sous le mystère. On parlait sans cesse des poëmes qu'il ne publiait jamais. M. de Chateaubriand, son protégé à l'époque où il avait besoin de protecteur, son ami depuis, professait pour M. de Fontanes l'admiration qu'il refusait à la foule des poëtes du temps. On ne connaissait de ce poëte que quelques fragments élégants, purs, didactiques, sans originalité, sans chaleur, mais sans tache, talent qui désarmait la critique, mais qui ne passionnait pas l'enthousiasme. M. de Fontanes excellait davantage dans cette éloquence d'apparat que Napoléon lui faisait déployer dans les grandes cérémonies de son règne comme la pompe de l'empire. Il avait été l'orateur de cour et le poëte monarchique depuis le Consulat jusqu'à la Restauration. Il s'était précipité au nouveau règne avec plus d'empressement que de convenance. Poëte pour les politiques, politique pour les poëtes, élevé par la faveur de deux règnes aux plus hautes dignités du gouvernement, il jouissait d'une considération présente et d'une gloire future, enveloppé dans son prestige, inviolable à la critique, agréable à la cour, caressé par les hommes d'État, révélant de temps en temps, aux académies et aux élus des lettres, ses vers comme une complaisance, et son talent comme une faveur.

XIV

La philosophie du dix-huitième siècle n'avait plus que de vieux et rares adeptes survivants de la Révolution.

La philosophie catholique était représentée par deux hommes d'un puissant génie de style. Quoique différents d'âge et de patrie, ils apparaissaient ensemble et au même moment sur l'horizon du nouveau siècle.

L'un, le comte Joseph de Maistre, était un gentilhomme savoyard, émigré comme M. de Bonald et ayant passé en Russie les longues années de la Révolution. Il était déjà avancé en âge quand la chute de Napoléon lui rouvrit sa patrie. Il y rentrait avec les idées qu'il en avait emportées vingt ans auparavant. Les bouleversements de l'Europe, qu'il avait contemplés du fond de sa tranquille retraite, ne lui paraissaient que la vengeance divine et l'expiation méritée de l'abandon des doctrines antiques par l'esprit nouveau. Il ne discutait pas comme M. de Bonald, il ne chantait pas comme M. de Chateaubriand, il prophétisait avec les cheveux blancs, l'autorité et la rudesse d'un homme qui portait le jour et les foudres de Dieu. Sa riche et puissante nature l'avait merveilleusement prédisposé à ce rôle ; ou plutôt ce n'était point un rôle, c'était une foi. Il croyait fermement tout ce qu'il disait. C'était un homme de la Bible plus que de l'Évangile : il avait les audaces d'images, les éclairs, les retentissements des oracles de Jéhovah. Il ne reculait devant aucun paradoxe, pas même devant le bourreau et le bûcher. Il voulait que l'autorité de Dieu sur les esprits fût armée comme l'autorité des trônes sur les hommes. Contraindre pour sauver, amputer pour assainir, imposer la tyrannie de la foi par les licteurs et par le glaive, voilà la doctrine qu'il osait présenter à un monde énervé de scepticisme et devenu tolérant au moins par incertitude de vérité. Le scandale de ces défis d'un philosophe absolu à l'esprit humain attira l'attention publique sur ses œuvres. Le génie naturel de son style le fit lire de ceux-là mêmes qui le réprouvaient. Ce style, qui n'avait été façonné par aucun contact avec la littérature efféminée du dernier siècle, avait les témérités, la grandeur et la beauté sauvage d'un élément primitif : il rappelait les *Essais* de Montaigne. Mais c'était un Montaigne ivre de foi au lieu d'être flottant de doute, sachant peu les choses de son temps et trouvant dans ces ignorances mêmes la simplicité de son dogme et la violence de sa conviction. Les *Soirées de Saint-Pétersbourg*, premier livre de ce Platon des Alpes, étonnaient les hommes de lettres et charmaient les hommes de foi. On n'imaginait pas alors qu'une secte religieuse prendrait au sérieux les hardiesses de style du comte Joseph de Maistre, homme aussi doux et aussi tolérant que ses images étaient terribles, et qu'on ferait de son livre le code d'une doctrine de terreur.

XV

L'autre, M. de Lamennais, était un jeune prêtre inconnu jusque-là au monde, né dans la Bretagne, grandi dans la solitude et dans la rêverie, jeté par le dégoût des passions et par l'impétuosité infinie des désirs dans le sanctuaire, et voulant précipiter l'esprit de son siècle par la force de la persuasion au pied des mêmes autels où il avait cru trouver la foi et la paix. Il n'y avait trouvé ni l'une ni l'autre, et sa vie devait être plus tard le long pèlerinage de son âme en mille autres cultes d'idées. Mais alors il était ardent, implacable, et son zèle le dévorait sous la forme de son génie. Ce génie rappelait à la fois Bossuet et Jean-Jacques Rousseau. Logique comme l'un, rêveur comme l'autre, plus poli et plus acéré que les deux. Son *Essai sur l'Indifférence en matière de religion* était un des plus éloquents appels qui pussent sortir du temple pour y convoquer la jeunesse par la raison et par le sentiment. On s'arrachait ces pages comme si elles étaient tombées du ciel sur un siècle désorienté et sans voie. M. de Lamennais était plus qu'un écrivain alors, c'était l'apôtre jeune qui rajeunissait une foi.

XVI

Une autre école philosophique se ranimait à côté de celle de ces philosophes sacrés : c'était celle du platonisme moderne, de cette révélation par la nature et par la raison que Jean-Jacques Rousseau, Bernardin de Saint-Pierre, Ballanche, Jouffroy, Kératry, Royer-Collard, Aimé-Martin, disciple pieux et continuateur de l'auteur des *Études sur la nature*, avaient substituée peu à peu à ce matérialisme voisin de l'athéisme, crime, honte et désespoir de l'esprit humain. Les philosophes allemands et écossais l'avaient élevée sur les ailes de l'imagination du Nord jusqu'à la hauteur de la contemplation et du mystère. Un jeune homme nourri et comme passionné par ces révélations naturelles, orateur, écrivain politique, commençait à les révéler à la jeunesse. C'était M. Cousin. Une éloquence grave, mystique, confidentielle et à demi-voix comme les secrets d'un autre monde, pressait autour de lui les esprits avides de croire après avoir tant douté. Sa parole promettait toujours, c'était l'éternel crépuscule d'une éminente vérité. On espérait sans cesse la voir éclore plus visible et plus complète de ses discours ou de ses pages. L'imagination achevait ce que la philosophie avait ébauché. Un concours pareil à celui qui entourait jadis Abailard inondait les portiques des écoles. On n'en sortait pas éclairé, mais enivré. Le philosophe n'avait pas dévoilé les mystères que Dieu seul révèle tour à tour à l'intelligence pieuse de l'humanité, mais il avait accompli la seule fin de la philosophie sur la terre, il avait élevé l'âme de la génération et tourné ses regards vers Dieu. On était déjà bien loin du cynisme et de l'abrutissement d'idées de l'empire.

XVII

L'histoire est la politique en arrière des nations en repos, elle commençait de grandes œuvres : M. Augustin Thierry, ce bénédictin homérique, créait dans l'histoire une restauration. Il faisait revivre, dans des récits consciencieux comme l'érudition et attrayants comme l'art, les mœurs et les figures de nos premières races ; les origines, les légendes et les affranchissements du tiers état. M. de

Ségur racontait en style épique la campagne de Napoléon en Russie, et cette sépulture de sept cent mille hommes dans la neige ; M. Thiers, les annales de la Révolution française, où sa claire intelligence puisait et reversait la lumière des faits ; M. Guizot, des considérations dogmatiques qui pliaient les événements aux théories ; M. Michaud, les croisades, cette épopée du fanatisme chrétien ; M. de Barante, des chroniques qui rajeunissaient la France dans la naïveté de ses premiers âges ; M. Michelet, les premières pages de ses récits, pleines alors de la crédulité et de la candeur de la jeunesse, ces grâces poétiques de l'historien ; M. Daru, la grandeur et la chute de Venise ; Lacretelle, tout le dix-huitième siècle auquel il avait assisté, modéré et pur.

XVIII

L'empire, qui avait imposé le silence ou la bassesse aux écrivains, laissait cependant un grand nombre d'hommes éminents ou notables dans les ordres divers de la littérature. Le vieux Ducis vivait encore : il reportait aux Bourbons la fidélité de ses anciens souvenirs, qui avaient survécu à son républicanisme. Inflexible aux faveurs de l'empire, il acceptait celles de Louis XVIII, son premier patron. Raynouard, ami de M. Lainé, âme désintéressée, cœur libre et voix indépendante, ajoutait des tragédies sévères à sa belle tragédie des *Templiers*. Chénier, constant dans l'inconstance générale, protestait en vers énergiques pour la philosophie et pour la liberté. On l'avait accusé du meurtre de son frère pendant la terreur ; il lavait dans ses larmes d'indignation cette calomnie à sa tendresse. Lemercier, esprit bizarre associé à un cœur noble et droit, gardait aussi sa fidélité à la république, qu'il n'avait pas prosternée sous l'empire. Briffault, après avoir tenté avec succès la scène française par des drames jetés au moule de Voltaire, renonçait pour la gloire légère des salons aux travaux austères du tragique, et semait, comme Boufflers, son esprit et sa grâce au vent. Casimir Delavigne chantait en strophes latines et grecques les revers de la patrie dans les *Messéniennes*, ces préludes de sa vie de poëte. Hugo, encore enfant, balbutiait déjà des strophes qui faisaient faire silence aux vieilles cordes de la poésie de tradition. Soumet, tendre comme André Chénier dans l'élégie, harmonieux comme Racine dans l'épopée, flottait entre les deux écoles. Millevoye mourait un chant divin sur les lèvres. Vigny méditait, en s'écoutant lui-même, ces œuvres de recueillement et d'originalité qui n'ont point de genre parce qu'elles ne rappellent qu'une âme solitaire comme son talent. Sainte-Beuve conversait, en termes nonchalants et tendres, avec les amis de sa jeunesse qu'il devait critiquer plus tard en les regrettant. Andrieux, Guiraud, Étienne, Duval, Parseval-Grandmaison, Viennet, Esménard, Saint-Victor, Campenon, Baour-Lormian, Michaud, Pongerville, Jules Lefèvre, Émile Deschamps, Berchoux, Charles Nodier, Senancourt, Xavier de Maistre, le Sterne des Alpes, frère du philosophe Montlosier ; Genoude, M. de Frayssinous, prédicateur, Feletz, madame Dufrénoy, madame Desbordes-Valmore, madame Cottin, madame Tastu, madame de Genlis, mademoiselle Delphine Gay, depuis madame de Girardin, et dont le talent devait illustrer deux noms, plusieurs autres noms qui s'éteignaient ou qui commençaient à poindre dans le siècle, assistaient ainsi au déclin de l'empire et à l'aurore de la restauration. La nature, qui avait paru stérile parce qu'elle était distraite par la révolution, par la guerre et par le despotisme, se remontrait plus productive que jamais. C'était la végétation d'une nouvelle séve longtemps comprimée, la renaissance de la pensée sous toutes les formes de l'art moderne. Une nouvelle ère de la poésie, de la politique, de la religion, devait couver dans ce foyer dont la paix et la liberté avaient ravivé les flammes. On reconnaissait la France au moment où elle était vaincue par la frénésie d'ambition de son chef; elle reprenait le sceptre de l'intelligence cultivée et de l'opinion dans le monde.

XIX

Le retour de la famille des Bourbons et d'une aristocratie qui avait toujours patronné, honoré et cultivé les lettres et les arts, contribuait puissamment à ce mouvement de l'intelligence. La société française retrouvait tous ses foyers dispersés dans les salons de Paris. Cette société est à l'esprit humain ce que le rapprochement des corps animés est à la chaleur. La conversation est, en France, comme elle était à Athènes, une partie du génie du peuple. La conversation vit de loisir et de liberté. Les catastrophes de la Révolution d'abord, les proscriptions, les prisons, les échafauds; puis la guerre sans terme, la dispersion de l'aristocratie française à l'étranger, dans ses provinces, dans ses châteaux, et enfin la police inquisitoriale du despotisme ombrageux de Napoléon, l'avaient tuée ou amortie depuis vingt ans. Les malheurs publics étaient le seul entretien des dernières années de l'empire. La conversation était revenue avec la restauration, avec la cour, avec la noblesse, avec l'émigration, avec le loisir et la liberté. Le régime constitutionnel, qui fournit un texte continuel à la controverse des partis, la sécurité des opinions, l'animation et la licence des discours, la nouveauté même de ce régime politique qui permettait de penser et de parler tout haut dans un pays qui venait de subir dix ans de silence, accéléraient, plus qu'à aucune autre époque de notre histoire, ce courant d'idées et ce murmure régulier et vivant de la société de Paris. Elle avait ses foyers principaux dans les riches quartiers du faubourg Saint-Germain et de la Chaussée-d'Antin.

XX

Le premier centre de cette société renaissante était le cabinet même du roi. Louis XVIII avait vécu, avant l'émigration, dans la familiarité des écrivains sérieux ou futiles de sa jeunesse. Les longs loisirs de l'émigration, la vie immobile et studieuse à laquelle l'infirmité de ses jambes le condamnait, avaient accru en lui le goût des entretiens. C'est le plaisir sédentaire de ceux qui ne peuvent aller chercher le mouvement des idées au dehors, et qui s'efforcent de le retenir autour d'eux. C'était le roi du coin du feu. La nature l'avait doué et la lecture l'avait enrichi de tous les dons de la conversation déjà naturels à sa race. Il avait autant d'esprit qu'aucun homme d'État ou qu'aucun homme de lettres de son empire. M. de Talleyrand lui-même, si renommé par sa convenance et par sa finesse, ne le surpassait pas en à-propos, les politiques en éloquence, les poëtes en citations, les érudits en mémoire. Il se plaisait à donner tous les matins des audiences longues et intimes aux hommes les plus éminents de ses conseils, de ses académies, de ses corps politiques, de sa diplomatie, et aux étrangers remarquables qui traversaient la France. Les femmes illustres ou célèbres y étaient admises et recherchées. Là, ce prince jouissait véritablement du trône. Il descendait, pour paraître plus grand, à toutes les familiarités d'entretien. Il révélait un homme égal à tous les hommes supérieurs de son temps dans la conversation. Il se plaisait à étonner et à charmer ses interlocuteurs ; il régnait par l'attrait ; il se sentait et il se faisait sentir l'homme d'esprit par excellence de son empire. C'était son sceptre personnel, à lui : il ne l'aurait pas échangé contre celui de sa naissance. Sa belle figure, son regard lumineux, le son de sa voix grave et modulé, son geste ouvert et accueillant, sa dignité respectueuse envers lui-même comme envers les autres, l'intérêt même qu'inspirait cette infirmité précoce d'un prince jeune par le visage et par le buste, vieillard seulement par les pieds ; ce fauteuil roulé par des pages, ce besoin d'un bras emprunté pour le moindre mouvement dans son salon ; ce bonheur des entretiens prolongés, visible sur ses traits : tout imprimait dans l'âme des hommes admis en sa présence un sentiment de respect pour le prince et de sincère admiration pour l'homme. La familiarité et l'esprit étaient remontés sur le trône et en redescendaient avec lui. Le soir, dans les réceptions officielles de sa cour, il n'avait que des gestes, des sourires, des mots pour chacun ; mais tout était royal, juste et fin dans ces gestes, dans ces sourires et dans ces mots. La présence de cœur était égale à la présence d'esprit. Il représentait admirablement la royauté antique chez un peuple nouveau ; il s'étudiait à confondre deux dates, et il y réussissait ; il aimait à paraître l'homme de la France nouvelle autant que le roi de la vieille France ; il se faisait pardonner la supériorité de son rang par la supériorité de sa grâce et de son esprit.

XXI

M. de Talleyrand réunissait chez lui les diplomates, les hommes éminents de la Révolution et de l'Empire passés sur sa trace au nouveau règne, les jeunes orateurs ou les jeunes écrivains qu'il désirait capter à sa cause, et qui venaient étudier de loin chez ce courtisan réservé et consommé la finesse qui pressent les événements, les manœuvres qui les préparent, l'audace qui s'en empare pour les tourner à son ambition. M. de Talleyrand, comme tous les hommes supérieurs à ce qu'ils font, avait toujours de longs loisirs pour le plaisir, le jeu, les entretiens. Il craignait, il aimait et il soignait les lettres au milieu du tumulte des affaires. Nul ne pressentait de plus loin le génie dans des hommes encore ignorés. Ce ministre, qu'on croyait absorbé dans les soucis de la cour et dans le détail de l'administration, traitait tout, même les plus grandes choses, avec négligence, laissait faire beaucoup au hasard, qui travaille toujours, et passait des nuits entières à lire un poëte, à écouter un article, à se délasser dans l'entretien d'hommes et de femmes désœuvrés de tout, excepté d'esprit. Il avait un coup d'œil pour chaque homme et pour chaque chose, distrait et attentif au même moment. Sa conversation était concise, mais parfaite. Ses idées filtraient par gouttes de ses lèvres, mais chaque parole renfermait un grand sens. On lui attribuait un goût d'épigrammes et de saillies qu'il n'avait pas. Son entretien n'avait ni la méchanceté ni l'essor que le vulgaire se plaisait à citer et à admirer dans les reparties d'emprunt faites sous son nom. Il était au contraire lent, abandonné, naturel, un peu paresseux d'expression, mais toujours infaillible de justesse. Il avait trop d'esprit pour avoir besoin de le tendre. Ses paroles n'étaient pas des éclairs, mais des réflexions condensées en peu de mots.

XXII

Madame de Staël attirait autour d'elle tous les hommes qui n'avaient pas rapporté de l'émigration l'horreur de 1789 et l'antipathie contre le nom de son père. Sa société se composait de quelques rares républicains, survivants purs et constants de la Gironde ou de Clichy, des débris du parti constitutionnel de l'Assemblée constituante, des royalistes nouveaux, des philosophes, des orateurs, des poëtes, des écrivains, des journalistes de toutes les dates. Elle était le foyer de toutes ces opinions et de tous ces talents neutralisés dans son salon par la bonté de son âme et par la tolérance de son génie. Elle aimait tout, parce qu'elle comprenait tout. Elle était aimée universellement aussi, parce que ses opinions n'avaient jamais été des haines, mais des enthousiasmes. Ces enthousiasmes étaient la température naturelle de son cœur et de sa parole. Sa conversation était une ode sans fin. On se pressait autour d'elle pour assister à cette éternelle explosion d'idées hautes et de sentiments magnanimes exprimés par l'éloquence inoffensive d'une femme. On en sortait passionné contre la tyrannie, pour la liberté, pour le génie, pour les perspectives sans limites de l'imagination. Le foyer de ce salon réchauffait toute l'Europe. Madame de Staël était le Mirabeau de la conversation et des lettres. Elle ne remuait pas seulement dans ses improvisations la révolution de la France, mais la révolution de l'imagination humaine. Un délire sublime et ravi s'emparait de ses auditeurs. Le monde moderne n'avait pas vu, depuis les sibylles, l'incarnation du génie viril sous les traits d'une femme. Elle était la sibylle de deux siècles à la fois, du dix-huitième et du dix-neuvième, de la Révolution à son berceau, de la Révolution près de sa tombe.

XXIII

Une autre femme, fille d'un Girondin héroïque, la duchesse de Duras, ouvrait plus exclusivement son salon aux royalistes, aux hommes de cour, aux femmes belles et spirituelles du temps, aux écrivains ou aux politiques de l'école de la monarchie. Ce salon était consacré surtout par l'enthousiasme de madame de Duras et de M. de Chateaubriand, son oracle et son ami. Elle réunissait, autour de lui et pour lui, tous les adorateurs de son talent. Les lettres s'y mêlaient aux affaires d'État, les vers et les rumeurs aux discours. Académie et conciliabule à la fois, ce salon rappelait ceux de la Fronde, où l'amour et la poésie réunissaient les femmes et les ambitieux. Madame de Duras elle-même écrivait avec goût et avec passion. Elle avait assez de feu pour reconnaître et pour adorer le génie dans les autres. Une enfant dans toute la fleur de la beauté et dans toute la fraîcheur de son chant, mademoiselle Delphine Gay, y lisait ses premiers vers.

XXIV

Dans le faubourg Saint-Germain, l'hôtel de la princesse de La Trémouille, autrefois princesse de Tarente, était le centre de réunion de l'ancienne politique et de l'ancienne littérature, revenue de l'exil avec la haute aristocratie de cour. On n'y tolérait rien de ce qui transigeait avec le temps. Louis XVIII lui-même y était suspect de mésalliance avec les idées et les hommes de la Révolution. C'était là que M. de Feletz, M. de Bonald, M. Ferrand, M. de Maistre, M. Bergasse et les écrivains implacables aux nouveautés avaient leur public. C'était là aussi que les orateurs du royalisme exalté et de l'émigration irréconciliable venaient concerter leur opposition, fronder les Tuileries, aspirer au règne du comte d'Artois, ce roi anticipé des vieilles choses.

Deux autres salons plus peuplés et plus jeunes s'ouvraient dans le même quartier aux hommes littéraires ou parlementaires qui se retrouvaient ou qui se cherchaient pour se refléter de l'éclat ou pour se prêter de la force d'opinion. Deux femmes jeunes, belles de charmes, les y attiraient : c'étaient madame la duchesse de Broglie et madame de Saint-Aulaire, réunies par l'âge, par le goût des choses intellectuelles, par les mêmes amis, par l'opinion et par l'amitié.

XXV

Madame de Broglie était fille de madame de Staël. Elle avait été élevée par elle dans l'enthousiasme du génie. Mais son enthousiasme, plus pieux que celui de sa mère, était surtout de la vertu ; la piété sanctifiait à l'œil la mélancolique beauté de ses traits. C'était l'hymne intérieur d'une belle âme révélée dans une angélique figure de la pensée. Son mari, le duc de Broglie, aristocrate de naissance, impérialiste d'éducation, libéral d'esprit, avait toutes les conditions d'importance dans un règne et dans une époque qui participaient de ces trois natures d'opinion. Il ne pouvait manquer d'être recherché par les trois partis qui aspiraient à se populariser de son nom et de son mérite. Une opposition éloquente sous une monarchie parlementaire était le rôle qui convenait à son attitude; l'attitude des Grey, des Shéridan, des Holland, des Fox, ces grandes familles patriciennes retrempées par la tribune dans la faveur des plébéiens. Ce salon rassemblait les amis de madame de Staël, les étrangers de haute naissance ou de haute illustration, les orateurs de l'opposition dans les deux chambres, les écrivains et les publicistes de la jeune génération, quelques républicains de théorie qui s'accommodaient au temps et qui ajournaient leurs espérances. M. de La Fayette, temporisateur et patient comme un débris et une pierre d'attente, y venait. C'était une atmosphère de mécontents sans colère, ayant l'attitude plus que l'acharnement des oppositions. M. Guizot y préludait à la tribune par des brochures politiques qui dogmatisaient trop pour émouvoir. Il avait le silence de la préméditation sur les lèvres, l'ardeur de la volonté dans les yeux. On ne pouvait le voir sans un pressentiment. M. Villemain, le Fontenelle du siècle, y dissertait avec un insouciant scepticisme, qui est l'indifférence de la supériorité. M. de Montlosier y adaptait ses paradoxes aristocratiques aux passions de la démocratie. Une grande tolérance s'interposait. Les hommes et les opinions, la jeunesse, la longue perspective des choses et d'idées futures, la littérature, l'éloquence, la poésie, la grâce des manières, planaient sur tout et tempéraient tout. C'étaient les illusions d'une aurore de gouvernants, un salon de Girondins avant leur triomphe et leur perte. Beaucoup d'hommes promis à l'ambition, à la gloire ou au malheur se coudoyaient là avant de se séparer pour parcourir des routes diverses : on eût dit d'une halte avant le combat.

XXVI

Les mêmes hommes et les mêmes femmes se retrouvaient chez madame de Saint-Aulaire, amie de madame la duchesse de Broglie, et comme elle dans la splendeur de sa vie, de sa beauté, de son esprit. Mais ce salon, moins politique, s'élargissait pour toutes les supériorités acquises ou pour toutes les espérances de la littérature et des arts. Les partis s'effaçaient en entrant. La haute naissance et les opinions royalistes s'y confondaient avec l'illustration récente et les doctrines libérales. On n'y recherchait que la distinction personnelle et l'élégance des idées. C'était le congrès de l'esprit national, neutralisé dans un hôtel de Paris par les charmes d'une femme éminente. M. de Talleyrand, la duchesse de Dino, sa nièce, favorite étrangère, belle et morne comme une étoile du ciel d'Ossian; M. de Barante, M. Guizot, M. Villemain, M. de Saint-Aulaire, M. de Forbin, M. Beugnot, esprit érudit, anecdotique et répandu; les Bertin, esprits contenus et observateurs; les Cousin, les Sismondi, les philosophes, les historiens, les publicistes, les poëtes, y échangeaient perpétuellement entre eux les émulations et les applaudissements, ces préludes de gloire que la jeunesse aspire dans le murmure des lèvres des femmes admirées. On s'y croyait reporté à la seconde naissance d'un dix-septième siècle, élargi et ennobli encore par la liberté.

XXVII

Une autre femme remarquable par le charme attrayant et par la grâce sérieuse de l'esprit, madame de Montcalm, sœur du duc de Richelieu, réunissait en plus petit nombre et plus exclusivement les hommes politiques et les écrivains du parti modéré de la Restauration. Là on entendait M. Lainé, homme d'antique candeur; M. Pozzo di Borgo, orateur, guerrier, diplomate, véritable Alcibiade athénien, exilé longtemps dans les domaines de Prusias, et revenant confondre en lui dans son pays son double rôle d'ambassadeur d'un souverain étranger et de citoyen de sa patrie; Capo d'Istria, destiné, par le charme et par l'élévation de son esprit, à séduire l'Europe pour la Grèce, et à mourir en essayant de la ressusciter; le maréchal Marmont, portant sur ses beaux traits la tristesse d'une défection du devoir et de l'amitié pour ce qu'il avait cru un devoir supérieur à toute amitié et à toute reconnaissance, l'humanité, et disant à Louis XVIII en lui demandant la vie du maréchal Ney, son compagnon d'armes : « Vous me la devez, car je vous ai donné, moi, plus que la vie ; » M. Hyde de Neuville, royaliste libéral, s'efforçant de retenir dans un même amour la chevalerie et la liberté, cette chevalerie des peuples qu'il ne réussissait à unir que dans son cœur; M. Molé, portrait d'homme d'État, jeune et pensif à la Van Dyck, mais qui portait sur ses lèvres trop de sourires à trop de fortunes; M. Pasquier, de naissance parlementaire, d'intelligence cultivée, d'aptitude universelle, de paroles fluides, de convictions larges, fidèle seulement aux élégances d'esprit et à l'aristocratie des sentiments; M. Mounier, fils du célèbre constituant de ce nom, longtemps secrétaire intime de Napoléon, toujours respectueux pour sa mémoire, rallié aux Bourbons parce qu'ils étaient le gouvernement nécessaire de sa patrie, esprit juste, studieux, modeste, infatigable, ayant le culte de l'amitié et de la reconnaissance dans le cœur, la raillerie socratique dans le sourire, les grâces sérieuses de l'homme d'État dans la conversation. Cette réunion où les lettres se mêlaient tous les soirs à la politique était l'école des hommes d'État.

XXVIII

M. Casimir Périer, M. Laffitte, quelques autres hommes nouveaux, riches et influents, recevaient, sur l'autre rive de la Seine, les débris de la république et de l'empire. Les ambitieux ajournés et les mécontents irréconciliables commençaient à former le noyau de cette opposition acerbe, où les regrets du despotisme tombé et les aspirations à la république, par une contradiction que la passion commune explique, se confondaient sous le nom de libéralisme dans leur animosité contre l'aristocratie et les Bourbons. Là commençait à éclore la renommée, d'abord voilée, bientôt populaire, d'un des phénomènes les plus étranges de la littérature française, Béranger, un tribun chantant. Comme tous les esprits indépendants, Béranger avait senti le poids de la tyrannie, et il avait protesté en vers, cette âme du poëte, contre l'oppression. Son génie, éminemment plébéien d'accent, quoique aristocratique d'élégance, était républicain comme son âme. L'empire aurait dû le soulever comme la grande apostasie de l'armée à la république. Mais Béranger, plus patriote encore que républicain, et plus sensible aux ruines de la patrie qu'aux ruines de son opinion, n'avait vu que le sang des braves et l'incendie des chaumières de son pays. Pendant l'invasion, sa pitié et sa colère l'avaient emporté sur ses répugnances contre l'empire. Il avait oublié le tyran d'un peuple, il n'avait vu que le chef guerrier d'une nation. Et puis, pour les cœurs généreux, la chute absout. L'écroulement de Napoléon lui avait valu le pardon du poëte. Chateaubriand avait valu une armée aux Bourbons ; Béranger allait valoir un peuple au bonapartisme. Rouget de Lisle en 1789 avait poussé des bataillons aux frontières par la *Marseillaise;* Béranger allait pousser des milliers d'âmes à l'opposition par ses poëmes chantés.

XXIX

Casimir Delavigne, Étienne, Jouy, Benjamin Constant, Lemercier, Arnault, tous les poëtes, tous les écrivains disciplinés, dotés, patentés de gloire par l'empire, et tous ceux qui répugnaient aux Bourbons et à l'aristocratie, fréquentaient ces salons plébéiens. On y notait déjà des fortunes naissantes d'esprit qui caressaient cette opinion, et qui se prédestinaient eux-mêmes à devenir les écrivains, les orateurs et les hommes consulaires de la bourgeoisie sous le sceptre du duc d'Orléans. Dans ce nombre, M. Thiers et M. Mignet, deux jeunes hommes du Midi, unis par l'amitié et par l'espérance, commençaient à se signaler par de belles ébauches d'histoire et de politique. Ils remontaient à la Révolution pour mieux prendre leur course et leur direction vers des révolutions nouvelles.

De nombreux journaux luttaient au nom des deux grandes opinions qui commençaient à trancher la France. Mais les luttes étaient loin encore d'avoir l'âpreté, la colère et l'injure qu'elles contractèrent quelques mois plus tard dans la *Minerve*, Satire Ménippée de la Restauration, et dans le *Conservateur*, foyer ouvert à tous les regrets, à tous les ressentiments et à toutes les exagérations des royalistes. L'opinion publique, encore douce et conciliante, commandait, autant que la censure, une certaine modération et une certaine élégance même aux hostilités des deux partis. On ne se combattait encore que par des épigrammes, on devait se combattre bientôt avec des vengeances.

XXX

Ce n'était pas le parti républicain, c'était le parti napoléonien et militaire qui commençait la guerre, avec la précipitation, l'imprudence et l'animosité d'un parti qui n'acceptait pas sa défaite.

L'impératrice répudiée, Joséphine, vivait retirée et honorée à la Malmaison, étrangère non aux larmes, mais aux implacables amertumes de sa grandeur déchue. La reine Hortense, fille de cette impératrice et du marquis de Beauharnais, n'avait pu se résoudre à la retraite et à l'obscurité que lui commandaient la répudiation de sa mère, la séparation de son mari, Louis, frère de Napoléon, roi de Hollande, et enfin la chute de Napoléon lui-même, seul auteur de toutes ces fortunes qu'il devait entraîner après lui. Accoutumée à l'adoration de la cour impériale, que son titre de belle-fille de l'empereur et la faveur paternelle de ce souverain pour elle lui assuraient, la reine Hortense avait voulu en jouir même après lui. Elle avait employé la magie de son nom, le prestige de ses souvenirs, l'influence de ses grâces sur l'empereur Alexandre, pour que ce prince obtînt ou exigeât en sa faveur de Louis XVIII le titre de duchesse à Saint-Leu, la conservation de ses richesses et la résidence de Paris ou dans sa retraite royale de Saint-Leu. Elle était devenue pour la jeunesse militaire de l'empire l'idole tolérée du napoléonisme, adorée encore sous les traits d'une femme belle, jeune, spirituelle, passionnée. Tous les jeunes officiers de la maison militaire de l'empereur, tous les poëtes, tous les écrivains qui restaient fidèles à cette gloire ou qui voulaient se vouer à ce culte d'une grandeur plutôt éclipsée qu'évanouie, se réunissaient chez la reine Hortense. C'est de là que jaillissaient contre les Bourbons et leurs serviteurs surannés ces chants populaires, élégies de la gloire, ces railleries, ces épigrammes, ces caricatures, ces mots frappés comme des médailles de haine et de mépris, qui se répandaient dans le peuple et dans l'armée pour y propager la conspiration du mépris. C'est de là aussi que les derniers soupirs de la passion filiale d'une jeune femme pour celui qui avait fait sa grandeur et sa puissance, et les premières insinuations de son retour, partaient pour atteindre Napoléon à l'île d'Elbe et pour lui porter les symptômes de la conjuration militaire qui s'ourdissait pour lui sous les dehors d'un culte purement filial. Dans ce cénacle du culte impérial, l'amour, les lettres, la poésie, les arts, les intimités de la société, les confidences de l'entretien, les retours sur le passé, les égarements de la mémoire, tenaient moins encore de la littérature que de la conspiration.

XXXI

Mais pendant que cette opposition de famille, de femmes, de jeunes officiers, de courtisans sans maîtres, élevait ainsi chez la reine Hortense, à Saint-Leu, cour contre cour, une opposition plus réservée, plus patriotique et plus nationale se révélait à Paris par les écrits populaires de Carnot et de Fouché répandus à profusion dans le peuple.

Carnot, républicain des temps antiques, d'autant plus ferme qu'il était plus modéré et plus patient dans ses vues, avait traversé dans une opposition froide et austère le règne de Napoléon. Il ne s'était offert à reprendre du service qu'au moment suprême où ce despotisme s'écroulait et où la cause de la patrie pouvait se confondre par le péril de l'invasion avec la cause de l'empereur. Il avait défendu Anvers comme le boulevard de la Belgique et du nord de la France menacé. Rentré à Paris avec une gloire modeste, il avait mesuré la profondeur des revers et des dangers pour la France. Il avait vu dans ces revers mêmes quelque espérance de renaissance pour la liberté constitutionnelle.

Il avait oublié ses propres intérêts de parti pour accueillir une restauration avec justice sinon avec faveur. Sans doute Carnot portait sur son nom la tache indélébile aux yeux du frère de Louis XVI de son vote de mort dans le jugement du roi, et la tache plus ineffaçable encore de sa responsabilité nominale dans les proscriptions sanglantes du comité de salut public. Il y avait siégé à côté de Robespierre et de Saint-Just. Mais tout le monde savait en France que cette complicité apparente de Carnot avait couvert une profonde inimitié contre ses collègues sanguinaires, et qu'il avait tenu dans ce comité de gouvernement non la hache de la Convention, mais l'épée qui couvrait les frontières de la patrie. On se souvenait de plus que Carnot, quelques mois plus tard, avait été proscrit comme partisan de la modération révolutionnaire et même comme suspect de complicité avec ceux qui conspiraient le rétablissement d'une souveraineté constitutionnelle. Il n'avait échappé à la haine des hommes extrêmes de la Convention que par la fuite et par l'exil volontaire hors de sa patrie. Il n'avait jamais consenti à plier sous Bonaparte. Carnot jouissait à tous ces titres alors d'un ascendant sur tous les partis, indulgence des royalistes, estime des modérés, popularité des républicains. Il y avait de l'oracle dans sa voix.

XXXII

Il osa la faire entendre avec une mâle liberté qui charma les uns, avec une audace de défi qui souleva les autres. Il osait dans son manifeste reprocher le meurtre de Louis XVI non aux républicains, mais aux royalistes. « L'inviolabilité de la personne royale ne dut pas arrêter les juges : Louis XVI n'était plus roi quand il fut jugé. Cette inviolabilité, d'ailleurs, n'aurait-elle pas des limites? protégerait-elle également le souverain légitime et l'usurpateur? faudra-t-il regarder comme inviolables et sacrés les princes pour lesquels il n'y a rien de sacré et d'inviolable? C'est la force qui décide de tout. Il n'est pas étonnant que les Jacobins aient eu raison d'abord, ensuite le Directoire, ensuite Bonaparte, enfin les Bourbons, dont la famille avait déjà eu raison une première fois pendant neuf siècles. Mais puisqu'il est reconnu qu'il n'y a pas de bon droit sans la force, il faut donc faire en sorte que les Bourbons ne perdent pas la leur, et encore plus qu'une partie de cette force ne se tourne pas contre l'autre.

» Tout pardonner, conserver à chacun ses places, ses honneurs, laisser dans le Sénat des hommes qui ne savaient point flatter, ne pas exclure des emplois secondaires ceux qu'avait pu égarer un amour excessif de la liberté; honorer les militaires et ne pas avoir l'air de leur pardonner leurs victoires impies, voilà ce qu'on devait faire. Et qu'a-t-on fait? On a fait de tout ce qui portait le nom de patriote une population ennemie au milieu d'une autre à laquelle on a donné indiscrètement une préférence éclatante. Si vous voulez aujourd'hui paraître à la cour avec distinction, gardez-vous bien de dire que vous êtes un de ces vingt-cinq millions de citoyens qui ont défendu leur patrie avec quelque courage contre l'invasion des ennemis, car on vous répondra que ces vingt-cinq millions de prétendus citoyens sont vingt-cinq millions de révoltés, que ces prétendus ennemis furent toujours des amis. Dites que vous avez eu le bonheur d'être chouan, ou Vendéen, ou transfuge, ou Cosaque, ou Anglais, ou enfin qu'étant resté en France, vous n'avez sollicité des places auprès des gouvernements éphémères qui ont précédé la Restauration qu'afin de les mieux trahir et de les faire plus tôt succomber : alors votre fidélité sera portée aux nues, vous recevrez de tendres félicitations, des décorations, des réponses affectueuses de toute la famille royale. »

XXXIII

Fouché voulut à l'imitation de Carnot, mais dans d'autres vues, ressaisir une sorte de ministère de la police sur l'opinion. Il répandit, les unes manuscrites, les autres imprimées, une série de lettres menaçantes pour les Bourbons. Parlant au roi comme plénipotentiaire de la Révolution, traitant d'égal à égal avec la couronne, dédaignant, accusant, outrageant les hommes de la cour de Louis XVIII, faisant gronder sur leurs têtes les menaces d'une seconde terreur, caressant pour le roi seul et mettant le marché à la main à la Restauration.

Ces lettres de Fouché eurent sur l'opinion un effet différent, mais immense. On méprisait Fouché, mais on avait le préjugé de sa profonde habileté. On croyait qu'il était le dictateur secret du parti révolutionnaire, parce qu'il en prenait hardiment le ton et l'attitude. On voyait dans ses mains les fils de toutes les anciennes polices qui ne s'y étaient jamais rompus tout à fait, même dans ses exils. On ne le soupçonnait pas capable de parler si haut s'il ne s'était senti si fort. On mesurait cette force à son audace. On savait de plus qu'il avait de secrètes conférences et des intimités politiques avec quelques hommes de la familiarité occulte du comte d'Artois, et avec M. de Blacas lui-même. Il recommençait à pratiquer aussi les bonapartistes. Ce triple rôle, qu'on ne pouvait s'expliquer que par l'importance que ces partis divers attachaient à cet homme, faisait des lettres de Fouché pour les uns un scandale, pour les autres une énigme, pour tous un événement.

XXXIV

Le roi ne s'irritait pas de ces symptômes. Il écoutait sans colère, il regardait sans prévention les hommes les plus compromis dans le parti républicain. Il ne les considérait pas comme irréconciliables avec le rétablissement de sa maison en France. Il acceptait et il recherchait même toutes les occasions d'entrer en rapports confidentiels avec eux, et paraissait prêter non-seulement attention, mais crédit à leurs conseils. Ces hommes, de leur côté, se souvenaient d'une certaine complicité d'idées de ce prince avec eux au commencement de la Révolution, et, cherchant à confirmer dans son cœur l'amnistie politique qu'il leur devait par une certaine faveur secrète et personnelle, se rapprochaient de lui dans l'ombre, et ne cessaient de lui répondre de la Révolution s'il consentait à se laisser diriger ou seulement éclairer par eux.

XXXV

Tel était Barras, un des débris les plus marquants de la république, un des héros du 9 thermidor, sauveur de la Convention contre les Jacobins de Robespierre, membre prépondérant du Directoire exécutif, auteur de la fortune de Bonaparte, renversé par ce soldat qu'il avait élevé, devenu l'ennemi de l'usurpateur de la république et du trône, mais régicide, et, à ce titre, odieux, quoique nécessaire aux Bourbons. L'instinct d'une haine commune contre Bonaparte et d'une défense commune contre le parti de cet empereur exilé devait unir la cour et Barras. Cet ancien directeur était d'une naissance illustre. La noblesse de son origine laisse toujours une certaine parenté de cœur entre un gentilhomme et le trône même qu'il a renversé. Le sang lutte contre les opinions, en triomphe quelquefois, ramène toujours du moins aux souvenirs de la première vie. Louis XVIII et le comte d'Artois eurent, par M. de Blacas et par M. de Bruges, des conférences indirectes avec Barras. Ces anciens révolutionnaires et ces anciens émigrés cherchaient de bonne foi à se comprendre, mais ils ne parlaient pas la même langue, ils ne se comprirent pas. Ces conférences entre la cour, Fouché et Barras, demeurèrent sans résultat sur le gouvernement. Les négociateurs s'offraient réciproquement ce qui ne leur appartenait plus : Fouché et Barras, la Révolution qui leur avait depuis longtemps échappé; le roi et M. de Blacas, l'émigration et la contre-révolution qu'il ne leur était plus possible de dominer. Un mouvement sourd, instinctif et général, emportait déjà chacun de ces partis impuissants de son côté. Un seul parti encore vivace surgissait entre les deux et allait les submerger sous la plus soudaine et la plus irrésistible révolution militaire dont les annales du monde aient gardé la mémoire. Car lorsque César passa le Rubicon pour venir anéantir la république, il conduisait deux cent mille Romains contre Rome. Napoléon n'allait ramener que son nom et l'ombre de ses victoires pour renverser l'œuvre de l'Europe et pour reconquérir sa patrie.

LIVRE SEIZIÈME

Napoléon à son départ de Fontainebleau. — Son voyage. — Sa rencontre avec Augereau. — Accueil des populations à son passage. — Son débarquement à l'île d'Elbe. — Aspect de l'île. — Vie de Napoléon à Porto-Ferrajo. — Ses intrigues. — Ses pensées. — Ouvertures de Murat à Napoléon. — Son entrevue avec Fleury de Chaboulon. — Il se décide à rentrer en France. — Ses préparatifs. — Son départ de l'île d'Elbe. — Traversée. — Ses travaux en mer. — Il dicte ses proclamations à l'armée et au peuple. — Incidents de voyage. — Il dicte l'adresse de la garde à l'armée. — Son débarquement au golfe Juan le 1er mars 1815. — Il passe devant Antibes. — Il traverse Cannes, Grasse, Digne et Gap. — Sa halte à la Mure. — Napoléon au pont de Vizille. — Il entraîne un bataillon de l'armée royale. — Défection de Labédoyère. — Entrée de Napoléon à Grenoble. — Enthousiasme des campagnes. — Marche sur Lyon. — Louis XVIII apprend le débarquement de Napoléon. — Préparatifs de défense. — Départ des princes pour l'armée. — Situation équivoque du duc d'Orléans. — Convocation des deux chambres. — Proclamation de Louis XVIII. — Ordre du jour du maréchal Soult. — Protestations du maréchal Ney.

I

Retournons à Napoléon.

Nous l'avons laissé le 20 avril à midi au moment où il se jetait dans sa voiture, les yeux humides, le cœur brisé, après avoir adressé son simple et sublime adieu à sa garde.

Il partait pour cet exil encore royal de l'île d'Elbe, que l'imprévoyance des cabinets européens lui avait assigné, comme une observation rapprochée des côtes de France et d'Italie, d'où il entendrait le moindre murmure et d'où il répondrait au moindre appel de la fortune et de ses partisans.

Il ne partait pas comme Dioclétien ou Charles-Quint, comme ces princes assouvis de l'empire et lassés des grandeurs humaines, qui n'abandonnent le trône que par l'irrémédiable dégoût de l'ambition, et qui ne regardent en arrière que pour déplorer les années qu'ils ont perdues à chercher le bonheur dans la domination sur les hommes. Il n'allait pas chercher, avec une seconde illusion comme eux, la paix dans les jardins de Salone ou la sainteté dans un monastère. Il partait vaincu, humilié, trahi, abandonné, irrité, aigri, feignant à peine et feignant mal une résignation forcée à l'ingratitude et à la lâcheté de ses lieutenants, accusant son peuple, maudissant ses frères, regrettant sa femme, son fils, ses palais, ses couronnes, incapable de se plier à une condition privée quelque splendide qu'elle fût encore, et ayant si jeune et depuis si longtemps contracté l'habitude de la toute-puissance que vivre pour lui c'était régner, et que ne plus régner c'était plus que mourir. Aussi ne partait-il pas sans espoir de retour et sans avoir ourdi déjà dans sa pensée, avec lui-même et avec ses rares partisans, les premiers fils de la trame qu'il espérait un jour ou l'autre jeter de son île sur le continent. Les princes de sang royal et nés sur le trône abdiquent quelquefois avec sincérité, parce qu'ils emportent et qu'ils retrouvent pour ainsi dire leur grandeur dans leur nom et dans leur sang. Les princes parvenus à l'empire, même par la gloire, n'abdiquent jamais sans retour, parce qu'en descendant du trône ils ne retrouvent que leur humble condition, et qu'ils la regardent comme une humiliation de leur orgueil. Tel était Napoléon. L'immense renommée qu'il apportait dans l'exil et qui devait suivre son nom dans la postérité ne lui suffisait pas. Il voulait vivre dans la toute-puissance et mourir à la hauteur du trône où il était monté. La douleur et la honte de sa déchéance étaient déjà en lui une involontaire et perpétuelle conspiration.

II

Il avait envoyé devant lui, d'étape en étape, pour le protéger sur son passage et pour s'embarquer avec lui, la colonne de sa garde qu'il emmenait à l'île d'Elbe, comme une garde d'honneur selon l'esprit du traité, comme une avant-garde de guerre dans son esprit. Il connaissait la puissance d'un noyau de soldats fidèles dans les hasards de la guerre et surtout dans les hasards des révolutions. Un détachement de quinze cents hommes d'élite, représentation de l'armée française, pouvait être à un jour donné le plus entraînant des drapeaux pour sa cause. L'imprudence des alliés et des Bourbons lui avait laissé encore ce prestige.

III

Les commissaires des puissances l'accompagnaient, pour garantir à la fois sa sûreté et son départ, jusqu'au lieu de l'embarquement. On avait choisi Fréjus pour éviter les grandes populations de nos ports : une frégate anglaise, *l'Indomptée*, l'y attendait.

Son voyage fut morne, clandestin, rapide. Il avait à redouter également, en traversant la France, le fanatisme obstiné de ses partisans dans les provinces militaires du centre, et le fanatisme de la haine dans les populations du Midi. La marche des détachements de sa garde ressemblait à un cortége funèbre menant les dépouilles de leur gloire et de leur empereur à la sépulture. Une foule indécise dans son émotion, heureuse de la paix, respectueuse envers ces débris de nos armées, un silence lugubre, un murmure d'attendrissement chez les uns, de ressentiment chez les autres, quelques rares cris de : « Vive Napoléon ! » sous les fenêtres des hôtelleries où couchait l'empereur, signalaient seuls son passage à travers ces contrées ruinées par ses guerres, fières de sa gloire. Après ces derniers symptômes d'émotion autour de sa demeure, les groupes du peuple se dissipaient, et les rues demeuraient désertes et silencieuses jusqu'au départ. On évita de traverser la ville de Lyon pendant le jour. La population de cette grande ville, bien que décimée par l'extinction des industries et du commerce, et conquise en ce moment par le reflux de l'étranger contre son ambition, lui gardait un souvenir reconnaissant du culte rétabli, de ses édifices reconstruits après le siége de la Convention, et des turbulences révolutionnaires étouffées sous son despotisme. Cette ville, une des moins intellectuelles des villes de France, parce que son génie industriel et mercantile se tourne tout entier vers le travail, était aussi celle qui s'accommodait le mieux d'un régime de silence et d'arbitraire sous une main de soldat. Napoléon y coucha dans un faubourg sous la garde et sous la protection d'un corps de Cosaques. Il venait de laisser les Russes maîtres de sa capitale, et il retrouvait ainsi au cœur de son empire les barbares peuplades du Nord, comme une vengeance de la destinée et comme un remords visible de Moscou. Des cris injurieux le lui reprochèrent à son départ de Lyon. Ces malédictions grossirent de ville en ville et de relais en relais, à mesure qu'il avança vers le Midi. Il fut obligé plusieurs fois pour s'y soustraire de dérober son visage aux regards du peuple et de tromper la foule en prenant un asile dans les voitures des commissaires étrangers. Une plus pénible rencontre l'attendait entre Vienne et Valence. En montant à pied une côte de la route, il rencontra la voiture du maréchal Augereau qui revenait de Paris. Augereau, ancien soldat de la Révolution, en avait conservé la rudesse. En rencontrant son empereur vaincu, exilé, humilié, il ne se souvint que de son ancienne rivalité contre ce favori des armées, aujourd'hui puni de sa suprématie par sa chute. Il descendit de sa voiture, aborda Napoléon avec plus de familiarité qu'une âme généreuse ne devait en montrer avec l'infortune même méritée. Il sembla oublier les vingt ans de respect qu'il avait eu comme subordonné au chef de la France, pour se reporter aux jours où il n'était que l'égal de celui à qui il devait tant de commandements, de titres, de fortune et d'honneurs. Il le tutoya en lui reprochant sans aucun égard sa ruineuse et folle ambition. Déjà, dans une proclamation récente à ses troupes, Augereau avait blâmé l'empereur de n'avoir pas su mourir en soldat. Napoléon, blessé mais indulgent, feignit d'abord d'avoir oublié cet outrage et de ne voir dans Augereau qu'un ancien ami aigri par le malheur. Mais le maréchal continuant ses reproches avec la rudesse et l'obstination d'un soldat qui s'oublie, l'empereur lui dit adieu et remonta bourrelé dans sa voiture. Le reproche du monde avait pris la voix de ses propres lieutenants. Ils se popularisaient auprès du gouvernement nouveau par l'âpreté de leur langage et par l'audace tardive de leur attitude devant lui. Augereau, sans se découvrir et les mains derrière le dos, répondit à l'adieu de son général par un simple geste de tête qui semblait congédier dédaigneusement la fortune tombée.

IV

A Valence, ville de garnison où il avait passé les plus studieuses et les plus pures années de sa jeunesse à l'école d'artillerie, il entra de jour, et retrouva avec émotion les paysages, les lieux, les maisons, les noms des familles qui lui retraçaient ses plus lointains souvenirs. Il revenait déchu et vaincu à ce même horizon d'où il était parti pour tant de victoires et tant de grandeurs. Ses yeux se voilèrent, et sa mémoire remonta un moment avec ses compagnons de route vers les choses, les rêves, les tendresses d'un autre temps. Il aperçut là pour la première fois le drapeau blanc des Bourbons sur les monuments et la cocarde blanche au front des troupes. Ce signe visible d'un autre empire que le sien parut lui confirmer l'évanouissement de sa puissance. Il détourna les yeux. Mais, comme si cette ville se fût honorée d'avoir jadis élevé et nourri dans ses murs l'homme du siècle, Valence ne donna à sa déchéance aucun signe de joie ou de malignité. Elle le vit passer muette et sans lui faire d'autre reproche que son silence.

V

Mais en quittant Valence, où son nom avait l'influence d'un souvenir local et de grandes faveurs répandues pendant son règne sur les principales familles, il trouva le Midi debout, irrité et fanatisé contre son nom. Le souvenir des persécutions des Cévennes, les causes religieuses converties et perpétuées en causes politiques, les massacres d'Avignon, les insurrections de Marseille, la prise de Toulon par les Anglais, le caractère soudain et passionné du pays où le feu du soleil semble incendier les cœurs, avaient laissé dans ces provinces des ferments faciles à remuer dans les partis. Les masses, moins réfléchies et plus sensuelles que dans le nord de la France, y avaient conservé plus qu'ailleurs la superstition passionnée des vieilles races. L'entrée des Bourbons à Paris avait paru au peuple royaliste de ces contrées une victoire personnelle de leur parti sur le parti contraire. Le nom de Napoléon y représentait tout ce que ce peuple abhorrait. Sa chute ne lui semblait pas une vengeance et une sûreté suffisante contre le retour possible de sa domination. Sa mort seule pouvait assouvir la haine et la crainte qu'il inspirait. La lie du peuple s'agitait depuis plusieurs jours au bruit de son prochain passage par les murs d'Orange et d'Avignon. Si on n'y méditait pas le crime, on y préparait au moins l'outrage. On voulait qu'il sortît de France accompagné par les imprécations du Midi. Instruits de ces dispositions du peuple, les commissaires n'assurèrent la route qu'en abritant l'impopularité de leur captif sous les fausses indications d'heures qui trompèrent les populations, et sous les ténèbres de la nuit qui dérobèrent Napoléon aux villes et aux villages. Un des courriers qui précédaient sa voiture en arrivant à Orgon trouva la foule rassemblée sur la place, entourant devant la maison de poste une effigie de Napoléon pendue à une potence, et menaçant de réaliser l'infâme supplice sur la personne du tyran. Ce courrier revint en toute hâte avertir les commissaires des dispositions de cette plèbe. On ralentit la marche, on feignit des contre-ordres, on trompa la ville sur le moment de l'arrivée de l'empereur. La foule impatiente se dispersa. Napoléon, déguisé en courrier et portant un chapeau et un manteau qui cachaient entièrement ses traits, traversa sous ce déguisement, à la faveur du crépuscule, les derniers groupes qui attendaient sa voiture sur la place. Il entendit les murmures, les malédictions et les menaces de mort qui s'élevaient à son nom. A l'auberge de l'*Accolade*, où il s'arrêta pour attendre les commissaires, il fut obligé de revêtir un autre déguisement pour traverser la ville d'Aix, où les mêmes haines veillaient contre lui. Les cris de : « A bas le

Corse ! mort au tyran ! » le poursuivaient de relais en relais. A Aix, l'émotion était si irritée que les autorités furent contraintes de fermer les portes de la ville pour empêcher la population de se jeter, les armes du meurtre à la main, sur la route qu'il devait traverser. On fit prendre à sa voiture un circuit qui l'éloigna des murs. Les rumeurs de la foule arrivaient jusqu'à lui pendant qu'on changeait de chevaux pour l'entraîner vers la mer. Il arriva enfin en sûreté au château de Luc où sa sœur, la princesse Pauline Borghèse l'attendait pour s'embarquer avec lui, glorieuse de partager au moins son exil comme elle avait tout partagé, la fierté, la splendeur et les débris de sa fortune.

La frégate *l'Indomptée* le reçut le lendemain, 28 avril, à son bord, et l'enleva aux regrets des uns, à la fureur des autres, à la pensée de tous. Il avait traversé en quelques jours toute son impopularité. Il reprit son sang-froid dès que les vagues roulèrent entre le continent et lui. Il s'entretenait de son nouveau séjour avec le relâchement d'esprit d'un homme pressé d'oublier de pénibles souvenirs et de reposer désormais son âme sur les perspectives d'une vie obscure et désintéressée de toute ambition.

VI

Bientôt les noires montagnes de l'île d'Elbe lui tracèrent sur l'horizon de la Méditerranée les limites de son nouvel empire. Il y débarqua avec sa garde au milieu de l'étonnement et des marques de satisfaction de la petite population de cette île, et, comme un homme qui prenait encore au sérieux son empire, il monta à cheval et courut aux fortifications. Il les inspecta du même coup d'œil qu'il aurait porté sur les murailles de Gibraltar, de Malte ou d'Anvers; il en ordonna les réparations et l'armement. Il s'assura qu'en cas de guerre avec une ou plusieurs puissances de l'Europe il pourrait rester sept ou huit mois sur ce rocher, fortifié naturellement par ses vagues, et par ses écueils, et par les défilés de ses montagnes. Il parcourut ensuite rapidement les sites accessibles de son nouveau séjour, accompagné de ses officiers et des inspecteurs des mines; il improvisa, tout en galopant, les plans des établissements qu'il feignait de vouloir créer pour améliorer l'agriculture, l'exploitation du fer, le commerce, la marine. Les habitants s'étonnaient de cette activité d'esprit que la lutte avec le monde ne semblait pas avoir fatiguée. Ils conçurent des espérances de richesse et de renommée pour leur petite patrie. La renommée d'un grand homme, en s'attachant à sa vie et à son tombeau parmi eux, allait y appeler l'attention du monde et de l'avenir. Un lieu est un homme pour l'histoire. L'île d'Elbe allait grandir de tout le nom de Napoléon.

VII

Cette île est située à quelques heures de navigation de la Corse, île natale de l'empereur. Il y retrouvait l'horizon de son enfance, le ciel, l'air, les vagues, l'âpreté et la majesté des contours qui signalent aux navigateurs les cimes de la Sardaigne, de la Corse, de Ponza, de Piombino, de Santellaria, de Caprée, chaîne de montagnes sous-marines, qui semblent border de loin, comme autant de vastes écueils, les côtes de la France, de l'Italie, de l'Espagne, interrompue seulement par de larges espaces qui laissent passer les grandes routes maritimes de l'Occident vers l'Orient. De tout temps ces îles, par leur isolement du continent, par leur inaccessibilité, et par le caractère âpre et sauvage de leur configuration, servirent de lieux d'ostracisme, de relégation ou de prison aux peuples primitifs de la côte orientale d'Italie. Leurs habitants, mélange de colonies arabes, grecques et romaines, conservent avec un génie naturel, énergique et aventureux comme leur océan, des traces de leurs anciennes origines. Le courage des Romains, l'imagination des Hellènes, le génie navigateur et pastoral des Arabes, se retrouvent tout entiers dans leurs mœurs, unis à cette gravité triste des peuplades insulaires qui se souviennent après mille ans d'avoir perdu leur patrie. La terre et les habitants de l'île d'Elbe ont tous ces caractères. L'île, qui n'est qu'un bloc de fer recouvert de rochers ébréchés par les vents et d'une couche de sol accumulée dans les interstices des collines, ne laisse que d'étroites et rares vallées s'insinuer entre les montagnes, et de petites anses s'entr'ouvrir aux flots. C'est dans ces sinuosités et sur le penchant des coteaux qui regardent la mer d'Italie que la nature et la culture ont renfermé quelques domaines ruraux et quelques jardins ombragés d'oliviers et arrosés d'eaux rares. C'est dans une de ces anses que la ville de Porto-Ferrajo présente sa rade, son port et ses fortifications aux navigateurs.

VIII

En peu de jours, l'empereur, pressé de prendre possession de son séjour, fut établi avec sa maison, sa garde et sa sœur Pauline, dans les dépendances de l'ancien château et dans les principales maisons de la ville. Il se hâta d'y commander des constructions d'agrément pour lui et pour sa cour, des casernes pour ses quinze cents hommes de troupes. Il arma la milice de l'île, il la passa en revue, il l'anima d'un certain patriotisme militaire, comme s'il eût voulu jouer encore à la souveraineté et à la patrie. Il s'entoura de toutes ses habitudes et de toutes les délices de ses palais de France. Il n'avait fait en apparence que changer de trône, soit qu'il voulût désorienter dès les premiers jours les soupçons de l'Europe, en ayant l'apparence d'une ambition heureuse et assouvie par si peu de chose, soit qu'il se trouvât assez grand par lui-même pour conserver sans dérision les étiquettes et les vanités d'un grand empire sur un rocher dépeuplé de la Méditerranée, soit plutôt qu'il jouât, conformément à son caractère un peu théâtral, la comédie de la puissance et du trône devant l'attention des siens et du continent.

Tout l'automne de 1814 et tout l'hiver de 1815 s'écoulèrent ainsi pour Napoléon. Le luxe se mêlait à la simplicité et les fêtes à la retraite dans sa résidence. Les débris de son immense fortune et les premiers versements de la dotation qu'il s'était assurée paraissaient consacrés par lui à l'embellissement de l'île et à l'acquisition d'une petite flotte destinée, disait-il, au service commercial et militaire de ses nouveaux sujets. Il lui avait donné un pavillon comme à une puissance navale destinée à tenir son rang et à se faire reconnaître et respecter sur la Méditerranée. Les objets d'art, les ameublements, les livres, les journaux de l'Europe, ne cessaient de lui arriver de Gênes, de Livourne et de Paris. Les regards du monde étaient sur cette île. Les voyageurs anglais, pour qui la curiosité est une des passions qu'aucune distance ou qu'aucune réserve ne les empêche d'assouvir, accouraient de Londres, de Rome, de Naples, de Toscane, pour contempler l'homme dont la haine avait fait trembler si longtemps leur île et avait emprisonné l'Angleterre dans son océan. Ils ne trouvaient sur les rives de la Grèce, de l'Asie ou de l'Italie aucun monument, aucun débris aussi imposant à visiter que ce Prométhée de l'Occident. Ils se glorifiaient de l'avoir seulement aperçu : ils se vantaient dans leur correspondance et dans leurs journaux d'une parole ou d'un geste adressé par le héros dans son cercle à leur importune adulation. Londres et Paris retentissaient du moindre pas, du moindre mot de Napoléon. Il affectait de les accueillir avec facilité et avec grâce, comme un homme qui a déposé toute arme et toute haine, et qui ne demande qu'un asile à tous les cœurs, un reste de prestige à toutes les imaginations. La princesse Pauline Borghèse, la plus belle et la plus adorée des femmes de son temps, avait transporté sa cour et attiré ses admirateurs à l'île d'Elbe. Elle décorait l'exil de son frère, elle l'animait, elle le passionnait, elle l'attendrissait par sa fidélité au malheur. Elle faisait l'éclat, la grâce, l'accueil de ses salons. Cachant ainsi sous l'apparence de la volupté et des soins futiles un dévouement plus sérieux et plus politique, elle allait, sous prétexte de visiter ses autres sœurs et ses autres frères, de l'île d'Elbe à Rome et à Naples, de Rome et de Naples à l'île d'Elbe. Négociatrice sans importance et sans soupçons, que sa légèreté même couvrait aux yeux du continent contre tout ombrage.

IX

Cependant Napoléon, qui cachait même à Bertrand et à Cambronne, ses deux lieutenants dans l'exil, les pensées qu'il avait couvées depuis Fontainebleau, regardait en apparence avec désintéressement, mais en réalité avec attention, l'Europe, la France, le congrès de Vienne. Il n'avait sur son rocher de confident que lui-même, mais il avait sur le continent des regards qui veillaient pour lui et des mots d'ordre convenus avec un petit nombre de ses anciens serviteurs à Paris, signaux que lui seul savait lire, et dont les émissaires qui les apportaient sous des prétextes divers ne connaissaient eux-mêmes ni l'importance ni la signification. tion. Outre les princes et les princesses de sa famille, trois hommes à Paris étaient convenus avec Napoléon, à Fontainebleau, de le tenir au courant des choses, de l'avertir si quelque danger nouveau le menaçait, et de lui faire le signal du retour si jamais la fortune lui rouvrait la France. Ces trois confidents silencieux, mais attentifs, étaient Maret, qui n'avait point d'autre politique que la volonté de l'empereur; Savary, tellement lié par le cœur et par des complicités obscures qu'il ne pouvait détacher ni son âme, ni son honneur, de celui de son général et de son ami ; Lavalette, qu'une reconnaissance louable, mais excessive, enchaînait jusqu'à l'obéissance aveugle à la destinée de son bienfaiteur. D'autres hommes plus obscurs mais aussi utiles, et quelques femmes de l'ancienne cour impériale passionnées par les souvenirs d'orgueil ou d'amour de leur jeunesse évanouie, s'agitaient, se concertaient, conspiraient autour de ces principaux meneurs de l'intrigue. Les écrivains soldés ou privilégiés de l'ancienne police impériale fomentaient cette conspiration. Le secret pouvait en être facilement concentré dans très-peu de mains, car c'était surtout une conspiration tacite, sans correspondance, sans conciliabule, sans armes, sans témoins, sans soldats, une conjuration dans le cœur. L'armée entière en faisait partie sans le savoir. Ce sont là les seules conspirations qui réussissent. On les soupçonne, on les sait, on les sent : on ne peut ni les nommer, ni les convaincre, ni les saisir. Telle était la conspiration bonapartiste à Paris pendant les neuf mois de l'exil de Napoléon.

X

Napoléon avait beaucoup lu l'histoire pendant qu'il lui préparait lui-même les plus grandes pages des temps modernes. Il en avait le génie naturel, comme tous les hommes prédestinés par leur nature à remuer ou à gouverner les événements. Son âme italienne avait les instincts, les sagacités profondes et analytiques, les intentions soudaines, les éclairs de Machiavel. Cette politique, encore aiguisée en ce moment en lui par l'âpreté de son ambition et par l'amertume des regrets, ne lui laissait rien échapper des difficultés et des incompatibilités des Bourbons. Il les voyait avant peu de mois aux prises avec le parti exigeant de l'ancien régime, avec le parti irréconciliable de la Révolution, avec le parti militaire détrôné, avec l'empire, et ne pouvant s'habituer à la petitesse de la France après l'Europe parcourue, vaincue, possédée. Il entendait de son île les murmures de ces quarante mille officiers ou sous-officiers condamnés, sans solde ou à demi-solde, à l'oisiveté de leurs villages et à la condition obscure de leurs familles natales. Il savait que le trésor, obéré par ses guerres et par l'occupation, ne pourrait ni les assouvir ni les avancer dans la paix. Il entendait déjà aussi les récriminations de tous ces peuples déchirés en lambeaux arbitraires au congrès de Vienne, après avoir été groupés en nationalités imposantes, et forcés de rentrer sous la domination étroite et surannée de leurs anciennes maisons régnantes. Il entrevoyait pour tous les souverains, comme pour les Bourbons eux-mêmes, la difficulté de licencier tout à coup ces armées immenses qu'il avait fallu lever contre lui. Il comptait sur l'inoculation prompte et fiévreuse des doctrines de la liberté qu'il avait fallu évoquer du sein de l'Allemagne pour la pousser à l'indépendance. Il s'attendait à des explosions de ce libéralisme qu'il regardait comme la maladie mortelle du monde moderne, parce qu'il s'attaquait au pouvoir absolu des trônes, et qui se relevait après la chute comme l'âme du siècle après la tyrannie du passé. Il en trouvait les premiers symptômes dans les journaux d'opposition timide mais âcre de Paris; dans les émotions de Milan, où la jeunesse acclamait tumultueusement la liberté au théâtre; dans la sépulture de mademoiselle Raucourt, artiste de

Paris, où le peuple avait hué les prêtres et profané le temple ; dans les obsèques de Louis XVI à Saint-Denis, où les faubourgs avaient renouvelé contre le comte d'Artois les vociférations et les symboles sanguinaires de 1793. Il se réjouissait en secret de ces premiers frissons de l'Europe, espérant qu'après avoir profité de ce mouvement des esprits contre les anciens trônes il le conquerrait de nouveau sous son sceptre soldatesque et plébéien. L'ennui du reste le rendait peu scrupuleux sur les moyens et peu intimidé des difficultés de l'avenir. L'oisiveté lui pesait comme à une âme qui avait longtemps porté le monde et qui ne portait plus que les regrets. Tous les hasards lui paraissaient préférables à cette certitude de se consumer lui-même avec toute la puissance de ses facultés dans cette prison.

XI

Il apprenait de plus que les souverains réunis à Vienne et leurs ministres commençaient à s'inquiéter, aux insinuations de M. de Talleyrand, des agitations sourdes que le voisinage de Napoléon semait en France. Un pays humilié de la conquête et pressé de se venger de l'humiliation ; une armée licenciée en partie, en partie sous les armes, dont le cœur était à son ancien général ; un peuple inflammable aux nouveautés, des partis incompatibles, les communications fréquentes entre l'île d'Elbe et Paris, préoccupaient le congrès. L'Angleterre parlait de la nécessité d'éloigner Napoléon de la France et la France de Napoléon. On cherchait quelle île sur l'Océan, facile à observer et à cerner, présenterait plus de sécurité à la relégation de ce danger public. L'île de Ponza apparaissait sur la Méditerranée, l'île de Sainte-Hélène sur l'Océan. Ces rumeurs, grossies par les rapports de ses confidents, faisaient craindre à Napoléon qu'on ne revînt sur les concessions de Paris et qu'on ne convertît sa principauté en prison. La mort lui paraissait préférable. D'ailleurs, entre le pouvoir et la mort, il y avait encore pour lui tous les hasards d'une invasion du continent, et tous les traités que cette invasion pouvait arracher aux puissances. L'Italie lui paraissait comme une autre France, plus facile peut-être à soulever, à conquérir et garder que son premier empire. Il était de son sang, il en parlait la langue, il en avait le génie national, son nom y retentissait comme un nom toscan, ses frères et ses sœurs y avaient régné, Murat, son beau-frère, y régnait encore et pouvait lui préparer le chemin avec une armée de soixante mille hommes. Quelquefois il revenait à ses premières perspectives d'un empire européen à fonder en Orient : il pensait avec raison qu'un conquérant de son nom, divinisé par l'imagination des Arabes et par le lointain, à la tête de quelques milliers de soldats et recrutant en Syrie et en Égypte des populations flottantes comme le sable de leurs déserts, pourrait renouveler les prodiges des dix mille, être Alexandre en Orient après avoir été Napoléon en Occident. Il avait la fièvre de pensée et le délire muet d'aventures qui préparent les grandes révolutions. Des émissaires rares mais dévoués arrivaient presque toutes les semaines des côtes d'Italie sous prétexte de commerce, s'enfermaient avec lui pendant des nuits entières à l'insu même de ses généraux et de ses troupes, et provoquaient, par leur propre ardeur, l'ardeur dont il était dévoré.

La princesse Pauline Borghèse arrivait d'une de ses courses à Naples. Elle avait vu Murat. Elle avait reçu les confidences et les larmes de son repentir. Elle rapportait à l'empereur les remords de son ancien compagnon d'armes et les instances de ce roi menacé par le congrès, pour qu'un pas de Napoléon sur le continent vînt compliquer les pensées de l'Europe et restituer une chance à son propre trône. Il proposait de le devancer. Murat, en effet, n'ignorait rien du traité secret signé à Vienne entre l'Angleterre, l'Autriche, la France pour le détrôner. Il savait que l'armée de trente mille hommes rassemblée sous des prétextes futiles à Chambéry par le maréchal Soult n'avait en réalité que Naples pour but. Il n'avait plus rien à ménager avec le hasard.

XII

Napoléon n'attendait qu'un signal de Paris. Il le reçut. M. Fleury de Chaboulon, un de ces jeunes auditeurs à son conseil d'État qu'il formait à son esprit et qu'il pliait à sa main pour devenir les instruments de sa puissance, animé du zèle qui dévorait en ce temps l'ambition impatiente de cette jeunesse, arriva sous un prétexte spécieux, la nuit, à l'île d'Elbe, et fut introduit chez l'empereur. On ignore si cet émissaire avait reçu un mandat de Savary, de Lavalette, de Maret, ou s'il avait pris le sien dans son ardeur. Quoi qu'il en soit, il s'ouvrit à l'empereur, et l'empereur s'ouvrit à demi à lui. Il avait besoin d'instruments et de précurseurs en France, et il craignait des espions de ses desseins jusque dans ces instruments nécessaires. Son attitude et son langage se ressentaient de cette impatience et de cette prudence qui se combattaient dans son esprit. L'empereur avait entrevu seulement ce jeune homme dans les rangs obscurs de son conseil d'État.

« Eh bien, monsieur, lui dit-il quand le maréchal Bertrand se fut retiré, parlez-moi de Paris et de la France. Avez-vous des lettres pour moi de mes amis?—Non, Sire, répondit l'auditeur. — Oh! je vois bien qu'ils m'ont oublié comme les autres, répondit l'empereur pour faire croire à son interlocuteur qu'il était sans rapports avec le continent. — On ne vous oubliera jamais en France, reprit l'émissaire. — Jamais? répliqua Napoléon. Vous vous trompez; les Français ont un autre souverain : leur devoir et leur bonheur leur commandent de ne plus penser à moi. Que pense-t-on de moi à Paris? On y fait beaucoup de fables et de mensonges : on prétend tantôt que je suis fou, tantôt que je suis malade; on dit aussi qu'on veut me transférer à Malte ou à Sainte-Hélène. Qu'on y pense! j'ai des vivres pour me nourrir six mois, des canons, des braves pour me défendre. Je leur ferai payer cher leur honteuse tentative. Mais je ne puis croire que l'Europe veuille se déshonorer en s'armant contre un seul homme qui ne peut ni ne veut faire de mal. L'empereur Alexandre aime trop la gloire pour consentir à un pareil attentat. Ils m'ont garanti la souveraineté de l'île d'Elbe par un traité solennel. Je suis ici chez moi. Tant que je n'irai point chercher querelle à mes voisins, nul n'a le droit de venir me troubler... Vous ai-je connu à l'armée? Pauvres hommes! exposez donc votre vie pour les rois, sacrifiez-leur donc votre jeunesse, votre repos, votre bonheur, pour qu'ils ne sachent pas même s'ils vous ont vus !... Comment prend-on les Bourbons en France ?—Ils n'ont pas réalisé les espérances qu'on fondait sur eux, dit l'émissaire. — Tant pis, reprit l'empereur ; je croyais aussi, lorsque j'abdiquai, que les Bourbons, instruits et corrigés par le malheur, ne retomberaient point dans les fautes qui les avaient perdus en 1789. J'espérais que le roi vous gouvernerait en bon homme : c'était le seul moyen de se faire pardonner de vous avoir été donné par les étrangers. Mais, depuis qu'ils ont remis le pied en France, ils n'ont fait que des sottises. Leur traité du 23 avril, continua-t-il en élevant la voix, m'a profondément indigné : d'un trait de plume ils ont dépouillé la France de la Belgique et des possessions qu'elle avait acquises depuis la Révolution : ils lui ont fait perdre les arsenaux, les flottes, les chantiers, l'artillerie et le matériel immense que j'avais entassés dans les forteresses et les ports qu'ils leur ont livrés. C'est Talleyrand qui leur a fait cette infamie. On lui aura donné de l'argent. La paix est facile avec de telles conditions. Si j'avais voulu comme eux signer la ruine de la France, ils ne seraient point sur mon trône. (Avec force.) J'aurais mieux aimé me trancher la main. J'ai préféré renoncer au trône plutôt que de le conserver aux dépens de ma gloire et de l'honneur français... Une couronne déshonorée est un horrible fardeau... Mes ennemis ont publié partout que je m'étais refusé opiniâtrément à faire la paix : ils m'ont représenté comme un misérable fou avide de sang et de carnage. Ce langage leur convenait : quand on veut tuer son chien, il faut bien faire accroire qu'il est enragé. Mais l'Europe connaîtra la vérité : je lui apprendrai tout ce qui s'est dit, tout ce qui s'est passé à Châtillon. Je démasquerai d'une main vigoureuse les Anglais, les Russes et les

Autrichiens. L'Europe prononcera. Elle dira de quel côté furent la fourbe et l'envie de verser du sang. Si j'avais été possédé de la rage de la guerre, j'aurais pu me retirer avec mon armée au delà de la Loire et savourer à mon aise la guerre des montagnes. Je ne l'ai point voulu : j'étais las de massacres. Mon nom et les braves qui m'étaient restés fidèles faisaient encore trembler les alliés même dans ma capitale. Ils m'ont offert l'Italie pour prix de mon abdication, je l'ai refusée : quand on a régné sur la France, on ne doit pas régner ailleurs. J'ai choisi l'île d'Elbe : ils ont été trop heureux de me la donner. Cette position me convenait. Je pouvais veiller sur la France et sur les Bourbons. Tout ce que j'ai fait a toujours été pour la France. C'est pour elle et non pour moi que j'aurais voulu la rendre la première nation de l'univers. Ma gloire est faite à moi; mon nom vivra autant que celui de Dieu. Si je n'avais eu à songer qu'à ma personne, j'aurais voulu, en descendant du trône, rentrer dans la classe ordinaire de la vie ; mais j'ai dû garder le titre d'empereur pour ma famille et pour mon fils... Mon fils, après la France, est ce que j'ai de plus cher au monde.

» Les émigrés savent bien que je suis là, et voudraient me faire assassiner. Chaque jour je découvre de nouvelles embûches, de nouvelles trames. Ils ont envoyé en Corse un des sicaires de Georges, un misérable que les journaux anglais eux-mêmes ont signalé à l'Europe comme un buveur de sang, comme un assassin. Mais qu'il prenne garde à lui; s'il me manque, je ne le manquerai pas. Je l'enverrai chercher par mes grenadiers, et je le ferai fusiller pour servir d'exemple aux autres...

» Les émigrés seront toujours les mêmes. Tant qu'il ne

fut question que de faire de belles jambes dans mon antichambre, j'en trouvai plus que je n'en voulus. Quand il fallut montrer de l'honneur, ils se sont retirés comme des c... J'ai fait une grande faute en rappelant en France cette race antinationale : sans moi, ils seraient tous morts de faim à l'étranger. Mais alors j'avais de grands motifs : je voulais réconcilier l'Europe avec nous et clore la Révolution...

» Que disent de moi les soldats? — Ils ne prononcent jamais votre nom qu'avec respect, admiration et douleur. — Ils m'aiment donc toujours? Que disent-ils de nos malheurs? — Ils les regardent comme l'effet de la trahison. — Ils ont raison : sans l'infâme défection du duc de Raguse, les alliés étaient perdus. J'étais maître de leurs derrières et de toutes leurs ressources de guerre. Il n'en serait pas échappé un seul. Ils auraient eu aussi leur vingt-neuvième bulletin. Marmont est un misérable : il a perdu son pays et livré son prince. Sa convention seule avec Schwartzenberg suffit pour le déshonorer. S'il n'avait pas su qu'il compromettait en se rendant ma personne et mon armée, il n'aurait pas eu besoin de stipuler de sauvegarde pour ma liberté et pour ma vie. Cette trahison n'est pas la seule. Il a intrigué avec Talleyrand pour ôter la régence à l'impératrice et la couronne à mon fils. Il a trompé et joué indignement Caulaincourt, Macdonald et les autres maréchaux. Tout son sang ne suffirait point pour expier le mal qu'il a fait à la France... Je dévouerai son nom à l'exécration de la postérité. Je suis bien aise d'apprendre que mon armée a conservé le sentiment de sa supériorité, et qu'elle rejette sur leurs véritables auteurs nos grandes infortunes. Je vois avec satisfaction, d'après ce que vous venez de m'apprendre, que l'opinion que je m'étais formée de la situation de la

France est exacte : la race des Bourbons n'est plus en état de gouverner. Son gouvernement est bon pour les nobles, les prêtres, les vieilles comtesses d'autrefois : il ne vaut rien pour la génération actuelle. Le peuple a été habitué par la Révolution à compter dans l'État. Il ne consentira jamais à retomber dans son ancienne nullité, et à redevenir le patient de la noblesse et de l'Église. L'armée ne sera jamais aux Bourbons. Nos victoires et nos malheurs ont établi entre elle et moi un lien indestructible : avec moi seul elle peut retrouver la vengeance, la puissance et la gloire ; avec les Bourbons, elle ne peut attraper que des injures et des coups. Les rois ne se soutiennent que par l'amour de leurs peuples ou par la crainte. Les Bourbons ne sont ni craints ni aimés : ils se jetteront d'eux-mêmes à bas du trône, mais ils peuvent s'y maintenir encore longtemps. Les Français ne savent pas conspirer...

» Oui, leur gouvernement doit avoir pour ennemis tous les hommes qui ont du sang national dans les veines. Mais comment tout cela finira-t-il? Croit-on qu'il y aura une nouvelle révolution? Que feriez-vous si vous chassiez les Bourbons? Établiriez-vous la république? — La république, Sire! on n'y songe point. Peut-être établirait-on une régence. — Une régence! Et pourquoi faire? suis-je mort? — Mais, Sire, votre absence... — Mon absence n'y fait rien : en deux jours je serais en France si la nation m'y appelait. Croyez-vous que je ferais bien d'y revenir? — Je n'ose point, Sire, résoudre personnellement une semblable question, mais... — Ce n'est point là ce que je vous demande. Répondez, oui ou non. — Eh bien! oui, Sire. — Vous le pensez? — Oui, Sire, je suis convaincu, ainsi que vos amis, que le peuple et l'armée vous recevraient en libé-

rateur et embrasseraient votre cause avec enthousiasme. — Mes amis sont donc d'avis que je revienne? — Nous avions prévu que Votre Majesté m'interrogerait sur ce point, et voici textuellement la réponse : « Vous direz à l'empereur
» que nous n'osons prendre sur nous de décider une question
» aussi importante ; mais qu'il peut regarder comme un fait
» positif et incontestable que le gouvernement actuel s'est
» perdu dans l'esprit du peuple et de l'armée, que le mé-
» contentement est au comble, et qu'on ne croit pas qu'il
» puisse lutter longtemps contre l'animadversion générale.
» Vous ajouterez que l'empereur est devenu l'objet des re-
» grets et des vœux de l'armée et de la nation. »

XIII

L'empereur parut écouter pour la première fois ce rapport d'un homme intelligent sur la France, s'absorba dans ses réflexions, et congédia l'interlocuteur.

Il le fit revenir deux jours après, et après lui avoir fait jurer la discrétion la plus stricte sur ce qu'il allait lui confier : « Vous m'appartenez désormais, lui dit-il ; achevez et circonstanciez le récit que vous êtes chargé de me faire des dispositions de la France. J'ai été cause de ses maux, je veux les réparer... Murat est à nous. Il a retrouvé sa belle âme, il pleure ses fautes contre moi, il est prêt à les racheter. Il a peu de tête, il n'a qu'un bras et un cœur. Sa femme le dirigera. Il me prêtera sa marine si j'en ai besoin. La France m'appelle. Partez, et dites à ceux qui vous ont envoyé ce que vous avez vu. Je suis décidé à tout braver pour répondre à leurs vœux et à ceux de la patrie. Je partirai d'ici au 1ᵉʳ avril avec ma garde et peut-être plus tôt. Qu'ils fortifient le bon esprit de l'armée. Si la chute des Bourbons précédait mon débarquement, dites à nos amis que je ne veux point de la régence, qu'ils nomment un gouvernement intérimaire composé des noms que je vous désignerai. Quant à vous, rendez-vous à Naples, de là à Paris. Ce soir à neuf heures, vous trouverez un guide et des chevaux à la porte de la ville. A minuit, une felouque, préparée à l'insu du commandant de Porto-Longone, vous portera à Naples. »

Puis rappelant l'émissaire qui sortait : « Quels sont, lui dit-il, les régiments qui se trouvent dans le Midi, sur le littoral et sur la route de Paris? Écrivez-moi les noms des officiers qui les commandent. Voici un chiffre qui dérobera vos commentaires à l'œil de toutes les polices. »

XIV

L'émissaire partit et exécuta les ordres de Napoléon. Il attendait le 1ᵉʳ avril comme l'époque fixée par l'empereur. Le conseil secret des bonapartistes à Paris renfermait dans le silence de l'anxiété ses espérances et ses craintes. Nul n'était dans le secret explicite de ses dernières résolutions. Il les laissait flotter dans son propre esprit. Il croyait avec raison que l'heure des grandes choses est fixée par les circonstances plus que par l'homme, que les événements s'improvisent autant qu'ils se préméditent. Il avait l'habitude de laisser beaucoup faire au hasard et au moment.

XV

Cependant une activité inaccoutumée et des symptômes mystérieux de quelque grand dessein frappaient les regards des habitants de l'île d'Elbe. Des felouques débarquaient sans cesse la nuit et embarquaient des correspondances avec l'Italie. Des approvisionnements et des vivres étaient accumulés dans les magasins. De fréquentes revues des grenadiers de la garde étaient passées par Napoléon et par les généraux. On faisait l'inspection des armes. Une rumeur courait, dans les rangs de ses soldats, d'une prochaine expédition en Italie. Ils souriaient à l'idée de revoir bientôt le continent, confiants dans le génie et dans le bonheur de leur empereur, et ne doutant pas de la victoire du moment qu'il leur donnerait le signal de quelque entreprise méditée et combinée par lui. Son visage souriant, ses propos familiers, ses rudes caresses les préparaient, sans qu'il s'ouvrît davantage, à tout faire et à tout espérer pour eux et pour lui. Aux yeux des étrangers qui visitaient l'île et parmi lesquels il soupçonnait des espions, Napoléon cachait ses résolutions sous une indifférence résignée et sous l'activité sans but d'un homme qui cherche à distraire son ennui. Les réunions, les conversations et les fêtes se multipliaient autour de lui. Les commissaires anglais et français, chargés d'observer de Livourne et de Gênes la côte d'Italie, venaient eux-mêmes participer à ces plaisirs et entretenaient leur gouvernement dans la plus trompeuse sécurité.

XVI

Soit que l'empereur eût voulu tromper ses amis eux-mêmes en fixant au 1er avril l'expédition qu'il méditait, soit plutôt qu'une impatience conforme à sa nature l'eût saisi tout à coup et lui eût rendu intolérable le long délai qu'il avait d'abord imposé à sa pensée, il surprit l'Europe, et peut-être il se surprit lui-même en devançant précipitamment le terme fixé. Il savait que les pensées trop attendues avortent, et que l'étonnement est une partie du succès dans les conjurations.

Le 26 février, dans la nuit, il assista le front serein, l'esprit en apparence détendu, la conversation libre et flottante, à un bal que la princesse Pauline Borghèse donnait aux officiers de son armée, aux étrangers et aux principaux habitants de l'île. Il s'entretint longtemps sur des sujets divers avec quelques voyageurs anglais que la curiosité avait amenés du continent à cette fête. Il sortit tard, n'emmenant avec lui que le général Bertrand et le général Drouot. « Nous partons demain, leur dit-il de ce ton qui semblait interdire la discussion et commander l'obéissance muette; qu'on saisisse dans la nuit les bâtiments qui sont à l'ancre, que le commandant du brick *l'Inconstant* reçoive l'ordre de se rendre à son bord, de prendre le commandement de ma flottille et de tout préparer pour l'embarquement des troupes, que ma garde soit embarquée demain dans la journée, qu'aucune voile ne puisse sortir des ports ou des anses de l'île jusqu'au moment où nous serons en mer. Que d'ici là personne, excepté vous, ne connaisse mes desseins. »

Les deux généraux passèrent le reste de la nuit à préparer l'exécution des ordres qu'ils venaient de recevoir. La fête de la princesse Pauline retentissait encore dans le silence de la nuit, que déjà les pensées de l'empereur avaient franchi la mer et que tout se préparait dans la résidence pour le départ. Les officiers et les troupes reçurent, au lever du soleil, sans étonnement et sans hésitation, l'ordre de se préparer à l'embarquement. Ils avaient l'habitude de ne point raisonner l'obéissance et de se confier au nom qui était pour eux le destin. Au milieu du jour la chaloupe du brick *l'Inconstant* vint prendre l'empereur lui-même. Il y monta salué par le canon, par les acclamations du peuple, par les larmes de sa sœur, et fut reçu sur le brick par quatre cents grenadiers de sa garde déjà embarqués. Les trois petits navires de commerce saisis dans la nuit avaient reçu le reste des troupes, montant ensemble à un millier d'hommes. La certitude du succès éclairait le visage de Napoléon, et cette confiance se répercutait sur le visage de ses soldats. La mer lui était propice. C'était elle qui l'avait secondé dans toutes ses entreprises, apporté de Corse en France, porté de Toulon à Malte et à Alexandrie en écartant la flotte de Nelson, rapporté d'Alexandrie à Fréjus à travers les croisières anglaises. En revenant d'Égypte seul et déserteur de son armée, il venait à l'appel de sa fortune; en s'embarquant à l'île d'Elbe avec tout ce qui lui restait de ses compagnons de gloire, il venait la provoquer. Il comptait sur elle : elle ne devait pas encore le tromper.

XVII

Le canal entre l'île d'Elbe et les côtes du continent devait être sillonné de croisières françaises et anglaises, pour observer le captif de l'Europe. La France avait négligé cette précaution. Le commandant de la croisière anglaise, distrait, par l'amour, de son devoir et de son poste, avait sa frégate à l'ancre dans la rade de Livourne; il était allé à Florence à des fêtes où il espérait rencontrer la femme célèbre par sa beauté, objet de sa passion. La mer était libre. Au coucher du soleil un dernier coup de canon donna à la flottille de Napoléon le signal de lever les ancres. Un ciel pur, une vague douce, un vent maniable et favorable, semblaient conspirer d'intelligence avec cette poignée d'hommes qui allaient chercher l'empire ou la mort au delà des flots. La musique des bataillons répondait par des fanfares guerrières aux adieux de la côte. La flotte et le bruit s'évanouissaient ensemble dans la nuit. « Le sort en est jeté ! » s'écria Napoléon en détournant ses regards des montagnes de l'île qui s'affaissaient à l'horizon, et en les reportant sur la mer d'Italie. Il s'entoura de ses généraux, et passa avec eux la revue des troupes embarquées. Les quatre cents grenadiers sur l'*Inconstant*, deux cents hommes d'infanterie de la garde, deux cents chasseurs corses et cent Polonais, montés sur six petits bâtiments de tout tonnage, vingt-six canons sur le brick, composaient toute la flotte et toute l'armée. Une seule frégate rencontrée suffisait pour l'anéantir. Mais nul ne calculait le péril. Tous comptaient sur un prodige. Bertrand, Drouot, Cambronne, présentaient aux soldats le même calme de voix et la même physionomie disciplinée que les jours où ils entouraient l'empereur à ses revues du Carrousel. Les soldats portaient sur leurs traits et dans leurs yeux quelque chose de la résolution des jours de bataille, leurs regards perdus semblaient voir de loin la grande pensée qui les guidait. Ils s'étudiaient respectueusement dans l'attitude et dans les paroles de leur empereur. Nul ne lui demandait compte de ses desseins. Leur plus beau dévouement était de le suivre sans l'interroger.

XVIII

Mais lui, pressentant leurs secrètes impressions, et voulant les associer par la confidence à son succès : « Soldats, leur dit-il, nous allons en France, nous allons à Paris. — En France ! en France ! » répondirent d'une seule voix les quatre cents grenadiers groupés sur le pont du brick : « Vive la France ! et vive l'empereur ! »

L'empereur descendit dans l'entre-pont. Les soldats, revêtus des mêmes uniformes que la campagne de 1814 et le temps avaient usés et déchirés, s'occupaient à en recoudre et à en rajuster les débris. Ils voulaient reparaître dans leur patrie avec la tenue de leur jour de parade. Ils échangeaient entre eux à demi-voix ces réflexions imprévues, ces retours vers le foyer de famille, ces railleries douces et ironiques, génie des camps français. Napoléon profita de ces heures nocturnes pour dicter à ses généraux les proclamations à l'armée et au peuple dont il voulait être précédé sur sa route vers Paris. Il avait médité et noté lui-même avec soin ces proclamations à la fois militaires et politiques, dernier mot et principal moyen de son entreprise : il en avait pesé tous les termes ; mais, n'ayant voulu confier à aucun secrétaire ou à aucun confident le mystère de son projet d'embarquement, il avait écrit de sa propre main ces pièces. Il ne lisait que difficilement sa propre écriture, rapide, tronquée, confuse comme la pensée qui s'accumule sur la pensée dans une rapide mêlée d'idées. Il retrouvait avec peine le sens et les mots déposés sur le papier. Il parvint cependant à se lire à travers les signes et les ratures. Plusieurs mains écrivaient à sa voix. Il commença par l'armée, toujours et partout sa première pensée.

A L'ARMÉE.

« Soldats ! nous n'avons pas été vaincus : deux hommes sortis de nos rangs ont trahi nos lauriers, leur pays, leur prince, leur bienfaiteur.

» Ceux que nous avons vus pendant vingt-cinq ans parcourir toute l'Europe pour nous susciter des ennemis, qui ont passé leur vie à combattre contre nous dans les rangs des armées étrangères, en maudissant notre belle France, prétendraient-ils commander et enchaîner nos aigles, eux qui n'ont jamais pu en soutenir les regards? Souffrirons-nous qu'ils héritent du fruit de nos glorieux travaux? qu'ils s'emparent de nos honneurs, de nos biens, qu'ils calomnient notre gloire? Si leur règne durait, tout serait perdu, même le souvenir de ces mémorables journées.

» Avec quel acharnement ils les dénaturent! Ils cherchent à empoisonner ce que le monde admire; et s'il reste encore des défenseurs de notre gloire, c'est parmi ces mêmes ennemis que nous avons combattus sur les champs de bataille.

» Soldats! dans mon exil j'ai entendu votre voix : je suis arrivé à travers tous les obstacles et tous les périls.

» Votre général, appelé au trône par le choix du peuple, et élevé sur vos pavois, vous est rendu : venez le joindre.

» Arrachez ces couleurs que la nation a proscrites, et qui pendant vingt-cinq ans servirent de ralliement à tous les ennemis de la France. Arborez cette cocarde tricolore, vous la portiez dans nos grandes journées. Nous devons oublier que nous avons été les maîtres des nations, mais nous ne devons pas souffrir qu'aucune se mêle de nos affaires. Qui prétendrait être maître chez nous? Qui en aurait le pouvoir? Reprenez ces aigles que vous aviez à Ulm, à Austerlitz, à Iéna, à Eylau, à Wagram, à Friedland, à Tudela, à Eckmühl, à Essling, à Smolensk, à la Moskowa, à Lutzen, à Wurtchen, à Montmirail. Pensez-vous que cette poignée de Français aujourd'hui si arrogants puissent en soutenir la vue? Ils retourneront d'où ils viennent, et là, s'ils le veulent, ils régneront comme ils prétendent avoir régné pendant dix-neuf ans.

» Vos biens, vos rangs, votre gloire, les biens, les rangs et la gloire de vos enfants n'ont pas de plus grands ennemis que ces princes que les étrangers nous ont imposés. Ils sont les ennemis de notre gloire, puisque le récit de tant d'actions héroïques qui ont illustré le peuple français combattant contre eux pour se soustraire à leur joug est leur condamnation.

» Les vétérans des armées de Sambre-et-Meuse, du Rhin, d'Italie, d'Égypte, de l'Ouest, de la grande armée, sont humiliés : leurs honorables cicatrices sont flétries; leurs succès sont des crimes; ces braves seraient des rebelles, si, comme le prétendent les ennemis du peuple, des souverains légitimes étaient au milieu des armées étrangères. Les honneurs, les récompenses, les affections sont pour ceux qui les ont servis contre la patrie et nous.

» Soldats! venez vous ranger sous les drapeaux de votre chef : son existence ne se compose que de la vôtre; ses droits ne sont que ceux du peuple et les vôtres; son intérêt, son honneur, sa gloire, ne sont autres que votre intérêt, votre honneur et votre gloire. La victoire marchera au pas de charge : l'aigle, avec les couleurs nationales, volera de clocher en clocher jusques aux tours de Notre-Dame. Alors vous pourrez montrer avec honneur vos cicatrices; alors vous pourrez vous vanter de ce que vous aurez fait; vous serez les libérateurs de la patrie.

» Dans votre vieillesse, entourés et considérés de vos concitoyens, ils vous entendront avec respect raconter vos hauts faits : vous pourrez dire avec orgueil : « Et moi aussi » je faisais partie de cette grande armée qui est entrée » deux fois dans les murs de Vienne, dans ceux de Rome, » de Berlin, de Madrid, de Moscou, qui a délivré Paris de » la souillure que la trahison et la présence de l'ennemi » y ont empreinte. »

» Honneur à ces braves soldats, la gloire de la patrie! et honte éternelle aux Français criminels, dans quelque rang que la fortune les ait fait naître, qui combattirent vingt-cinq ans avec l'étranger pour déchirer le sein de la patrie.

» Signé : NAPOLÉON.

» *Le grand maréchal faisant fonctions de major*
» *général de la grande armée,*

» Signé : BERTRAND.

Il passa au peuple. On retrouve dans la proclamation qu'il lui adressa toutes les accusations et toutes les incriminations malignes que ses amis à Paris soufflaient depuis sept mois aux feuilles impérialistes ou révolutionnaires. Après s'être posé vingt ans en patricien qui vient dompter le peuple, il se posait en plébéien qui vient venger le peuple de l'aristocratie. Sylla se changeait en Marius. Mais le monde ne pouvait s'y tromper. Tout le néant de l'entreprise qu'il allait tenter et accomplir tenait à ce double rôle dont l'un démentait l'autre, et qui sous le plébéien laissait voir le restaurateur de toutes les aristocraties, et sous l'homme de la liberté le conservateur de toutes les dictatures.

AU PEUPLE.

« Français ! la défection du duc de Castiglione livra Lyon sans défense à nos ennemis. L'armée dont je lui avais confié le commandement était, par le nombre de ses bataillons, la bravoure et le patriotisme des troupes qui la composaient, en état de battre le corps d'armée autrichien qui lui était opposé, et d'arriver sur les derrières du flanc gauche de l'armée ennemie qui menaçait Paris.

» Les victoires de Champaubert, de Montmirail, de Château-Thierry, de Vauchamp, de Mormans, de Montereau, de Craonne, de Reims, d'Arcy-sur-Aube et de Saint-Dizier ; l'insurrection des braves paysans de la Lorraine, de la Champagne, de l'Alsace, de la Franche-Comté et de la Bourgogne, et la position que j'avais prise sur les derrières de l'armée ennemie en la séparant de ses magasins, de ses parcs de réserve, de ses convois et de tous ses équipages, l'avaient placée dans une situation désespérée. Les Français ne furent jamais sur le point d'être plus puissants, et l'élite de l'armée ennemie était perdue sans ressource : elle eût trouvé son tombeau dans ces vastes contrées qu'elle avait impitoyablement saccagées, lorsque la trahison du duc de Raguse livra la capitale et désorganisa l'armée. La conduite inattendue de ces deux généraux qui trahirent à la fois leur patrie, leur prince et leur bienfaiteur, changea le destin de la guerre : la situation de l'ennemi était telle, qu'à la fin de l'affaire qui eut lieu devant Paris, il était sans munitions par la séparation de ses parcs de réserve.

» Dans ces nouvelles et grandes circonstances, mon cœur fut déchiré, mais mon âme resta inébranlable : je ne consultai que l'intérêt de la patrie, je m'exilai sur un rocher au milieu des mers, ma vie vous était et devait encore vous être utile. Je ne permis pas que le grand nombre de citoyens qui voulaient m'accompagner partageassent mon sort : je crus leur présence utile à la France, et je n'emmenai avec moi qu'une poignée de braves nécessaires à ma garde.

» Élevé au trône par votre choix, tout ce qui a été fait sans vous est illégitime. Depuis vingt-cinq ans, la France a de nouveaux intérêts, de nouvelles institutions, une nouvelle gloire, qui ne peuvent être garantis que par un gouvernement national et par une dynastie née dans ces nouvelles circonstances. Un prince qui régnerait sur vous, qui serait assis sur mon trône par la force des mêmes armées qui ont ravagé notre territoire, chercherait en vain à s'étayer des principes du droit féodal : il ne pourrait assurer l'honneur et les droits que d'un petit nombre d'individus ennemis du peuple, qui depuis vingt-cinq ans les a condamnés dans toutes nos assemblées nationales. Votre tranquillité intérieure et votre considération extérieure seraient perdues à jamais.

» Français! dans mon exil j'ai entendu vos plaintes et vos vœux : vous réclamez ce gouvernement de votre choix, qui seul est légitime; vous accusiez mon long sommeil; vous me reprochiez de sacrifier à mon repos les grands intérêts de la patrie.

» J'ai traversé les mers au milieu des périls de toute espèce; j'arrive parmi vous reprendre mes droits qui sont les vôtres. Tout ce que des individus ont fait, écrit ou dit depuis la prise de Paris, je l'ignorerai toujours : cela n'influera en rien sur le souvenir que je conserve des services importants qu'ils ont rendus; car il est des événements d'une telle nature qu'ils sont au-dessus de l'organisation humaine.

» Français! il n'est aucune nation, quelque petite qu'elle soit, qui n'ait eu le droit de se soustraire et ne se soit soustraite au déshonneur d'obéir à un prince imposé par un ennemi momentanément victorieux. Lorsque Charles VII rentra dans Paris et renversa le trône éphémère de Henri VI, il reconnut tenir son trône de la vaillance de ses braves, et non du prince régent d'Angleterre. C'est aussi à vous seuls et aux braves de l'armée que je fais et ferai toujours gloire de tout devoir.

» Signé : NAPOLÉON. »

Son accent et sa physionomie en dictant ces adjurations au peuple se conformaient aux paroles. Il avait le regard, le geste, le ton de l'indignation contre les oppresseurs de la liberté et de l'égalité. On eût dit qu'il répétait devant ses généraux et ses secrétaires les scènes populaires qu'il voulait jouer sur le continent.

XIX

Ce travail occupa une partie de la nuit. Les deux proclamations à peine dictées, on demanda sur le pont parmi les marins et les grenadiers les hommes qui savaient écrire. Des centaines de mains furent occupées à en faire des milliers de copies pour qu'elles fussent prêtes à être distribuées à profusion au peuple au moment du débarquement.

Le vent était tombé avec la nuit. Au lever du jour la flottille n'était qu'à six lieues de l'île d'Elbe, doublant lentement le cap Saint-André. Le calme irritait Napoléon, qui implorait le vent du matin pour le jeter à la côte de France. La petite île déserte de Capraïa, séjour des chevriers de Piombino, semblait retenir le brick. On apercevait à distance une ou deux voiles. Toutes étaient suspectes à un captif qui avait le monde pour surveillant et pour ennemi.

Les officiers de marine proposèrent de virer de bord pour retourner à Porto-Ferrajo et attendre un meilleur vent. L'empereur refusa, et fit jeter à la mer les équipements de sa petite armée pour alléger les bâtiments et les rendre plus sensibles à la brise.

Le vent solaire s'éleva un peu vers midi et porta la flotte à la hauteur de Livourne. Une frégate apparut sous le vent et disparut. Un brick de guerre français, *le Zéphyr*, commandé par le capitaine Andrieux, arrivait à pleines voiles sur la ligne de la flottille. Les grenadiers, sûrs d'entraîner ou de vaincre, conjurèrent l'empereur d'aborder le bâtiment français, de lui faire arborer le drapeau tricolore et d'en grossir l'expédition. Il ne voulut pas risquer tout l'avenir de son entreprise et tout le secret de son expédition contre un succès insignifiant et puéril. Il ordonna aux grenadiers de descendre sous le pont, de se cacher, et de garder le silence. A six heures, les deux bricks étaient à portée de la voix, se croisant sur la mer. Les deux commandants, qui se connaissaient, échangèrent quelques paroles à l'aide de leurs porte-voix. Le capitaine Andrieux, sans soupçon, demanda des nouvelles de l'empereur. L'empereur, accoudé à côté de l'officier qui commandait l'*Inconstant*, prit le porte-voix de ses mains et répondit qu'il se portait bien. La route opposée éloigna bientôt les deux bricks l'un de l'autre. Le vent fraîchit jusqu'au matin. A l'aurore on vit un vaisseau de soixante-quatorze canons qui cinglait vers la flotte. L'inquiétude reprit les équipages. Mais les voiles du vaisseau disparurent comme un nuage sur la mer. Il n'avait pas daigné s'informer de ces sept petites voiles marchandes, éparses sur l'horizon. La sérénité revint avec l'horizon libre. L'empereur rassembla de nouveau les généraux sur le pont, et leur dit : « Parlez maintenant vous-mêmes à vos compagnons de gloire! Allons, Bertrand, prenez la plume et écrivez votre propre appel à vos frères d'armes! » Bertrand s'excusa sur son inaptitude à trouver des expressions à la hauteur de la circonstance. « Eh bien! écrivez, dit Napoléon, je vais parler pour vous tous. »

Et il dicta la proclamation de la garde à l'armée :

« Soldats! la générale bat, et nous marchons : courez aux armes, venez nous joindre, joindre votre empereur et vos aigles.

» Et si ces hommes aujourd'hui si arrogants et qui ont toujours fui à l'aspect de nos armes osent nous attendre, quelle plus belle occasion de verser notre sang et de chanter l'hymne de la victoire !

» Soldats des septième, huitième et dix-neuvième divisions militaires; garnisons d'Antibes, de Toulon, de Marseille; officiers en retraite, vétérans de nos armées, vous êtes appelés à l'honneur de donner le premier exemple. Venez avec nous conquérir le trône, palladium de nos droits, et que la postérité puisse dire un jour : « Les étran-
» gers, secondés par des traîtres, avaient imposé un joug
» honteux à la France, les braves se sont levés, et les en-
» nemis du peuple, de l'armée ont disparu et sont rentrés
» dans le néant. »

Cette adresse fut copiée comme les précédentes par tous les équipages. Chaque soldat en reçut plusieurs copies pour les distribuer sur la route aux régiments français.

XX

Les côtes d'Antibes apparurent à la proue des navires. Un cri unanime les salua : « Vive la France ! vivent les Français ! » s'écrièrent matelots et soldats en élevant leurs bonnets et leurs chapeaux en l'air, comme si ces gestes et ces voix eussent été vus et répondues par l'horizon. « Reprenons la cocarde tricolore, dit l'empereur, afin que la patrie nous reconnaisse ! » La cocarde de l'île d'Elbe, blanche et amarante, parsemée d'abeilles, fut arrachée et jetée à la mer. Chaque soldat replaça à son bonnet à poil la cocarde tricolore qu'il avait conservée comme la relique des camps. Une nuit paisible recouvrit bientôt les yeux sans sommeil. Au crépuscule du matin du 1ᵉʳ mars, la flottille, rapprochée de terre par une brise d'ouest, entrait à pleines voiles dans le golfe Juan. Napoléon, superstitieux comme tous les hommes qui ont éprouvé les miracles de la destinée, attachait une pensée à cette terre. C'était la plage qui l'avait reçu à son retour furtif et triomphal d'Égypte : elle l'avait porté au trône, elle devait, disait-il, l'y reporter plus vite et plus sûrement. Sa destinée avait moins à faire. Elle savait la route, elle revenait sur ses propres traces. Elle y touchait le soir.

XXI

La felouque qui portait le général Drouot devançait la flottille d'une demi-heure. Elle jeta l'ancre la première sur une plage déserte et silencieuse. Drouot et ses soldats furent portés à terre par les chaloupes de la felouque. Le jour n'éclairait encore qu'à demi la terre et la mer. Les soldats de Drouot, débarqués et ne sachant s'ils étaient suivis de près par les autres navires et par le brick, eurent un mouvement de terreur en voyant l'ombre de l'*Inconstant* grossie par la brume s'avancer vers la plage. Ils crurent à une surprise ou à une embûche de mer. Ils prirent le brick pour un vaisseau de guerre qui venait intercepter la côte à l'empereur. Ils s'élancèrent de nouveau sur la felouque pour aller au secours de leur général. Au moment où ils déployaient leurs voiles, l'empereur lui-même sur la proue du brick les rassura et les salua. L'ancre fut jetée. L'empereur fit descendre ses troupes sans obstacle et toucha lui-même à cinq heures le sol de la France, porté sur les bras de ses grenadiers et reçu par leurs acclamations. Son bivouac avait été établi à quelque distance de la plage, sous un bois d'oliviers. « Voilà un heureux présage, dit-il en montrant ces arbres de paix, il se réalisera ! »

XXII

A l'aspect de ces voiles, au bruit de ce débarquement, à l'écho de ces acclamations, à la vue de ces uniformes chers au souvenir du peuple, quelques rares chaumières des environs s'ouvrirent, et des paysans étonnés et indécis s'approchèrent timidement du camp de Napoléon. Les soldats leur tendirent les bras, leur montrant du geste l'empereur et les invitant à fraterniser avec eux. Les paysans montrèrent plus d'hésitation et de terreur que d'enthousiasme. Un seul d'entre eux, ancien militaire, aborda l'empereur et lui demanda de se joindre à son bataillon. « C'est le premier, dit Napoléon à ses officiers; ils suivront tous, leur cœur est à moi! » Cependant, bien qu'il affectât la confiance, il était évidemment ébranlé par la lenteur et par l'indécision du peuple de cette côte à l'entourer. Il était en France, et il restait plus isolé qu'à l'île d'Elbe.

Il fit appeler un officier de la ligne, et lui ordonna de se porter à la tête d'un détachement de vingt-cinq hommes sur la ville d'Antibes, voisine de la plage où il était descendu, d'y faire appel à la garnison et au peuple au nom de l'empereur, d'y déployer le drapeau tricolore et d'entraîner avec lui les soldats. L'officier partit plein de confiance.

XXIII

Mais le bruit de la descente de Napoléon sur la plage avec une poignée d'hommes avait déjà été apporté par des paysans royalistes au général Corsin, commandant de la ville. Sans hésiter entre ses souvenirs et ses devoirs, le général Corsin prit ses mesures pour séquestrer ses troupes de tout contact avec les émissaires de Napoléon. Le détachement envoyé par l'empereur, au lieu de se borner à parlementer au pied des murailles, entra témérairement dans la ville aux cris de : « Vive l'empereur ! » Ces cris ne trouvèrent pour écho que le cri de : « Vive le roi ! » dans le peuple, le silence et la froideur dans la garnison. Le général Corsin fit relever précipitamment le pont-levis derrière le détachement. L'officier et le détachement furent retenus prisonniers dans la ville. Napoléon commençait son entreprise par un revers : il échouait contre ses propres soldats. Ce n'était pas là l'enthousiasme insurrectionnel dont ses émissaires de Paris l'avaient flatté. Mais il n'était plus temps de réfléchir. Il fallait s'avouer vaincu, ou avancer.

Cependant ses propres soldats murmuraient et rougissaient de laisser leurs camarades compromis, prisonniers et peut-être suppliciés dans la première ville dont il avait tenté la fidélité. Ils demandaient à grands cris d'aller les délivrer en donnant l'assaut à Antibes. Napoléon, qui sentait le prix du temps et qui ne voulait pas perdre des heures ou des jours aux portes d'une ville dont l'occupation n'aurait aucune influence sur le sort de son entreprise, calma leur impatience en envoyant par un second officier un message au général Corsin. L'officier avait ordre de ne pas entrer dans la ville, et de se borner à entrer en pourparlers avec la garnison. « Dites-leur, recommanda-t-il à son émissaire, que je suis ici, que la France me rappelle! que les garnisons de Lyon et de Grenoble accourent au pas de charge au-devant de moi, que je les somme de venir se ranger sous mes aigles! »

L'officier partit et revint sans avoir pu exécuter son ordre. Les portes étaient fermées, les remparts déserts. La France se repliait devant Napoléon. Il feignit l'indifférence sur un symptôme dont il était intérieurement consterné, e il voulut regagner sur le temps ce que l'impopularité de son nom lui avait fait perdre de succès à son premier pas. Il fit rafraîchir ses troupes, leva son camp, et se mit en marche à onze heures du soir avec quatre pièces d'artillerie. Les Polonais de sa garde, presque tous démontés, portaient sur leurs épaules leurs selles et leur équipement. A mesure que Napoléon trouvait un cheval sur sa route, il l'achetait pour remonter sa cavalerie.

Pour éviter le cœur de la Provence et les grandes villes de Toulon, de Marseille, d'Aix, d'Avignon, dont il connaissait l'attachement aux Bourbons, et dont il avait éprouvé l'animosité contre lui dans sa route vers son exil, il se détermina à suivre le flanc des montagnes de la rive gauche du Rhône. Il espérait ainsi arriver à Grenoble et à Lyon avant que le maréchal Masséna, qui commandait dans le Midi, pût lui fermer le passage ou l'atteindre. Il arriva au point du jour à Cannes, de là à Grasse, et coucha le soir au village de Cernon, distant de vingt lieues de la plage. Les populations qu'il avait traversées avaient témoigné partout plus de surprise que d'entraînement vers lui.

Le 3 il fit halte à Barême, le 4 à Digne, le 5 à Gap. Ces populations belliqueuses des montagnes commencèrent à s'émouvoir à son nom. Il fit camper sa petite armée hors de la ville, et ne garda autour de lui, pour sa sûreté, que six Polonais à cheval et quarante grenadiers. Il fit imprimer pendant la nuit les proclamations qu'il avait dictées en mer. Il lui suffit de les faire jeter au peuple de Gap pour qu'elles se répandissent de proche en proche sur sa route et dans les campagnes voisines. Les magistrats de Gap, ville désarmée, s'étaient retirés devant lui. Le maire seul de la ville et quelques conseillers municipaux se mirent en rapport avec sa troupe pour lui procurer des vivres, mais s'abstinrent sévèrement de toute manifestation d'enthousiasme ou même d'accueil. Il essaya de tromper les habitants du Dauphiné par l'expression d'une reconnaissance qu'il n'éprouvait pas. « Citoyens, disait cette proclamation, j'ai été vivement touché de tous les sentiments que vous m'avez témoignés. Vous avez raison de m'appeler votre père. Je ne vis que pour l'honneur et le bonheur de la France. Mon retour dissipe vos inquiétudes. Il garantit la conservation de toutes les propriétés, l'égalité entre toutes les classes; ces droits dont vous jouissiez depuis vingt-cinq ans, et après lesquels vos pères ont tant soupiré, forment aujourd'hui une partie de votre existence. » Le 6, à deux heures après midi, il quitta Gap au milieu du concours d'une population plus curieuse qu'empressée. Il n'avait pas recruté encore en cinq jours de marche un seul homme. Le peuple accourait, regardait, s'étonnait, mais ne suivait pas. Chacun semblait sentir que Napoléon affrontait un hasard, et qu'il y avait peut-être plus de témérité que de génie dans son entreprise.

Il s'arrêta le même jour à Corps. Le général Cambronne alla occuper à la tête d'une avant-garde de quarante hommes le village de la Mure. Le maire de Sisteron refusa des vivres : les habitants les fournirent d'eux-mêmes. Ils offrirent un drapeau tricolore à l'avant-garde de Cambronne. A quelque distance de la ville, le général se trouva en face d'un bataillon venu de Grenoble pour fermer le passage à l'empereur. Cambronne voulut en vain parlementer : on ne l'écouta pas. Il se replia et envoya un de ses aides de camp informer Napoléon de cet obstacle. Napoléon rallia ses troupes harassées par une longue marche dans la neige et sur les rochers des Basses-Alpes. Le danger rendit l'élan à ses soldats : à leur approche le bataillon du 5ᵉ de ligne et les deux compagnies de sapeurs qui s'étaient opposés au passage de Cambronne se replièrent de trois lieues sur un corps d'armée de six mille hommes détaché de Chambéry. Ce bataillon fit halte en avant de Vizille, à l'entrée d'un défilé resserré entre les montagnes et un lac. Napoléon s'arrêta et passa la nuit à la Mure. Il ne dormit pas. Le contact et le choc qui devait avoir lieu le lendemain entre sa petite armée et l'armée royale allait décider de son existence. Il affecta néanmoins en quittant la Mure cette assurance qui est l'augure du succès sur le front du chef. Le succès était pour lui à Grenoble. Une armée lui en disputait la route. Rétrograder de Vizille était rétrograder d'un empire. Le conquérant n'était plus qu'un chef de bandes aventurières, obligé de fuir vers les Alpes pour demander un asile à leurs neiges et à leurs rochers. Il n'avait pas abandonné au seul hasard la décision de cette marche sur Grenoble : des complices affidés, rares mais importants, travaillaient de leur côté à lui en faciliter l'accès et à lui en ouvrir les portes.

XXIV

Il avait envoyé de la plage d'Antibes à Grenoble son chirurgien Émery chargé de lettres et d'instructions. Émery avait ordre de s'y rendre par les chemins les plus courts et les moins suspects, et de donner avis de la marche de l'empereur à un jeune homme de cette ville nommé Dumoulin. Dumoulin était un fanatique de gloire militaire et de patriotisme plébéien, intrépide, actif, intelligent, prêt à tout pour relever dans l'empereur l'idole de son imagination ; un de ces caractères enfin tels que la fortune en donne toujours au génie des révolutions pour préparer la route aux audaces plus calculées de ceux qui les entreprennent. Le zèle désintéressé dévorait Dumoulin ; le tourbillon qu'il aimait à soulever l'emportait lui-même ; il avait la discrétion du conjuré, la ruse du négociateur, la fougue du séide. Dès le mois d'octobre 1814, il avait été trouver Bonaparte à Porto-Ferrajo, lui avait fait pressentir dans son dévouement enthousiaste celui des habitants de Grenoble, et lui avait offert son bras et sa fortune. « Nous nous reverrons, » lui avait répondu l'empereur en le congédiant. On le vit trente ans après et touchant à la vieillesse, rajeuni par ses souvenirs de Grenoble, se jeter au premier rang du peuple le 24 février 1848, et monter à la tribune comme à un assaut pour faire passer encore l'empire par la brèche de la république.

XXV·

Émery avait aussi des lettres pour Maret et pour Labédoyère, jeune colonel dont le régiment était à Grenoble, et que des correspondances plus certaines que le hasard désignaient apparemment à l'empereur comme un homme dont le cœur au moins était complice de ses desseins.

L'empereur en sortant de la Mure composa son avantgarde de cent hommes d'élite pris dans cette élite toujours sous les ordres de Cambronne. Cambronne en s'avançant vers un pont à quelque distance de la Mure se trouva en face d'un nouveau bataillon. Le parlementaire qu'il envoya avec des signes de paix fut repoussé. L'empereur averti dépêcha de nouveau un de ses officiers, le chef d'escadron Raoul, pour aborder le bataillon qui refusait d'ouvrir la route. Raoul, menacé du feu du bataillon, revint sans avoir fait entendre sa voix. Napoléon sentit que c'était l'heure de tenter son propre ascendant sur les yeux de ses anciens soldats. Il fendit sa colonne en lui ordonnant de faire halte, et s'avança au petit pas de son cheval, presque seul, en avant de son armée. Les paysans répandus dans les champs ou faisant la haie sur les deux bords de la route, semblaient rester neutres entre les deux causes, regardant seulement avec l'indifférente curiosité du peuple le combat d'audace dont le peuple lui-même est le prix. Quelques cris rares de : « Vive l'empereur ! » s'élevaient çà et là des groupes populaires. Quelques encouragements à voix basse disaient à Napoléon de tout oser. C'était une de ces minutes solennelles où un peuple semble retenir sa respiration pour ne pas troubler de son souffle l'arrêt indécis du destin qui va se prononcer, et où le plateau de la balance, prêt à pencher pour une des deux causes, va entraîner le monde entier sous le léger poids du moindre hasard. Un cri peut faire éclater une nation, un silence repousser une audace, une balle partie par hasard du fusil d'un soldat peut briser une entreprise avec la vie d'un grand homme dans la poitrine qui l'a conçue.

Telle était en ce moment la situation muette et suspendue des deux armées, de Napoléon et du peuple.

XXVI

Napoléon à ce moment suprême fut égal à son dessein. L'homme si faible au 18 brumaire, reculant déconcerté et presque évanoui dans les bras de ses grenadiers, l'homme si perplexe à Fontainebleau devant l'insolence de ses maréchaux révoltés, l'homme si renversé et si subjugué depuis à l'Élysée par la pression de quelques législateurs et de quelques traîtres, fut sans effort et sans jactance un héros de sang-froid devant les baïonnettes du 5ᵉ régiment. Soit qu'il eût la certitude, donnée par ses complices de Grenoble, que les cœurs battaient pour lui dans ce bataillon, soit que l'habitude des armes sur le champ de bataille l'eût exercé à moins redouter la mort par le feu que par le fer, soit que son âme eût depuis l'île d'Elbe concentré toutes ses forces en prévision de cet instant suprême, et qu'il eût jugé que son dessein valait bien une vie, il n'hésita pas. Il ne pressa ni ne ralentit sa marche. Il s'approcha jusqu'à cent pas du front des baïonnettes qui formait muraille devant lui sur la route. Il descendit de son cheval, en remit les rênes à un de ses Polonais, croisa ses bras sur sa poitrine, et s'avança d'un pas mesuré comme un homme qui marche au supplice. C'était le fantôme de l'imagination du peuple et de l'armée apparaissant tout à coup et comme sortant du tombeau entre les deux Frances. Il portait le costume sous lequel les souvenirs, les légendes, les tableaux l'avaient gravé dans tous les regards, le chapeau militaire, l'uniforme vert des chasseurs de la garde, la redingote de drap couleur de poussière, ouverte et flottante sur son habit, les bottes hautes et les éperons sonnant sur la terre ; son attitude était celle de la réflexion que rien ne distrait et du commandement paisible qui ne doute pas d'être obéi. Il descendait une pente de la route inclinée vers le régiment qu'il allait aborder. Aucun groupe, ni devant lui, ni à côté, ni derrière, n'empêchait de le voir dans son prestigieux isolement. Sa figure se dessinait seule et vive sur le fond de la grande route et sur le bleu du ciel. Frapper un tel homme, pour les soldats qui reconnaissaient en lui leur ancienne idole, ce n'était plus combattre, c'était assassiner. Napoléon avait calculé de loin ce défi de la gloire à l'humanité et au cœur du soldat français. Il ne s'était pas trompé, mais il fallait être un profond génie pour le tenter et Napoléon pour l'accomplir. Les grenadiers, à une grande distance de lui, tenaient les canons de leurs fusils sous le bras et renversés vers la terre en signe de paix.

XXVII

Le chef de bataillon du 5ᵉ régiment, faisant peut-être violence à son sentiment pour son devoir, ou connaissant d'avance la résolution de ses soldats de ne pas frapper leur empereur, et ne voulant qu'intimider l'armée de Napoléon par le geste littéral de la discipline, commanda le feu à son bataillon. Les soldats parurent obéir et couchèrent en joue Napoléon. Mais lui, sans s'arrêter et sans s'émouvoir, s'avança jusqu'à dix pas du front des armes dirigées sur sa poitrine, et élevant cette voix retentissante, prestige de plus, qui commandait les manœuvres sur les champs de revue ou de bataille : « Soldats du 5ᵉ de ligne, dit-il lentement en découvrant sa poitrine et en présentant tout son buste au feu, s'il en est un seul parmi vous qui veuille tuer son empereur, il le peut ! Me voilà ! »

XXVIII

Nul ne répondit. Tout resta immobile et silencieux. Les soldats n'avaient pas chargé leurs armes ! Ils se craignaient eux-mêmes. Ils avaient fait le geste de l'obéissance et de la fidélité à la discipline, ils croyaient le devoir accompli. Le cœur pouvait maintenant éclater.

Il éclata seul. Un premier frémissement de sentiment se fit entendre dans le bataillon, quelques armes s'abaissèrent d'elles-mêmes dans les mains des soldats, puis un plus grand nombre, puis toutes. Quelques officiers s'éloignèrent et reprirent la route de Grenoble pour ne pas être entraînés par l'émotion de leurs compagnies, d'autres s'essuyèrent les yeux, et, entraînés par leurs soldats, remirent leur épée dans le fourreau. Un cri de : « Vive l'empereur ! » jaillit du bataillon, répondu par le cri de : « Vive le 5ᵉ de ligne ! » poussé de loin par les grenadiers de la garde. Les rangs se rompirent, les soldats se précipitèrent avec le peuple autour de l'empereur, qui leur ouvrit ses bras ; ses propres soldats accoururent et se mêlèrent dans une seule acclamation et dans un seul groupe avec ceux du 5ᵉ. Ce fut la mêlée des deux Frances s'embrassant dans la gloire, la sédition involontaire des cœurs. Napoléon avait vaincu en se désarmant. Son nom avait seul combattu. De ce moment la France était reconquise, l'épreuve était faite, l'exemple était donné. De loin, on serait fidèle au devoir ; de près, on passerait à l'enthousiasme. L'exemple du 5ᵉ régiment valait pour l'empereur la défection de dix armées.

XXIX

Un aide de camp du général Marchand, commandant à Grenoble, protestait seul avec intrépidité contre cette défection, et cherchait à ramener avec lui au devoir les soldats. Quelques Polonais de la garde de l'empereur, qui remplaçaient auprès de sa personne et qui égalaient en fanatisme les mameluks ramenés par lui d'Égypte, galopèrent sur les pas de cet aide de camp pour le punir de sa fidélité au devoir. Il leur échappa. L'empereur grondant familièrement les soldats du 5ᵉ d'avoir visé sa poitrine, ils répondirent en souriant et en faisant sonner les baguettes de leurs fusils dans les canons.

On fit le cercle, l'empereur harangua les troupes. « Je viens, dit-il, avec une poignée de braves, parce que je compte sur le peuple et sur vous. Le trône des Bourbons est illégitime, puisqu'il n'a pas été élevé par la nation : il est contraire à la volonté nationale, puisqu'il est contraire aux intérêts de notre pays et qu'il n'existe que dans l'intérêt d'un petit nombre de familles. Demandez à vos pères, interrogez ces braves paysans; vous apprendrez de leur bouche la véritable situation des choses. Ils sont menacés du retour des dîmes, des priviléges, des droits féodaux et de tous les abus dont vos succès les avaient délivrés. »

XXX

Les deux colonnes réunies reprirent la route de Grenoble, le 5ᵉ régiment servant d'avant-garde aux grenadiers de Napoléon, la défection accomplie se donnant ainsi en exemple à la défection prochaine. Un chef d'escadron nommé Rey, envoyé par les conjurés de Grenoble à Napoléon, rencontra l'empereur à quelques pas de la Mure. Il le rassura complétement sur l'armée de Chambéry et sur l'armée de Grenoble, que Soult avait concentrée devant lui. « Vous n'avez pas besoin d'armes, votre fouet suffira, dit l'émissaire, pour chasser devant vous toute résistance : le cœur des troupes est partout à vous. »

Napoléon, en se présentant au nom de la Révolution, était bien sûr de faire battre aussi le cœur du peuple dans ce groupe des montagnes du Dauphiné d'où la Révolution était sortie en 1789. Vizille, une des premières bouches de ce volcan de la liberté et de l'égalité, l'attendait comme une restauration du peuple. Il y entra en triomphateur au milieu des populations rurales ivres de son nom. Elles oubliaient sa longue tyrannie pour emprunter son bras contre la Restauration, se réservant de l'enchaîner ensuite. Napoléon acceptait comme un secours provisoire à sa cause, mais de mauvaise grâce, ces acclamations où le nom de révolution se mêlait pour la première fois au sien. De Vizille, une avant-garde de peuple précéda l'empereur autour des murs de Grenoble. Les cris et les émotions de cette foule pénétraient dans la ville et dans les casernes, et corrompaient d'avance la fidélité des troupes. L'adjudant du 7ᵉ régiment, commandé par Labédoyère, aborda Napoléon pendant la halte à Vizille, et lui annonça que ce colonel était sorti de Grenoble, à la tête de son régiment, non pour le combattre, mais pour le renforcer.

XXXI

L'empereur ne voulut pas laisser refroidir cette flamme de l'enthousiasme qui le devançait et qui dévorait tout sur son passage. A la nuit tombante, il se remit en marche sur Grenoble. Il comptait sur la nuit et sur la confusion pour faire éclater la ville. Elle échappait déjà au général Marchand qui y commandait.

Six mille hommes s'y trouvaient réunis dans une enceinte fortifiée qui commande la vallée de Chambéry et de Lyon, le passage du Rhône, et que l'empereur ne pouvait laisser impunément derrière lui sans s'exposer à être poursuivi et écrasé pendant qu'il aborderait Lyon. Les clefs de Grenoble étaient les clefs de la France. Vienne, Valence, Chambéry, venaient d'y concentrer leurs forces. Mais ces forces, démoralisées par le bruit de la défection du 5e de ligne à la Mure et par l'esprit du Dauphiné, n'offraient aucun appui solide aux autorités royales. Le cri de : « Vive l'empereur ! » retentissait depuis le matin dans les rues et commençait à sortir des casernes. Le peuple faisait jurer aux soldats qu'ils ne tireraient pas sur leurs frères. Les officiers seuls, résistant par l'honneur à l'entraînement, voulaient retenir leurs troupes. Au milieu du jour elles ne leur laissaient déjà plus d'autre espoir que celui de les éloigner de la contagion. Le 4e régiment fut emmené par son colonel sur la route de Chambéry. Labédoyère entraîna le sien sur la route de Vizille. Soit qu'il eût préparé de loin sa défection, soit que la conspiration muette de ses soldats eût pressenti l'événement, les cocardes tricolores étaient cachées sur les poitrines et dans les tambours.

Entre Grenoble et Vizille, l'empereur entendit une grande rumeur à son avant-garde et de longues acclamations éclater dans la nuit. C'était le peuple des campagnes voisines de Grenoble qui faisait cortége au régiment de Labédoyère entraînant et entraîné. Des torches éclairaient cette scène. Le jeune colonel se précipita dans les bras de l'empereur en lui offrant son bras et son régiment. Puis, comme s'il eût senti d'avance le remords de son élan et le reproche intérieur de sa faute, il voulut la rendre au moins profitable à la liberté, et parla en homme qui fait ses conditions pour la patrie tout en la livrant à un maître. L'empereur, sans s'arrêter à l'impétuosité de ces paroles étranges à son oreille, accueillit Labédoyère en homme qui ne marchande pas les conditions de l'empire. On pardonne tout à un complice quand la toute-puissance est le prix de la complicité.

Dumoulin accourut quelques moments après et offrit à Napoléon cent mille francs et sa vie.

Prévenu confidentiellement du retour de Bonaparte, il avait envoyé un exprès au duc de Bassano à Paris avec des dépêches de l'empereur, imprimé clandestinement ses trois proclamations dictées en pleine mer, prévenu Labédoyère et conféré avec MM. Chanvion, Fournier, Renaud, Boissonnet, Béranger et Champollion-Figeac, propagateurs actifs de l'enthousiasme qui se réveillait à Grenoble. Napoléon lui donna un brevet de capitaine, le décora lui-même de la croix de la Légion d'honneur, et dans la nuit de son arrivée à Grenoble l'admit à une conversation familière dans laquelle celui qui allait remonter pour la seconde fois sur le trône s'entretint avec M. Champollion-Figeac de ses souvenirs d'Égypte et des quatorze dynasties qui dormaient sous les pyramides.

XXXII

Déjà les torches qui éclairaient la marche de l'armée et son triomphe nocturne s'apercevaient du haut des remparts de Grenoble, et les clameurs de cette multitude armée et désarmée arrivaient jusqu'aux oreilles du préfet et du général. Le général n'avait plus pour défendre la ville que les murs et les portes : il les avait fait fermer. Napoléon était résolu à ne les faire enfoncer que par la pression de la multitude dont il était environné. Quelques bataillons fidèles encore, mais hésitants et immobiles, étaient en bataille sur les remparts. Les chants patriotiques, les provocations du peuple et de leurs camarades du 7ᵉ et du 5ᵉ régiment, les adjurations de Labédoyère et de Dumoulin, montaient jusqu'à eux. Les clefs des portes avaient été portées chez le général. Le peuple du dedans répondait au peuple du dehors par des cris d'impatience et par des encouragements à briser ces portes. Les grenadiers de l'île d'Elbe étaient l'arme au bras sous les murs. Les sapeurs de Labédoyère s'avancent pour les faire sauter. L'empereur les arrête : il ne voulait pas qu'une violence matérielle imprimât à sa victoire l'apparence et l'odieux d'un siége. Le peuple de la ville entendit cet appel, brisa lui-même les portes, et en porta en hommage les ferrures et les débris aux pieds de Napoléon.

Il entra aux flambeaux par cette brèche volontaire dans la ville, pendant que le général Marchand et les autorités royales en sortaient dans les ténèbres et dans la consternation par la porte de Lyon. Des flots de peuple le portèrent à son logement dans une hôtellerie de la ville tenue par un des vétérans de son armée. La nuit tout entière ne fut qu'une longue acclamation sous ses fenêtres. Le peuple et les soldats, confondus dans une même faute et dans un même délire, fraternisèrent jusqu'à l'aurore dans des banquets et dans des embrassades.

XXXIII

« Tout est maintenant décidé ! s'écria Napoléon en reposant pour la première fois son esprit depuis son débarquement de l'île d'Elbe, nous sommes à Paris ! »

Grenoble, en effet, pourvu de l'immense matériel d'une armée, communiquant avec Chambéry, où la même défection travaillait huit mille hommes de troupes rassemblés contre Murat, adossé à la Savoie et à l'Italie, défendu de la Provence par des défilés faciles à refermer derrière lui, voisin de Lyon et des départements de la Loire et de l'Est, où sa cause se recruterait au besoin dans des populations toutes martiales, était une base d'opérations faite pour la guerre civile, redoutable à l'armée que les Bourbons pouvaient réunir à Lyon. Tous les hasards de l'entreprise étaient traversés. Il ne restait rien à faire qu'à la politique et au génie des armes. Il le possédait assez pour lutter avec supériorité contre tous les généraux formés sous lui que le roi opposerait à sa marche.

Il se livra à loisir à ces perspectives et fit reposer vingt-quatre heures son armée à Grenoble. Il reçut le lendemain toutes les autorités et tous les membres des corps constitués de la ville et des environs, qui, par soumission, par sympathie ou par terreur, vinrent saluer en lui le vainqueur. Il passa en revue les troupes de la garnison, et, les ralliant à sa propre armée, il les lança le soir même en avant-garde sur la route de Lyon. Leur défection était un exemple qu'il voulait faire marcher devant lui pour qu'elle enlevât d'avance tout courage et tout prétexte à la résistance. Le bruit de la Provence traversée et de la chute de Grenoble devait ébranler Lyon. Lyon soumis, la route de Paris s'ouvrait devant ses pas.

Il sortit de Grenoble comme il y était entré, entouré de son bataillon sacré de l'île d'Elbe, et pressé par les flots d'une multitude qui lui aplanissait le chemin. Les paysans de cette partie du Dauphiné, peuple mobile, enthousiaste, guerrier, voisin des frontières, amoureux du soldat, se laissaient enfin entraîner à ce courant d'armes qui portait l'empereur vers Lyon. Il coucha dans la petite ville de Bourgoing, à moitié chemin de Grenoble et de Lyon. Bourgoing, sa large place et la campagne voisine offrirent toute la nuit le spectacle, le tumulte, les feux, les chants d'un bivouac de peuple et de soldats ivres de ramener leur idole et de l'imposer à la patrie. La sédition se révélait sous la discipline. L'empereur, témoin de ce spectacle, rougissait d'une ovation qui coûtait tant à sa dignité et à la moralité de l'armée ; mais il avait besoin de cette ébullition dangereuse de la plèbe et des prétoriens. Il se proposait de la refréner ensuite. En attendant, il souriait à des familiarités de cette foule où la popularité atténuait le respect.

Lyon était devant ses yeux. C'était sur cette grande ville que le gouvernement avait concentré ses espérances et ses forces. Lyon devait dans sa pensée juger la cause et servir d'exemple à Paris. Si ses murs devenaient l'écueil de Napoléon, il n'avait d'autre ressource que de se replier sur les Alpes et de détourner son invasion sur l'Italie. L'Autriche l'y attendait, la France l'y suivrait. Les plaines de Marengo, berceau de sa puissance et de sa renommée, deviendraient le tombeau de son crime et de sa démence.

Remontons au jour où la descente inattendue de Napoléon sur la plage d'Antibes fut connue à Vienne et à Paris, et aux circonstances qui coïncidaient avec ce débarquement.

XXXIV

Louis XVIII fut le premier informé. Une dépêche du maréchal Masséna, qui commandait le Midi, apportée à Lyon par courrier et transmise à Paris par le télégraphe, annonçait que Bonaparte était débarqué le 1ᵉʳ mars près de Cannes avec douze cents hommes et quatre pièces de canon, qu'il avait suivi la route de Grenoble par le pied des montagnes, que toutes les mesures militaires étaient prises pour l'arrêter, que l'opinion était unanime contre cet attentat à main armée, et que la tranquillité publique régnait partout ailleurs que sur son passage.

Le roi lut sans témoigner ni dans les traits ni dans la voix la moindre émotion indigne du trône. Il fit appeler le maréchal Soult, ministre de la guerre. Soult, accoutumé à traiter la guerre en homme de métier et non en aventurier, ne put croire à la réalité d'une descente et d'une invasion appuyée seulement par une poignée d'hommes contre une armée et une nation : il se montra d'abord incrédule, puis confiant. Il répondit au roi de l'événement, quel qu'il fût. Le roi, plus défiant, plus politique, plus exercé aux péripéties étranges et soudaines de la destinée, montra autant de calme, mais plus de pénétration et de prévoyance. Il pressentit et dit au maréchal « que cette démence apparente d'un débarquement à forces si inégales à l'entreprise devait cacher un sous-entendu menaçant avec des complices dans l'armée et dans Paris, et que la première condition pour prévenir un pareil danger était d'y croire. »

Le conseil des ministres s'ouvrit. Le roi y fit appeler le comte d'Artois son frère et le duc de Berri. M. de Blacas et M. d'André traitèrent d'action folle l'entreprise de Napoléon. Ils allèrent jusqu'à féliciter le roi d'un attentat sans portée et sans éventualité de succès, impatience d'un ambitieux tombé, qui allait livrer enfin le conspirateur et sa cause au mépris de l'Europe et aux mains des Bourbons. Le cri public en ce moment s'élevait unanimement contre cette audace. La paix était récente et chère, un seul homme venait la troubler. Cet homme était traité dans les conversations en ennemi public. Le roi néanmoins persévéra à traiter sérieusement et vivement cette invasion de l'ennemi de sa race. Il fut décidé à l'instant que des troupes seraient concentrées sur Grenoble et sur Lyon, qu'un autre rassemblement serait formé dans la Franche-Comté pour fermer à Napoléon toutes les routes de Paris, qu'une troisième armée couvrirait le Midi, et que la Vendée, appelée aux armes, se lèverait tout entière sous le drapeau de son ancienne cause. Le comte d'Artois, comme héritier et principal intéressé au trône, reçut le commandement de l'armée principale à Lyon ; le duc de Berri, celui de l'armée de Franche-Comté ; le duc d'Angoulême, qui se trouvait à Bordeaux, le commandement d'un corps de douze mille hommes réunis à Nîmes, en prenant Napoléon en flanc et en queue s'il s'aventurait sur le Rhône ; enfin le duc de Bourbon, fils du prince de Condé, le commandement de la Bretagne. La présence de tous ces chefs de la dynastie des Bourbons à la tête des armées et au cœur des populations devait, selon le conseil des ministres, combattre toute pensée de défection des troupes, toute adhésion des populations incertaines aux bandes de l'empereur. Des généraux illustres et consommés étaient placés par le maréchal Soult sous les ordres de ces princes pour diriger leur inexpérience et pour montrer aux soldats l'exemple de la fidélité. Le maréchal Macdonald, l'homme du devoir pour Napoléon à Fontainebleau, l'homme du devoir contre Napoléon depuis qu'il avait prêté un autre serment, reçut ordre de commander à Lyon pour le comte d'Artois.

XXXV

Un seul prince restait à Paris, c'était le duc d'Orléans. Populaire par un vague renom d'opposition, caressant pour les généraux les plus fanatisés du bonapartisme, cherchant ou accueillant la faveur publique de toutes sources, ce prince, déjà suspect aux Bourbons de la famille couronnée, n'avait pas paru assez sûr pour qu'on lui confiât un commandement spécial de troupes. On craignait qu'il ne montrât ou trop de mollesse contre l'ennemi commun, ou trop de souvenirs des guerres de la république et du drapeau tricolore. Un homme plus pénétrant, M. de Vitrolles, sentit que ce prince serait aussi embarrassant à Paris en cas d'émotion de la capitale, que dangereux dans une armée à lui. Il réfléchit de plus qu'il était sage d'employer cette popularité suspecte dans l'intérêt de la cause commune, et de la compromettre du moins contre les partisans de Bonaparte en la faisant se caractériser contre lui. Cet avis de M. de Vitrolles fut adopté. Le duc d'Orléans reçut l'invitation d'accompagner le comte d'Artois à Lyon.

XXXVI.

Ce prince entrevit la défiance sous la confiance apparente qui l'éloignait de Paris et qui le subordonnait au comte d'Artois. Il reconnut le piége dans un commandement qui le plaçait en face de Napoléon, et qui l'obligeait à opter entre la faveur des bonapartistes et son devoir comme prince du sang. Il aurait voulu hésiter. Son rôle naturel et instinctif était de paraître le modérateur et l'intermédiaire des trois opinions qui se partageaient la France. Homme de l'armée avec les états-majors de Bonaparte, homme de liberté avec les républicains, homme de la légitimité monarchique avec les royalistes, il affectait trop ces faveurs secrètes des deux oppositions pour tout ignorer de ce qui se rattachait à son nom dans les éventualités des conspirations militaires et des perspectives républicaines. Il ne conspirait pas, mais il posait déjà pour les regards des futures révolutions. Irréprochable de fait, honnête de cœur, ambigu d'esprit, il comprit qu'il fallait se prononcer. Il se prononça pour le parti qui le sommait de plus près, pour le roi et pour sa famille. Il se rendit aux Tuileries, il insinua à Louis XVIII qu'il pourrait être plus utile à Paris ou à la tête d'une armée qu'à Lyon. Mais, s'apercevant que le parti de la cour était pris, il se dévoua avec un zèle sans restriction au rôle qui lui était imposé. Il s'ouvrit au roi, il lui révéla les insinuations déloyales que les partis hostiles à la maison régnante lui avaient adressées pour acheter par l'ambition du trône une complicité coupable. Il conseilla le roi avec la conviction désintéressée d'un prince qui se souvenait des fautes de son père, et qui ne séparerait jamais sa propre cause de la cause de la maison régnante et de la légitimité. Il partit quelques heures avant le comte d'Artois, mais il partit accompagné d'aides de camp et de généraux presque tous choisis dans les rangs des jeunes officiers de l'empire. Cet entourage contrastait avec celui du comte d'Artois et des princes de la maison royale. Les deux cours avaient dans cet état-major du duc d'Orléans, sinon des complicités, au moins des réserves.

Le comte d'Artois partit lui-même au milieu de la nuit, accompagné du maréchal Macdonald et du comte Charles de Damas, gentilhomme dévoué à toutes ses fortunes. Le prince ne doutait pas que l'enthousiasme royaliste dont l'atmosphère le pressait aux Tuileries depuis dix mois ne fît lever sous ses pas des armées de royalistes. C'est dans cette illusion qu'il arriva à Lyon. Le roi ne la partageait pas tout entière. Il sentit que c'était là une lutte entre l'esprit militaire et le patriotisme civil, et que pour combattre l'attraction de l'armée vers son ancien chef il ne lui fallait rien moins à lui-même que la nation. Malgré l'opposition de son conseil des ministres, qui craignait de donner trop de gravité à ce qu'on appelait une aventure et de compliquer la crise en y mêlant la tribune, le roi convoqua les chambres. C'était un acte légal et sage qui appelait le pays au secours de lui-même et qui doublait l'attentat de Bonaparte aux yeux du peuple en le montrant armé non-seulement contre le trône, mais contre la charte, la représentation du pays. Il rédigea de sa propre main la proclamation qui convoquait les pairs et les députés.

« Nous avions, disait le roi, ajourné les chambres au 1er mai. Pendant ce temps, nous nous attachions à préparer les objets dont elles devaient s'occuper. La marche du congrès de Vienne permettait de croire à l'établissement général d'une paix solide et durable, et nous nous livrions sans relâche à tous les travaux qui pouvaient assurer la tranquillité et le bonheur de nos peuples. Cette tranquillité est troublée : ce bonheur peut être compromis par la malveillance et la trahison. La promptitude et la sagesse des mesures que nous prenons confondront les coupables. Plein de confiance dans le zèle et le dévouement dont les chambres nous ont donné les preuves, nous nous empressons de les rappeler auprès de nous.

» Si les ennemis de la patrie ont fondé leur espoir sur les divisions qu'ils cherchent à fomenter, ses soutiens, ses défenseurs légaux renverseront ce criminel espoir par l'inattaquable force d'une union indestructible. »

Le maréchal Soult, ministre de la guerre, publia le lendemain un ordre énergique et en apparence irrévocable, dans lequel il poussait jusqu'à l'injure la réprobation de l'ancien lieutenant de Bonaparte contre son chef répudié et brisait pour jamais avec les souvenirs de sa première vie. Mais nous avons déjà vu comment ces épées pliaient sous toutes les causes. Le maréchal Soult était sincère alors dans ce dévouement aux Bourbons comme il devait être sincère quelques semaines plus tard dans son retour à l'empereur.

« Soldats, disait le héros de Toulouse et le dernier combattant de la cause de Napoléon, cet homme qui naguère abdiqua aux yeux de toute l'Europe un pouvoir usurpé dont il avait fait un si fatal usage, Bonaparte est descendu sur le sol français, qu'il ne devait plus revoir.

» Que veut-il? La guerre civile. Que cherche-t-il? Des traîtres. Où les trouvera-t-il? Serait-ce parmi les soldats qu'il a trompés et sacrifiés tant de fois en égarant leur bravoure? Serait-ce au sein de ces familles que son nom seul remplit encore d'effroi?

» Bonaparte nous méprise assez pour croire que nous pouvons abandonner un souverain légitime et bien-aimé pour partager le sort d'un homme qui n'est plus qu'un aventurier. Il le croit, l'insensé! Son dernier acte de démence achève de le faire connaître.

» Soldats! l'armée française est la plus brave armée de l'Europe : elle sera aussi la plus fidèle.

» Rallions-nous autour de la bannière des lis, à la voix de ce père du peuple, de ce digne héritier des vertus du grand Henri. Il vous a tracé lui-même les devoirs que vous avez à remplir. Il met à votre tête ce prince, modèle des chevaliers français, dont l'heureux retour dans notre patrie a chassé l'usurpateur, et qui aujourd'hui va par sa présence détruire son seul et dernier espoir.

» Paris, le 8 mars 1815.

» *Le ministre de la guerre,*
» Maréchal duc de Dalmatie. »

XXXVII

Cet ordre du jour ne suffit pas à calmer les soupçons des royalistes sur la sincérité du maréchal Soult. L'invraisemblance de ces sentiments envers son ancien chef était accrue à leurs yeux par l'exagération même des termes dans lesquels il exprimait sa colère.

Le maréchal Ney, élevé au commandement de l'armée de Franche-Comté, rivalisait d'indignation avec Soult. Les souvenirs récents des scènes de Fontainebleau, les sommations impatientes d'abdiquer adressées par lui à Napoléon vaincu, ses empressements à se précipiter des premiers dans la suite du comte d'Artois à Paris, dans la cour de Louis XVIII à Compiègne, les ressentiments qu'il supposait à Napoléon de ces promptitudes, l'indignation réelle aussi qu'il éprouvait d'un crime contre la patrie où la France pouvait périr, exaltaient jusqu'à l'outrage l'impatience de Ney contre Napoléon. Il parut au palais la veille du jour où il partait pour son armée, et en prenant congé du roi il lui promit la victoire; il promit au roi, en termes qui juraient avec sa longue amitié, « de lui ramener son ennemi vaincu et enchaîné à ses pieds. » Le roi le vit partir avec espérance. Tant de colère ne pouvait mentir. Le maréchal Ney ne mentait pas, en effet, en parlant ainsi. Si l'ingratitude était dans ses paroles, la trahison n'était pas dans son cœur, mais la faiblesse était dans sa nature et la défection dans sa destinée. Les princes et les peuples ne sauraient trop se défier de ces exaltations sanguines. Le sang-froid est le sceau des résolutions durables.

LIVRE DIX-SEPTIÈME

Stupeur générale à la nouvelle du retour de Napoléon. — Impressions diverses. — Intrigues bonapartistes à Paris et dans l'armée. — Défiances de la cour. — Renvoi du maréchal Soult du ministère de la guerre. — Nomination de Bourrienne au ministère de la police. — Intrigues de Fouché. — Son entrevue avec le comte d'Artois. — Conspiration orléaniste dans l'armée. — Drouet d'Erlon, Lefèvre-Desnouettes, les frères Lallemand. — Manifestations du parti constitutionnel. — La Fayette. — Adresses de la chambre des pairs et de la chambre des députés. — Manifeste et discours du roi. — Allocution du comte d'Artois à Louis XVIII. — Discours de M. Lainé. — Les chambres déclarent la guerre à Napoléon sur la proposition de M. Barrot. — Protestation de Benjamin Constant.

I

Cependant la nouvelle du débarquement de Bonaparte s'était répandue dans Paris et dans les provinces comme une confidence à voix basse et comme un murmure souterrain plutôt que comme un coup de foudre. Un grand silence s'était fait dans le pays. Aucun parti n'avait témoigné de joie, tous étaient dans la stupeur. L'armée elle-même, jetée par cet événement entre son inclination et son devoir, souffrait d'être forcée de se prononcer, ingrate si elle abandonnait Napoléon, parjure et parricide si elle lui livrait la patrie. Les fonctionnaires publics tremblaient de leur côté de se trouver placés entre le défaut et l'excès de zèle, suspects aux royalistes s'ils modéraient leur langage, proscrits peut-être par Napoléon s'ils l'exagéraient. La noblesse, la bourgeoisie, les classes mercantiles et agricoles, qui recommençaient à se reposer de leur ruine par la paix, frémissaient d'une convulsion nouvelle de l'Europe qui ramènerait la guerre sur leurs familles et sur leurs sillons. Les mères, à qui les conscriptions avaient enlevé leurs fils, les voyaient de nouveau arrachés à leurs foyers pour aller mourir aux frontières ou à l'étranger. Les émigrés rentrés avec les princes envisageaient de nouveaux exils. Les propriétaires de domaines nationaux, rassurés par la charte, ne se dissimulaient pas que l'invasion de l'empereur, en ramenant une seconde restauration, la ramènerait peut-être irritée et vengeresse, et que leurs biens seraient la rançon du pays reconquis. Les orléanistes, parti encore souterrain, mais à longue vue, s'irritaient d'un second empire qui s'interposait entre eux et leur ambition du trône. Les libéraux et les républicains, encore confondus, perdaient, avec une restauration faible et pleine de concessions futures, l'espérance de constituer une liberté représentative ou de fonder un jour une république durable, quand le peuple se serait exercé à la souveraineté sous la tutelle douce d'un roi sage et âgé. Les royalistes exaltés se réjouissaient seuls par le délire de leur confiance. Ils ne doutaient pas que le sol ne s'entr'ouvrît sous la poignée de sectaires que Bonaparte ramenait à l'assaut de son trône, et que son crime puni ne les délivrât pour jamais de cette ombre importune d'empire et de gloire qu'on ne cessait de leur opposer dans les chants du peuple et dans les casernes des soldats. Mais leur joie affectée n'était pas sans un mélange d'inquiétude qui assombrissait leurs cœurs. Il résulta de tout cela une consternation muette, une agitation sourde, une tristesse sinistre semblable à la pression de l'atmosphère avant l'orage. La France vivait, parlait, marchait, mais ne respirait pas. Une malédiction générale sortait en secret de toutes les âmes contre cet homme que personne n'avait appelé et qui venait placer sa cause personnelle entre l'Europe et la France, entre le trône et la nation, entre la paix et la guerre, entre tous les partis enfin, pour tout compromettre, tout intervertir et tout ruiner. Tel était en réalité alors et partout l'esprit public. On ne s'abordait qu'en se plaignant, et on ne se quittait qu'en se liguant de cœur contre l'ennemi commun.

A Paris seulement et dans les villes militaires, quelques rares conspirateurs et quelques mécontents, déchus de leur importance ou de leurs grades par la chute de l'empire, se félicitaient à mots couverts, couraient aux nouvelles, déguisaient leurs espérances, et se renfermaient en petits groupes pour concerter leurs trames et pour exhaler leur ardeur. Mais ces conciliabules se cachaient dans l'ombre, honteux de leur petit nombre, et craignant le danger de paraître insulter à l'attristement général par le scandale de leur mauvaise joie. Les physionomies seules parlaient. Les plus contraintes et les plus fermées étaient celles des bonapartistes : on les discernait à leur impénétrabilité. La France était morne. On voyait que ce n'était pas une révolution, mais une conspiration qui s'avançait.

II

Le conseil des ministres, informé par sa police de l'existence supposée de foyers bonapartistes à Paris, chez la reine Hortense et chez les principaux amis de l'empire, dressa une liste d'arrestations de ces prétendus conjurés. C'étaient Fouché, le maréchal Davoust, Gérard, Mejean, Étienne, écrivain spirituel et mordant, Savary, Réal, Arnault, Norvins, Bouvier-Dumolard, Maret, Sieyès, Excelmans, Flahaut. Le maréchal Soult, malgré l'activité et le zèle qu'il avait exagérés pour étouffer la tentative sous l'énergie et sous la fidélité de l'armée, parut suspect aux royalistes par cette exagération même. La trahison de Labédoyère, la défection des régiments, les premiers revers de la cause royale à Grenoble lui furent imputés. Le bruit se répandit et s'accrédita que Soult avait échelonné des régiments travaillés d'avance par la séduction sur la route de Napoléon, et fait un rassemblement de trente mille hommes à Chambéry pour que l'empereur recrutât plus facilement d'étape en étape les forces qu'il entraînerait sur Paris. La fidélité de la garnison d'Antibes ; la loyauté du maréchal Masséna, qui commandait le Midi et qui ralliait son armée pour écraser l'empereur avant son entrée à Lyon ; la résistance impuissante, mais imprévue, du général Marchand à Grenoble ; enfin le motif réel du rassemblement de trente mille hommes sur les Alpes en vertu du traité secret de Vienne pour détrôner Murat, lavaient assez le maréchal Soult de toute culpabilité à cet égard. Le roi croyait à la parfaite sincérité de son ministre de la guerre.

Il le lui dit en se séparant de lui. Mais le roi, forcé d'enlever jusqu'au prétexte d'un soupçon aux défenseurs de sa cause, crut devoir sacrifier Soult aux circonstances. Il nomma à sa place Clarke, d'origine irlandaise, longtemps attaché à Napoléon comme aide de camp, comme négociateur, comme ministre, mais qui dépassait alors en démonstrations d'enthousiasme pour la royauté et d'énergie contre son ancien général, les conseillers les plus fougueux de l'émigration : homme excessif, mais cependant sincère, et qui ne changea plus de maître du moment qu'il eut retrouvé les Bourbons. Le roi congédia en même temps M. d'André, dont la police aveugle et molle avait laissé s'ourdir la trame qui enveloppait la France, sans donner aucun avertissement utile au gouvernement. Il le remplaça par Bourrienne, ancien secrétaire confidentiel de Bonaparte, versé dans la connaissance intime de son caractère et de ses secrets, congédié par l'empereur pour des soupçons d'abus de situation dans son cabinet, et enflammé contre lui d'une haine qui garantissait aux royalistes une fidélité désespérée.

III

Bourrienne envoya des agents de police pour arrêter Fouché, mais il échappa à leur vigilance par la ruse et se cacha dans Paris. Peu de jours avant son arrestation, Fouché avait eu chez la princesse de Vaudemont, amie de M. de Talleyrand, une entrevue secrète avec le comte d'Artois. Ce prince, frère de Louis XVI, avait vaincu sa répugnance et ses souvenirs jusqu'à la familiarité d'une entrevue avec un régicide. Il sentait tout crouler autour de lui, et se retournait vers la Révolution pour apprendre d'elle les moyens de la vaincre. Fouché avait donné au comte d'Artois des conseils vagues et rétrospectifs qui embrassent tout un système de gouvernement, qui ne peuvent jamais corriger les fautes passées, et qui arrivent trop tard quand on les invoque. Ils consistaient à se jeter dans les bras de la Révolution pour échapper à l'empire. Mais la Révolution aurait-elle jamais accepté ses ennemis naturels pour chefs? Louis XVI avait reçu souvent ces mêmes avis. Il avait quelquefois essayé de les suivre. La Révolution ne l'avait pas moins mené à l'échafaud. Le sens caché de ces conseils de Fouché était de faire de lui l'homme nécessaire : il recherchait les Bourbons, il ménageait Bonaparte, il suscitait le parti d'Orléans, il flattait la république, il nouait et dénouait à la fois des commencements de trames avec tous les partis.

IV

Ses sourdes menées pour se rendre à la fois redoutable et indispensable n'avaient pas attendu le débarquement de Napoléon. Depuis quelques semaines il avait eu vent d'une conspiration toute militaire dans laquelle étaient entrés un certain nombre de colonels, de généraux commandant des corps de troupes dans les départements, et qui tenait ses réunions à Paris dans une maison isolée des Champs-Élysées, chez le général Berton. Un banquier de Paris, Hainguerlot, dépositaire de sommes appartenant à Jérôme Bonaparte, devait fournir les fonds nécessaires à l'explosion de la conjuration. Le maréchal Davoust avait été sondé par les conjurés ; il avait par son refus déconcerté ou ajourné le mouvement. Il s'agissait d'envoyer une frégate à l'île d'Elbe pour enlever et ramener l'empereur, d'insurger les corps et de marcher en se grossissant sur Paris.

Ce projet avorté par le peu d'unanimité qui se trouva dans le cœur des chefs pour une restauration pure et simple du despotisme impérial, un autre projet surgit dans les mécontents de l'armée. Ils ne changèrent rien au plan que le nom du chef à substituer aux Bourbons. Ce chef, à l'insu de ce prince, fut le duc d'Orléans. Son nom plus mêlé à la Révolution et popularisé un moment à la suite de Dumouriez dans les guerres de la république, son titre de prince de la maison régnante, ses richesses, ses caresses aux généraux de l'empire, ses avances aux anciens débris de la Révolution, lui donnaient cette candidature involontaire aux révolutions faites en son nom, qui le compromettaient alors, qui devaient le couronner plus tard. Les principaux chefs de cette conspiration orléaniste de l'armée étaient le général Drouet d'Erlon, commandant de la garnison de Lille et de l'importante division du Nord; le général Lefèvre-Desnouettes, colonel des chasseurs à cheval de la garde impériale; les deux frères du nom de Lallemand, généraux commandant des corps de troupes disséminés dans les départements qui touchaient d'un côté à Lille, de l'autre à Paris. Fouché, informé et complice muet de cette conjuration, ne se dissimulait pas que le soldat et le peuple ne comprendraient rien à ce soulèvement des troupes auquel manquerait le nom soldatesque et populaire de Napoléon, et que le nom d'un Bourbon substitué à un autre Bourbon était une de ces nuances que les hommes d'État saisissent, mais qui restent inintelligibles pour la multitude. Il avait été convenu en conséquence qu'on soulèverait la garde, la ligne et la population du Nord et du Centre au nom de l'empereur, qu'on marcherait sur Paris sous ce drapeau apparent, mais qu'on surveillerait plus que jamais le captif de l'île d'Elbe, et que, après avoir détrôné et chassé les Bourbons de la branche aînée par l'ombre de Napoléon, on couronnerait une révolution libérale et militaire sur la tête du duc d'Orléans. C'était une conspiration de diplomates au milieu et au rebours d'une conspiration de soldats.

V

Les choses en étaient là, et les généraux n'attendaient que le signal de Paris pour agir, lorsque l'empereur, qui en avait connaissance et qui craignait de se voir frustré par le duc d'Orléans du trône où il remontait sans cesse en idée, voulut devancer à tout hasard cette rivalité nouvelle, et précipita son départ de l'île d'Elbe avant le moment qu'il avait fixé et avant la clôture du congrès de Vienne. Les confidences de Napoléon à Sainte-Hélène attestent que les ombrages qu'il avait conçus de l'ambition et de la popularité du duc d'Orléans furent la vraie cause de cette précipitation. Il craignit d'être devancé dans l'usurpation par un nom qui aurait fait une dangereuse concurrence au sien dans l'armée.

Mais au moment où l'empereur prenait cette résolution précipitée qui devait interdire par sa présence sur le sol français toute autre proclamation que celle de sa dynastie aux généraux conjurés, Fouché, instruit le 5 au soir du débarquement de Bonaparte avant que le public fût informé, résolut de devancer à son tour l'empereur et de jeter un troisième élément de guerre civile, de confusion et d'hésitation dans le peuple. Il fit appeler dans la nuit un des généraux Lallemand qui se trouvait à Paris, il lui déroba la nouvelle du débarquement de l'empereur, il lui dit que la cour avait saisi les fils de la conspiration militaire dont Lallemand était un des instruments, que les généraux compromis allaient être arrêtés, jugés, condamnés, et qu'il n'y avait plus de salut pour eux que dans la précipitation et dans l'audace : devancer le coup ou le recevoir.

VI

L'émissaire de Fouché partit à l'instant pour Lille, donna le mot à Drouet d'Erlon et à Lefèvre-Desnouettes, combina son soulèvement avec celui que ces généraux préméditaient, et prit la route de Cambrai avec Lefèvre pour l'accomplir.

Dans la même nuit, Drouet d'Erlon, voulant tromper son armée pour n'avoir point à lutter contre la fidélité de quelques-uns de ses officiers, annonça à ses lieutenants qu'une insurrection venait d'éclater à Paris, et que le ministre de la guerre lui avait donné l'ordre d'y marcher avec tous ses corps. L'armée sans défiance se mit en route pour

Paris. Les populations étonnées regardaient sans le comprendre le mouvement de ces colonnes d'infanterie et de cavalerie s'avançant en silence vers la capitale.

Pendant que Drouet d'Erlon continuait ainsi son mouvement mystérieux vers Paris, Lefèvre-Desnouettes et les deux généraux Lallemand arrivaient à Cambrai, donnaient à leurs régiments les mêmes explications controuvées, et les entraînaient par un détour de route sur la ville de la Fère, dans l'intention de s'emparer d'un arsenal important qui devait assurer des armes, des canons et des munitions aux conjurés. Ils remirent toutefois au lendemain leur entreprise à main armée sur l'arsenal; mais le général d'Aboville, ayant conçu des soupçons pendant la nuit sur un mouvement de troupes aussi inusité et aussi énigmatique, refusa avec résolution de livrer l'entrée de l'arsenal aux deux généraux. Il fut secondé par la garnison de la Fère. Lefèvre et les frères Lallemand n'osèrent pas livrer un combat dont l'indécision ou la lenteur aurait fait éclater leur crime aux yeux de leurs propres troupes. Ils reprirent la route de Noyon, où leur chef, le général Drouet d'Erlon, leur avait ordonné, disaient-ils, de se rencontrer avec lui pour former un camp de vingt mille hommes.

Pendant ces deux jours de marches, de contre-marches, d'embûches, de subterfuges, le bruit du débarquement de Bonaparte s'était répandu dans le Nord et rendait plus suspects ces mouvements d'armée vers Paris. Les populations du Nord, bien loin d'être entraînées comme on l'avait supposé par le nom de l'empereur, retrouvaient toute leur antique fidélité pour les Bourbons, toute leur antipathie contre le despotisme. Elles surveillaient elles-mêmes les soldats, non pour les seconder dans l'insurrection, mais pour les retenir dans le devoir. La conspiration flottait comme un corps d'armée qui va se débander de lui-même.

VII

Mais un autre hasard allait la dissoudre. Le duc d'Orléans, dans sa dernière entrevue avec le roi, avait, disait-on, révélé à ce prince les espérances coupables que des conjurés militaires fondaient sur lui dans le Nord, et les insinuations qui lui avaient été adressées pour qu'il favorisât ces trames au moins par son silence. Nul ne sait jusqu'à quels détails s'étaient expliquées ces révélations. Toutefois le duc d'Orléans avait à peine quitté Paris avec le comte d'Artois pour se rendre à Lyon, que le roi avait envoyé promptement le maréchal Mortier à Lille en lui conférant le commandement général de cette ville et de toutes les troupes du nord de la France. Le maréchal Mortier était un guerrier inaccessible à l'intrigue, fidèle à Napoléon jusqu'à l'abdication, fidèle aux Bourbons depuis qu'ils étaient les souverains légaux de son pays, fidèle à lui-même et à sa dignité toujours.

Il se rendait en hâte à Lille, lorsqu'il rencontra fortuitement au milieu de sa route la colonne en marche du général Drouet d'Erlon. Le maréchal, étonné d'un mouvement de troupes que nul n'avait ordonné, et dont lui seul désormais avait le droit de disposer, fait arrêter sa voiture, en descend, se fait reconnaître de ses compagnons d'armes, interroge les officiers et les soldats, interpelle le général Drouet d'Erlon, qui se trouble, se coupe, balbutie, le fait arrêter sans résistance par sa propre armée, et replie les troupes avec lui sur Lille, où Drouet est enfermé dans la citadelle.

VIII

Au même instant Lefèvre-Desnouettes et ses complices les deux généraux Lallemand entraient à Noyon, espérant y trouver d'Erlon. Leurs troupes, déjà émues par l'inconcevable marche qu'on leur faisait faire et par la tentative dont on les avait rendues complices à la Fère, commencèrent à s'interroger. Elles s'ébranlèrent tout à fait en ne trouvant point à Noyon la colonne de d'Erlon. Les généraux entraînèrent néanmoins la cavalerie jusqu'à Compiègne. Là le général Lefèvre somma le 6ᵉ régiment de chasseurs en garnison dans cette ville de se joindre à ses cavaliers et de le suivre à Paris. Ce régiment, trompé comme ceux de Lille, montait à cheval dans la cour de ses casernes et se mettait en route avec les chasseurs de la garde, quand un officier de d'Erlon et le général Lallemand restés en arrière accoururent à toute bride, et annoncèrent à voix basse à Lefèvre-Desnouettes que le complot était éventé et que Drouet était prisonnier de ses propres troupes. A cette nouvelle, les trois généraux conjurés, Lefèvre et les deux Lallemand, s'enfuirent à travers la forêt. Lefèvre échappa. Les deux Lallemand furent reconnus et arrêtés dans leur fuite. Les troupes reprirent leurs cantonnements et protestèrent dans des adresses loyales de leur erreur et de leur fidélité.

Cette conjuration arrêtée à moitié route retentit en France, ébranla d'abord puis rassura Paris. Elle resta une énigme pour tous. Le roi, qui en connaissait par le duc d'Orléans le véritable sens, affecta de s'y tromper et de n'y voir qu'une tentative bonapartiste étouffée par le devoir et par le bon esprit de l'ancienne garde impériale. Bonaparte, après son triomphe, affecta de son côté de récompenser dans les chefs de ce mouvement un zèle intrépide et aventureux pour sa cause. Il n'eut garde d'avouer qu'un autre nom que le sien eût la puissance de soulever une partie de l'armée. Fouché se tut. Il laissa croire tour à tour aux royalistes qu'il était étranger à cette trame, aux orléanistes qu'il l'avait ourdie pour eux, aux bonapartistes qu'il leur avait préparé des forces.

IX

Pendant ces mouvements rapides et confus aux extrémités du royaume, et pendant que les événements de Grenoble et de Lyon tenaient les esprits indécis comme le sort, les partis constitutionnel, libéral et républicain n'hésitaient pas à se prononcer contre Bonaparte : seuls partis qui eussent conservé en France assez d'indépendance et de patriotisme pour se poser témérairement en face du despotisme armé et devant le trône nouveau, pourvu que ce trône les préservât du retour de la servitude. Madame de Staël les groupait et les enflammait de son inspiration. Son cœur battait de mépris et d'indignation contre l'insurrection militaire qui menaçait les idées d'un second règne des prétoriens. La Fayette, délivré par Bonaparte des cachots d'Olmütz et qui lui devait sa reconnaissance personnelle, n'avait jamais à aucune époque balancé sa reconnaissance et ses opinions. Oublié et inactif dans une opulente retraite, le règne de Bonaparte l'avait complétement éclipsé. On ne s'entretenait de lui depuis dix ans que comme d'un débris de l'histoire d'un autre âge, qui ne peut retrouver ni place ni éclat dans l'âge nouveau. L'importance à la fois révolutionnaire et patricienne de son ancien rôle subsistait seulement dans son esprit. Il avait été trop haut dans la popularité pour redevenir subalterne, et sa renommée de républicain lui défendait de se dégrader au service d'un despotisme heureux. Il souffrait de cette inaction et de cette obscurité après tant de bruit. Il épiait les occasions de rentrer en scène. La liberté seule pouvait lui en fournir une : Bonaparte venait la lui fermer. Sa haine contre l'empereur ne pouvait se mesurer qu'à son impatience de gloire et à l'orgueil de ses souvenirs. La rentrée des Bourbons, auxquels il avait tant d'humiliations à faire oublier et tant de pardons à demander dans son âme, lui avait moins répugné que le retour de Napoléon. Il avait offert ses hommages au roi et au comte d'Artois. Il retrouvait dans Louis XVIII un prince dont il connaissait le caractère, et dont il avait tantôt servi, tantôt déjoué les cabales, les ambitions, les alliances avec Mirabeau en 1789 et 1790. Il savait que l'esprit de cette époque renaîtrait avec une restauration désarmée et parlementaire, et que le nom de La Fayette y rajeunirait avec les idées de ce temps. Peut-être espérait-il reprendre, à l'aide des assemblées et du peuple, cette dictature équivoque prise d'abord par Necker, ensuite par lui et dédaignée par Mirabeau, qui soulève un homme, non

sur sa propre gloire, mais sur les terreurs d'une cour et sur
le vent d'une popularité. Peut-être aussi, fidèle à quelques
imitations surannées d'Amérique et d'Angleterre, rêvait-il
ces fédérations de provinces ou ces fédérations de pouvoirs
qui avaient été les aspirations confuses de sa jeunesse.
Homme capable d'imitation plutôt que d'innovation en politique, mais homme courageux de conscience et portant la
personnalité jusqu'à la hauteur de l'héroïsme.

X

Il accourut à Paris au premier bruit du débarquement
de Napoléon, et ne fléchit point quand tout fléchissait dans
son parti. Autour de lui se groupaient Benjamin Constant,
de race et de pensée germaniques, demi-lettré, demi-poli-
tique, demi-orateur, demi-royaliste, demi-républicain, ancien adorateur du génie de madame de Staël, ancien tribun
sous le Consulat, célébrité de demi-jour, mais que l'ombre
même rendait plus imposante; le duc de Broglie, jeune
patricien studieux et riche en promesses, que son nom, sa
fortune et le patronage de madame de Staël, dont il avait
épousé la fille, entouraient d'une considération anticipée;
M. d'Argenson, nom illustre dans l'administration monarchique de la France, ancien aide de camp de La Fayette
pendant la dictature bourgeoise de Paris, libéral par philosophie plus que par ambition, sectaire à la fois évangélique
et populaire, préméditant de consacrer sa vie au nivellement possible des droits et au nivellement impossible des
existences, homme de bien à l'aise dans les utopies, dé-

paysé dans les faits, mais dont les chimères mêmes étaient des vertus; M. Flaugergues, et quelques membres du Corps législatif moins importants, associés à quelques royalistes constitutionnels de 89, tels que Lally-Tollendal et les amis survivants de Mirabeau, faisaient partie de cette réunion. Elle se prononçait résolûment contre l'empire, et ne demandait au roi que de lui confier le ministère pour lui répondre du pays. Ces hommes, fascinés par leurs souvenirs, oubliaient trop que quinze ans de gouvernement militaire et de corruption des caractères avaient plié la France, et qu'il n'y avait plus de peuple pour répondre à leur appel, mais un soldat pour faire violence à tous les principes.

XI

On parla en effet deux jours de mettre le trône sous la protection de ce parti, reste du parti de Necker et de La Fayette, et de ce qu'on appelait les hommes populaires. M. Ferrand, incapacité surannée; M. d'Ambray, magistrat sans clientèle; M. de Montesquiou, négociateur sans autorité; M. de Blacas, dépaysé d'hommes et d'idées dans une révolution, inconnu du pays, méconnu pour son orgueil, parlèrent de se retirer devant la grandeur du péril qui les effaçait. Lainé, Lally-Tollendal, d'Argenson, Benjamin Constant, La Fayette, furent sondés; mais ce changement de ministres, au milieu de la crise, ne pouvait donner au roi une fidélité de plus dans l'armée. Il aurait seulement préparé plus de regrets au règne court de ce prince et donné plus de dignité à la résistance. On ajourna à un meilleur temps la composition d'un ministère indiqué par l'esprit des chambres. Elles venaient de se réunir.

XII

Elles se montrèrent unanimement dignes de la gravité du temps, inspirées par l'enthousiasme de l'indignation contre le violateur de la patrie et l'ennemi de la liberté à peine fondée. Aucune voix, même par insinuation, n'y témoigna la moindre faveur secrète pour une restauration de la gloire par la violence.

« Sire! dirent les pairs dans leur adresse du 10 mars, vous rassemblez autour de vous vos fidèles chambres. La nation n'a point oublié qu'avant votre heureux retour, l'orgueil en délire osait les dissoudre et les forcer au silence, dès qu'il craignait leur sincérité. Telle est la différence du pouvoir légitime et du pouvoir tyrannique. Sire, vos lumières vous ont appris que cette charte constitutionnelle, monument de votre sagesse, assurait à jamais la force de votre trône et la sécurité de vos sujets. »

« Sire! dirent les députés, les représentants du peuple français sentent qu'on lui prépare le sort humiliant réservé aux malheureux sujets de la tyrannie. Quelles que soient les fautes commises, ce n'est pas le moment de les examiner. Nous devons tous nous réunir contre l'ennemi commun, et chercher à rendre cette crise profitable à la sûreté du trône et à la liberté publique. »

Le roi dans ses manifestes parla la langue du sentiment

et de la liberté. « Après vingt-cinq ans de révolutions, disait-il, nous avions ramené la France à un état de bonheur et de tranquillité. Pour rendre cet état durable et solide, nous avions donné à nos peuples une charte qui assurait la liberté de nos sujets. Cette charte était la règle journalière de notre conduite, et nous trouvions dans la chambre des pairs et dans celle des députés tous les secours nécessaires pour concourir avec nous au maintien de la gloire et de la prospérité nationale. L'amour de nos peuples était la récompense la plus douce de nos travaux et le meilleur garant de leurs heureux succès. C'est cet amour que nous appelons avec confiance contre l'ennemi qui vient de souiller le territoire français, qui veut y renouveler la guerre civile : c'est contre lui que toutes les opinions doivent se réunir. Tout ce qui aime sincèrement la patrie, tout ce qui sent le prix d'un gouvernement paternel et d'une liberté garantie par les lois ne doit avoir qu'une pensée, celle de détruire l'oppresseur qui ne veut ni patrie ni liberté. Tous les Français, égaux par la constitution, doivent l'être pour la défendre... Le moment est venu de donner un grand exemple : nous l'attendons d'une nation libre et valeureuse; elle nous trouvera toujours prêt à la diriger dans cette entreprise, à laquelle est attaché le salut de la France. Des mesures sont prises pour arrêter l'ennemi entre Lyon et Paris. Nos moyens suffiront si la nation lui oppose l'invincible obstacle de son dévouement et de son courage. La France ne sera point vaincue dans cette lutte de la liberté contre la tyrannie, de la fidélité contre la trahison, de Louis XVIII contre Bonaparte. »

Les ministres eux-mêmes, si hostiles ou si inintelligents quelques jours auparavant, promirent toutes les garanties constitutionnelles en retour du dévouement que les représentants témoignaient au roi : liberté de la pensée, liberté électorale, adoucissements des impôts, franchises des ports, liberté du commerce, allégeance du sol, sanction à l'inviolabilité de la charte, tout fut offert, accepté, juré. L'accord le plus intime régna entre les trois pouvoirs. L'infortune et le péril semblaient faire sentir davantage le prix du gouvernement paternel qu'on attendait de ce roi réfugié dans le cœur de son peuple. Le roi voulut attendrir les regards autant qu'il touchait les âmes. Il se rendit au milieu de tous les siens à la chambre des députés. Paris tout entier se pressait autour de son cortége pour élever jusqu'à ses yeux ou à ses oreilles le geste ou le cri du dernier des citoyens. Cette ivresse pour le malheur dépassait en démonstrations pathétiques l'ivresse excitée par l'empereur à ses plus triomphales entrées dans Paris. Louis XVIII fut touchant, noble, antique d'attitude. La royauté du sentiment n'eut jamais de plus attendrissant acteur. Il luttait en face de son peuple et de l'Europe contre la gloire violente, avec sa vieillesse, son cœur et son droit.

« Messieurs, dit-il avec une sérénité grave dans les traits et un accent tragique et doux dans la voix, en ce moment de crise où l'ennemi public a pénétré dans une portion de mon royaume et menace la liberté de tout le reste, je viens au milieu de vous resserrer encore les liens qui, vous unissant à moi, font la force de l'État. J'ai revu ma patrie, je l'ai réconciliée avec toutes les puissances étrangères, et elles seront, n'en doutons pas, fidèles aux traités qui nous ont rendu la paix. J'ai travaillé au bonheur de mon peuple : j'ai recueilli et je recueille encore tous les jours les marques les plus touchantes de son amour. Pourrai-je à soixante ans mieux terminer ma carrière qu'en mourant pour sa défense? Je ne crains rien pour moi, mais je crains pour la France. Celui qui vient allumer parmi nous les torches de la guerre civile y apporte aussi le fléau de la guerre étrangère : il vient remettre notre patrie sous son joug de fer; il vient enfin détruire cette charte constitutionnelle que je vous ai donnée; cette charte, mon plus beau titre aux yeux de la postérité, cette charte que tous les Français chérissent, et que je jure ici de maintenir! Rallions-nous autour d'elle : qu'elle soit notre étendard sacré! Les descendants d'Henri IV s'y rangeront les premiers. Que le concours des deux chambres prête à l'autorité toute la force qui lui est nécessaire, et cette guerre vraiment nationale prouvera par son heureuse issue ce que peut un grand peuple uni par l'amour de son roi et la loi fondamentale de l'État. »

XIII

L'âme de la monarchie moderne semblait avoir parlé par la bouche du roi : elle réveilla l'âme de la liberté dans tous les cœurs. Ils éclatèrent en un seul cri : « Vive le roi! Guerre à l'usurpateur! » Pour les uns, c'était l'usurpateur du trône; pour les autres, l'usurpateur de la patrie; pour tous, l'usurpateur du libre arbitre national, qui voulait bien se faire ses lois libres, mais qui ne voulait pas accepter la liberté même de la violence et de l'épée. La nature humaine est pathétique. La scène, les acteurs, les paroles, le moment, l'auditoire, avaient la tragique péripétie du drame antique. Les tribunes sanglotaient, les mains secouant des mouchoirs blancs s'élevaient vers la voûte ou s'agitaient sur l'enceinte comme pour donner des présages de victoire au roi et aux députés. Il n'y avait pas une vie en ce moment dans cette foule qui ne fût résolue à se donner pour sauver ce peuple et ce trône de l'oppression armée qui fondait sur la patrie.

XIV

On croyait à la parole de Louis XVIII, dont la sagesse attestait la sincérité, mais un doute restait dans une partie de la population sur la sincérité de son frère et de sa famille dans l'acceptation de la charte. La famille royale s'était réunie, on avait délibéré sur la nature des engagements à prendre avec la nation. Les souvenirs, les espérances, les scrupules avaient cédé à la pression du danger commun. Le comte d'Artois, revenu la veille de Lyon, s'avança comme entraîné par la force communicative de l'enthousiasme vers le roi, et au milieu du profond silence que cette attitude inusitée commanda à l'assemblée : « Sire ! dit-il d'une voix émue à son frère, je sais que je m'écarte ici des règles ordinaires en parlant devant Votre Majesté, mais je la supplie de m'excuser et de permettre que j'exprime ici en mon nom et au nom de ma famille avec quelle unanimité nous partageons du fond du cœur les sentiments et les principes qui animent le roi. » Puis se tournant vers l'assemblée et étendant la main dans l'attitude qui appuie le serment prêté de la consécration du geste : « Nous jurons, reprit-il d'une voix qui ne contenait pas alors de réserve, nous jurons de vivre et de mourir fidèles au roi et à la charte constitutionnelle ! » Le dernier sceau qui comprimait encore quelques poitrines parmi les députés libéraux et parmi les auditeurs patriotes éclata à ces mots, et ces cœurs répondirent à ce serment par un autre. Le comte d'Artois se retourna, fit le geste de s'incliner pour s'agenouiller devant son frère. Le roi le releva et lui tendit la main, comme s'il eût reçu son serment au nom de la nation. Le comte d'Artois baisa la main et la mouilla de quelques larmes d'émotion. Ses revers à Lyon lui avaient trop appris qu'il n'y avait plus pour sa famille et pour lui de refuge que dans la protection de la nation et de la liberté.

XV

L'assemblée alors soulevée elle-même par une invincible émotion prit part, comme un chœur national, par un dialogue individuel et passionné, à la scène qui l'attendrissait. « C'est à nous de mourir, criait-on au roi en tendant les mains vers lui ; c'est à nous de vous couvrir, vous, la patrie et les lois, de notre corps ! A nous d'acquitter la dette de la France envers un prince qui ne s'est souvenu que de sa parenté avec le pays, et qui a compromis la paix de ses derniers jours pour venir nous réapprendre la liberté ! Le roi à la vie et à la mort ! Vivre et mourir pour le roi ! »

Le roi et sa famille sortirent escortés d'un peuple entier, et poursuivis jusqu'aux Tuileries par l'écho universel de leur popularité.

M. Lainé, qui présidait la séance, s'arracha du fauteuil après la sortie du roi, et, cédant à l'impulsion de son âme facile à émouvoir et de son éloquence facile à éclater en grands sentiments, il invoqua le génie de la liberté, de la patrie et de la concorde, pour faire sortir des armées du sol et de la sainte colère de toutes les âmes. Il rappela les heureux présages et les commencements prospères d'un règne interrompu dès son aurore par la perverse ambition du despotisme, irrité de ce que la terre lui échappait. « Le monde, s'écria-t-il, s'est étonné de la profonde paix qui a suivi la restauration. Il faut défier l'histoire d'indiquer aucune époque de nos annales où la liberté de la nation ait été plus respectée par l'autorité du trône. La sagesse du roi commençait à peine à méditer comme nous, avec nous, les perfectionnements de nos institutions naissantes, quand une incroyable apparition a étonné tous les esprits. Dieu! à quelles calamités notre malheureux pays ne tomberait-il pas en proie, si cet homme venait à triompher de la volonté désarmée d'un peuple! L'âme la plus stoïque s'en épouvante, car les imaginations sont encore éclairées par l'incendie de Moscou, et j'en vois les fatales lueurs reflétées jusque sur les colonnes du Louvre!... Mais cela n'est pas possible! Non, la France ne laissera périr ni son roi ni sa liberté!... »

XVI

Des applaudissements unanimes témoignèrent que ces paroles de M. Lainé étaient les pensées de toutes les âmes.

L'Assemblée déclara la guerre nationale et conféra la dictature absolue au gouvernement, sentant que l'heure des délibérations était passée et que la représentation nationale n'avait qu'une fonction et un rôle dans ces graves périls : entourer le souverain, témoigner par leur présence que la nation était avec lui, défier l'invasion de Bonaparte jusqu'au dernier moment avec la sainte majesté du pays, et attendre sur leurs bancs la victoire ou la servitude. Un député de la Lozère, père d'un orateur célèbre depuis dans les annales de son pays, M. Barrot, invoqua dans une résolution acceptée les principes de la Révolution en faveur de la majesté royale.

« Considérant, disait cette résolution, que la nation s'est levée en masse en 1789 pour conquérir, de concert avec son roi, les droits naturels et imprescriptibles qui appartiennent à tous les peuples ; que la jouissance lui en était assurée par les constitutions qu'elle a librement acceptées en 1792, en l'an v et en l'an viii ; que la charte de 1814 n'est que le développement des principes sur lesquels ces constitutions étaient basées ; considérant que depuis 1791 tous les gouvernements qui ont méconnu les droits de la nation ont été renversés, et que nul gouvernement ne peut se soutenir qu'en suivant la ligne des principes constitutionnels ; que Bonaparte les avait tous méconnus et violés au mépris des serments les plus solennels ; que le vœu général et spontané avait rappelé sur le trône une famille que la France était accoutumée à vénérer, et un prince qui à l'époque de notre régénération seconda puissamment les efforts de son auguste frère pour opérer cette régénération, la chambre des députés déclare nationale la guerre contre Bonaparte. »

XVII

Le lendemain, Benjamin Constant, organe du parti constitutionnel, et inspiré par le génie de madame de Staël, empruntait à l'antiquité ses accents les plus tragiques et à l'histoire ses burins les plus sanglants pour élever la réprobation de la nation contre Bonaparte à la hauteur de l'histoire et du péril public ! Éloquente et vaine jactance de ces résolutions stoïques que l'écrivain trouvait sous sa plume et que l'homme ne retrouvait plus quelques jours après dans son cœur !

« Il reparaît, cet homme teint de notre sang, il reparaît, cet homme poursuivi naguère par nos malédictions unanimes : que veut-il, lui qui a porté la dévastation dans toutes les contrées de l'Europe, lui qui a soulevé contre nous les nations étrangères, lui qui, attirant sur la France l'humiliation d'être envahie, nous coûte jusqu'à nos propres conquêtes antérieures à sa domination ? Il redemande sa couronne ! Et quels sont ses droits ? La légitimité héréditaire : mais une courte occupation de douze années et la désignation d'un enfant pour successeur ne peuvent se comparer à sept siècles d'un règne paisible. Allègue-t-il le vœu du peuple ? Mais ce vœu doit être compté : n'a-t-il pas été unanime dans tous les cœurs pour rejeter Bonaparte ? Il promet la victoire, et trois fois il a délaissé honteusement ses troupes, en Égypte, en Espagne, en Russie, livrant ses compagnons d'armes à la triple étreinte du froid, de la misère et du désespoir ! Il promet le maintien des propriétés, mais cette parole même il ne peut la tenir, n'ayant plus les richesses de l'univers à donner pour récompense à ses satellites! ce sont nos propriétés qu'il veut dévorer. Il revient aujourd'hui, pauvre et avide, n'ayant rien à réclamer ni rien à offrir. Qui pourrait-il séduire? La guerre intestine, la guerre extérieure, voilà les présents qu'il nous apporte. Son apparition, qui est pour nous le renouvellement de tous les malheurs, est pour l'Europe un signal d'extermination. Du côté du roi est la liberté constitutionnelle, la sûreté, la paix; du côté de Bonaparte, la servitude, l'anarchie et la guerre. Il promet clémence et oubli; mais quelques paroles jetées dédaigneusement, qu'offrent-elles autre chose que la garantie du mépris? Ses proclamations sont celles d'un tyran déchu qui veut ressaisir le sceptre; c'est un chef armé qui fait briller son sabre pour exciter l'avidité de ses soldats; c'est Attila, c'est Gengis-Kan, plus terrible, plus odieux, qui prépare tout pour régulariser le massacre et le pillage. Quel peuple serait plus digne que nous de mépris si nous lui tendions les bras? Nous deviendrions la risée de l'Europe après en avoir été la terreur; nous reprendrions un maître que nous avons nous-mêmes couvert d'opprobre; notre esclavage n'aurait plus d'excuse, notre abjection plus de bornes, et du sein de cette abjection profonde, qu'oserions-nous dire à ce roi que nous aurions pu ne pas rappeler? car les puissances voulaient respecter l'indépendance du vœu national; à ce roi que nous avons attiré par nos résolutions spontanées sur la terre où déjà sa famille avait tant souffert? Lui dirions-nous: Vous avez cru aux Français, nous vous avons entouré d'hommages et rassuré par nos serments, vous avez quitté votre asile, vous êtes venu au milieu de nous, seul et désarmé ; tant que nul danger n'existait, tant que vous disposiez des faveurs et de la puissance, un peuple immense vous a étourdi par des acclamations bruyantes ; vous n'avez pas abusé de son enthousiasme. Si vos ministres ont commis beaucoup de fautes, vous avez été noble, bon, sensible ; une année de votre règne n'a pas fait répandre autant de larmes qu'un seul jour du règne du Bonaparte. Mais il reparaît sur l'extrémité de notre territoire, il reparaît, cet homme teint de sang et poursuivi naguère par nos malédictions unanimes ; il se montre, il menace, et ni les serments ne nous retiennent, ni votre confiance ne nous attendrit, ni la vieillesse ne nous frappe de respect ; vous avez cru trouver une nation, vous n'avez trouvé qu'un troupeau d'esclaves ! Parisiens, non, tel ne sera pas notre langage, tel ne sera du moins pas le mien. J'ai vu que la liberté était possible sous la monarchie ; j'ai vu le roi se rallier à la nation. Je n'irai pas, misérable transfuge, me traîner d'un pouvoir à l'autre, couvrir l'infamie par le sophime, et balbutier des mots profanes pour racheter une vie honteuse. »

LIVRE DIX-HUITIÈME

Situation de la France. — Attitude de l'armée et du peuple de Lyon. — Les princes à Lyon. — Entrée de Napoléon dans cette ville. — Décrets et proclamations. — Son départ de Lyon. — Il passe par Villefranche et Mâcon. — Défection de Ney. — Napoléon arrive à Châlon-sur-Saône, à Avallon, à Auxerre. — Entrevue de Napoléon et du maréchal Ney. — Il passe à Montereau. — Ordre donné au général Gérard. — Il arrive à Fontainebleau.

I

Ainsi d'un côté Paris, expression de la France tout entière, se pressant autour de son roi, de la paix, de sa représentation nationale, de sa liberté, de sa dignité de nation, se refusant par toutes ses voix à devenir le prix de la course d'un héros devenu le grand séditieux de l'épée; de l'autre côté Napoléon arrivé impunément jusqu'à Grenoble, entouré de toutes parts, mais entouré de loin par des corps d'armée qu'on n'osait faire fondre sur lui de peur que, fidèles encore à distance, l'entraînement de son tourbillon ne les enlevât de près à la nation et au roi. Masséna dans le Midi, Macdonald à Lyon, le duc d'Angoulême et ses généraux sur la rive droite du Rhône, Ney à Besançon et à Lons-le-Saulnier, le duc de Berri en avant de Paris, Mortier au Nord entre ces camps, moins en mouvement qu'en observation armée et expectative; une population entière immobile, stupéfiée, indignée, mais indécise et prête à se laisser, non entraîner, mais subjuguer par l'irrésistible précipitation des événements et par la première victoire de l'une des deux causes. Telle était la France en ce moment. La chute de Lyon lui donna le premier ébranlement décisif. Retournons à Bonaparte, que nous avons laissé campé à Bourgoing, au milieu des plaines du Dauphiné, et reprenons le récit de la journée qui lui livra la seconde capitale de la France.

II

A peine le comte d'Artois et le duc d'Orléans avaient-ils eu le temps de se rendre à Lyon qu'on répandit dans Paris un bulletin annonçant que Bonaparte venait d'être repoussé des murs de cette ville au delà de Grenoble par le duc d'Orléans à la tête de vingt mille hommes. Cette nouvelle manœuvre de police ou ce bruit hasardé de l'espérance exalta un moment les esprits. Nul ne craignit plus de se prononcer contre le vaincu. Cette rumeur n'avait aucun fondement.

Le duc d'Orléans était arrivé à Lyon quelques heures avant le comte d'Artois. Il y avait trouvé réunis deux régiments, l'un d'infanterie, l'autre de cavalerie. Un troisième régiment de ligne accourut des montagnes de la Loire.

Une garde nationale à cheval se forma à la voix des princes, ivre de cet enthousiasme qui s'évapore en vaines acclamations. La garde nationale sédentaire était forte de vingt mille hommes : c'étaient les fils de ces mêmes hommes qui s'étaient ensevelis sous les ruines de leur ville plutôt que de subir la tyrannie de la Convention. De toutes les villes voisines, des volontaires accouraient pour se mêler dans ses rangs. On ne doutait pas que le gouvernement ne fît converger promptement l'armée du Midi sous Masséna, celle de Nîmes sous le duc d'Angoulême, et surtout l'armée de Ney, dont les avant-postes touchaient déjà au Rhône par le département de l'Ain, pour faire de Lyon l'écueil et le naufrage de la faible armée de Napoléon. Cette confiance relevait partout les courages. Les villes ne donnaient aucun signe de sédition, les campagnes muettes et consternées restaient attentives. Napoléon y était populaire; mais sa popularité, quoi qu'on en ait dit depuis, était plus historique qu'actuelle. On le voulait de loin, on le redoutait de près, car Napoléon c'était la guerre aux yeux des campagnes et des villes, et le pays était assouvi de guerre. De plus il avait été vaincu, il avait perdu ce prestige d'invincibilité qui fait la moitié des victoires. Si Lyon eût été sans troupes, sa défense eût pu quelques jours intimider ou ralentir l'empereur.

III

Mais la froideur avec laquelle le duc d'Orléans et le comte d'Artois furent reçus par les régiments commença à faire hésiter la population, et cette hésitation, à son tour, donna aux troupes déjà travaillées par les émissaires de Napoléon plus de fierté et plus de dédain dans leur attitude devant les princes. Le duc d'Orléans leur était inconnu, il semblait plutôt accomplir un devoir de sa situation que donner tout son cœur et toute sa voix à l'animation de l'armée. Le comte d'Artois montra plus d'énergie, passa des revues, se mêla aux soldats, parla aux sous-officiers, sollicita ces cris qui sont les serments de l'émotion et qui engagent les troupes. Il n'obtint rien que le silence, des paroles glacées, et quelques cris de : « Vive l'empereur ! » que les chefs n'osèrent punir, de peur de faire éclater la défection en ayant l'air de la soupçonner. Le maréchal Macdonald, adoré des soldats, parcourut les abords de la ville sur les deux rives de la Saône et du Rhône pour reconnaître les positions, pour disposer les forces et pour couvrir la ville contre l'armée de l'empereur qui s'approchait. Il s'avança de sa personne sur la route de Bourgoing avec une faible escorte. Les cris qui précédaient l'avant-garde de Napoléon, le visage de ses propres soldats, la consternation ou la complicité des faubourgs, lui démontraient qu'il n'y avait aucune espérance de combattre hors des murs, et qu'une défense du passage du Rhône plus ou moins prolongée était la dernière possibilité du succès en attendant l'arrivée de Ney et de Masséna, dont la jonction enfermait l'empereur entre Grenoble et Lyon. Le maréchal ordonna de couper les ponts qui mettent la ville en communication avec les faubourgs. Les sapeurs allaient obéir, quand les groupes des faubourgs dont ils étaient entourés depuis le matin s'opposèrent avec énergie à cette interception de la ville et firent tomber les haches des mains des soldats. Ils se bornèrent à barricader à demi les ponts.

Le maréchal vint rejoindre alors sur la place de Bellecour, où les troupes étaient en bataille depuis le matin, les princes irrésolus qui n'osaient plus commander aux troupes que l'attente et l'immobilité.

IV

Elles reconnurent pourtant la voix du maréchal, à qui sa fidélité désespérée à Napoléon au moment de l'abdication avait donné la popularité de l'honnête homme. Quelques escadrons, quelques bataillons et de l'artillerie allèrent en silence prendre devant les ponts et sur les quais faisant face au Dauphiné les positions qu'il leur avait assignées. C'était le dernier geste de l'obéissance et de la discipline. Mais les cœurs avaient déjà passé le Rhône. Les soldats, muets et mornes, entendaient les clameurs confuses que les premiers détachements de l'armée de Grenoble faisaient éclater dans les campagnes de la rive opposée et dans les faubourgs tumultueux de la Guillotière en y plantant les aigles de Napoléon.

V

L'empereur avait quitté Bourgoing le matin au milieu de sa colonne et précédé d'une forte avant-garde fatiguée de cette route de cent vingt lieues faite en sept marches et des émotions de la destinée sans cesse jouée, depuis son débarquement, avec la fortune. Il était descendu de cheval. Il s'avançait au pas ralenti de ses chevaux dans une voiture découverte, pressé par une foule flottante de cette population suburbaine qui se soulève au moindre vent sur la surface domiciliée du peuple. Ces hommes mêlés à ses soldats et portant des branches de buis et de houx, ces lauriers du Nord, ces hommes entremêlaient leurs chants de victoire de longs cris de : « Vive l'empereur ! » auxquels on répondait, par imitation ou par terreur, de tous les hameaux, de toutes les fenêtres et de tous les seuils des maisons sur la route. Ils portaient, en chantant et en leur versant du vin, les sacs, les armes, les bagages de ses soldats. La marche ressemblait à une longue orgie. Elle n'était relevée que par le nom du grand homme, descendu si bas, qui en était l'objet, par un noble sentiment de gloire et de patriotisme militaire, et par la figure mâle et grave des troupes, honteuses de tant d'indiscipline et fières de leur chef.

VI

Les communications sourdes que l'empereur avait avec Lyon, malgré l'interdiction des routes, lui apprirent que les efforts du comte d'Artois, du duc d'Orléans et de Macdonald avaient réussi à lui barrer le passage des ponts, et que Ney s'avancerait bientôt de Bourg vers le haut Rhône. Il résolut de surprendre Macdonald et de prévenir Ney en passant le fleuve à Miribel. Il ordonna au maréchal Bertrand de se porter dans cette petite ville à deux lieues au-dessus de Lyon, et d'y réunir les embarcations nécessaires pour le passage du fleuve. Son plan était de laisser ainsi un moment Lyon trop défendu sur sa gauche, de tourner par Miribel le plateau élevé qui porte le faubourg de la Croix-Rousse et qui sépare comme une presqu'île le Rhône de la Saône; d'atteindre cette dernière rivière, de s'emparer de ses deux rives, et d'enfermer ainsi les princes et leur armée dans Lyon pendant que son avant-garde irait provoquer à la défection l'armée nombreuse de Ney sur la route de Bourg et de Mâcon. Il ne doutait pas de l'enlever et de créer ainsi au cœur de la France une mêlée et une confusion d'armées et de causes à la faveur de laquelle il poursuivrait sa course vers Paris. Mais les troupes légères qu'il avait envoyées en avant à la Guillotière ayant été reçues aux acclamations du faubourg et le faubourg lui répondant des ponts, il rappela Bertrand et pressa sa marche sur Lyon. Il parut à quatre heures après midi en vue du quai du Rhône.

VII

Macdonald au même moment y conduisit deux bataillons d'infanterie pour défendre l'entrée du pont du côté du faubourg. Mais à peine les hussards de Napoléon, encouragés et poussés jusqu'au pont par l'émeute qui s'élevait sous les pas de leurs chevaux, eurent-ils paru en face des bataillons de Macdonald, que ces bataillons jusque-là fidèles s'ouvrirent devant le cortége de peuple et de soldats, se confondirent dans un invincible embrassement, et, abandonnant leur général, se précipitèrent eux-mêmes sur les barricades pour aplanir la route à la sédition. Macdonald consterné les rappela en vain de l'épée, de la voix et du geste à l'honneur, sinon au devoir. Sa voix et ses larmes furent perdues dans le tumulte. Deux hussards polonais, ivres du vin des faubourgs, franchirent les derniers obstacles de la barricade et coururent le sabre levé sur le maréchal. Il ne dut la vie qu'à la rapidité de son cheval et se perdit dans les rues de la ville pour atteindre la route de Paris.

VIII

Aux cris des bandes des faubourgs, à l'aspect des hussards polonais, à l'apparition des grenadiers de la garde qui passaient le pont, les troupes postées sur les quais s'ébranlèrent et communiquèrent l'ébranlement aux régiments de réserve campés sur la place de Bellecour autour des princes. Le duc d'Orléans disparut, protégé par ses officiers moins suspects aux fanatiques de l'empereur. Le comte d'Artois, menacé par les gestes et par les cris des soldats, s'éloigna au galop, couvert par un seul cavalier de cette garde nationale à cheval qui jurait le matin de mourir pour lui. Les voitures des deux princes, préparées hors des faubourgs sur la route de Paris, les reçurent fugitifs et les emportèrent consternés vers les Tuileries.

IX

La France était désormais ouverte jusqu'à Fontainebleau à Napoléon par cette route. Les corps qui le précédaient ou le suivaient depuis Grenoble entrèrent successivement de quatre heures à sept heures dans Lyon. La population mobile et tumultueuse de la ville, mêlée à celle des faubourgs et aux soldats, inonda les quais, les places et les rues. L'émotion simule l'enthousiasme. La garde nationale de Lyon accepta la loi du destin et s'arma seulement pour défendre les propriétés, plus chères que les opinions à ce peuple laborieux. Une forêt de baïonnettes couvrait la ville illuminée comme pour une allégresse publique. Elle aurait illuminé de même et avec plus de sincérité si Napoléon eût échoué contre ses murs. Mais depuis dix ans la France avait subi l'armée. Lyon feignit d'adorer ses oppresseurs. L'empereur cependant, ainsi qu'il avait fait à Grenoble et dans toutes les villes, attendit les ténèbres pour y entrer, soit qu'il fût embarrassé de sa contenance au milieu de séditieux qu'il excitait en les détestant, soit qu'il craignît l'arme d'un assassin et qu'il ne voulût pas mourir avant d'avoir complétement triomphé.

Il se fit conduire à l'archevêché de Lyon, palais splendide du cardinal Fesch son oncle, et déjà rempli de la foule de ses généraux et de ses conseillers accourus au-devant de sa victoire. Affectant une confiance paternelle dans le peuple qu'il venait de conquérir, il ne voulut d'autre garde que les citoyens armés la veille pour le combattre. Seulement quand les officiers de la garde nationale à cheval vinrent lui offrir un poste de cavalerie d'honneur dans ses cours : « Non, leur dit-il avec une ironique et généreuse indignation où l'on retrouvait le soldat sous l'adversaire, non, je ne veux point autour de moi des soldats qui ont abandonné leur prince le comte d'Artois, qui s'était confié à leur honneur ! »

X

Après les autorités reçues et de nobles paroles échangées entre le maire royaliste M. de Farges et lui, l'empereur passa une partie de la nuit à dicter neuf décrets, par lesquels il reprenait possession de l'empire. Jusque-là il avait temporisé avec le règne. Cette dernière victoire décidait de son attitude. Plus il embrassait résolûment l'empire à Lyon, plus il semait à Paris la terreur avec la certitude de son triomphe. Paraître régner à Lyon, c'était combattre devant Paris.

Il rétablissait dans le premier décret tous les magistrats en place en 1814, et destituait tous ceux que les Bourbons avaient institués à leur place.

Par le second, il expulsait des corps de l'armée tous les émigrés rentrés avec le roi.

Par le troisième, il abolissait le drapeau blanc, couleur de la monarchie, et toutes les décorations que l'ancienne monarchie avait distribuées à ses partisans.

Par le quatrième, il reconstituait la garde impériale en prétoriens modernes, véritable patriciat militaire destiné, dans sa courte pensée, à remplacer les anciens patriciats ou à renouveler les strélitz et les janissaires.

Par le cinquième, il confisquait tous les biens des princes de la famille royale.

Par le sixième, il abolissait l'antique noblesse et restaurait sa noblesse personnelle.

Par le septième, il condamnait à l'ostracisme tous les émigrés rentrés dans leur patrie avec les Bourbons, et il plaçait le séquestre, confiscation temporaire, sur leurs biens.

Par le huitième, il annulait toutes les promotions faites par le roi dans l'ordre honorifique et lucratif de sa Légion d'honneur, dont il avait fait, au grand préjudice des mœurs austères d'une démocratie, l'institution de l'émulation par la vanité, au lieu de l'émulation par la vertu française.

Par le neuvième, il dissolvait la chambre des pairs, celle des députés, la charte, et promettait la convocation d'un *champ de mai*, sorte d'états généraux de la nation qui délibéreraient sur les modifications à faire aux institutions de l'empire.

Sûr de la seconde ville du royaume et d'une armée grossie dans ses murs, il jeta le masque républicain qu'il avait porté jusque-là et montra la tyrannie à visage découvert. Il avait donné au peuple le nom de citoyen, qui rappelait la dignité et l'égalité de la démocratie. Il laissa cette formule le jour où il crut n'en avoir plus besoin pour flatter la nation, et il adressa ses décrets et ses proclamations aux Français. Les républicains, un moment séduits, commencèrent à murmurer et à se retirer dans leur réserve. Ils virent que l'exil n'avait inspiré que pour un jour le langage de la liberté.

XI

Après avoir lancé son armée par la route de Bourgogne, il sortit le 13 de Lyon et coucha à Villefranche. Le trouble et le tumulte, plus que l'enthousiasme, le précédaient et le suivaient sur cette route de Lyon à Mâcon, la plus peuplée de toutes les routes de France. Ses partisans voulaient en vain lui faire illusion sur la nature de ce mouvement du peuple qu'il imprimait autour de lui. La curiosité, l'émotion, la terreur secrète de ce qui allait s'accomplir, y dominaient sur le fanatisme rare de quelques sectaires et de quelques paysans descendus des montagnes. La foule moblie, prolétaire et irresponsable, poussait seule des acclamations autour des roues de sa voiture ou à la vue des uniformes de ses grenadiers ; tout ce qui avait à perdre une sûreté, une industrie, une fortune, un enfant dans les hasards de ce retour, se taisait ou s'éloignait. Il arriva le 14 au soir à Mâcon, ville où il espérait un bruyant accueil. Il fut trompé.

XII

Cette ville avait la renommée d'une ville révolutionnaire. Elle avait fourni des acteurs et des victimes au drame de 1789 et de 1793. Le sentiment du républicanisme trahi et persécuté par Napoléon y faisait le fond des opinions dans toutes les classes qui n'appartenaient pas à la noblesse ou à l'émigration. Entre ces royalistes et ces républicains, il n'y avait pas place pour le fanatisme impérial. Ville plébéienne, mais non servile, Mâcon et l'immense population de ses riches campagnes avaient gémi de l'occupation étrangère, mais avaient applaudi avec ivresse à la chute de la tyrannie. Napoléon s'en souvenait et craignait ce peuple ombrageux et fier.

Il fut frappé de la solitude et du silence où la population le laissait abandonné à ses troupes dans l'hôtellerie où il était descendu, comme un peuple qui subit, mais qui n'encourage pas un attentat à la patrie. De rares groupes d'enfants ameutés par quelques pièces de monnaie, d'hommes en haillons et de femmes suspectes, poussèrent sous son balcon quelques cris mendiés et sans échos. Il ouvrit ses fenêtres, regarda avec dédain, se retira, et dit au maire, qu'il avait fait appeler : « N'aurez-vous donc que cette populace à me montrer? » Passant alors du dédain à la colère, il reprocha avec force aux magistrats d'avoir laissé pénétrer l'ennemi dans leurs murs en 1814, comme si l'occupation de ces riches provinces, sans défense contre l'armée de Schwartzenberg et de Bianchi, forte de cent quatre-vingt mille hommes, n'eût pas été le crime de son ambition et de son imprévoyance. On lui répondit « que quelques volontaires sans armes et sans appui ne pouvaient pas triompher d'armées d'invasion auxquelles ses héroïques soldats, commandés par lui-même, avaient été obligés de céder la France et l'empire, et que les fautes du gouvernement absolvaient au moins les fautes du peuple. — Cela est vrai, dit-il en s'adoucissant et en caressant de son geste familier l'orateur de la ville, nous avons tous failli. Il faut oublier nos torts mutuels et ne penser désormais qu'au salut et au bonheur de la France. »

XIII

Ce fut de Mâcon qu'il expédia ses proclamations de Grenoble et de Lyon au maréchal Ney, dont l'avant-garde et le corps d'armée, immobiles à quelques lieues de là, semblaient hésiter à lui couper le chemin de Paris. Incertain des dispositions de son ancien lieutenant, il ne lui fit pas d'autre signe d'intelligence. Il croyait à son honneur, il n'insultait pas à sa loyauté en lui proposant une trahison de son devoir envers ses nouveaux maîtres les Bourbons ; mais il pensait que la rapidité de son triomphe, la chute de Grenoble, celle de Lyon, sa marche sans obstacle sur Paris, seraient pour le maréchal et pour son armée des signes assez entraînants vers sa cause, et que le courant de cette gloire emporterait de lui-même son ancien ami et ses bataillons.

XIV

Hélas ! il ne se trompait pas en préjugeant ainsi de l'entraînement involontaire, de la faiblesse et de la complicité passive de son ancien compagnon d'armes. Ney, cœur faible contre l'amitié, imagination ébranlée à tous les coups de la fortune, n'était que le héros des champs de bataille. Les conseils le trouvaient irrésolu, les situations extrêmes indécis, les partis à prendre inégal aux difficultés et même au devoir. La gloire cette fois lui obscurcit l'honneur, cette gloire isolée et incorruptible de l'homme privé. Sa perplexité depuis le débarquement de l'empereur altérait son sang-froid et s'accroissait à chaque pas que son chef faisait en se rapprochant de sa propre armée. Son irrésolution et ses lenteurs, quoique non calculées par la perfidie, perdaient le temps, la cause des Bourbons, la France et son propre caractère. Peut-être que s'il avait enlevé son armée de Franche-Comté à marches forcées pour accourir à Lyon et se rejoindre aux princes, il aurait empêché la chute de cette ville et donné à Masséna et au duc d'Angoulême le temps d'envelopper les six mille hommes de Napoléon entre trois feux. Il est à croire que, même après la chute de Lyon, s'il avait porté son armée sur la route de Bourgogne, soit par Mâcon, soit par Châlon et Dijon, il aurait intercepté cet accès de Paris à l'empereur, et qu'en se repliant même sans combattre sur Sens, Melun, Fontainebleau, et sur l'armée de réserve du duc de Berri sous la capitale, il aurait opposé le front de la France armée devant Paris aux colonnes faibles et confuses de Napoléon, et sauvé encore, sinon la charte et le trône, au moins l'honneur de son pays et de sa propre fidélité. Mais, toute la situation fausse et complexe de l'armée française devant se personnifier en lui, il devait être à la fois le complice, le coupable et la victime de cette armée qui ne savait ni applaudir à un attentat réprouvé par la conscience du pays, ni résister à son passé, ni préserver la patrie, ni sauver son honneur, ni faire son devoir.

XV

Le maréchal Ney, appelé, comme nous l'avons dit, à Paris par le maréchal Soult à la nouvelle du débarquement, était accouru sans savoir encore pour quel motif on l'appelait. En descendant de voiture chez son beau-frère Gamot, il avait appris de lui la rumeur publique. Il avait été révolté de l'audace et du crime de cette invasion. « Que vient faire cet homme, s'était-il écrié, cet homme qui n'a que la guerre civile à nous apporter? S'il ne comptait pas sur nos divisions, aurait-il osé mettre le pied sur le sol français? » C'est dans ces sentiments qu'il avait volé chez le roi, et qu'en présence des hommes de sa cour il avait juré de ramener Bonaparte captif et enchaîné dans une cage de fer. Mot sinistre dans la bouche d'un ancien ami, contesté faiblement ensuite, mais constaté au procès. En sortant des Tuileries, il était parti pour Besançon, chef-lieu de son commandement militaire. Il y avait montré la même résolution, adoucie seulement dans les termes, et mêlée d'expressions de douleur sur l'option fatale que la présence de Napoléon posait à l'armée entre le devoir et la séduction de l'ancienne gloire.

Besançon ne lui paraissant pas une position militaire assez rapprochée de la route de Napoléon, il avait dirigé ses troupes et transféré son quartier général à Lons-le-Saulnier, ses avant-postes à Poligny, à Dôle et à Bourg, également prêt à marcher, selon les événements, sur Lyon ou sur Dijon. M. de Bourmont et le général Lecourbe commandaient sous lui les divisions de son armée. Bourmont, ancien général vendéen, passé après la pacification de la Vendée au service de l'empereur ; homme dont les deux causes avaient successivement tenté et servi l'aventureuse ambition, royaliste d'honneur, soldat de caractère, habitué à la fois des camps de la Bretagne et des camps de Napoléon, intelligent des circonstances, flexible aux événements, à la nécessité et à la victoire. Lecourbe, soldat brave, consommé, rude, mais licencieux, ancien lieutenant de Moreau dans ses campagnes d'Allemagne, général en chef après lui, couvert de la gloire de la république, disgracié pendant tout son règne par Napoléon, aigri par la retraite, par le dédain du maître, revenu aux Bourbons par ressentiment et par patriotisme, excellent chef à opposer au retour de Bonaparte.

Les dispositions des troupes étaient flottantes. Cependant les officiers chez qui l'honneur commandait aux instincts paraissaient résolus au devoir, les soldats ébranlés laissaient échapper quelques signes de prédilection plutôt que de mutinerie pour l'empereur. L'ascendant souverain du nom de Ney et son exemple pouvaient rivaliser même avec l'ascendant du nom de Napoléon. Les autorités de quatre départements étaient dévouées jusqu'à l'intrépidité aux Bourbons. Les gardes nationales, encore chaudes de l'enthousiasme du retour de la paix, de la liberté et des Bourbons, étaient bien commandées et disposées à seconder la fidélité des troupes.

XVI

Le maréchal avait envoyé à Mâcon un officier déguisé, M. de Rochemont, pour observer l'attitude et l'esprit du peuple sur la route de l'empereur. Bertrand, de son côté, avait dirigé des émissaires porteurs de proclamations et des actes de l'empereur sur Lons-le-Saulnier. Ney était enveloppé, obsédé et tiraillé en sens opposé par les bruits, les nouvelles et les paroles qui arrivaient de l'armée de l'empereur à sa propre armée. Ses résolutions se combattaient jour et nuit dans son âme. Elles suivaient l'alternative des événements qui se pressaient et des entretiens dont il était avide avec ses généraux, comme un homme qui, ne trouvant pas d'appui en lui-même, en cherche dans les autres. Des officiers envoyés par Napoléon lui faisaient dire que l'Autriche et l'Angleterre étaient d'accord avec l'empereur, que tout était convenu au congrès entre Talleyrand et l'Europe, et que si le sang de la guerre civile venait à couler, c'était sur lui seul et sur son obstination à un honneur mal entendu que retomberaient les malheurs de la patrie. Des aigles et des couronnes de laurier étaient secrètement distribuées aux régiments pendant les ténèbres pour préparer la décoration de l'émeute militaire. Les soldats, que l'immobilité laisse corrompre, témoins de l'indécision de leur chef, et attribuant cette hésitation soit à la crainte d'aborder l'armée de l'empereur, soit à une secrète complicité, se pervertissaient d'heure en heure. Leur propre ébranlement ébranlait le maréchal. Il passait les jours dans l'agitation, les nuits dans l'insomnie, craignant tour à tour d'être prévenu par le soulèvement spontané de son armée ou d'être le complice de son insurrection.

La nuit du 13 au 14, il appela successivement autour de lui Bourmont, Lecourbe, Faverney, Clouet et Dugrivel, commandant de la garde nationale de Lons-le-Saulnier. Il leur découvre à demi les déchirements de son âme. Il semble provoquer involontairement de ces confidents une résolution qui encourage celle qu'il a déjà secrètement formulée sous main dans une proclamation aux troupes, mais qu'il n'est pas encore décidé à exécuter. Lecourbe se montre inflexible à toute transaction avec l'honneur; Faverney s'indigne; Clouet parle de se retirer plutôt que de fléchir sous une sédition des soldats; Dugrivel répond de la garde nationale; Bourmont, s'il faut en croire la déposition du maréchal Ney contredite par cet officier, ne témoigna peut-être pas au maréchal une indignation assez énergique à la lecture de son projet de proclamation; soit ménagement envers un chef qu'il respectait, soit trouble d'esprit dans une circonstance si extrême, il ne se précipita pas avec assez de promptitude et d'ascendant entre le maréchal et sa mauvaise pensée.

XVII

Ney donna l'ordre de rassembler les troupes. Le motif de cette revue générale était néanmoins encore une énigme pour les généraux confidents du maréchal, pour ses aides de camp et en apparence pour lui-même. Il est vraisemblable qu'il voulait juger de leur esprit par leur contenance dans un rassemblement solennel, ou qu'il voulait que leur défection éclatante, spontanée, irrésistible, motivât la sienne, et étouffât sous un cri de l'armée le cri de sa propre conscience. Excuse cherchée d'avance non à la trahison, mais à la faiblesse : telle était la revue du 14 à Lons-le-Saulnier.

XVIII

Toutes les troupes formées en carré sur l'immense place d'armes de la ville, le maréchal parut au milieu du carré entouré de son état-major et portant sur son uniforme la grande plaque de sa décoration à l'effigie de Napoléon. Ses généraux, ses officiers, les soldats, les autorités présentes l'observaient avec une anxiété morne. Cette réunion inusitée des troupes ne pouvait avoir pour objet qu'une grande manifestation de dévouement ou de défection à son honneur. On s'attendait à tout, mais la masse des spectateurs ne pouvait croire que le signal et le cri de l'infidélité sortiraient du cœur et de la bouche de celui que l'armée nommait le brave des braves. Ney lui-même semblait attendre, hésiter, provoquer par sa lenteur un mouvement d'impatience de l'armée qui prévînt et qui couvrît sa faute. Il avoua depuis que la mort même aurait été pour lui une issue désirée à sa perplexité d'esprit, et il reprocha depuis à Bourmont, à Lecourbe de ne l'avoir pas frappé en flagrant délit, tant il sentait que le remords était pire qu'une expiation anticipée de son crime militaire.

Enfin, après avoir vainement attendu qu'un cri des troupes, soit en faveur du roi, soit en faveur de Bonaparte, rompît le silence qui semblait peser sur cette foule, croyant voir à la physionomie des soldats que l'obéissance pourrait manquer au devoir, il prit lui-même fatalement le parti funeste de devancer l'insurrection qui attendait, et de commander la défection de peur de paraître lui obéir. Comme il arrive toujours dans un acte contre le devoir, il ne mesura même pas sur la décence la forme et les paroles par lesquelles il déclarait son infidélité; mais passant sans gradation et sans convenance de la fidélité à l'injure, il insulta la cause qu'il désertait.

« Soldats, dit-il en tirant de son sein un papier qu'il y cachait depuis la veille et qu'il avait lu la nuit à Bourmont et à Lecourbe, comme une hypothèse de proclamation envoyée de Lyon ou de Mâcon, et sur laquelle il pressentait leur impression; soldats, la cause des Bourbons est à jamais perdue. La dynastie légitime que la nation française a adoptée va remonter sur le trône : c'est à l'empereur Napoléon, notre souverain, qu'il appartient seul de régner sur notre beau pays. Que la noblesse des Bourbons prenne le parti de s'expatrier encore ou qu'elle consente à vivre au milieu de nous, que nous importe ! La cause sacrée de la liberté et de notre indépendance ne souffrira plus de leur influence. Ils ont voulu avilir notre gloire militaire, mais ils se sont trompés : cette gloire est le fruit de trop nobles travaux pour que nous puissions jamais en perdre le souvenir. Soldats ! les temps ne sont plus où l'on gouvernait les peuples en étouffant leurs droits. La liberté triomphe enfin, et Napoléon, notre auguste empereur, va l'affermir à jamais. Que désormais cette cause si belle soit la nôtre et celle de tous les Français : que tous les braves que j'ai l'honneur de commander se pénètrent de cette grande vérité.

» Soldats ! je vous ai souvent menés à la victoire ; maintenant je vais vous conduire à cette phalange immortelle que l'empereur Napoléon conduit à Paris, et qui y sera sous peu de jours, et là notre espérance et notre bonheur seront à jamais réalisés. Vive l'empereur !

» Lons-le-Saulnier, le 13 mars 1815.

» *Le maréchal d'empire,*
» PRINCE DE LA MOSKOWA. »

XIX

Le frémissement des troupes avait à peine permis au maréchal d'achever la lecture de cette proclamation. Un immense cri de : « Vive l'empereur ! » sortit du milieu des soldats, et un tumulte militaire rompit les rangs et viola toute discipline. Les officiers fidèles et indignés qui ne s'associaient pas au délire de cette émeute armée étaient injuriés et menacés par leurs propres soldats. Le peuple royaliste de la ville et du Jura assistait consterné à ce scandale. Le commandant de la garde nationale, Dugrivel, intrépide dans sa démonstration d'horreur contre la déloyauté de cette armée, brisa son épée devant le front des troupes en présence du maréchal et en jeta les tronçons aux pieds du tribun de la sédition. Lecourbe s'éloigna triste et murmurant à travers les flots de ce peuple du Jura qui respectait en lui sa propre gloire. Les républicains amis de Rouget de Lisle, ce chantre de la *Marseillaise*, retiré à Lons-le-Saulnier, sa patrie, s'unirent aux royalistes pour déplorer cette trahison à la liberté et cette immolation de la patrie à un homme. Clouet, Faverney, presque tous les officiers de l'état-major de l'armée et des volontaires de la province, se séparèrent avec douleur du maréchal et allèrent porter dans leurs foyers ou à Paris la pudeur et le désespoir de cette armée évanouie à la voix de son chef. Bourmont resta muet et obéissant, sans donner aucun signe d'approbation ou d'improbation publique à son chef pendant les premières heures, et se contentant de gémir avec les serviteurs du roi. Il parut même au banquet civil et militaire que les troupes donnèrent au maréchal après la revue, et qui consacra par des joies séditieuses la journée de la défection. Les soldats, témoins et complices de ces indisciplines récompensées dans leurs chefs, se répandirent tumultueusement dans la ville et prolongèrent dans la nuit les désordres et les ivresses de l'insubordination. Un tel exemple corrompait plus que dix défaites l'armée française. La sédition du peuple se réprime par le soldat, la sédition du soldat par le chef; mais la sédition du chef ne se corrige que par la décomposition du corps social et par les désastres de la patrie.

XX

La défection de Ney enlevait toute résistance aux Bourbons, ouvrait toutes les routes de Paris à l'empereur, l'assurait contre toute poursuite des armées fidèles encore du Midi, et allait grossir ses forces sur la route d'Auxerre de tous les régiments de l'armée de la Franche-Comté, que Ney se hâta de diriger sur ses pas pour le rallier et le rendre invincible.

Napoléon avait bien auguré à Mâcon de la versatilité de son ancien lieutenant : « Flattez-le, avait-il dit à Bertrand, ne le caressez pas, il croirait que je le crains! » Il avait reçu dans cette ville un émissaire des conjurés de Paris chargé de lui faire un rapport verbal sur les mesures civiles et militaires prises par le roi et par les chambres pour lui opposer une résistance nationale. « Le roi, lui avait dit ce confident, est sûr de la garde nationale et de la nombreuse et brave jeunesse qui forme sa garde militaire, il a juré de vous attendre et de vous défier aux Tuileries. — S'il veut m'y attendre, répondit l'empereur, j'y consens, mais j'en doute ; les jactances des émigrés l'endorment ; quand je serai à vingt lieues de Paris, ils l'abandonneront comme les nobles de Lyon ont abandonné le comte d'Artois. Que peut-il faire avec les hommes vieillis qui l'entourent? la crosse du fusil d'un de mes grenadiers en ferait fuir des centaines. La garde nationale crie de loin ; quand je serai aux barrières, elle se taira. La guerre civile n'est pas son métier. Allez, retournez à Paris, dites à mes amis qu'ils se réservent et se tiennent immobiles, et que dans dix jours mes grenadiers seront de garde aux portes des Tuileries. »

XXI

Le 14, il coucha à Châlon-sur-Saône, ville à émotion qui s'était signalée par une résistance à l'invasion digne des souvenirs de Saint-Jean-de-Losne, et que les longues guerres de l'empire avaient seule favorisée entre toutes les contrées de France de l'entrepôt intérieur des marchandises refoulées par le blocus continental. Il y fut reçu comme le génie de la guerre et de la fortune du pays. Le peuple lui fit hommage des canons et des caissons d'artillerie qu'on avait dirigés de Paris sur l'armée de Ney contre lui. Les volontaires des corps francs qui avaient combattu jusqu'à la témérité les colonnes de l'armée autrichienne quelques mois avant sous le commandement de trois gentilshommes de ces provinces, M. de Moncroc, M. de Forbin-Janson et M. Gustave de Damas, Vendéens de la patrie, lui furent présentés et reçurent de lui leur récompense en quelques mots de souvenir et de gloire. La bourgeoisie et la magistrature de la ville se mirent dans un éloignement, dans une réserve et dans une froideur qui lui parurent comme partout un signe répulsif de la pensée de la France. Il se plaignit de l'absence du maire, il envoya un de ses affidés le solliciter à paraître et à lui prêter serment, affectant de redouter pour lui après son départ le ressentiment de la population. « Non, répondit ce magistrat inflexible au milieu des conseillers municipaux qui partageaient sa fermeté, j'admire Napoléon comme guerrier, je l'ai servi comme empereur, j'ai prêté avec toute la France et après sa propre abdication serment à un autre souverain, ce souverain existe et combat encore en France, je ne violerai pas la fidélité que je lui ai jurée. » L'empereur, forcé par sa situation de punir le devoir et d'encourager la révolte, destitua cet homme de bien.

XXII

Il marchait avec toute la rapidité qu'il pouvait imprimer à sa colonne de l'île d'Elbe pour déconcerter la résistance par la promptitude. Son armée fit en deux jours pluvieux la longue route de montagnes de Châlon-sur-Saône à Avallon. Il était au cœur de ce plateau de la haute Bourgogne où la race mobile, fière et martiale, endurcie à la guerre par les siècles et par l'élasticité du climat, lui avait donné ses plus nombreux et ses plus infatigables recrutements. Il y fut reçu comme dans un camp par les paysans ivres du drapeau et du nom. Les femmes mêmes disputaient aux hommes la garde d'honneur de son hôtel. Un officier d'état-major de l'armée de Ney accourut dans la nuit apporter à l'empereur la confirmation de la défection attendue du maréchal. L'empereur lut la proclamation, y fit de sa main quelques corrections pour l'adapter à ses vues et à l'esprit des départements et de Paris, et la fit imprimer et répandre devant lui sur la route d'Auxerre. Cette défection, connue et commentée en pareils termes, lui valait l'exaltation de ses partisans, le découragement de ses ennemis. Elle plia tout sur son passage. Ney, dans la lettre qui contenait sa proclamation, annonçait à Bertrand qu'il allait joindre l'empereur à Auxerre.

XXIII

L'empereur n'y trouva pas ce maréchal et s'inquiéta un moment de son irrésolution. Le préfet d'Auxerre était le beau-frère du maréchal. C'était le premier préfet des Bourbons qui ne s'éloignait pas devant Napoléon et qui le reconnut pour son souverain. Cette défection civile d'un parent de Ney, associé sans doute aux pensées comme à la fortune de Ney, ne suffisait pas pour rassurer l'empereur. « Que fait-il? Pourquoi tarde-t-il? Qui peut le retenir? » s'écriait-il à chaque instant. Il sentait encore le sort de son entreprise dans une irrésolution ou dans un repentir de son complice. Cependant à huit heures du soir Ney arrive; il demande, comme pour se punir lui-même de ses rudesses de Fontainebleau et de ses dévouements aux Bourbons, à ne point paraître devant l'empereur avant d'avoir eu le temps de recueillir ses esprits et d'écrire sa justification. « Qu'ai-je besoin qu'il se justifie? répond l'empereur au préfet qui lui annonce l'arrivée de son beau-frère, dites-lui que tout est oublié, que je l'aime toujours, et que mes bras lui sont ouverts ce soir comme demain. » A son réveil, il reçut le maréchal dans ses bras : « Je ne veux ni justification ni explication entre nous, lui dit-il avec émotion, vous êtes toujours pour moi le brave des braves! — Sire, répondit le maréchal, oppressé du bruit qu'avait fait en France sa promesse de ramener son empereur et son ami dans une cage de fer, les journaux ont publié sur moi des versions infâmes de ma conduite, je veux les démentir;

mes actes et mes paroles ont toujours été d'un bon soldat, d'un bon citoyen ! —. Je le sais, répondit Napoléon, aussi n'ai-je jamais douté de votre dévouement à ma personne. » Mais Ney, tremblant déjà que son acte coupable ne parût une servilité intéressée et personnelle pour un homme, et sentant le besoin de prendre le devant sur cette interprétation de sa conduite et de colorer sa faiblesse de patriotisme : « Sire, dit-il en interrompant la pensée de l'empereur et en relevant son accent, vous avez eu raison, Votre Majesté pourra toujours compter sur moi quand il s'agira de la patrie ; c'est pour la patrie que j'ai versé mon sang et que je suis prêt à le verser jusqu'à la dernière goutte. » L'empereur comprit l'accent, le geste, l'intention, l'embarras dans l'audace de ces paroles, et coupant à son tour le discours du maréchal, de peur qu'il ne l'entraînât au delà de ce qu'il lui convenait d'entendre en public : « Et moi aussi, dit-il à Ney, c'est le patriotisme qui me ramène en France. J'ai su que la patrie était malheureuse, et je suis venu pour la délivrer des Bourbons. Je lui apporte tout ce qu'elle attend de moi ! — Votre Majesté, répliqua le maréchal, peut être sûre que nous la soutiendrons. Avec de la justice, on fait ce qu'on veut de ce peuple. Les Bourbons se sont perdus pour avoir mécontenté l'armée. Des princes, continua-t-il, qui n'ont jamais su ce que c'était qu'une épée nue ! humiliés et jaloux de notre gloire ! oui, qui cherchaient sans cesse à nous humilier nous-mêmes ! Je suis encore indigné quand je pense qu'un maréchal de France, qu'un vieux guerrier tel que moi, était obligé de s'agenouiller devant le duc de Berri (et il accompagna le nom du jeune prince d'une épithète injurieuse) pour recevoir l'accolade de chevalier de Saint-Louis !... Cela ne pouvait durer, et si vous n'étiez pas accouru, nous allions les chasser nous-mêmes !... » L'empereur comprit que le maréchal hors de lui lavait dans des injures contre les Bourbons l'injure adressée quelques jours auparavant à ces Bourbons contre lui-même. Il détourna l'entretien et demanda à Ney quel était l'esprit de son armée. « Excellent, Sire, répondit le maréchal, j'ai cru que les troupes m'étoufferaient quand je leur ai découvert vos aigles. — Quels sont vos généraux ? reprit Napoléon. — Lecourbe et Bourmont. — Êtes-vous sûr d'eux ? — Je réponds de Lecourbe ; je ne suis pas aussi sûr de Bourmont. — Pourquoi ne sont-ils pas ici ? — Ils ont montré de l'hésitation, je les ai laissés derrière moi. — Faites-les arrêter, ainsi que tous les officiers royalistes, jusqu'à mon entrée à Paris ; je ne veux pas qu'ils inquiètent mon triomphe. J'y serai le 20 ou le 25, si nous y arrivons, comme je l'espère, sans combat. Pensez-vous que les Bourbons s'y défendent ? — Je ne le crois pas, répondit Ney ; vous connaissez ce peuple de Paris, qui fait plus de bruit que d'ouvrage. — J'ai reçu ce matin des nouvelles de mes correspondants de Paris, dit l'empereur, les miens sont prêts à se soulever. Je crains qu'une lutte n'éclate entre eux et les royalistes. Je ne voudrais pas qu'une goutte de sang tachât mon retour. Les communications avec la capitale sont ouvertes ; écrivez à nos amis, à Maret, que tout s'ouvre devant mes pas ou se rallie à moi, et que j'arriverai à Paris sans avoir tiré un coup de fusil. »

Labédoyère, dont la défection, signal de toutes les autres, avait devancé celle de Ney, et dont l'âme était déjà bourrelée des mêmes remords, assistait à cet entretien et couvrait déjà comme son chef le trouble et l'ambiguïté de sa situation des jactances du patriotisme. Napoléon les quitta pour écrire avec ostentation à l'impératrice, afin de répandre autour de lui le préjugé d'un concert entre l'Autriche et lui qui n'existait pas. Après cette expédition à Vienne de courriers qui ne devaient jamais arriver, il fit embarquer sous ses yeux, sur la rivière, ses soldats de l'île d'Elbe harassés d'une si longue route, ainsi que plusieurs régiments destinés à lui servir d'avant-garde vers Fontainebleau et Melun. Il fit arrêter les courriers de Paris et décacheter les dépêches et les lettres intimes, afin de connaître par les confidences de famille les transes ou les espérances des cœurs à Paris. Il apprit par ces correspondances que sa personne était proscrite et que ses jours ne seraient pas en sûreté en approchant de Paris. Il laissa ses officiers redoubler de surveillance autour de lui; mais, inquiet de l'exaltation de ses troupes, qui brûlaient de s'engager avec les troupes royales, et craignant qu'une fois la guerre commencée elle ne lui fût moins favorable que l'étonnement et la panique qui combattaient pour lui, il dicta pour le général Cambronne, chef de son avant-garde, ces mots : « Général Cambronne, je vous confie ma plus belle campagne; tous les Français m'attendent avec impatience, vous ne trouverez partout que des amis; ne tirez pas un seul coup de fusil; je ne veux pas que ma couronne coûte une goutte de sang aux Français! »

Il s'avança ensuite sur la route de Montereau.

XXIV

Le plateau de Montereau, où l'empereur avait livré quelques mois auparavant sa dernière bataille heureuse contre les Autrichiens, et les hauteurs boisées qui couvrent le chemin de Fontainebleau sur la rive opposée de la Seine, avaient été choisis par le duc de Berri pour position de l'armée royale qui devait attendre et combattre la colonne de l'empereur. Quelques faibles détachements de la maison militaire du roi, dévoués, intrépides, mais peu nombreux, avaient été dirigés sur Montereau et noyés dans les régiments d'infanterie et de cavalerie de la vieille armée, pour faire fraterniser les armes. L'armée, imprudemment aventurée ainsi hors de Paris et rapprochée des aigles qui fascinaient l'œil et le cœur du soldat, se tenait dans une attitude passive et immobile. Le régiment de hussards qui couvrait la chaussée et le port de Montereau aperçut à peine les éclaireurs de Cambronne qu'il poussa le cri de : « Vive l'empereur ! » arracha ses cocardes blanches, tendit les mains aux soldats de l'île d'Elbe, et, mêlant l'outrage à la défection, fondit au galop, le sabre à la main, sur quelques centaines de cavaliers de la maison du roi, leurs camarades de camp, échangea avec cette brave jeunesse quelques coups de sabre et de pistolet, et prit la tête de l'armée insurgée qu'elle était chargée de combattre. Tous les régiments sur les deux routes de Melun et de Fontainebleau suivirent ce courant de sédition et se rallièrent à l'armée de l'empereur à mesure que cette armée les aborda dans leurs positions. Les officiers, les colonels et les généraux, entraînés eux-mêmes, restèrent complices forcés de leurs troupes. Les émissaires, presque tous officiers polonais, avaient été postés dans toutes les villes et dans tous les villages où séjournaient les corps. Ces Polonais, race nomade et turbulente, n'avaient rien à respecter dans la dignité de la patrie, rien à perdre dans sa ruine. Guerriers et braves, les hommes de cette nation adoraient dans Napoléon le dieu de la guerre, et fomentaient dans les corps le trouble qui est leur génie natal. Ils furent les instruments les plus actifs de la désorganisation à Montereau comme à Lyon. On les retrouve mêlés depuis à tous les tumultes de nos révolutions, brandons militaires ou civils, selon que la révolution est soldatesque ou civile. Ils ont pour patrie les révolutions.

XXV

En recevant la nouvelle de la dispersion du premier corps qui lui fermait à droite le plateau de Melun et les défilés de la forêt de Fontainebleau à gauche, Napoléon laissa éclater sa joie. Il voulait vaincre, mais, pour lui, vaincre sans combattre, c'était deux fois vaincre. L'Europe verrait que son entreprise n'était pas un attentat, mais le vœu d'une nation. Il nomma le général Gérard, un des généraux qui l'avaient rejoint en route, commandant de son avant-garde à la place de Cambronne, afin que ses compagnons de l'île d'Elbe parussent accueillis et devancés par leurs camarades de France sous les murs de Paris. Leur marche ainsi serait un cortége, non une campagne. Gérard reçut l'ordre d'éviter tout combat, même partiel, contre les troupes du roi. La désorganisation combattait aussi sûrement et moins criminellement pour lui.

« On m'assure, disait l'empereur dans sa lettre au général Gérard, que vos troupes, connaissant les décrets de proscription contre moi, ont résolu par représailles de faire main basse sur les royalistes qu'elles rencontreront. Vous ne rencontrerez que des Français; je vous défends de combattre. Calmez vos soldats, démentez les bruits qui les exaspèrent; dites-leur que je ne voudrais pas entrer dans ma capitale à leur tête, si leurs armes étaient teintes de sang. »

A Fossard, petit hameau et maison de poste sur la route de Fontainebleau, des courriers de Lyon lui apportèrent les nouvelles du soulèvement du Midi contre lui, de la formation de l'armée de Masséna à Marseille, et de la marche de l'armée du duc d'Angoulême sur Valence et Lyon pour lui refermer la route du retour et pour reconquérir sur ses traces les provinces traversées par lui. Il négligea ces dangers lointains et pressa davantage sa course vers Paris, sûr que les armées qui lui étaient opposées se fondraient d'elles-mêmes quand les provinces aux extrémités apprendraient son triomphe au centre de l'empire.

A quelque distance de Fossard, la cavalerie du duc de Berri, rangée en bataille sur la route de Fontainebleau, jusque-là obéissante et ferme, rompit les rangs, méconnut ses chefs, et marcha d'elle-même à la rencontre de l'empereur. Le colonel Moncey, fils du maréchal de ce nom, attaché à Napoléon par reconnaissance, plus attaché à son devoir par honneur, parvint seul à enlever le régiment de hussards qu'il commandait à l'entraînement des autres corps. Il l'éloigna à travers champs de la route pour le soustraire à l'enivrement général, et se retira vers Orléans. Les soldats suivirent leur colonel, qui rougissait de honte pour ce crime de l'armée. Mais l'amour qu'ils avaient pour leur brave chef ne put obtenir d'eux que la neutralité. En s'éloignant de la route où Napoléon allait passer, ils se retournaient pour crier : « Vive l'empereur ! » afin que Moncey comprît bien que leur âme luttait en eux entre Napoléon et lui, et que, si leur cœur les enchaînait à leur colonel, leur vœu secret était pour l'empereur.

XXVI

La route de Fontainebleau à Paris par la forêt, si facile à défendre, était ainsi découverte faute de défenseurs. Quelques gardes du corps détachés et perdus, seuls bras sur la fidélité desquels on pût compter, étaient disséminés de station en station, chargés de rapporter à la cour les nouvelles de la défection croissante et bientôt générale.

L'empereur donna le temps à l'armée du roi de venir le suivre et aux grenadiers de l'île d'Elbe de le devancer à Fontainebleau et à Melun. Il monta en voiture à la nuit tombante, escorté seulement de deux cents cavaliers commandés par le colonel Germanouski, le colonel Duchamp et le capitaine Raoul. Quelques Polonais, semblables à ces Germains que les empereurs attachaient à leur fortune et lançaient contre le peuple de Rome, marchaient aux roues de sa calèche, le sabre à la main. Des torches éclairaient ce cortége. Le jour commençait à poindre quand il entra aux acclamations de son escorte dans la grande cour solitaire de ce même palais de Fontainebleau, témoin de son abdication quelques mois auparavant. Sa figure n'exprimait ni étonnement, ni terreur, ni joie. Il semblait rentrer dans le palais de ses pères. Le palais était désert et inhabité, les appartements qu'il avait occupés dans sa gloire démeublés, les serviteurs absents ou endormis, toutes les habitudes de séjour interrompues par ce court exil. Pendant qu'on s'empressait de lui préparer ses appartements et son lit, il parcourut les jardins, les salles, les galeries du château, pour reconnaître les changements que le temps ou les princes nouveaux avaient faits à sa demeure de prédilection, approuvant ou s'indignant devant ses compagnons de l'île d'Elbe, comme si les Bourbons eussent été des hôtes passagers et intrus dans le palais de François Ier. Puis il campa pour une nuit dans les petits appartements où il avait subi les rigueurs du sort, où il savourait son retour. Il dicta des ordres de route aux corps de l'armée pour la journée du lendemain, qu'il comptait passer lui-même encore dans cette résidence, et il s'endormit sous la garde de ces mêmes soldats campés dans ces cours d'où ils étaient partis pour l'accompagner vers son exil.

LIVRE DIX-NEUVIÈME

Indignation de Paris contre Napoléon. — Le comte d'Artois passe la revue de la garde nationale. — Nouvelles de la marche de Napoléon. — Démonstrations royalistes de Paris. — Conseil du roi et des ministres. — Ordonnance de clôture de la session des chambres. — Départ du roi dans la nuit du 20 mars. — Proclamations de M. de Chabrol et de M. Bellart. — Le général Excelmans. — Entrée de Napoléon dans Paris. — Ovation militaire. — Froideur des Parisiens. — Entrevue de Napoléon et de Cambacérès. — Il crée son ministère. — Adresse du Conseil d'État. — Adhésion de Benjamin Constant. — L'empereur forme sa maison militaire. — Revues. — Fuite de Louis XVIII. — Son arrivée à Lille. — Défection de la garnison. — Le roi abandonne Lille et s'établit à Gand. — Le comte d'Artois à Béthune. — Il passe en Belgique. — Entrée de l'armée impériale à Béthune. — Soulèvement de la Vendée. — L'armée de Napoléon arrête l'insurrection. — Le duc et la duchesse d'Angoulême à Bordeaux. — Le duc part pour le Midi à la nouvelle du débarquement de Bonaparte. — Conseil tenu par la duchesse d'Angoulême. — Marche du général Clausel sur Bordeaux. — Combat du pont de la Dordogne. — Défection de la garnison de Blaye. — Entrevue du général Clausel et de M. de Martignac. — Capitulation de Bordeaux. — Résistance de la duchesse d'Angoulême. — Défection des troupes. — Départ de la duchesse de Bordeaux. — Elle passe en Angleterre et vient rejoindre Louis XVIII à Gand. — Protestation de M. Lainé. — Opérations du duc d'Angoulême dans le Midi. — Défection d'une partie de son armée. — Combats de Montélimart, de Loriol et du pont de la Drôme.

— L'armée royale s'établit à Valence. — Elle se replie sur Pont-Saint-Esprit. — Le duc d'Angoulême est cerné à Lapalud. — Il capitule. — Il est arrêté par Grouchy. — Il est conduit en Espagne. — Lettre de Napoléon à Grouchy.

I

Paris ne participait en rien à l'enthousiasme purement soldatesque qui emportait l'armée entière sur les pas de Napoléon. Plus l'empereur s'approchait et menaçait de courber la volonté nationale sous l'immense émeute de ses soldats, plus le sentiment civique prenait d'énergie et d'indignation dans les âmes, et plus cette indignation contre la contrainte d'un dictateur à main armée s'imposant au pays par la force se transformait en adhésion raisonnée et en enthousiasme de pitié pour le roi. On plaignait unanimement ce prince désarmé et menacé, n'ayant plus à opposer au génie de la guerre et du despotisme, pour lui disputer un peuple et un trône, que les institutions, les lois, les droits antiques rajeunis par un contrat nouveau avec l'esprit et les mœurs du temps. On s'attendrissait sur ses cheveux blancs, son âge, sa constance, ses malheurs passés, sur ceux des princes de sa maison et de la duchesse d'Angoulême surtout, qu'il allait entraîner dans sa catastrophe ou son exil. On jurait de combattre et de mourir pour lui. Ces serments étaient universels et sincères. Toutes les opinions, depuis le républicanisme jusqu'à la superstition de l'antique race des rois, se confondirent par des sentiments divers dans l'horreur et dans la malédiction contre le perturbateur de l'Europe. Les journaux, les cafés, les lieux publics, les jardins, les places, les rues n'avaient qu'une voix. On s'abordait sans se connaître, et on s'interrogeait, sûr d'avance qu'on parlait à un ennemi de Bonaparte. Les jeunes gens des grandes écoles, qui apportent à Paris et qui manifestent dans les crises les vrais symptômes de l'opinion de leurs familles et de leurs contrées, ordinairement entraînés les premiers vers les nouveautés, s'étaient levés d'eux-mêmes contre l'attentat de l'ennemi de toute liberté. Ils s'étaient formés en bataillons actifs et intrépides de volontaires pour couvrir Paris, la charte et le roi. On comptait dans leurs rangs, sans exception, tous les hommes qui ont signalé depuis leur nom et leur talent dans les lettres, dans la science, dans le barreau, à la tribune. L'arme qu'ils prenaient pour défendre les Thermopyles de la constitution était la profession de foi du patriotisme et du libéralisme de leur vie. Odilon Barrot marchait, digne de son père, au premier rang. Ces volontaires avaient demandé à sortir de Paris et à s'offrir les premiers aux coups des soldats de Napoléon, résolus à les défier d'immoler la fleur de la jeunesse de la France, ou à mourir pour protester, par le crime même de leur mort, contre l'asservissement de leur patrie.

II

La garde nationale éclatait du même enthousiasme de la liberté dans tous ses rangs. Les citoyens qui la composaient, tous fils, chefs ou pères de famille, vivant pour la plupart de leur travail ou de leur industrie, attachés par la protection de leurs femmes et de leurs enfants au foyer, ne pouvaient pas, comme la jeunesse riche et indépendante des écoles, s'éloigner des murs pour une longue campagne. Mais si le reste d'armée rassemblé à Villejuif avait fait son devoir, l'empereur aurait trouvé aux portes de Paris la capitale entière debout devant lui pour lui disputer la patrie. Le comte d'Artois, commandant général de la garde nationale, la passa en revue le 17. Les cris qui s'élevèrent des rangs, les volontaires qui en sortirent, les larmes qui coulèrent, attestaient que tous les foyers de Paris et des faubourgs renfermaient un ennemi de Napoléon. Les gardes du corps, les mousquetaires, les chevau-légers de la maison du roi, au nombre de quatre mille, étaient accourus d'eux-mêmes de leur garnison ou de leurs familles à Paris. Ils étaient dévoués jusqu'à la mort et brûlaient de combattre, sans calculer le nombre et la supériorité des forces, l'armée de l'empereur. C'étaient les fils de toute la noblesse et de toute la haute bourgeoisie de France. Ils avaient dans le sang l'honneur et la fidélité aux Bourbons. Beaucoup d'entre eux avaient servi dans les corps d'élite de Napoléon. Pas un seul ne se montra faible ou irrésolu devant son péril. Ils ne murmuraient que de leur inaction dans Paris. Ils entouraient d'un rempart de cœurs le palais des Tuileries. Ils remplissaient les casernes du quai d'Orsay, de l'École-Militaire, et campaient dans les Champs-Élysées, demandant à grands cris que le roi ou les princes éprouvassent leur courage en les faisant sortir à la rencontre des régiments insurgés. Le roi ne consentit pas à faire couler inutilement, pour une cause qu'il considérait déjà comme perdue, le sang de tant de familles immolées dans leurs fils. Lui seul ne se flattait plus quand tous se flattaient encore autour de lui.

III

Le palais des Tuileries retentissait de fausses nouvelles et d'espérances d'un prochain triomphe. Les capitaines des gardes, le duc de Blacas, les ministres, montraient un visage rassuré et confiant. Le duc de Feltre disait en traversant la salle des maréchaux aux jeunes officiers de la maison militaire du roi : « Voilà huit jours que vous ne dormez pas ; vous pouvez dormir maintenant. Je dormirai moi-même cette nuit aussi tranquillement qu'il y a trois mois. Le général Marchand est rentré dans Grenoble, il s'est emparé de son artillerie, il marche avec une armée derrière lui. La désertion est dans les troupes de l'usurpateur. Lyon a secoué le joug aussitôt que la garnison a eu évacué la ville, le maréchal Ney s'avance avec trente mille hommes sur ses flancs. L'armée devant Paris est incorruptible, Paris est l'écueil de Napoléon ! » On croyait, on semait, on grossissait ces nouvelles. Une heure après, les visages consternés annonçaient que des nouvelles plus vraies venaient d'arriver dans la ville. L'anxiété pressait ou la confiance dilatait les cœurs tour à tour. Paris vécut un siècle dans ces huit derniers jours d'attente et de confusion. Mais rien ne lassa son dévouement à la cause des Bourbons. Elle était devenue pour un moment la cause de la patrie et de la liberté. On craignait que l'entrée de Bonaparte dans la ville de la Révolution ne fît reculer d'un siècle les institutions à peine restituées au peuple.

IV

M. de Blacas surtout, plus étranger qu'un autre au vrai sentiment d'une armée qu'il ne connaissait que par les journaux anglais hostiles à son esprit et incrédules à son fanatisme, ne pouvait se persuader que Bonaparte osât jamais braver la répulsion nationale dont il était témoin à Paris dans les chambres et dans les Tuileries. Il continuait à rassurer le roi et à sourire des prédictions sinistres que les hommes mieux informés lui apportaient la nuit et le jour. « Il n'osera pas, leur disait-il; le roi de France entouré de son peuple, des représentants du pays et de la noblesse, ne sera pas affronté dans les Tuileries par un soldat proscrit du trône et du pays. » Louis XVIII avait peine à croire lui-même à tant d'audace. Il parlait d'attendre, avec l'intrépidité antique, Bonaparte et ses séides sur son trône, et de le défier par la majesté de la vieillesse et du droit. M. Lainé, homme de trempe civique dont les modèles étaient dans Plutarque, animait les représentants de son héroïsme impassible, et leur faisait jurer de mourir sur les marches du trône, rangés autour du roi constitutionnel. Le maréchal Marmont conseillait aussi des mesures désespérées de courage; envoyer les princes à l'armée de Ney, dont on ignorait encore la défection, soulever la Franche-Comté d'un côté, la Vendée de l'autre, faire appel au Midi qui marchait avec le duc d'Angoulême, fortifier les Tuileries, s'y défendre avec les lois et les armes, et compter sur une insurrection unanime de la capitale qui submergerait l'agresseur sous la réprobation du peuple entier : telles étaient les résolutions que la fidélité de ce maréchal inspirait au roi. Les conseils succédaient aux conseils, et rien n'indiquait dans l'attitude du roi le désespoir de sa cause et la pensée d'abandonner Paris, encore moins la France.

V

La nuit du 19 au 20 mars, en apportant les nouvelles de la défection suprême des troupes de l'armée royale, des cuirassiers à Melun, des lanciers et des hussards à Fossard, la retraite des gardes du corps poursuivis et assaillis par leurs compagnons d'armes, l'entrée nocturne de Napoléon à Fontainebleau, dissipa les dernières possibilités et les dernières espérances de résistance. Les généraux encore fidèles appelés au conseil déclarèrent que la sédition militaire avait brisé leurs dernières armes dans leurs mains, et que Paris était désormais ouvert à l'armée de Napoléon.

Le roi hésitait encore ; il hésita jusqu'à la fin du jour. Il ne pouvait croire qu'une nation aussi fière, aussi libre, aussi dévouée que la France se montrait à sa cause, donnât à l'histoire l'exemple d'un tel abandon d'elle-même à une poignée de soldats guidés par un chef proscrit par l'Europe. Les coureurs de l'armée de Napoléon étaient déjà aux portes de Paris, et les régiments campés en réserve à Villejuif avaient déjà foulé aux pieds leurs cocardes blanches pour reprendre les couleurs de Napoléon, que ce prince parlait encore de résistance et se refusait à tout préparatif de fuite. Cependant, dès le milieu du jour, les volontaires des écoles, les mousquetaires et les gardes du corps reçurent ordre de leurs officiers de se mettre en bataille sur la place de la Concorde, dans le Carrousel, aux Champs-Élysées, sous prétexte de marcher sur Melun pour livrer combat aux troupes de Bonaparte. Ces troupes répondirent par un élan unanime à cette espérance de bataille. Leur sang royaliste bouillonnait d'impatience de se répandre pour la cause de leurs pères. Ils bivouaquèrent toute la soirée dans la pluie et dans la boue aux différents postes qui leur étaient assignés. Le peuple de toute condition qui les entourait ne fermentait que d'indignation contre l'armée et contre Bonaparte. Il les soutenait de la voix et du geste, il leur allumait du feu, il leur apportait du pain, il leur demandait des armes ; il n'avait qu'un cœur avec eux.

VI

Pendant ces démonstrations extérieures, sincères et unanimes sur les places publiques et dans les rangs des défenseurs du trône, un dernier conseil était convoqué aux Tuileries. Les ministres, les maréchaux, les généraux, M. Lainé, président de la chambre des députés, tous les conseillers publics ou intimes de la couronne, s'y réunissaient en présence du roi, des princes et de la duchesse d'Angoulême. Nul n'admettait seulement la pensée que le roi sortît de France. Évacuer Paris pour empêcher un massacre civil dans lequel la patrie ne périrait pas moins que la royauté légitime, et se retirer avec les corps de la maison militaire, les volontaires et les troupes de l'Ouest et du Nord dans une province et dans une place forte fidèle où l'on rallierait la nation en attendant l'Europe encore debout, telle était l'idée de tous les esprits, le sentiment de tous les cœurs. Les uns proposèrent la Rochelle, ville entourée de provinces dévouées d'un côté et de l'Océan de l'autre, qui permettrait les communications et les renforts de l'Angleterre. Les autres le Havre, Calais, Dunkerque, Lille; cette dernière ville fut choisie par le roi. Elle étai inexpugnable, elle touchait à la Belgique, elle dominait le département du Nord, cette pépinière de soldats, cette Vendée patiente et réfléchie des anciennes provinces flamandes. Elle renfermait une forte garnison de troupes maintenues dans le devoir par le royalisme des habitants; elle était commandée par le duc de Trévise, homme incorruptible au déshonneur, imposant pour les troupes, qui voyaient en lui le modèle du soldat, l'homme des camps républicains, le compagnon de leurs campagnes de l'empire, le type du devoir sous la nouvelle royauté. Un tel homme commandant une telle province, et maître d'une telle citadelle sous les yeux de son roi, pouvait le maintenir en France.

VII

Le duc d'Orléans, à son retour de Lyon, avait été envoyé à Lille par le roi pour montrer aux troupes du Nord, la plupart tirées de l'ancienne garde impériale, un prince de la famille des Bourbons qui eût en lui quelque chose de la Révolution. Ce prince, qui avait été aide de camp de Dumouriez dans ces provinces pendant les guerres de Belgique, croyait que ce peuple se souviendrait de sa jeunesse et s'exalterait à son nom. Il fallait que le duc d'Orléans eût donné au roi dans ses confidences des Tuileries des gages bien irrévocables de sa loyauté pour que le gouvernement dans cette extrémité eût consenti à l'envoyer au milieu des mêmes troupes que Lefèvre-Desnouettes, les Lallemand et Drouet d'Erlon venaient d'entraîner vers Paris pour le couronner. Son expédition de Lyon l'avait du reste découragé de toute espérance sérieuse pour le moment, et il pensait vraisemblablement davantage à semer sa popularité future dans l'armée qu'à faire une résistance longue et victorieuse à l'ennemi de sa race.

Le duc de Bourbon n'obtenait que des respects et des serments dans la Vendée. Ces provinces n'avaient pas eu le temps de s'armer, et les événements marchaient plus vite que leur enthousiasme.

VIII

Dans la soirée du 19 mars, Louis XVIII rédigea lui-même et remplit de l'affliction de son âme le préambule de l'ordonnance par laquelle il prononçait la clôture de la session des chambres, afin que le vainqueur en entrant dans Paris ne trouvât pas dans les assemblées nationales présentes un instrument de pouvoir, un prétexte pour imposer l'obéissance légale à la patrie, ou un outil de servilité. Il convoquait en même temps une nouvelle session de ces corps législatifs, pendant que durerait l'invasion de la capitale, dans celle des villes du royaume où il aurait fixé son séjour : « Nous pourrions, disait le roi, et cela était vrai, nous pourrions profiter des dispositions fidèles et patriotiques de l'immense majorité des habitants de Paris pour disputer aux rebelles l'entrée de notre capitale, mais nous frémissons des malheurs de tout genre qu'un combat dans vos murs attirerait sur Paris. Nous irons plus loin rassembler des forces, nous irons chercher non des sujets plus aimants et plus dévoués que le peuple de Paris, mais des Français plus avantageusement placés pour se déclarer en faveur de la bonne cause. Rassurez-vous, nous reviendrons bientôt au milieu de ce peuple à qui nous ramènerons une seconde fois l'espérance, le bonheur et la paix ! »

Il autorisa en même temps le baron de Vitrolles, plus propre par son activité et par son audace aux conspirations qu'au gouvernement, à se rendre comme commissaire à Toulouse, afin d'entretenir et de rallumer dans le midi de sa patrie les foyers de résistance et d'insurrection contre Bonaparte.

IX

Paris ignorait encore les résolutions de départ prises aux Tuileries. On croyait à une dernière tentative de lutte et à une sortie dans la soirée du duc de Berri et du comte d'Artois à la tête des huit ou dix mille hommes de la maison militaire du roi, des volontaires, et de quelques régiments de grenadiers, de hussards et de chasseurs de la garde royale, composés de débris de la garde impériale, mais inébranlables par esprit de corps dans leur fidélité au roi et aux princes. Ils furent passés en revue ainsi que les gardes du corps avant la chute du jour. Un peuple immense se pressait autour des princes et des maréchaux, exhortait les régiments à bien espérer de la France. Ce même peuple, comme s'il eût eu déjà le pressentiment du départ nocturne du roi, se pressait aussi dans les jardins, dans les cours, sur les quais qui entourent le palais, les yeux levés, les mains tendues vers les balcons des appartetements du prince, cherchant à apercevoir son profil à travers les fenêtres, attentif aux moindres mouvements de figures qui allaient et venaient dans l'intérieur, aux signes et aux préparatifs qui auraient trahi la pensée d'un départ dans les mouvements de chevaux, de voitures ou d'escortes autour du séjour du roi. Vers la fin du jour une rumeur sourde se répandit que le roi s'était résolu de ne pas quitter un peuple qui lui donnait de telles marques de loyauté. La foule rentra en silence dans ses demeures, s'attendant à je ne sais quel revirement de la fortune qui sauverait ce qui semblait perdu. Le roi profita de ce moment de solitude et de silence pour s'éloigner. Le départ eût été impossible ou déchirant en plein jour. Les regrets et le délire du peuple auraient disputé le passage à son roi. Jamais Paris n'avait montré avec tant de force et d'obstination l'enthousiasme du malheur. Les catastrophes du règne sinistre que ce départ allait ouvrir pesaient de près sur toutes les imaginations.

X

Les voitures secrètement attelées entrèrent à minuit dans les cours. A cette vue les officiers de la garde nationale et les citoyens sous les armes de garde au palais s'élancèrent en désordre dans les salles et sur les escaliers du château, comme pour s'opposer au départ. Maréchaux, généraux, officiers, magistrats de Paris, jeunes enthousiastes du retour ou vieux compagnons de l'exil du prince, hommes nouveaux ralliés par la charte, hommes anciens pressés dans ce palais par le sentiment ou par la conformité de malheurs, courtisans, magistrats, commerçants, pairs, députés, restés debout pour veiller de l'épée ou du cœur sur le souverain de leur espérance et de leur souvenir, se répandent confusément, irrités, désespérés, éplorés, dans les galeries et sous les portiques par où la monarchie pacifique et libérale va passer pour s'éloigner de nouveau de la France. Un murmure morne, des imprécations sourdes contre le violateur de la patrie, des sanglots mal contenus oppressent toutes les poitrines; les visages pâlis d'émotion paraissent plus livides et plus fiévreux encore aux reflets des torches de voyage portées par les serviteurs et par les pages. Le roi paraît enfin. Mille cris s'élèvent, mille bras se tendent, mille fronts s'inclinent, mille genoux fléchissent à son aspect. Il marche avec peine, appuyé sur le bras du duc de Blacas et entouré du groupe des princes et de leurs plus intimes amis. Son visage, quoique impassible à la crainte, porte les calamités tragiques de sa maison et de sa patrie sur ses traits. Son regard se promène avec une majesté triste et douce sur tous ces visages qu'il reconnaît et qu'il salue d'un léger signe de tête; ses yeux humides semblent contenir les larmes de son peuple. Il traverse, sans proférer une parole, cette haie de serviteurs, de familiers, de courtisans, de simples citoyens, qui s'ouvre et se referme sur ses pas. Les uns se précipitent sur ses mains pour les baiser, les autres touchent les pans de son habit comme pour retenir une impression de sa personne; tous éclatent en gémissements et fondent en larmes comme à une sépulture de règne ou à l'agonie d'un père du peuple. Au bas de l'escalier, mille épées se croisent sur sa tête pour lui faire le serment de le défendre ou de le venger. On s'oppose à son dernier pas pour sortir du palais et pour monter dans sa voiture. « Épargnez-moi, mes enfants! épargnez-moi l'expression douloureuse d'une séparation que je sens comme vous, elle est nécessaire pour la France. Je veux vous conserver pour moi et me conserver pour vous. Je vous reverrai bientôt, hélas! sous quels auspices! » Le duc de Berri et le comte d'Artois l'aident à monter dans sa voiture; ils referment la portière et s'inclinent en le regardant s'éloigner. De peur d'éveiller l'attention ou l'attendrissement sur son passage, le roi n'avait voulu aucune escorte jusqu'à Saint-Denis. Les rues qu'il traversa ignoraient que cette voiture emportait un règne. Un seul officier des gardes du corps à cheval suivait, à quelque distance, les roues de la voiture du roi. La saison était sévère, la nuit tempêtueuse et noire, la pluie fouettait les vitres, les rafales bruissaient en s'engouffrant dans les rues et sur les toits de Paris. Le ciel de mars semblait participer à la tourmente de cette cour, de cette capitale, de ce peuple.

Les Suisses de la garde, qui avaient été envoyés à l'avant-garde de l'armée du duc de Berri vers Melun, comme un corps plus incorruptible, parce qu'il était étranger aux querelles civiles de la nation, plus fidèle aussi parce qu'il avait à venger le sang de ses pères et de ses frères répandu le 10 août 1792, s'étaient repliés par ordre sur Saint-Denis pour protéger le passage du roi. Le préfet de Melun avait manqué à son serment comme celui d'Auxerre et offert son département à Bonaparte. La route du Nord et de l'Ouest était seule ouverte au roi.

XI

Au même moment, les régiments de la garde royale et les gardes du corps en bataille sur la place de la Concorde s'ébranlèrent sous les ordres du maréchal Marmont, commandant sous les princes l'armée destinée à couvrir la retraite du roi et à le rejoindre à marche forcée à Lille. Ils ignoraient le départ du roi et croyaient marcher sur Melun pour combattre les colonnes de Bonaparte. Ils ne connurent l'événement de la nuit et la destination de leur corps qu'à la porte Saint-Denis, où ils prirent la route du Nord.

Le peuple de Paris, éveillé par le bruit des chevaux et des armes, accourait en foule sur leur passage. De toutes les portes et de toutes les fenêtres illuminées par l'anxiété d'une telle nuit, les hommes, les enfants, les femmes, leur adressaient de touchants adieux et leur recommandaient le roi. On leur apportait le vin et les vivres de voyage, comme si toutes les familles de Paris avaient reconnu des fils ou des frères dans cette jeunesse. Les faubourgs, ordinairement si frémissants aux symptômes des révolutions, paraissaient aussi mornes et aussi attendris que les riches quartiers de la ville. Le peuple qui les habite, appauvri par les longues guerres et épuisé par les conscriptions, commençait à sentir les bienfaits du travail et de l'industrie ramenés par la paix. Cependant il aimait l'armée, il ne s'indignait pas autant que la bourgeoisie de ses retours de fidélité à la voix de son ancien chef, mais il pressentait les calamités et les hontes d'une seconde invasion de l'Europe pour réprimer cette invasion de la gloire. Enfin le peuple était sensible aux grandes scènes de la patrie, et la nature agissait sur lui en ce moment plus que la politique. Ce roi abandonné par son armée, trahi par ses généraux, dépouillé du trône et proscrit de cette patrie où il avait cru mourir; ces années avancées, ces cheveux blancs, ces infirmités; cette famille sans asile peut-être dans quelques jours en Europe; cette princesse qui n'aurait plus même la tombe de son père et de sa mère à Saint-Denis pour y pleurer ses souvenirs de prison et d'échafaud; cette belle et fidèle jeunesse de la maison militaire du roi qui s'exilait de ses familles pour suivre ce père de la patrie; cette nuit suprême, cette température néfaste, cette tempête, cette pluie, ces torches reflétées sur ces armes; toutes ces choses touchantes, sinistres, presque funèbres, attendrissaient le peuple, et semblaient à ses yeux les présages de quelques solennelles calamités sur la ville d'où Napoléon chassait la royauté, la paix, la nature. Tel fut le départ du roi et de son armée dans la nuit du 20 mars.

Laissons un moment ces scènes, et revenons à Fontainebleau. Là toutes ces calamités étaient des triomphes, toutes ces tristesses des joies.

XII

Un courrier de M. de Lavalette, un des complices les plus actifs de Napoléon à Paris, et qui s'était emparé, avant le jour, de l'administration des postes, d'où il avait expulsé M. Ferrand, apporta dès le matin à Fontainebleau la nouvelle si vivement désirée du départ du roi. Napoléon bénit sa fortune, qui lui enlevait ainsi non le danger, mais l'odieux d'une entrée à main armée et en brisant les portes à coups de canon dans la capitale et dans le palais. Il fit appeler ses chefs et changea l'ordre qu'il avait donné la veille de masser son armée sur Essonne. Madame Hamelin, femme remuante, avide de bruit, mêlée à toutes les intrigues de la famille Bonaparte, et cachant les trames de cette conjuration sous la légèreté de son sexe, lui écrivait de précipiter son arrivée à Paris. « A Paris ce soir ! s'écriat-il ; le roi et les princes sont en fuite, je coucherai cette nuit aux Tuileries. — A Paris ! répétèrent ses courtisans et ses compagnons de l'île d'Elbe. — A Paris ! répétèrent bientôt, de régiment en régiment et de poste en poste, toutes ses troupes. » Ses grenadiers de l'île d'Elbe et ses fougueux Polonais, qui s'étaient promis sur le brick *l'Inconstant* de faire à Paris une entrée triomphale et soldatesque, oubliant leurs fatigues, portaient légèrement leurs armes, pressaient leurs chevaux, s'emparaient de toutes les charrettes et de toutes les voitures sur la route, laissaient porter leurs sacs par les paysans et par les enfants des villages, et voulaient arriver de jour aux portes de la capitale, afin que le soleil et le peuple vissent leur retour victorieux dans la patrie.

Napoléon contint leur élan et leur fit défendre de continuer leur course. Plus politique qu'impatient, il sentit que l'aspect de sa garde personnelle, le tumulte qui s'élèverait sur les pas de ces grenadiers et de ces Polonais ivres de jactance, donneraient à son entrée dans Paris l'apparence d'une conquête humiliante de la capitale par ses soldats. Il voulut y être précédé et accompagné par des corps de l'armée répartis sur sa route et transfuges volontaires de la cause des Bourbons. Il voulait surtout éviter le grand jour, comme il avait fait à Grenoble et à Lyon, soit qu'il soupçonnât quelque piége, soit que l'indignation du peuple lui fît craindre le désespoir d'une émeute ou l'arme d'un assassin. Il passa la matinée entière du 20 mars à recevoir les félicitations de ses affidés de Paris, pressés de venir recevoir de lui le prix de leurs services, et à se promener, pour laisser passer les heures, dans la bibliothèque, dans les galeries et dans les jardins du château de Fontainebleau. Il ne monta en voiture qu'à l'heure où le soleil commençait à baisser. Il franchit avec une faible escorte, mais au milieu d'une haie de soldats et de peuple en marche, les collines de la forêt, témoins de son luxe et de ses chasses dans un autre temps. Sa course jusqu'à Paris ne fut qu'une longue sédition triomphale, où l'indiscipline et l'ivresse du soldat rivalisaient avec la turbulence du peuple de ces villes et de ces villages en désordre. La nuit était tombée sur Paris avant qu'il en aperçût les clochers. Il avait fait semer la rumeur qu'il n'arriverait que le lendemain.

XIII

La ville, après le départ du roi dans la nuit et pendant toute la journée du 20 mars, était restée dans l'interrègne et dans l'immobilité de la stupeur qui suivent chez les peuples comme chez les hommes le coup des grands événements. Cette force instinctive de cohésion qui soutient un moment les sociétés après que leurs bases se sont écroulées gouvernait seule cette masse immense et agitée de la population d'une grande capitale. Ce phénomène, qu'on observe toujours dans les révolutions courtes et inattendues, a encore une autre cause. C'est l'incertitude de ce qui va surgir, et la crainte que tous les hommes et toutes les fonctions ont pendant quelques heures de se tromper de fortune, et de se perdre en se déclarant trop vite pour la cause qui ne triomphera peut-être pas. Tel fut Paris pendant cette journée d'attente. Bonaparte allait bien entrer aux Tuileries, mais nul ne pouvait se persuader que le roi sortît de France, et que cette monarchie, accompagnée d'une armée pour cortége, suivie des regrets et des larmes d'une nation, et se jetant au sein des provinces les plus royalistes, serait réduite, après si peu de jours, à mendier un asile sur un sol étranger.

XIV

Rien ne remuait dans la ville. L'autorité n'existait plus, le peuple se contenait lui-même, comme suspendu entre deux sentiments égaux. Le préfet de Paris, ce même M. de Chabrol que le roi avait conservé au poste où il l'avait trouvé et que Bonaparte allait y retrouver à son tour, tenait encore les rênes de l'administration municipale, confondue par exception avec l'administration du département. Il n'imita pas le lâche exemple des deux préfets nommés par Louis XVIII qui avaient prosterné leurs départements devant l'ennemi du roi. Il fit une courageuse proclamation au peuple. Il lui rappelait son enthousiasme si récent à l'arrivée de ce prince pacificateur, et lui reprochait d'avance son ingratitude et son infidélité s'il démentait, devant un soldat rebelle à sa patrie et à sa propre abdication, les sentiments tant de fois jurés aux Bourbons. Il signa cette proclamation suprême de son nom, livré ainsi d'avance à la proscription. Cette proclamation fut lue sur les murs de Paris pendant toute la journée du 20 mars par le peuple avec des applaudissements et avec des larmes. Le conseil municipal, autorité toute populaire, adressa par l'organe de M. Bellart, homme de cœur mais homme d'excès, une autre proclamation pleine de défis, d'injures et de malédictions contre l'usurpateur de la charte, de la nation et du trône; mais M. Bellart n'attendit pas, comme M. de Chabrol et M. Lainé, l'arrivée du soldat qu'il défiait, et se proscrivit lui-même après avoir publié son imprécation. Les ministres

avaient suivi le roi ou s'étaient retirés par diverses routes.
Le préfet de police, Bourrienne, transfuge de la familiarité
de Napoléon dans la police des Bourbons, s'était enfui
pour éviter la vengeance de son ancien maître offensé. Les
principaux sectaires de Napoléon avaient commencé à se
montrer, mais sans éclat, pendant la journée, et à s'emparer, soit par l'audace, comme M. de Lavalette aux postes,
soit par une transaction prudente entre M. de Chabrol et
eux, des hautes fonctions du gouvernement dans Paris,
pour éviter les désordres et les calamités d'une anarchie.
Le comte de Montesquiou, famille presque toute napoléonienne par les faveurs dont elle avait été enchaînée sous ce
règne, avait pris le commandement de la garde nationale
à la place du général Dessolles, qui portait à Napoléon la
haine de Moreau, son ancien compagnon d'armes et de dis-
grâces. La garde nationale, convoquée à la fin du jour au
jardin des Tuileries, dans la cour du château et au Carrousel, s'était réunie sans savoir si on l'appelait pour protester contre l'invasion de la ville ou pour saluer le retour
du dictateur. Composée presque entièrement de royalistes,
elle faisait taire avec peine ses sentiments d'indignation
sous les armes. Un immense murmure d'improbation se
levait de ses rangs. Incertaine jusqu'au dernier moment si
elle recevrait ou si elle repousserait les premières bandes
qui tenteraient d'occuper les Tuileries au nom de Napoléon, décidée cependant à les remettre à l'armée et à son
chef dans l'impossibilité matérielle de les défendre, mais
voulant que l'attentat politique dont les bons citoyens gé-
missaient tous s'accomplît du moins en ordre, sans déshonorer le palais et sans souiller la ville de sang.

XV

Telles étaient les dispositions de la garde nationale, bourgeoisie armée de Paris. Les complices militaires de Napoléon, composés d'officiers licenciés à demi-solde, avaient été convoqués en masse à Saint-Denis depuis quelques jours, pour éclater quand il serait temps sur les pas du roi, pour entraîner la fidélité des troupes, pour imiter dans Paris la défection de Labédoyère et de son régiment à Grenoble, et celle du général Brayer, commandant transfuge de Lyon. Contenus jusque-là à Saint-Denis par les gardes du corps, les volontaires des écoles, les Suisses et les régiments de la garde qui y avaient passé la nuit, et dont les dernières colonnes n'en partirent que le matin du 20 mars, ces officiers, groupés pour former le noyau de la sédition militaire, n'éclatèrent qu'au milieu du jour. Le général Excelmans, soldat intrépide et aventureux, véritable tribun militaire formé par la nature pour enlever les camps, doué d'une haute taille, d'une figure ouverte, d'un geste martial, d'une chaleur d'âme qui sortait du cœur et qui se répandait en éloquence de feu, commandait ces officiers. C'était le mécontentement, l'humiliation et la vengeance de l'armée formés en camp de sédition aux portes de Paris. Les nombreux soldats congédiés des environs, fiers de revoir leurs chefs et leurs drapeaux et de paraître participer à la gloire en participant à la révolte, s'étaient amoncelés autour de ce bataillon d'officiers. La plèbe mobile et flottante des faubourgs d'une grande capitale, vague toujours souillée par sa misère et par sa turbulence, et toujours prête à recevoir le vent des séditions de quelque côté qu'il souffle, avait grossi ce courant des précurseurs de Napoléon à Saint-Denis. Ils se précipitèrent avec leurs cocardes, leurs drapeaux, leurs décorations impériales, leurs uniformes connus et aimés du peuple, des lauriers à la main, des aigles au bout des piques, au milieu des cris de : « Vive l'empereur ! » poussés et provoqués sur leur passage dans les longs et larges faubourgs de Paris qui débouchent de Charenton à Saint-Denis, de la Villette sur les boulevards. Ils s'étaient recrutés en route de la surface légère d'hommes, de femmes, d'enfants, qui n'ont d'opinion que la curiosité, de vestige que le tumulte et d'autre domicile que la rue. Ce cortége, quoique nombreux et bruyant, ne soulevait pas la masse laborieuse et sédentaire du peuple. C'était une colonne d'invasion, moitié soldatesque, moitié démagogique, qui traversait la ville sans s'y mêler. La tristesse, le scandale, la colère même, se lisaient ouvertement sur toutes les figures dans les quartiers que ces soldats et cette plèbe faisaient retentir de leurs cris. Les boutiques et les fenêtres se fermaient sur leur passage. Paris vaincu, non résigné, protestait par son silence et par sa solitude.

XVI

La foule curieuse et ondoyante des autres faubourgs de l'est, de l'ouest et du midi de Paris, et les rares partisans de l'empereur dans les quartiers intérieurs s'étaient accumulés depuis le matin, par le seul instinct des grands spectacles et par la curiosité de voir cet homme qui remuait le monde rentrer dans le palais de sa gloire sur les bras de ses chers grenadiers. Cette scène, une des plus pathétiques de l'histoire, ne pouvait manquer d'appeler des milliers de spectateurs. Ceux-là mêmes qui avaient vu tomber avec joie le grand gladiateur du cirque européen voulaient le voir se relever de la poussière, ne fût-ce que pour le revoir retomber et mourir encore. Le Carrousel bruissait comme une mer d'hommes d'où sortaient des oscillations, des murmures et quelques clameurs opposées de : « Vive le roi ! » et de : « Vive l'empereur ! » Les cris de réprobation contre l'empereur étaient néanmoins les plus nombreux le matin; à mesure que le jour baissait et que l'impatience, principale passion des multitudes, augmentait, les cris de : « Vive l'empereur ! » croissaient avec l'impatience. Les plus indifférents et les plus hostiles quelques heures auparavant finissaient par appeler le grand acteur pour remplir enfin la scène trop longtemps vide et pour finir le drame trop longtemps suspendu. Ainsi est le peuple. Les grilles fermées résistaient à peine à la pression de ces vingt mille heureux.

XVII

C'est à ce moment que la colonne de multitude, de soldats, d'officiers à demi-solde, caste populaire, commandée par Excelmans, déboucha par les guichets du Carrousel, et, fendant la foule aux cris de : « Vive l'empereur ! A bas les Bourbons ! » détermina par la foule, par le mouvement et par la terreur cette multitude indécise, et la fit éclater en applaudissements. La colonne d'Excelmans, précédée de quelques cuirassiers à cheval embauchés à Saint-Denis et traînant à sa suite deux pièces de canon, s'avança vers la grille pour en faire ouvrir les portes et pour s'emparer du palais où elle voulait inaugurer son empereur. La garde nationale refusait de le livrer à d'autres qu'à lui-même. Excelmans s'avança et parlementa avec les chefs de la garde civique. Ils jugèrent plus prudent de remettre le palais à un général bonapartiste maître de sa propre sédition populaire, mais ferme et respecté de ses complices, que de recevoir l'assaut de ces multitudes irresponsables, indigentes et turbulentes qui couvraient la place. De toutes les séditions, les séditions militaires paraissent les moins redoutables pour les foyers des citoyens, parce qu'un certain ordre semble y tempérer le désordre, et qu'un reste de discipline y donne des chefs à l'indiscipline même. Excelmans entra avec sa cavalerie, ses canons, son bataillon d'officiers sans troupes, referma les grilles, s'empara des portes du palais, fit déployer au sommet du pavillon central des Tuileries un vaste drapeau tricolore, signe du domicile du chef et de l'armée qui l'avaient promené à travers l'Europe. La garde nationale, sans motif de réunion désormais autour d'une demeure que la sédition venait de conquérir, se débanda homme à homme, les uns gardant leur cocarde blanche, les autres prenant celle de l'armée, le plus grand nombre n'en prenant aucune, et se retirant dans leurs foyers contristés pour attendre ce que la nuit déciderait de la patrie.

La multitude, lasse de sa curiosité trompée depuis tant d'heures, se dispersa sans agitation et sans violence dans ses demeures. Il ne resta sur le Carrousel et sur le quai qu'un petit nombre de groupes disséminés, composés des plus fanatiques ou des plus affidés pour jouer le rôle du peuple absent dans la scène que les bonapartistes de la conspiration avaient préparée pour la raconter le lendemain à la France et à l'Europe.

XVIII

Cependant les ténèbres couvraient Paris depuis longtemps. L'empereur avait à la fois ralenti et pressé sa marche pour n'arriver que la nuit et pour arriver cependant le 20 mars, jour anniversaire de la naissance de son fils. Sans autre croyance religieuse que la politique qui joue avec la foi des peuples, il avait cependant la vague superstition du hasard qu'il appelait étoile, et dont il célébrait le culte par ces coïncidences de dates qu'on nomme les anniversaires. Le mystère et l'infini se font accepter et adorer par les intelligences les plus rebelles. L'homme qui ne croit pas en Dieu croit au destin.

Napoléon, après avoir dépassé ses grenadiers de l'île d'Elbe, auxquels il avait fait faire halte à Essonne par le motif que nous avons dit, avait continué sa route vers Paris. Il était escorté de quelques officiers, de quelques soldats à cheval des différents régiments de cavalerie qu'il avait traversés, et d'une centaine de ses Polonais de l'île d'Elbe, véritables mameluks du Nord voués à son culte, dont l'uniforme, la physionomie, la voix, le geste, communiquaient sur son passage l'enthousiasme à la fois guerrier et servile dont ils étaient animés pour lui. Ses généraux et ses familiers les plus pressés de retrouver un maître pour redevenir sous lui les maîtres de l'empire étaient allés à cheval au-devant de lui. Ils entouraient sa voiture de voyage, au fond de laquelle on l'entrevoyait pâle et fiévreux, à la lueur des torches que les cavaliers secouaient devant les chevaux. Il entra ainsi dans Paris, comme dans un bivouac après une journée de guerre. Un profond silence et une morne solitude régnaient dans les rues, sur les boulevards neufs et sur les quais qu'il traversa pour arriver au pont Louis XVI, avenue de son palais. A l'extrémité du pont, sur le quai des Tuileries, les groupes rares attardés et apostés du peuple qui l'attendaient depuis l'aurore saluèrent sa voiture de quelques cris sans échos sur les deux rives. La voiture s'engouffra au galop des chevaux sous la voûte de la galerie du Louvre qui débouche du quai sur la cour, et s'arrêta auprès des marches de l'escalier du pavillon de Flore.

XIX

Là, il se trouva tout à coup au milieu de son peuple à lui, le peuple de ses camps et de sa cour. Les trois ou quatre cents militaires de toutes armes, de tous grades, généraux, officiers, sous-officiers, soldats, répandus dans les cours et haletants d'impatience, eurent à peine entendu le roulement de la voiture qu'ils se jetèrent à la tête des chevaux, aux portières, sous les roues, comme les adorateurs indiens sous le char de leur idole, et qu'ouvrant la voiture avec la violence du fanatisme, ils enlevèrent l'empereur sur leurs bras entrelacés, et le portèrent, à la lueur des torches et aux cris de délire et de frénésie, de degrés en degrés, de paliers en paliers, de salles en salles, jusque dans le cabinet et dans la chambre à coucher de Louis XVIII, où tout attestait la précipitation d'un départ nocturne, et où les larmes de ce roi et de ses serviteurs n'avaient pas eu encore le temps de sécher sur la proclamation des adieux. Au milieu de cette ivresse, toute concentrée dans un petit nombre de familiers intéressés à son triomphe et dans l'intérieur de ses appartements, Napoléon et ses compagnons de l'île d'Elbe ne purent se défendre d'une impression de tristesse et de déception en voyant la solitude et le silence de la capitale. Était-ce la peine d'avoir traversé la mer et la France, précipité sa marche, soulevé une armée, affronté l'Europe, pour être reçu par la froideur et l'effroi du peuple, par l'isolement et par la nuit?

XX

Il ne cessait de se rassurer lui-même et de rassurer ses courtisans et ses complices contre cette impression. Il répétait mille fois, il redisait avec une confiance affectée à tous ceux qui survenaient pour le féliciter, les mêmes mots, symptômes des inquiétudes de son âme, paroles qu'il voulait évidemment imprimer comme un mot d'ordre sur toutes les lèvres : « Ce n'est pas vous, ce ne sont pas vos trames, ce ne sont pas vos attachements qui m'ont ramené ici; ce sont les gens désintéressés, ce sont les sous-lieutenants et les soldats qui ont tout fait, c'est au peuple, c'est à l'armée que je dois tout ! » On sentait que le poids de son invasion pesait sur sa politique, et que, dès la première heure, au risque même de mécontenter les complices de son retour, il voulait l'attribuer au peuple. Mais si le peuple ne protestait pas par son opposition civique, il protestait, en général, par sa douleur et par son éloignement. Jamais l'histoire ne vit plus d'audace dans l'usurpation d'un trône, une plus morne soumission d'une nation à une armée. La France perdit ce jour-là quelque chose de son caractère, la majesté de sa loi, la liberté de son respect. Le despotisme soldatesque se substitua à l'opinion, les prétoriens se jouèrent d'un peuple, le Bas-Empire de Rome eut dans les Gaules une de ces scènes qui humilient la nature humaine et qui dégradent l'histoire. La seule excuse de l'événement, c'est que le peuple était affaissé sous dix ans de gouvernement militaire, que l'armée était fanatisée par dix ans de prodiges, et que son idole était un héros. Mais ce héros lui-même ne tarda pas à expier son attentat contre la nation qu'il venait de dérober, en retrouvant dans son propre palais les nécessités flétrissantes de transiger avec ses complices, les exigences des opinions qu'il devait acheter par des sacrifices de toute heure, le partage obligé du pouvoir avec ses ennemis secrets, les cupidités, les manœuvres, les intrigues et les trahisons du palais des Césars. Il avait voulu régner à tout prix. Il allait apprendre non plus à imposer, mais à mendier le règne, à acheter toutes les adhésions par des concessions honteuses, à trembler devant ceux qu'il faisait trembler autrefois d'un geste, à être l'esclave de ceux qu'il revenait enchaîner, à subir les murmures, les contradictions, les mobilités, les insolences des corps politiques, à se réfugier dans les camps, où il ne trouverait plus la victoire, pour fuir une cour où il ne trouvait plus la sûreté. La première nuit qu'il passa sans sommeil aux Tuileries commença la vengeance de son triomphe et l'expiation de son bonheur.

XXI

Il lui fallait donner un caractère à son gouvernement. Le droit de conquête ne pouvait plus suffire à la France. Elle avait goûté de la liberté. Une dictature brutale et avouée l'aurait unanimement soulevée ; mais sans dictature comment écraser les partis à l'intérieur et faire face à l'Europe plus coalisée que jamais contre lui? Il avait trompé la France par des insinuations et des mensonges, sciemment répandus jusque-là, sur le prétendu concert qui existait, disait-il, entre l'Autriche et lui, et sur la correspondance simulée qu'il feignait d'entretenir avec l'impératrice Marie-Louise à Vienne. Cet artifice, plus digne d'un comédien que d'un héros, avait bien pu endormir quelques soldats grossiers et quelques paysans ignorants sur sa route ; mais l'opinion éclairée de Paris allait percer d'un regard ces ruses. L'illusion dont on avait entretenu le peuple allait se dissiper avec le mensonge. On ne tarderait pas à voir que le seul bienfait apporté à la patrie par le retour de cet homme, autrefois désiré, aujourd'hui funeste, serait la nécessité d'une levée générale de toute la population militaire de la France, et la levée d'un impôt sans mesure pour solder une armée sans limites. Pour obtenir de la nation de tels sacrifices, il était indispensable de lui offrir quelques-unes de ces grandes compensations qui contre-pèsent, sinon dans le présent, au moins dans l'avenir, l'or et le sang des peuples. Il fallait évoquer la Révolution qu'il avait insultée, refoulée, proscrite, et lui offrir, sous la pression de la nécessité, de lâches repentirs et d'imprudentes concessions dont elle ne serait jamais assouvie et jamais sûre en les voyant tomber de la main de son plus implacable ennemi. Pour que ces repentirs et ces concessions fussent, momentanément du moins, acceptés de la Révolution, il fallait lui donner des gages. Ces gages étaient les hommes dont les noms étaient restés les plus sympathiques à l'esprit révolutionnaire, c'est-à-dire les anciens républicains. Or, remettre le gouvernement du despotisme entre les mains des républicains, c'était se remettre soi-même à la merci de la Révolution. Après s'être servis de l'empereur pour vaincre et repousser l'Europe, ces hommes se serviraient des institutions représentatives et du peuple pour garrotter ou anéantir l'empereur. D'un autre côté, les républicains, même appelés dans les conseils de l'empereur, ne pouvaient se fier au maître qu'ils allaient seconder, car, après s'être servi d'eux pour appeler le peuple aux armes, la victoire rendrait au chef heureux des armées un ascendant qu'une constitution ne pourrait contre-balancer à Paris, et il briserait indubitablement à son retour triomphal de la frontière les choses et les hommes qu'il avait besoin de ménager pendant quelques jours. Toute la situation de l'empereur arrivé à Paris et des républicains qu'il allait convier à s'allier à lui se réduisait donc à un double jeu d'observations, d'intrigues, d'astuces et de trahisons intimes dans le sein même du gouvernement et du palais : l'empereur jouant les républicains pour leur emprunter la popularité révolutionnaire et s'en défaire quand il aurait vaincu ; les républicains jouant l'empereur pour lui emprunter la popularité militaire et s'en défaire après qu'il les aurait débarrassés des Bourbons et de la coalition. Le génie italien de Napoléon et le génie machiavélique de Fouché représentaient face à face cette double situation. Quel gouvernement pouvait sortir de cette ruse épiant une autre ruse? Un gouvernement faible et équivoque d'une double trahison. L'empereur le sentit dès la première heure, et s'affaissa, avant d'avoir agi, sous le poids de la fausse situation qu'il était venu affronter si témérairement pour son caractère et pour sa dignité. Il gémit secrètement avec ses anciens conseillers les plus confidentiels, il prit avis de tout le monde, il flotta entre la dictature et les concessions, l'une lui aliénant le peuple, les autres l'aliénant lui-même. Il finit par se confier au temps et à cette étoile qui n'est que l'action d'une haute intelligence sur sa destinée, et qui ne pouvait plus briller dans de telles ténèbres. Il se résigna à plier devant tout le monde jusqu'à ce qu'il pût se relever par la victoire et plier tout le monde devant lui. Sa nature, bien qu'impérieuse dans le succès, était souple dans les revers. Il savait mollir à propos et revêtir toutes les formes des opinions, comme il l'avait fait au commencement de sa carrière, à Toulon sous Robespierre, à Paris sous Barras ; faire le mort dans l'occasion, comme ces animaux vaincus qui, ne pouvant plus se défendre par la lutte, se défendent par leur immobilité, et se préservent de l'étreinte de leurs ennemis en s'abandonnant comme un corps inerte à leur pitié ou à leur dédain.

XXII

Avant le jour, il fit appeler Cambacérès, ce vice-empereur qu'il laissait toujours à Paris pendant ses absences pour personnifier la sagesse et représenter l'étiquette de l'empire. Il s'étonnait de ne l'avoir pas vu encore, il augurait mal d'une lenteur qui lui semblait dans cet homme prudent un mauvais présage de la destinée. Cambacérès, esprit érudit, réglé, étendu, profond, sagace jusqu'à la timidité, était partout le premier des seconds rôles : le caractère seul lui manquait pour les premiers. C'était un de ces hommes qui se cachent toujours derrière un homme plus grand qu'eux, cherchant la supériorité dans ceux auxquels ils s'associent avec autant de soin que les autres hommes en mettent à éviter dans leurs collègues un égal. Jeté dans la première révolution par son mérite comme jurisconsulte plus que par sa nature toute pétrie de traditions, il avait échappé, à force d'effacement et de silence, aux grandes compromissions de l'époque de la terreur. Son vote équivoque ou nié dans le procès de Louis XVI ne déversait sur lui ni la complète innocence ni le crime du régicide aux yeux des Bourbons. L'amnistie de tout événement le couvrait sous leur règne. Il s'en accommodait pour sa sécurité, ses loisirs, ses richesses. Il n'avait point conspiré le retour de l'empereur. Nul peut-être parmi les anciens dignitaires de l'empire n'avait vu avec plus d'effroi que lui ce débarquement à Cannes qui allait le remettre involontairement en scène, et le contraindre à se prononcer pour ou contre son ancien collègue au consulat. Il était trop mûri dans les affaires et trop expérimenté en gouvernement pour se faire des illusions sur la destinée finale de cette tragique aventure. Il savait que les miracles ne se répètent pas; que la France de 1814, épuisée, lasse et mécontente, ne porterait pas longtemps le poids d'un second empire; que l'épée du despotisme ne se ressoude pas après avoir été brisée, et que l'Europe coalisée, défiée dans sa victoire, ne reculerait pas de Paris à Berlin, à Vienne, à Moscou, à Madrid, devant l'évadé de l'île d'Elbe. Le grand empire était aux yeux clairvoyants de Cambacérès un drame joué, dont le second empire ne pouvait être qu'une parodie courte et tragique tentée par l'impatience, et dénouée par une insurrection nationale dans Paris, ou par une défaite sur un champ de bataille. Il ne voulait à aucun prix prendre un rôle actif dans un gouvernement condamné d'avance par sa haute raison. Mais avec l'horreur d'accepter, il n'avait pas le courage de refuser. Son passé et sa timidité l'enchaînaient de force à l'empereur.

XXIII

Cambacérès convenait plus que tout autre à Napoléon pour donner au commencement de son gouvernement ce sens indéterminé, moitié révolutionnaire, moitié despotique, sous lequel il lui convenait de masquer ses vrais desseins. Cambacérès, par son origine conventionnelle, ne jurait pas avec les débris de la Convention que la nécessité allait jeter dans le ministère; par son obséquiosité proverbiale à l'empereur, il ne jurait pas avec les napoléoniens. L'empereur s'ouvrit à lui avec une pleine confiance, et ne lui dissimula aucun des mystères ou des embarras de son esprit. Cambacérès lui dit avec franchise que l'entreprise d'une restauration du gouvernement militaire, quelques mois après la perte du continent et l'invasion de la France par l'ennemi, lui paraissait une tentative au-dessus du génie humain; que les Bourbons sans doute avaient ignoré la France et qu'ils avaient siégé plus que régné aux Tuileries, mais que la masse d'espérances de liberté et de paix qu'ils avaient donnée par leur retour à un pays fatigué dépassait de beaucoup la somme de mécontentements qu'ils avaient fait naître; que la France avait respiré de nouveau le souffle de l'esprit libéral, qu'elle serait inquiète, exigeante, ombrageuse, difficile à rassurer; que les partis, au lieu d'être énervés comme aux jours du Consulat, étaient naissants, ardents, attisés par la presse et la tribune; qu'il ne retrouverait plus le Sénat ni le peuple de 1814; que ses maréchaux eux-mêmes, si comblés de faveurs par les Bourbons et si las de la guerre, ne lui offriraient plus la même docilité et la même ardeur qu'autrefois; que le prestige de sa force avait été dissipé pour plusieurs d'entre eux à Fontainebeau, qu'ils marchanderaient leurs services; que l'armée, par l'insurrection qu'elle venait d'arborer contre ses officiers, aurait perdu de son obéissance et de sa discipline; que les finances prodiguées à la fin du dernier règne, au commencement de celui des Bourbons, et aux indemnités à l'étranger pour la rançon du pays, ne permettaient plus sur l'impôt ou sur le crédit que des témérités ou des violences; que le pouvoir disputé entre les républicains et les impérialistes serait sans unité, sans concert, et introduirait les factions jusqu'au sein du conseil chargé de contenir à la fois tant de factions; que tout avait vieilli en peu de mois, et surtout lui-même, et qu'il conjurait l'empereur de le laisser à l'obscurité où il voulait réfugier sa vie.

XXIV

Mais Napoléon, repoussant tous ces prétextes, et réfutant toutes ces terreurs, sans nier néanmoins les difficultés, parut certain de les surmonter, pourvu qu'on lui donnât du temps. « Un succès, dit-il à Cambacérès, relèvera en un jour tout ce qu'a fait déchoir un an de revers et d'absence. Le premier coup de canon éclaircira l'air. D'ailleurs je ne suis plus le même homme; j'ai beaucoup pensé depuis que j'ai été à l'école de l'adversité et de la solitude. L'indifférence de la France à ma chute m'a appris que ce pays avait ou croyait avoir des besoins que mon gouvernement ne satisfaisait pas. Je puis m'accommoder à ces tendances constitutionnelles qui se manifestent dans le monde depuis que l'Europe est lasse de la guerre. Je suis las aussi, je vieillis, je n'ai rien à ajouter à mon nom en gloire militaire, je puis enraciner ma dynastie dans les mœurs et dans les idées du temps en donnant aussi une charte, plus qu'une charte, un code des idées nouvelles dont mon fils sera le gardien puissant après moi. J'ai sur les Bourbons cet avantage que le passé ne m'engage ni ne me compromet dans ses ruines. Pourquoi ne serais-je pas le Charlemagne de ce que vous appelez les idées libérales? Mon génie est propre à tout! »

Il oubliait qu'un génie qui s'est prodigué au despotisme

et qui s'est retourné contre le sens de son siècle n'est plus propre qu'à refaire de la servitude ou à tromper la liberté.

XXV

Cambacérès se laissa non convaincre, mais fléchir, et il subit une faveur qu'il n'osait pas répudier. Il fut nommé ministre de la justice, et reprit le titre d'archichancelier de l'empire. Gaudin eut les finances, Mollien le trésor, Decrès la marine, Davoust la guerre. L'empereur aimait peu ce maréchal, né avant lui à la renommée, ayant conservé la hauteur de sa naissance qu'il mêlait à la rudesse des camps, peu flexible sous la main du maître, indépendant, brusque, républicain d'accent, mais actif, imposant par son nom, nécessaire à une crise comme celle que le retour de Napoléon préparait à l'armée. Napoléon fit fléchir aussi ses répugnances en appelant au ministère de l'intérieur un des noms qui depuis le 18 brumaire avaient le plus contrasté avec l'asservissement général des caractères, Carnot. Soit qu'il fût lassé de l'oisiveté dans laquelle languissait son aptitude militaire, soit que le péril de la patrie prévalût à ses yeux sur ses répugnances contre l'usurpateur de la Révolution et le restaurateur des trônes, Carnot, républicain sous la Convention jusqu'à l'abnégation de sa renommée dans les proscriptions du comité de salut public; Carnot, proscrit lui-même ensuite comme royaliste, mais toujours républicain et protestant contre le consulat et contre l'empire quand tout le monde se courbait sous Napoléon : Carnot avait repris du service et défendu le boulevard d'Anvers dans la dernière campagne de 1814. Il avait, quoique régicide, salué le retour des Bourbons, à condition que ce retour serait celui des idées populaires de 1789. Puis il avait affronté l'émigration victorieuse par des lettres au roi où la sévérité des conseils se mêlait au respect pour Louis XVIII. Ces lettres avaient entouré Carnot d'une immense popularité dans le parti républicain ou dans le parti libéral. L'empereur sentit la force que l'adhésion d'un tel homme prêterait à sa cause. Il envoya chercher Carnot et tenta son patriotisme par l'excès même des périls auxquels la patrie allait avoir à faire face au dedans et au dehors. « Vous êtes l'homme de la nécessité, lui dit-il ; je suis corrigé du despotisme, je suis vaincu par la raison quoique vainqueur par les armes. La Révolution, dont nous sommes, vous et moi, les enfants, a besoin de mon nom pour se défendre au dehors, comme j'ai besoin de votre nom pour la réconcilier avec moi à l'intérieur. Faisons chacun un généreux sacrifice, moi de mon système de gouvernement trop absolu et trop personnel pour les nouveaux besoins du temps, vous de vos ombrages contre moi ; unissons-nous. Soyez le chaînon entre l'opinion et moi ; triomphons ensemble du royalisme au dedans, de la coalition au dehors. Je vous offre en gage le ministère de l'intérieur, et en récompense la victoire aux frontières et une constitution libérale à fonder sous ma dynastie, la seule acceptable par vos amis. »

Carnot eut la faiblesse de ses souvenirs et l'illusion de ses espérances. Il oublia qu'un homme politique doit à son pays tous les sacrifices d'ambition, mais jamais le sacrifice de ses opinions et de sa consistance, car la force d'un homme politique est dans ses opinions, non en lui. Il ac-

.cepta. Il fit plus, il donna à son tour en gage à l'empereur quelque chose de sa dignité de caractère, en acceptant en même temps un des titres de ridicule féodalité que Napoléon avait jetés en appât aux vanités de ses courtisans et de ses soldats. Carnot devenu comte de l'empire jura avec l'austère républicain de la Convention effaçant les titres de l'ancienne noblesse par les lois puritaines de l'égalité cimentées du sang des supplices. Sans doute il crut devoir cette puérilité en garantie au parti napoléonien. Ce parti se défiait de Carnot jusqu'à ce qu'il l'eût enchaîné à sa dynastie par une faveur contre-révolutionnaire. Mais tout homme libre qui entre dans le palais d'un despote pour transiger avec ses principes en sort affaibli de tout ce qu'il a reçu. Carnot, travesti plus que décoré de ce titre, avait perdu en entrant au ministère de l'intérieur l'indépendance qui faisait sa popularité et l'austérité qui faisait sa force. Il avait donné l'exemple de la souplesse du courtisan à ceux à qui il voulait inspirer le mâle patriotisme du républicain. De ce jour, il fut conquis à l'intérêt dynastique de celui qu'il avait voulu conquérir à la liberté.

XXVI

Condamné par son nom et par sa fidélité envers Napoléon, Caulaincourt, son dernier négociateur à Fontainebleau, bien qu'il prévît avec douleur l'inutilité de ses services, reprit auprès de lui le rôle impossible de négociateur entre l'Europe et l'empire. Il reçut le ministère des affaires étrangères.

Maret reprit le poste de secrétaire d'État, ministre universel et personnel de Napoléon, main active, infatigable et mécanique de cette tête qui faisait tout. Maret, trop étroit et trop affidé pour inspirer les grands conseils, était un instrument plus qu'une pensée. De tels hommes conviennent au pouvoir absolu qui ne veut pas être éclairé, mais servi. L'empereur, en retrouvant Maret, regrettait Berthier, le Maret de ses camps. « Où est-il ? où est-il ? répétait-il souvent à ses familiers ; pourquoi se défie-t-il de moi ? Je lui pardonnerai sa précipitation à me quitter et sa souplesse aux Bourbons. Ce sont les dieux de sa jeunesse ; il a toujours été royaliste. Je l'embrasserai, je lui rendrai sa place de chef d'état-major sous ma tente. Je ne lui imposerai d'autre punition que de le faire dîner avec nous sous son nouvel uniforme de capitaine des gardes de Louis XVIII. » Mais Berthier, à la fois fidèle par le cœur à son ancien général, fidèle par l'honneur aux Bourbons, s'était enfui en Allemagne pour échapper à la fascination de l'empereur sur lui. Là, combattu entre son inclination et son devoir, Berthier devait trouver dans une mort énigmatique un refuge contre son anxiété. Homme brave et capable dans les camps, hésitant dans les conseils, honnête partout, et qui traversa la Révolution et l'empire sans avoir terni son nom par autre chose que par les nobles faiblesses de l'amitié et de l'amour.

XXVII

M. Molé, jeune patricien pressé d'activité, qui donnait des gages à l'aristocratie par son nom, à Bonaparte par ses doctrines, à tous par son impatience de servir, laissa à Cambacérès le ministère de la justice, qu'il avait occupé avant la chute, et reprit la direction générale des routes et des travaux publics, prétexte à une adhésion qu'il ne surenchérissait pas. Réal, initié aux mystères et aux audaces de la police impériale depuis le consulat, reçut un ministère de contre-police personnelle, sous le titre de préfet de police de Paris. Le ministère de la police générale de l'empire était à regret destiné à Fouché.

XXVIII

Fouché était une des nécessités de Bonaparte à son retour. Il avait eu l'art de se placer et de se maintenir dans une telle ambiguïté de rôle aux yeux des bonapartistes, des républicains et des partisans des Bourbons, qu'aux premiers il répondait du concours de la révolution, aux seconds de leur sûreté, aux troisièmes de leurs espérances, à tous de leur plus intime intérêt : maître et négociateur à la fois entre ces divers partis. Bonaparte le redoutait, le suspectait, le haïssait, mais le croyait nécessaire. C'était un de ces instruments qui servent, mais qui pèsent à la main qui s'en sert, et qui la déchirent quand elle veut les rejeter. Bonaparte s'en était servi déjà deux fois depuis le consulat comme ministre de la police. Fouché avait été son corrupteur officiel des opinions républicaines qu'il avait voulu rallier à son pouvoir. Deux fois, se croyant assez fort pour se passer d'un tel ministre, il l'avait congédié avec colère, mais comblé d'honneurs et sans oser s'en faire un ennemi irréconciliable par une disgrâce déclarée. Deux fois il l'avait repris malgré lui et comme contraint, par des circonstances difficiles, à recourir à sa souveraine habileté. La circonstance suprême de sa vie le lui rendait une dernière fois nécessaire. Il s'était résolu à le subir encore, jusqu'au moment où il pourrait le briser tout à fait.

Fouché, de son côté, connaissait et haïssait Napoléon; mais incapable de supporter l'oisive obscurité de la vie privée, et pressé de prendre un rôle dans toutes les scènes, il se hâtait d'entrer dans le drame nouveau que le hasard lui ouvrait, soit pour le faire réussir s'il y trouvait puissance et fortune, soit pour le compliquer s'il se prêtait à l'intrigue, sa passion principale, soit pour le dénouer à propos quand il verrait le grand acteur à moitié vaincu, et pour se poser lui-même devant la France et devant l'Europe comme l'arbitre des événements. Ce rôle convenait admirablement à sa nature. La vie pour cet homme n'avait jamais été qu'un grand jeu avec les opinions. Surgi avec la Révolution, il avait joué jusqu'au sang le fanatisme du Jacobin. Son nom et son caractère en avaient conservé une couleur tragique. On se souvenait du proconsul sous le courtisan. Mais dans ce rôle même de proconsul révolutionnaire précédé de la hache de la terreur, il avait plus simulé la fureur du temps qu'il ne l'avait assouvie. Il y avait eu plus de peur que de crime dans ses missions. Soit humanité naturelle, soit pressentiment habile des réactions qui suivent toujours les proscriptions, il avait beaucoup menacé, peu frappé. Il s'était fait des amis parmi les victimes. Aussitôt que la révolution s'était adoucie, il s'était hâté de laver les taches sur ses mains, de répudier le terrorisme, de maudire l'anarchie, de se déclarer le partisan de l'unité et de la force dans le gouvernement, et de servir le pouvoir contre-révolutionnaire avec le zèle d'un converti qui veut se faire pardonner et avec l'impudeur d'un révolutionnaire qui a perdu lui-même la mémoire de son passé. Ce zèle et cette impudeur avaient élevé sa fortune aussi haut qu'une ambition subalterne peut monter sous le despotisme; mais il rêvait de l'élever plus haut encore, et jusqu'à des dictatures inconnues, quand le despotisme une seconde fois renversé laisserait place à tous les hasards de l'ambition. La puissance et la fortune étaient moins son but encore que l'intrigue et l'activité. On eût dit que cet homme était poursuivi par le remords de ses premières années, et que le mouvement perpétuel et les complications de l'intrigue lui étaient nécessaires pour étourdir ses souvenirs. La nature, la solitude et la réflexion lui avaient donné une véritable supériorité sur tous ses rivaux d'ambition, excepté sur M. de Talleyrand. Sorti comme lui de l'Église, Fouché avait commencé par le cloître, école d'égoïsme et de dissimulation chez ceux qui n'y portaient pas la vocation de la sainteté et de l'ascétisme. Les grandes ambitions et les grandes habiletés de cour se couvaient et se formaient généralement dans ces âmes monacales, isolées de la famille, séquestrées du monde, dans les temps modernes, comme ces ambitions et ces habiletés se couvaient et se formaient dans l'antiquité parmi les eunuques de Byzance. Les passions de l'esprit brûlent ces hommes à qui manquent les passions du cœur. Tel était Fouché. Il avait vu le comte d'Artois et M. de Blacas, ainsi que nous l'avons raconté, peu de jours avant la retraite des Bourbons. Il avait échangé avec le ministre et les amis de Louis XVIII des paroles de secrète intelligence. « Sauvez le roi ! leur avait-il dit en s'en séparant, je me charge de sauver la monarchie. »

XXIX

Napoléon était à peine aux Tuileries que Fouché, sortant de la retraite où il s'était dérobé à la feinte recherche des Bourbons et à l'arrestation simulée qu'on avait tentée contre lui, accourut près de son ancien maître, et se dévoua en apparence à sa cause et à sa personne. « Je vous ai dû ma dignité, ma fortune, mes titres, s'écria-t-il en affectant l'enivrement d'un homme échappé à des périls extrêmes et dont la reconnaissance assure la fidélité, maintenant je vous dois la liberté et peut-être la vie. C'est moi qui ai donné le signal aux troupes du Nord, qui les ai fait diriger sur Paris pour intimider les Bourbons par une double insurrection contre leur cause, pour les contraindre à se retirer de Paris, à vous laisser la capitale, centre de tout en France. C'est moi qui, apprenant ensuite que ce mouvement concerté aussi par d'autres allait se convertir en une proclamation du duc d'Orléans, ai fait avorter cette entreprise, pour que cette nouvelle candidature au trône ne vînt pas compliquer vos difficultés et ralentir votre course sur Paris. »

L'empereur, pressé lui-même de cacher toute défiance sous la bonhomie et sous l'abandon de l'homme heureux, ne se montra pas difficile sur les preuves de dévouement de Fouché. Sa crédulité apparente répondit à la ruse de son ancien ministre. Il se félicita de retrouver, dans une des plus grandes crises de sa vie, un serviteur si rompu aux choses et aux hommes, et si propre à lui rattacher les républicains, son seul espoir. Il remit à Fouché le seul ministère politique de ce règne qui ne devait être jusqu'à la victoire qu'une négociation astucieuse avec les opinions, le ministère de la police générale de l'empire. Il se crut maître de Fouché et de son parti par cet abandon qui donnait un tel gage à la Révolution. Fouché se sentit maître, à son tour, de l'empereur, par un ministère qui lui livrait le secret de tous les partis et la domination du conseil.

XXX

Il fallait frapper immédiatement l'opinion indécise par un grand acte d'adhésion des principaux hommes politiques que l'éloignement des chambres n'avait pas fait sortir de Paris, et donner sa signification officielle au règne nouveau par un programme éclatant de gouvernement. Les conseillers d'État de l'empire, la veille encore pour la plupart conseillers d'État de la restauration, hommes de talent, de renommée, de mérites spéciaux et administratifs, mais hommes dont les caractères s'étaient rompus depuis vingt ans à toutes les vicissitudes des événements et à toutes les versatilités de dévouement, furent convoqués par l'empereur. Ils rédigèrent à la hâte une adresse où la monarchie et la république luttaient dans une ambiguïté de termes qui laissait tout espérer sans rien définir. Ils signèrent tous cette adresse, qui mettait entre les Bourbons et eux l'abîme d'une reconnaissance authentique des droits de Napoléon. Les droits de la nation, quoique faiblement articulés dans cette adresse, répugnèrent à quelques-uns d'entre eux. Ils s'abstinrent de signer des doctrines qu'ils prévoyaient devoir déplaire plus tard à Napoléon, et se réservèrent tout entiers pour la souveraineté personnelle et absolue du maître. Flatteurs plus habiles que leurs collègues, ils osèrent résister au désir officiel du maître pour mieux caresser ses sentiments secrets. M. Molé fut de ce nombre. Il avait écrit jeune la Théorie du pouvoir absolu. Il ne voulut pas mentir à sa foi dans l'autorité. L'empereur ne pouvait s'irriter contre ceux qui, affamés de gouvernement depuis la Révolution, adoraient dans un homme ce pouvoir social qu'ils ne voulaient pas rechercher plus péniblement dans un peuple.

« Sire, dit M. de Fermon, orateur du Conseil d'État, homme accoutumé à plier ses harangues aux solennités du palais, l'empereur, en remontant sur le trône où le peuple l'avait élevé, rétablit le peuple dans ses droits les plus sacrés. Il ne fait que rappeler à leur exécution les décrets des assemblées représentatives, sanctionnés par la nation; il revient régner par le seul principe de légitimité que la France ait reconnu et consacré depuis vingt-cinq ans, et auquel toutes les autorités s'étaient liées par des serments dont la volonté du peuple aurait pu seule les dégager.

» L'empereur est appelé à garantir de nouveau, par des institutions (et il en a pris l'engagement dans ses proclamations au peuple et à l'armée), tous les principes libéraux, la liberté individuelle, l'égalité des droits, la liberté de la presse et l'abolition de la censure, la liberté des cultes, le vote des contributions et des lois par les représentants de la nation légalement élus, les propriétés nationales de toute origine, l'indépendance et l'inamovibilité des tribunaux, la responsabilité des ministres et de tous les agents du pouvoir.

» Pour mieux consacrer les droits et les obligations du peuple et du monarque, les institutions nationales doivent être revues dans une grande assemblée des représentants, déjà annoncée par l'empereur.

» Jusqu'à la réunion de cette grande assemblée représentative, l'empereur doit exercer et faire exercer, conformément aux constitutions et aux lois existantes, le pouvoir qu'elles lui ont délégué, qui n'a pu lui être enlevé, qu'il n'a pu abdiquer sans l'assentiment de la nation, et que le vœu et l'intérêt général du peuple français lui font un devoir de reprendre. »

« Les princes sont les premiers citoyens de l'État, répondit l'empereur ; leur autorité est plus ou moins étendue selon l'intérêt des nations qu'ils gouvernent. La souveraineté elle-même n'est héréditaire que parce que l'intérêt des peuples l'exige. Hors de ces principes, je ne connais pas de légitimité.

» J'ai renoncé aux idées du grand empire dont, depuis quinze ans, je n'avais encore que posé les bases ; désormais le bonheur et la consolidation de l'empire français seront l'objet de toutes mes pensées. »

XXXI

Mais de toutes les instabilités et de toutes les prostrations de caractère qui signalèrent le lendemain de l'entrée de Napoléon dans Paris, la plus mémorable et la plus mystérieuse par l'excès même de l'inconstance et du scandale fut celle d'un homme célèbre depuis, à qui l'esprit de parti, qui pardonne tout, pardonna jusqu'à ce démenti de lui-même. Cet homme se nommait Benjamin Constant. Nous avons cité la protestation indignée et presque romaine qu'il venait de publier la veille de l'arrivée de l'empereur contre cette invasion soldatesque qui faisait descendre la France jusqu'aux asservissements du Bas-Empire et qui condamnait les bons citoyens à l'ostracisme volontaire ou au suicide de Caton. Benjamin Constant, après de telles paroles, était le dernier des hommes à qui il fût permis de se vendre ou de se donner au despotisme victorieux, à moins de livrer lui-même la parole humaine à la dérision de tout ce qui respecte l'homme dans sa parole.

Cependant Benjamin Constant ne s'éloigna pas de Paris le 20 mars, soit qu'il n'eût pas pris lui-même sa protestation au sérieux, comme un homme qui jette la parole au vent sans y croire, soit qu'il eût la résolution passagère de braver la tyrannie qu'il avait provoquée, soit qu'il fût sûr d'avance de mériter plus de pardon et de racheter plus de faveur par le prix même que son éclatante opposition donnerait à son retour. D'autres disent qu'un amour insensé pour une femme célèbre par ses charmes et irréprochable par ses mœurs, madame Récamier, lui rendait l'exil impossible. D'autres croient qu'enchaîné depuis longtemps à madame de Staël, dont l'opposition à Napoléon avait été domptée par ce triomphe, et qui avait des millions à réclamer de l'État et des nécessités de faveurs à se ménager dans le palais, il fut entraîné par ces motifs qui pesèrent sur son esprit mobile et sur sa conscience légère. D'autres enfin, que la vanité d'être compté comme un homme qui valait la peine d'être conquis, et dont la conquête décidait celle d'un parti, fit tout. Nul ne sut les motifs, tous connurent l'acte.

XXXII

Benjamin Constant, après quelque résistance, se rendit au palais. L'empereur, qui avait lu son imprécation, voulait donner dans son entretien avec cet écrivain et dans une faveur prodiguée à un ennemi un éclatant exemple d'amnistie aux opinions libres, autrefois persécutées. Il reçut Benjamin Constant comme Auguste Cinna. Il refoula de son visage et de ses lèvres tout le dédain et toute la haine qu'il portait à madame de Staël, à son ami, et au libéralisme moitié républicain, moitié constitutionnel. Il feignit d'ouvrir son cœur, sans y laisser d'ombre, à Benjamin Constant, et le supplia d'accepter les fonctions de conseiller d'État.

« La nation, dit-il, s'est reposée douze ans de toute agitation politique, et depuis une année elle se repose de la guerre. Ce double repos lui a rendu un besoin d'activité.

Elle veut ou croit vouloir une tribune et des assemblées. Elle ne les a pas toujours voulues. Elle s'est jetée à mes pieds quand je suis arrivé au gouvernement. Vous devez vous en souvenir, vous qui essayâtes de l'opposition. Où était votre appui, votre force? Nulle part. J'ai pris moins d'autorité qu'on ne m'invitait à en prendre... Aujourd'hui tout est changé. Un gouvernement faible, contraire aux intérêts nationaux, a donné à ces intérêts l'habitude d'être en défense et de chicaner l'autorité. Le goût des constitutions, des débats, des harangues, paraît revenu... Cependant ce n'est que la minorité qui les veut, ne vous y trompez pas. Le peuple, ou, si vous l'aimez mieux, la multitude, se pressant sur mes pas, se précipitant du haut des montagnes, m'appelait, me cherchait, me saluait! De Cannes ici je n'ai pas conquis, j'ai administré... Je ne suis pas seulement, comme on l'a dit, l'empereur des soldats, je suis celui des paysans, des plébéiens de la France... Aussi, malgré tout le passé, vous voyez le peuple revenir à moi. Il y a sympathie entre nous. Ce n'est pas comme avec les privilégiés. La noblesse m'a servi; elle s'est lancée en foule dans mes antichambres. Il n'y a pas de place qu'elle n'ait acceptée, demandée, sollicitée. J'ai eu des Montmorency, des Noailles, des Rohan, des Beauvau, des Mortemart; mais il n'y a jamais eu analogie. Le cheval faisait des courbettes; il était bien dressé, mais je le sentais frémir. Avec le peuple, c'est autre chose. La fibre populaire répond à la mienne. Je suis sorti des rangs du peuple: ma voix agit sur lui. Voyez ces conscrits, ces fils de paysans: je ne les flattais pas, je les traitais rudement; ils ne m'entouraient pas moins, ils ne criaient pas moins : « Vive l'empereur! » C'est qu'entre eux et moi il y a même nature. Ils me regardent comme leur soutien, leur sauveur contre les nobles... Je n'ai qu'à faire un signe, ou plutôt à détourner les yeux, les nobles seront massacrés dans toutes les provinces. Ils ont si bien manœuvré depuis dix-huit mois!... Mais je ne veux pas être le roi d'une jacquerie. S'il y a des moyens de gouverner avec une constitution, à la bonne heure!... J'ai voulu l'empire du monde, et pour me l'assurer un pouvoir sans bornes m'était nécessaire. Pour gouverner la France seule, il se peut qu'une constitution vaille mieux... J'ai voulu l'empire du monde! Et qui ne l'aurait pas voulu à ma place? Le monde m'invitait à le régir. Souverains et sujets se précipitaient à l'envi sous mon sceptre. J'ai rarement trouvé de la résistance en France; mais j'en ai pourtant plus rencontré dans quelques Français obscurs et désarmés que dans tous ces rois si fiers aujourd'hui de n'avoir pas un homme populaire pour égal... Voyez donc ce qui vous semble possible; apportez-moi vos idées. Des discussions publiques, des élections libres, des ministres responsables, la liberté de la presse, je veux tout cela... La liberté de la presse surtout; l'étouffer est absurde. Je suis convaincu sur cet article... Je suis l'homme du peuple; si le peuple veut la liberté, je la lui dois. J'ai reconnu sa souveraineté; il faut que je prête l'oreille à ses volontés, même à ses caprices. Je n'ai jamais voulu l'opprimer pour mon plaisir. J'avais de grands desseins; le sort en a décidé. Je ne suis plus un conquérant; je ne puis plus l'être. Je sais ce qui est possible et ce qui ne l'est pas. Je n'ai plus qu'une mission : relever la France et lui donner un gouvernement qui lui convienne... Je ne hais point la liberté. Je l'ai écartée lorsqu'elle obstruait ma route; mais je la comprends, j'ai été nourri dans ses pensées... Aussi bien l'ouvrage de quinze années est détruit ; il ne peut se recommencer. Il faudrait vingt ans et deux millions d'hommes à sacrifier... D'ailleurs je désire la paix, et je ne l'obtiendrai qu'à force de victoires. Je ne veux pas vous donner de fausses espérances ; je laisse dire qu'il y a des négociations : il n'y en a point. Je prévois une lutte difficile, une guerre longue. Pour la soutenir, il faut que la nation m'appuie ; mais en récompense, je le crois, elle exigera de la liberté. Elle en aura... La situation est neuve. Je ne demande pas mieux que d'être éclairé. Je vieillis. On n'est plus à quarante-cinq ans ce qu'on était à trente. Le repos d'un roi constitutionnel peut me convenir. Il conviendra plus sûrement encore à mon fils. »

XXXIII

Ainsi se trouva relié à la cause de Napoléon un des hommes qui avaient promis à l'Europe la plus ferme résistance à une seconde tyrannie. Benjamin Constant, d'un esprit trop pénétrant pour avoir les naïvetés de la confiance, affecta de croire pour avoir un prétexte à sa défection de caractère. Il n'entraîna personne de son parti dans cette crédulité. Il eut ces réserves et ces retours par lesquels les transfuges desservent à la fois la cause qu'ils ont embrassée et celle qu'ils ont trahie. Inutile aux deux, nuisible à lui-même, il ne porta à Napoléon qu'un nom décrédité par son inconstance, des embarras dans son conseil, et, bientôt après, des transactions avec le parti contraire. Madame de Staël seulement eut des ménagements avec l'empereur pour la fortune de ses enfants. Elle négocia, mais elle se tût du moins, et parut indécise comme la destinée entre la répulsion pour tant d'audace et l'admiration pour tant de bonheur.

XXXIV

Cependant Napoléon, heureux d'avoir détaché ce tribun équivoque de la cause libérale, compléta l'organisation de son gouvernement, donnant à ses ennemis des gages insignifiants, mais se réservant à lui-même les nominations aux grands emplois de la guerre et de la police, qui lui garantissaient dans les parties importantes de l'empire l'ancien esprit et l'ancienne fidélité personnelle de ses courtisans. M. de Montalivet, longtemps ministre de l'intérieur, descendit à l'administration de la liste civile. M. de Champagny, ancien ministre des affaires étrangères, eut la direction des bâtiments. Savary prit dans le commandement de la gendarmerie une seconde police d'inquisition et d'exécution plus militaire et plus intime que celle de Fouché. La liberté des citoyens était de nouveau à la merci d'un ordre soudain de l'empereur. Il recomposa ensuite son état-major personnel des mêmes généraux et des mêmes aides de camp dont il était formé un an auparavant. Lauriston seul eut la décence de refuser une confiance que les faveurs des Bourbons lui défendaient d'accepter. L'empereur le remplaça par Labédoyère, dont il voulait faire considérer la défection comme une gloire, sans pouvoir tromper la conscience publique, ni même la conscience de

Labédoyère lui-même. Ce jeune colonel sentit sa faute contre la fidélité militaire. Il voulait la colorer de patriotisme et l'honorer du moins par le désintéressement. « L'empereur ne me doit rien, répondit-il aux premières paroles qui lui furent portées de la part de celui à qui il avait livré son régiment et sa patrie. Je ne veux pas qu'on puisse croire que je me suis rallié à lui par l'appât des récompenses. Je n'ai embrassé sa cause qu'en considération de la liberté et de la patrie. Si ce que j'ai fait peut être utile à mon pays, l'honneur de l'avoir servi me suffira. Je ne veux rien de l'empereur. »

Mais Napoléon voulait faire violence à la conscience publique en récompensant avec éclat ce qu'elle réprouvait. Il redoutait de plus dans les jeunes militaires de séparer, même en paroles, sa cause de celle de la patrie qu'il voulait confondre. Cette contagion de la liberté, sans danger immédiat pour lui dans les rangs civils, l'inquiétait dans les rangs de l'armée. Il voulait l'étouffer à son origine sous l'excès des faveurs de camp et des faveurs de cour. Il insista trois jours auprès de ce jeune homme, qu'il aurait envoyé autrefois dans une citadelle. Labédoyère finit par céder. Mais il garda jusque dans cette haute faveur l'inquiétude, l'humeur, la rudesse de langage d'un homme chez qui le succès n'étouffe pas assez le mécontentement de soi-même.

La cour de Napoléon se repeupla avec la même facilité que ses camps. Les membres de cette haute noblesse, qui avaient passé du palais de Louis XVI dans le palais impérial et du palais impérial dans les hautes fonctions auprès des Bourbons, reprirent leur service de cour autour de lui. Races illustres, ornements de cours, ces familles semblaient éprouver le besoin de servir autant que les cours éprouvent le besoin d'être servies. Mais, chose étrange! pendant que Napoléon leur rendait leurs emplois dans sa domesticité d'honneur aux Tuileries, il faisait épurer sévèrement le palais de tous les pauvres serviteurs à gages qui avaient passé pour leur pain du service de ses demeures impériales au service des maisons royales des Bourbons, comme s'il eût voulu punir dans les conditions serviles du peuple ces infidélités et ces apostasies qu'il encourageait dans les rangs supérieurs de la nation! Estimait-il assez peu ces courtisans de grandes familles pour rémunérer en eux des vices qu'il punissait dans d'autres rangs? Ou plutôt s'enivrait-il tellement lui-même de sa propre supériorité qu'il fît honneur à ses courtisans de manquer pour lui seul à toute fidélité? Les esclaves volontaires, dit Tacite, font plus de tyrans que les tyrans ne font d'esclaves.

Pour tromper mieux l'opinion du peuple sur les relations qu'il affectait d'entretenir avec l'impératrice Marie-Louise, captive volontaire de son père à Vienne, Napoléon nomma les femmes de ses principaux ministres ou de ses familiers les plus personnels dames du palais de l'impératrice. Mesdames Maret, Caulaincourt, Savary, Duchâtel, reçurent ou reprirent ces titres dans la cour vide des Tuileries. Les noms masquaient la place où l'on feignait d'attendre tous les jours la fille de l'empereur d'Autriche et son fils. Napoléon savait bien qu'il ne trompait ainsi personne autour de lui. Mais connaissant, en acteur consommé du trône, la puissance de l'illusion sur les peuples, il ne dédaignait pas de jouer ces rôles menteurs pour prolonger dans le préjugé de la multitude la croyance de son concert secret avec les puissances, et les espérances de paix.

Bertrand, fidèle compagnon de ses adversités, reprit aux Tuileries les fonctions de grand maréchal du palais, qu'il avait honorées à l'île d'Elbe. Drouot, un des deux généraux qui l'avaient suivi dans l'exil, fut nommé major général de sa garde : Bertrand, plus courtisan et plus agréable; Drouot, plus timide et plus contenu dans son dévouement à l'empereur. Tous deux dignes, par des mérites divers, d'être les deux Éphestions de cet autre Alexandre.

Les grenadiers de la vieille garde et les soldats de la cavalerie et de la ligne qui avaient rouvert la France à Napoléon et qui bivouaquaient encore dans la cour de ce palais où ils avaient reporté leur empereur, paraissaient oubliés par lui maintenant, et murmuraient sourdement de cet oubli si semblable à l'ingratitude. Tous les regards, tous les soins, toutes les faveurs étaient pour les officiers et les soldats qui, en se détachant des Bourbons, venaient de livrer le trône et la France à Napoléon. L'armée du duc de Berri était rentrée à sa suite dans Paris et demandait à grands cris à saluer du moins l'empereur, devant qui elle avait baissé ses armes. Il la réunit sur la place du Carrousel, monta à cheval et la passa lentement en revue, aux cris frénétiques des bataillons et des escadrons qui croyaient saluer en lui la victoire et qui saluaient leur propre mort.

« Soldats! leur dit-il avec la mâle énergie de la résolution qu'il venait d'accomplir grâce à eux, soldats! je suis venu avec six cents hommes en France, parce que je comptais sur l'amour du peuple et sur les souvenirs des vieux soldats. Je n'ai pas été trompé dans mon attente : Soldats! je vous en remercie. La gloire de ce que nous venons de faire est toute au peuple et à vous ; la mienne se réduit à vous avoir connus et appréciés.

» Soldats ! le trône des Bourbons était illégitime, puisqu'il avait été relevé par des mains étrangères, puisqu'il avait été proscrit par le vœu de la nation, exprimé par toutes nos assemblées nationales ; puisque enfin il n'offrait de garantie qu'aux intérêts d'un petit nombre d'hommes arrogants dont les prétentions sont opposées à nos droits...

» Soldats ! le trône impérial peut seul garantir les droits du peuple, et surtout le premier de nos intérêts, celui de notre gloire. Soldats ! nous allons marcher pour chasser de notre territoire ces princes auxiliaires de l'étranger. La nation non-seulement nous secondera de ses vœux, mais même suivra notre impulsion. Le peuple français et moi, nous comptons sur vous : nous ne voulons pas nous mêler des affaires des nations étrangères ; mais malheur à qui se mêlerait des nôtres ! »

XXXV

A peine les acclamations de l'armée du roi et de la multitude présente à cette scène étaient-elles tombées, qu'une scène plus militaire et plus pathétique encore éclata aux yeux des spectateurs. On vit se détacher des bataillons des grenadiers de l'île d'Elbe, en bataille sous les murs du Louvre, et reconnaissables à leurs uniformes déchirés par le temps, souillés par la route, un groupe d'officiers de tous grades et de toutes armes de cette armée de l'exil, le visage hâlé par le soleil d'Italie, les souliers et les chapeaux ternis de la poussière du Midi, le général Cambronne à leur tête. Une musique militaire réglait leurs pas sur les strophes lentes et tragiques de la *Marseillaise* répétées de loin par la multitude, comme si l'empereur eût voulu faire accueillir ces prétoriens de sa cause personnelle par un salut à la Révolution qu'il appelait de désespoir à son secours. Ils portaient les anciennes aigles de la garde impériale et de l'armée réservées ou retrouvées pour ce jour. Ils défilèrent avec une majesté triste devant l'armée muette, et se formèrent en carré autour de leur empereur. Napoléon les accueillit d'un visage ému et reconnaissant ; puis faisant ouvrir le carré du côté de l'armée, il s'avança entre le front des troupes et le groupe d'officiers de l'île d'Elbe. Il montra du geste aux troupes en bataille cette petite poignée d'hommes, ses fidèles et ses camarades d'exil.

« Soldats ! reprit-il alors, voilà les officiers du bataillon qui m'a accompagné dans mon malheur ; ils sont tous mes amis, ils étaient chers à mon cœur : toutes les fois que je les voyais, ils me représentaient les différents régiments de l'armée ; car dans ces six cents braves il y a des hommes de tous les régiments. Tous me rappelaient ces grandes journées dont le souvenir m'est si cher, car tous sont couverts d'honorables cicatrices reçues à ces batailles mémorables. En les aimant, c'est vous tous, soldats de toute l'armée française, que j'aimais. Ils vous rapportent ces aigles ; qu'elles vous servent de ralliement ! En les donnant à la garde, je les donne à toute l'armée.

» La trahison et des circonstances malheureuses les avaient couvertes d'un voile funèbre ; mais, grâce au peuple français et à vous, elles reparaissent resplendissantes de toute leur gloire. Jurez qu'elles se trouveront toujours partout où l'intérêt de la patrie les appellera ; que les traîtres, et ceux qui voudraient envahir notre territoire, n'en puissent jamais soutenir les regards ! »

« Nous le jurons ! » répondit l'armée d'une seule voix. « Vive l'empereur ! » fut le serment du groupe ; « Vive l'empereur ! » fut l'écho de la multitude.

Les grenadiers passés en revue à leur tour, et rappelés du murmure à l'attachement par des promesses de grades, d'emplois dans les palais impériaux, de pensions, de gratifications, d'avancement exceptionnel dans l'armée, s'apaisèrent et partagèrent la joie militaire de cette solennité. L'empereur descendit de cheval dans leurs bras. Il remonta les marches du grand escalier pour se renfermer dans son cabinet et se préparer à la seule œuvre de ce règne reconquis : la guerre.

XXXVI

Ce cabinet des Tuileries, où deux gouvernements ennemis venaient de se succéder quatre fois en si peu de semaines, était l'image de cette instabilité et de cette rapidité des fortunes. Le roi en était sorti si inopinément et avec tant de trouble et de hâte, que les murs, les meubles, les tables y gardaient l'empreinte de sa présence et de ses pensées. Il y siégeait dans un de ces larges fauteuils où ses infirmités le clouaient tout le jour autant que ses conversations, ses conseils, ses études. Il y avait apporté d'Hartwell, sa retraite champêtre pendant tant d'années, une petite table de travail chère à ses habitudes, comme un de ces souvenirs de l'exil qui relèvent le sentiment du bonheur présent par la mémoire de l'adversité. Un portefeuille oublié sur la table par ses serviteurs contenait ses souvenirs les plus intimes de famille et de cœur, ses lettres des princes, celles de la duchesse d'Angoulême, quelques-uns de ses plans de gouvernement, les confidences les plus secrètes des hommes des différents partis qui lui faisaient des révélations ou qui lui offraient leur dévouement, quelques tableaux et quelques livres de dévotion, souvenirs de sa femme ou de Louis XVI; reliques du cœur ou décoration officielle de l'appartement du roi très-chrétien. L'abjecte malignité de quelques courtisans de l'empereur, pressés de flatter le vainqueur par la dérision du vaincu, avait étalé sur la cheminée quelques images cyniques et injurieuses que la haine des conspirateurs bonapartistes jetait en pâture au peuple, et où la vieillesse, la nature et le malheur étaient bafoués par de vils crayons.

L'empereur les fit écarter avec dégoût de ses yeux. Il était trop élevé par la victoire pour n'avoir pas du moins dans l'âme la hauteur de son rang et la dignité de son triomphe. Il écarta également les objets de piété. « Le cabinet d'un monarque français, dit-il, ne doit pas ressembler à l'oratoire d'un moine, mais à la tente d'un général. » Il fit déployer sur les tables les cartes de ses campagnes et celle de la France, et regardant avec tristesse les limites de la France nouvelle : « Pauvre France ! » s'écria-t-il avec un accent d'amertume et de reproche à ses successeurs, accusation contre eux qui rejaillissait tout entière sur lui, car c'était lui-même qui avait reçu de la république des frontières plus étendues que celles de 1814, et c'était sa propre épée qui, après avoir déchiré la carte de tant de provinces pour les ajouter à son empire, avait fini par restreindre la patrie à ces étroites proportions sur le globe, et par effacer même jusqu'aux frontières de la France en attirant l'invasion jusque dans ce palais. Mais l'homme rejette toujours ses fautes et ses malheurs sur d'autres, et se persuade qu'il préviendra l'accusation par l'accusation.

Il sentit qu'il devait un sacrifice à la nécessité et une compensation à la gloire, qu'il ne rapportait plus comme autrefois à la patrie à chaque retour. Il signa un décret qui restituait au pays la liberté de l'imprimerie et du journalisme. Nul homme n'était plus convaincu que lui que cette liberté est incompatible avec l'autorité d'un gouvernement absolu, et qu'en la signant il signait pour un temps l'abdication de son propre pouvoir et de sa propre sécurité; mais il comptait sur le premier étourdissement de cette liberté qui n'avait pas encore créé assez d'habitudes de publicité pour lui nuire. Il comptait surtout sur l'émotion du patriotisme menacé que la guerre allait donner à la France, et qui distrairait de la polémique sur le gouvernement. Enfin il comptait sur de prochains triomphes qui lui rendraient la dictature, et qui lui permettraient de lutter de nouveau par la police avec la pensée. D'ailleurs il n'avait pas l'option. Les hommes de la Révolution qu'il était forcé d'appeler à son aide réclamaient impérieusement ce gage. Il le leur donnait avec répugnance, mais avec nécessité. Il s'était jeté dans un hasard : il fallait en accepter temporairement les conditions. Ce fut celle qui lui coûta le plus et qu'il contesta davantage à ses nouveaux conseillers.

XXXVII

Pendant ces premiers actes et ces premières indécisions de Napoléon entre le gouvernement absolu, seul gouvernement qu'une volonté si entière et si rebelle aux obstacles pût comprendre, et le gouvernement constitutionnel qui pouvait seul légitimer son invasion, que faisait le roi fugitif?

Louis XVIII, devançant son armée et accompagné seulement de Berthier, de M. de Blacas et de quelques familiers de sa maison civile et de sa maison militaire, avait pris la route de Lille où l'attendait le maréchal Mortier, et où Macdonald et le duc d'Orléans le précédaient. Les corps d'armée séparés de l'empereur par la distance, et sur lesquels ce prince comptait encore pour les rallier à l'armée du Nord autour de lui, se soulevaient les uns après les autres, malgré la fidélité des maréchaux qui en avaient reçu le commandement. Le maréchal Victor cédait, malgré son énergique loyauté, en Champagne, à l'irrésistible embauchage de l'exemple sur son armée. Oudinot, également fidèle, était vaincu à Metz par la sédition. Mortier contenait avec peine l'armée sous ses ordres à Lille. Il comptait les jours que la révolte laissait encore à la sûreté du roi dont il avait répondu. La présence du duc d'Orléans, sur laquelle la cour avait compté, ne produisit aucun effet sur les troupes. Elles parlaient même de chasser ce prince, inconnu d'elles, de Lille, ou de s'emparer de lui comme d'un gage à offrir à l'empereur de leur implacable dévouement. Le prince, de son côté, craignant de compromettre cet avenir personnel et inconnu qu'il affectait toujours de séparer des princes de sa race, caressait le sentiment patriotique des généraux et des officiers, ménageait l'entraînement bonapartiste, flattait le drapeau tricolore, se résignait à une retraite momentanée que son intelligence lui montrait inévitable, et, sans trahir le roi ni ses devoirs, s'occupait plus de sa popularité future que des extrémités présentes.

L'armée personnelle du roi, composée des gardes du corps, des mousquetaires, des chevau-légers, des volontaires de Paris et des régiments de grenadiers à cheval de la garde, suivait rapidement le roi sur la route de Lille. Le maréchal Marmont la commandait sous les ordres du comte d'Artois et du duc de Berri, son fils.

XXXVIII

Le peuple de ces départements accourait en foule sur le passage de ces princes et de cette jeune noblesse. Ils marchaient entre deux haies d'habitants des villes et de paysans de la Picardie et de la Flandre, dont l'indignation contre l'empereur et l'attachement aux Bourbons faisaient contraste avec les provinces de l'Est et du Centre. Ce peuple du Nord, moins mobile et plus réfléchi, sans avoir le fanatisme de la Bretagne, nourrissait un profond sentiment de fidélité et de préférence pour les Bourbons. Plus rapproché des frontières et plus exposé aux ravages et aux humiliations de la guerre, il tenait davantage à la paix, dont ces princes étaient pour lui le symbole. Moins léger et plus juste que les populations du centre de la France, ce peuple se soulevait aussi de plus de pitié pour le roi. Ce cortége armé, mais presque funèbre, accompagnant ce prince pacifique, trahi par son armée, expulsé de sa capitale par une sédition militaire, et venant demander asile à ses dernières citadelles, remplissait le cœur d'émotion, les yeux de larmes. Les routes qu'il traversait retentissaient d'un long et triste cri de : « Vive le roi! » qui se renouvelait de chaumière en chaumière et de ville en ville. On refusait de recevoir le prix des services, du logement, des vivres demandés par cette petite armée. Les chevaux et les chars de l'agriculture étaient mis gratuitement à la disposition des hommes démontés, des blessés, des malades, des enfants, des vieillards, des femmes qui suivaient les colonnes. Les soins les plus affectueux leur étaient prodigués. L'entrée des régiments dans les villes ou dans les villages où ils passaient la nuit ressemblait à des scènes de famille. Les foyers, depuis les plus riches jusqu'aux plus indigents, prodiguaient aux troupes du roi tout ce qu'ils possédaient.

« Ramenez-nous seulement ce roi de la paix et de la liberté, s'écriaient les hôtes au départ, nous lui garderons nos enfants et nos cœurs. » Une saison indécise entre l'hiver et le printemps, une pluie froide et constante, des chemins défoncés, des chevaux harassés, des hommes novices, le commandement du maréchal Marmont, relâché, mal obéi, confus, de fréquentes alertes sur les flancs et sur les derrières des colonnes par les régiments de Napoléon qui suivaient à distance l'armée royale, rendaient cette petite armée en marche plus semblable à des mêlées qu'à des colonnes régulières. Des chariots chargés de jeunes gens et d'hommes âgés, brisés par les fatigues inusitées d'une longue route ; des voitures de luxe et de cour amenant les mères, les femmes, les filles des ministres, des généraux, des émigrés ; des fourgons, des canons mêlés à ces équipages ; les serviteurs et les files de chevaux de guerre ou de chasse de la maison des princes, interrompaient, brisaient, ralentissaient à chaque pas l'ordre et la marche des corps. Le comte d'Artois, le duc de Berri son fils, à cheval, exposés à l'intempérie du ciel, inondés de pluie, couverts de boue, marchaient à côté des colonnes, s'entretenant familièrement avec les jeunes gens de cette noblesse, qu'ils connaissaient tous de visage et de nom. Le peuple en les voyant se découvrait, s'inclinait, les suivait de ses regards de compassion et de ses cris tempérés par le respect pour l'infortune. Une terre si chère et si généreuse devait laisser de profondes impressions de regret et d'espérance dans le cœur des deux princes. La rumeur générale de l'armée était qu'on marchait sur Lille, où le roi, rejoint et entouré d'autres corps du nord de la Normandie, de la Bretagne, ferait face sur le sol fidèle aux troupes de Napoléon.

Les premiers détachements prirent ainsi, en sortant d'Amiens, la route de Lille. Des courriers expédiés de cette ville et galopant sur Paris les rencontrèrent et les firent refluer sur leurs pas pour prendre la route de Béthune. Ces contre-ordres consternèrent les princes et firent conjecturer à l'armée que le dernier espoir des royalistes s'évanouissait, et que le dernier refuge sur le sol français où le roi pût attendre le réveil de la France venait de manquer sous ses pas.

XXXIX

Ces rumeurs étaient vraies. Louis XVIII était arrivé plein de confiance à Lille, et résolu à disputer cette ville et cette province à l'invasion de son compétiteur en attendant la fortune. La ville entière, dont la population était doublée par l'élan des villes et des campagnes voisines, accueillit le roi avec un enthousiasme que le malheur de sa situation semblait redoubler et passionner encore. Tous juraient de défendre jusqu'à la mort dans leurs murs le trône et la famille des Bourbons. La garde nationale de Lille, accoutumée aux siéges, aux extrémités, aux triomphes du patriotisme pendant les guerres de la Révolution, ne faisait pas un vain serment. Le roi eût trouvé en elle des bataillons dignes de se mesurer avec tous les périls. La ville était fière d'ajouter à son histoire ce titre de capitale momentanée de la monarchie, et de rivaliser un jour avec Orléans pour la vie et la gloire d'un prince supérieur à Charles VII. Le roi la passa en revue et crut à la sûreté de l'asile que de pareils cœurs lui promettaient. Mais quand il parut devant le front de l'armée, quels que fussent les efforts des citoyens pour animer les régiments de leur généreux enthousiasme, ces régiments restèrent froids, mornes, silencieux, dans l'attitude d'une résignation passive à la discipline, mais avec la physionomie de troupes qui contiennent leur impatience plus qu'elles ne promettent leur fidélité. On voyait que leur cœur n'était plus là et que leur pensée était déjà à Paris. L'exemple, la voix, les gestes du maréchal Mortier, de Macdonald, de Berthier, des généraux qui entouraient le roi, ne purent leur arracher une acclamation. Elles semblaient craindre de tromper le roi par un serment qu'elles brûlaient de prêter à un autre.

Le prince ne se trompa pas à leur contenance. Des larmes d'indignation mal contenues roulèrent dans ses yeux. Il se plaignit lui-même de sa destinée. Il plaignit davantage cette multitude si constante et si dévouée, mais qui allait être dominée par l'armée sortie de son sein pour lui imposer de nouveau son despotisme et la guerre. Il s'efforça néanmoins d'espérer encore, et rentra dans le palais qu'on lui avait préparé avec la ferme volonté de n'en pas sortir. « Si les troupes, dit-il au maréchal Mortier, veulent aller rejoindre mon ennemi, ouvrez-leur les portes et qu'elles m'abandonnent. La garde nationale et ma maison militaire qui me suit suffiront à ma défense sur le sol français! »

XL

Mais l'approche de quelques gardes du corps et des régiments suisses de la garde, qui avaient poursuivi d'Amiens leur route sur Lille et devant qui les portes de la ville allaient s'ouvrir, décida les troupes de ligne de la garnison à éclater. Elles sentirent le danger de livrer à l'armée du roi la citadelle et les murs d'une place de guerre qu'il leur faudrait reconquérir, quelques jours après, au prix du sang de la guerre civile, et manifestèrent tumultueusement dans les casernes la résolution de s'opposer à l'entrée de ces détachements de la garde du roi. Un conseil composé du roi, du duc d'Orléans, du maréchal Mortier, de Berthier, de Macdonald, du duc de Blacas, délibéra aux murmures précurseurs de la révolte sur le parti qui restait à prendre. Un prompt départ fut résolu. Le roi espéra trouver un asile moins imposant mais plus sûr à Dunkerque, ville fidèle et forte défendue par ses murailles du côté de la terre, ouverte par la mer aux secours des Anglais en cas d'extrémité. Il quitta Lille dans la journée, escorté de quelques cavaliers de sa garde et accompagné des maréchaux et du duc d'Orléans. Le duc néanmoins rentra presque aussitôt dans la ville avec Mortier, soit pour essayer encore de retenir l'armée dans le devoir, soit pour fraterniser quelques heures de plus avec les généraux dont il se ménageait la faveur. Puis il ressortit à son tour de la ville, s'éloigna du roi et des princes, et passa en Angleterre, pour séparer sa cause de celle de sa maison aux yeux du pays, et pour attester par cet isolement qu'il ne trempait pas dans la guerre civile et dans la guerre européenne qui allaient déchirer sa patrie. Prince prévoyant et habile, qui voulait bien profiter des avantages de son nom et du secours de l'Europe à sa cause, mais qui ne voulait pas que des victoires sur sa patrie lui fussent un jour reprochées et coûtassent quelque chose à sa popularité future.

XLI

Cependant le roi, poursuivi par le bruit des défections qui le suivaient et qui le devançaient de ville en ville, apprit, en arrivant à Ostende, que la route de Dunkerque avait été coupée à son armée, et que le comte d'Artois et sa maison militaire étaient sur la route de Béthune, n'ayant plus d'autre asile que la Belgique. Le maréchal Berthier lui conseilla de s'embarquer pour l'Angleterre, convaincu que l'empereur ne s'arrêterait pas devant la frontière belge, mais qu'il poursuivrait Louis XVIII comme il avait poursuivi le duc d'Enghien jusqu'aux foyers de l'étranger. Le roi résista avec énergie. La mer traversée lui semblait un aveu de désespoir pour son droit et pour sa cause. Il dépêcha M. de Blacas avec son frère le comte d'Artois, qui errait en ce moment sur l'extrême frontière, et fit demander asile au roi des Pays-Bas. Cet asile lui fut froidement et durement accordé par le roi des Pays-Bas, prince ambitieux, équivoque, égoïste, sans égard pour l'infortune. Il semblait jouir secrètement de la décadence et de l'humiliation de la maison de Bourbon, dont il avait la folie de convoiter le trône pour lui-même. Le gouvernement des Pays-Bas assigna la ville de Gand, grande ville aristocratique vide et écartée, pour résidence exclusive au roi et aux débris de sa cour. Berthier, après avoir accompli son devoir jusqu'à la frontière, prit congé de ce prince pour aller se reléguer en Allemagne, également loin du roi, qu'il avait fidèlement escorté jusqu'à l'exil, et de Napoléon, qu'il ne voulait ni combattre ni servir. Louis XVIII, humilié mais non découragé par la rudesse du roi des Pays-Bas, s'établit à Gand.

XLII

Le comte d'Artois, le duc de Berri, Marmont et leur armée, serrés de près par les régiments lancés sur leurs traces ou manœuvrant sur leurs flancs, trouvant partout les places fortes de la France fermées devant eux, se jetèrent dans la place forte de Béthune, dernière ville armée de la frontière française, pour y attendre des nouvelles du roi. Ils y entrèrent le 23 mars au soir, sans que le spectacle de leur retraite et la conviction de leur cause désespérée eussent anéanti en rien l'enthousiasme et l'attendrissement des populations de Béthune et des campagnes voisines pour la cause du roi. La ville, cernée déjà de plusieurs côtés, sans munitions et sans vivres, ne pouvait offrir un long asile à cette petite armée emprisonnée dans ses murs. Après une courte halte pour faire rafraîchir les hommes et les chevaux, le maréchal Marmont donna l'ordre du départ à quatre heures du soir. On devait se diriger à travers des terres marécageuses, par les seuls sentiers restés libres, vers la frontière belge, pour remettre les princes du moins en sûreté. Mais, au moment où les têtes de colonne sortaient des portes à la suite du comte d'Artois et du duc de Berri, un régiment de cuirassiers et un régiment de chasseurs français se rangèrent en bataille devant cette porte pour disputer le passage à la maison du roi. Un moment d'hésitation suivit l'apparition de ces régiments. Les gardes du corps et les grenadiers de la garde royale sortirent des portes le sabre à la main, et se rangèrent pour combattre devant les cuirassiers et les chasseurs de Napoléon. L'ardeur était égale des deux côtés. Quelques coups de feu retentirent. Le cheval du comte d'Artois se cabrant et s'inclinant ensuite au bruit, fit croire aux gardes du corps que le prince avait été atteint par une balle égarée. Un cri de colère et d'indignation sortit des rangs. On crut à l'attentat contre la vie des princes : ce n'était qu'une arme partie au hasard. On allait se charger. Marmont, retrouvant toute son énergie à l'aspect d'une lutte civile, s'élança sur un cheval blanc entre les deux armées, suivi par le duc de Berri et par quelques officiers de l'armée royale. Ils abordèrent les troupes de Napoléon; leur montrèrent les bataillons et les escadrons nombreux qui se formaient derrière eux sur les glacis de la place, et les sommèrent de se retirer pour livrer passage aux princes français. Les chasseurs et les cuirassiers se retirèrent et prirent sous les murs la route d'Arras. Les princes et leurs escadrons rentrèrent dans la ville.

XLIII

L'armée royale et les princes pouvaient être enveloppés dans la nuit par des forces plus imposantes. Marmont décida le comte d'Artois et le duc de Berri à profiter du reste du jour et de la nuit pour atteindre en sûreté la frontière. Ils s'y résolurent. Une proclamation de ces princes annonça à l'armée que son devoir était accompli, qu'on la déliait de ses serments; que le roi, contraint de se réfugier sur la terre étrangère, n'avait à offrir à ses fidèles soldats que les chances hasardeuses et inconnues de l'exil, qu'il les laissait libres de rentrer dans leurs familles ou de le suivre au hasard de la fortune, et que les princes reconnaissants ne leur demandaient plus qu'une escorte pour les défendre des insultes de l'armée française pendant cette nuit, et pour leur ouvrir au besoin la route vers la frontière belge. Les gardes du corps et les grenadiers se disputèrent ce dernier service et formèrent quelques escadrons pour accompagner le comte d'Artois et son fils. Marmont les commandait. Le reste de l'armée demeura dans Béthune. Des groupes se formèrent dans les casernes, sur les places publiques, entre cette jeunesse. Des orateurs montés sur des fourgons ou sur des caissons y débattirent, la proclamation des princes à la main, la question de l'émigration ou de la capitulation avec le nouveau souverain de la patrie. Quelques-uns insistèrent sur l'honneur qui leur commandait le même devoir en deçà ou au delà d'une frontière; d'autres sur le patriotisme qui leur commandait de ne jamais lever le bras contre la terre qui les avait portés, quel que fût le maître ou l'usurpateur de son trône. Ce dernier avis prévalut en masse. On suivit les princes du cœur et des yeux en déplorant leur sort; mais après les avoir escortés jusqu'à la limite du territoire, on rentra le matin dans Béthune pour y partager le sort commun des vaincus. Un petit nombre d'anciens gardes du roi ou de fils d'émigrés enrôlés dans ces troupes s'attacha seulement à la fortune des princes expatriés et forma la garde du roi à Gand.

Béthune ferma deux jours ses portes aux troupes de Napoléon, qui s'accumulaient sous ses murs. Une capitulation honorable et douce confondit bientôt les deux armées, dans lesquelles des compatriotes, des amis, des frères, se retrouvaient pour s'embrasser dans les deux camps. L'armée royale fut licenciée, les gardes du corps livrèrent leurs chevaux, conservèrent leurs armes et rentrèrent un à un dans leurs familles. Paris seul leur fut interdit. Ainsi s'évanouit la cause royale dans le nord de la France.

XLIV

Cette cause n'avait pas eu le temps de se relever dans la Vendée. Le duc de Bourbon, couvert de l'intérêt et de la pitié qui s'attachaient au nom du père du duc d'Enghien, n'avait rien de ce qu'il fallait pour donner à la guerre dans ces provinces le caractère romanesque et aventureux qui passionne seul les guerres civiles. Les généraux de l'armée de Napoléon qui l'accompagnaient ou qui commandaient à Angers, à Saumur, à Nantes, à la Rochelle, voulurent former des armées régulières et soldées au lieu d'enlever des populations insurgées par l'enthousiasme. On perdit le temps que Napoléon dévorait dans sa course. Son triomphe devança les armements. Le duc de Bourbon se jeta alors au cœur de l'Anjou. Auguste de La Rochejaquelein, nom cher aux populations royalistes, les soulève autour de lui et les dévoue au prince. Son ardeur, que le sang des siens n'a pas épuisée, se communique aux départements voisins. Suzannet, Sapineaud, d'Autichamp, La Rosière, Canuel, anciens chefs de la grande guerre vendéenne, organisent l'insurrection de leurs cantons. Mais la longue soumission a amorti leur énergie, les illusions de la première guerre sont dissipées, la cause toujours chère n'est plus unanime, la révolution et la gloire ont pénétré avec le temps dans l'esprit du peuple, les villes sont patriotes, les campagnes lasses, le tocsin ne rend pas. Les colonnes de Bonaparte s'avancent par toutes les routes vers la Vendée et intimident le soulèvement. Le prince trouve à peine sa sûreté là où il avait espéré trouver la vengeance. Il est saisi du découragement général. Accompagné de quelques amis fidèles, il erre de château en château par des marches nocturnes pour se rapprocher de la mer, et s'embarque pour l'Espagne. La Vendée, surprise ou assoupie, ne palpite plus que dans le cœur de La Rochejaquelein et de quelques chefs qui restent pour épier l'heure de l'insurrection échappée au duc de Bourbon. Les routes et les villes de Paris à Bordeaux et à Toulouse sont déjà ouvertes à Napoléon et menacent de verser des renforts aux armées opposées au duc d'Angoulême, qui combat encore dans le Midi.

XLV

Ce jeune prince, le moins populaire et le moins militaire en apparence de tous les princes de sa maison, inspiré par le sévère sentiment de son devoir et par l'âme virile de la duchesse d'Angoulême sa femme, montrait dans cette surprise de la fortune le sang-froid, l'intelligence et l'audace qui honorent les causes perdues quand ils ne les relèvent pas.

La nouvelle du débarquement de Bonaparte avait surpris le duc et la duchesse d'Angoulême à Bordeaux, au milieu des fêtes offertes à la fille de Louis XVI pour célébrer la visite de reconnaissance qu'elle avait voulu faire à la ville où son mari avait retrouvé pour la première fois la patrie en 1814. Ils y étaient arrivés le 5 mars sur une barque triomphale, au bruit du canon des forts et des vaisseaux de la rade. La ville de Bordeaux, qui avait donné son nom à la faction décimée de la Gironde, gardait contre la révolution le ressentiment du sang versé des Girondins. Bonaparte lui avait fermé les mers, source de sa richesse, par le blocus continental, mesure suicide par laquelle il affamait les ports et le commerce de son propre empire pour nuire au commerce anglais, qu'il ne faisait que déplacer et agrandir en le reportant sur l'Amérique, les Indes et la Chine. A tous ces titres, Bordeaux était, par sentiment comme par intérêt, la ville de la Restauration. Il l'était aussi par terreur ; car c'était la première ville qui eût déserté la cause de Napoléon, et son retour ne pouvait lui promettre que vengeance. Les femmes et les filles bordelaises avaient voulu traîner elles-mêmes la calèche de la duchesse d'Angoulême, idole de leur enthousiasme et de leur vénération, à son débarquement sur leurs quais. Les pavés étaient jonchés de fleurs effeuillées comme sous les pas des pontifes qui portent les choses saintes. Les murs étaient tendus d'étoffes précieuses enlevées aux ameublements des salons. Le prince, à cheval, était entouré d'une garde d'honneur composée de toute la jeunesse de la ville et des provinces vendéennes, dont la capitale était en ce moment la ville du 12 mars. Les fêtes succédaient aux fêtes sans lasser ni l'accueil du peuple ni la reconnaissance des deux époux. L'armée elle-même, sous le commandement du général Decaën, semblait participer à cette ivresse de fidélité qui donnait le vertige à toute la population. Les cris et les serments éclataient dans toutes les revues. La présence de la victime du Temple semblait sanctifier ce délire et faire une religion de la royauté. Nul ne se doutait qu'en ce moment même Napoléon fendait, sur trois barques légères, les vagues de la Méditerranée, apportant la défection et la ruine à une cause qui était à Bordeaux celle de tous les cœurs.

XLVI

Dans la nuit du 9 au 10 mars, au milieu des préparatifs que faisait la ville pour la fête anniversaire du 12 mars de l'année précédente de la restauration accomplie à Bordeaux, un courrier du maréchal Macdonald, expédié de Lyon au moment de la catastrophe du comte d'Artois, apporta au duc d'Angoulême les nouvelles du débarquement et des premières audaces de Bonaparte. Le prince recevait également du roi et de son père l'autorisation de rassembler toutes les troupes de la rive droite du Rhône, de se mettre en communication avec l'armée de Masséna opérant sur la rive gauche, de couper, de poursuivre, d'écraser Napoléon, pendant qu'on l'arrêterait sous les murs de Lyon. Le duc et la duchesse ne pouvaient croire au mauvais sort de leur cause sur une terre qui palpitait partout d'accueil et d'amour pour eux. Ils renfermèrent néanmoins le secret de ces courriers dans leur cœur, pour ne pas troubler par des inquiétudes civiles la fête que le commerce de Bordeaux leur offrait. Ils y parurent avec des visages qui contenaient leurs pressentiments sous la liberté apparente de l'esprit et sous la sérénité trompeuse des paroles. Mais le prince, quittant la fête au milieu de la nuit, partit, sans autre délai, pour exécuter les ordres du roi, suivi seulement d'un officier de ses gardes, le duc de Guiche, compagnon de son enfance, homme de bon conseil, de résolution chevaleresque, d'un nom célèbre dans les lettres et dans la guerre, d'un extérieur qui charmait les camps et les cours, et qui lui servait d'aide de camp. Il jouissait de toute sa familiarité et méritait toute sa confiance. Le duc d'Angoulême expédia partout, dans les divisions qu'il traversait, l'ordre de concentrer sur Nîmes toutes les troupes dont on pouvait disposer.

XLVII

La duchesse, restée à Bordeaux pour répondre par sa présence de la fidélité et de l'élan de cette ville et de ces provinces royalistes, et pour diriger au besoin des renforts volontaires sur l'armée de son mari, réunit le matin autour d'elle les officiers supérieurs des corps qui composaient la nombreuse garnison de Bordeaux, et leur annonça sans pâlir les services que le roi attendait d'eux et la fidélité qu'elle attendait elle-même de leurs troupes. Émus, mais non troublés, les généraux et les colonels n'hésitèrent pas à répondre de leurs soldats comme d'eux-mêmes. L'âme du pays semblait avoir passé en eux. L'enthousiasme du peuple ne permettait pas d'ébranlement dans l'armée. Les royalistes de la Vendée et des provinces intermédiaires, La Rochejaquelein, Ravez, Peyronnet, Martignac, Gauthier, de Ségur, Montmorency, se pressèrent d'un même cœur autour de la princesse comme une autre Gironde royaliste, formèrent des conseils, ouvrirent des subsides, enrôlèrent des volontaires, s'armèrent eux-mêmes pour combattre à la fois du cœur et du bras, et préludèrent pendant ces jours d'épreuve de leur patrie aux illustrations diverses qu'ils acquirent plus tard dans les armées, dans les chambres et dans les ministères de la monarchie. Le baron de Vitrolles, revêtu de pouvoirs illimités par le roi à Toulouse et porteur des mêmes pouvoirs pour la duchesse à Bordeaux, arriva de Paris avec les confidences plus graves de la cour. Il anima l'esprit public de l'ardeur qui dévorait le sien, assista à un conseil de défense où la duchesse parla avec âme; le général Decaën, commandant de l'armée et de la ville, avec loyauté; M. Lainé, avec l'héroïsme et le sang-froid de l'homme chez qui l'opinion se confond avec la conscience. On ne se dissimula pas la difficulté de maintenir les troupes, d'abord loyales, dans une attitude que chacun des pas de Bonaparte en avant commençait à ébranler. On n'osait ni les éloigner de la princesse, de peur que la fidélité ne chancelât hors de sa présence, ni les retenir à Bordeaux, de peur que leur soulèvement ne dominât la ville. On les tenait sans cesse en mouvement, en revues, en fêtes, pour que l'agitation les empêchât de se corrompre et pour que le contact de la population les fît rougir d'être moins dévouées à une femme qu'à leurs souvenirs et à leurs prédilections de soldats.

XLVIII

Le 26, une rumeur se répandit dans les régiments qu'on se défiait d'eux, qu'on se proposait de les désarmer et de leur faire évacuer les forts. Cette rumeur, semée avec artifice par les partisans cachés de Napoléon envoyés dans la ville, servit de prétexte à des signes d'humeur et de mécontentement dans les troupes. Une grande revue passée par le général Decaën pour dissiper ces doutes manifesta des symptômes de désaffection qui ne permettaient plus l'illusion aux royalistes. On annonça une sédition imminente dans la garnison de Blaye, voisine de Bordeaux. Plusieurs soldats avaient déjà arraché de leurs shakos les plaques au chiffre du roi pour faire place aux aigles qu'ils brûlaient de reprendre. Les cris de fidélité étaient repoussés par le silence. Les visages dénonçaient les cœurs. Un bataillon qui avait reçu l'ordre de partir pour Blaye avec un détachement de gardes nationaux pour intimider la défection des troupes de cette citadelle, refusa d'obéir. Le général Clausel, homme capable et soldat audacieux, venait d'être nommé gouverneur de ces provinces par Bonaparte. Ce général, quoique sans troupes au moment où il avait accepté cette mission, s'avançait avec quelques bataillons qu'il enlevait en route, et, sans s'inquiéter du grand nombre des volontaires royalistes de l'armée encore indécise de Decaën et de la présence de la duchesse, il sommait les villes voisines de reconnaître son pouvoir et la souveraineté du nom de l'empereur. Clausel, avec une poignée de soldats, parlait déjà en maître, imitant la confiance de Napoléon, semant les fausses nouvelles, correspondant par des messages nocturnes et par des signaux convenus avec les embaucheurs de l'armée de la duchesse, parlant d'elle dans ses proclamations, de son courage, de ses malheurs et de ses illusions en homme qui n'insulte pas la faiblesse et l'infortune, mais qui commande au nom de la fatalité. Guerrier fait pour de telles entreprises, il marchait avec deux cents hommes et quatre-vingts chevaux au-devant d'une armée de dix mille hommes, d'une ville de cent mille âmes et d'une population de trois millions de peuple soulevé. Mais il savait par une longue expérience des révolutions et des guerres civiles ce que peuvent l'audace et la promptitude d'un noyau de troupes compactes sur des forces hésitantes et disséminées. C'était pour lui la différence de la balle à la poussière. Il y avait de plus dans Clausel une nature d'homme politique propre à tout oser contre les lois et à tout risquer contre les hasards. Mais il y avait surtout dans cette campagne le cœur secret de l'armée qu'il allait non affronter mais séduire, et qui lui répondait du bras.

XLIX

Decaën et le conseil militaire de Bordeaux, n'osant aventurer des troupes de ligne dans un contact avec la petite troupe de Clausel, détachèrent un corps de gardes nationales volontaires de cinq cents hommes pour lui fermer le passage du pont de la Dordogne. Ce pont, courageusement disputé par les Bordelais, pris et repris pendant quelques heures, resta aux royalistes, qui y rétablirent le drapeau blanc sur les cadavres de quelques grenadiers de Clausel. Mais pendant que les Bordelais remportaient, au nom du roi, ce premier avantage, la nombreuse garnison de la citadelle de Blaye s'insurgeait au bruit du canon, sortait, malgré ses chefs, des remparts, et venait donner à Clausel une armée qui lui promettait celle de Bordeaux. Le malheureux général Decaën, gouverneur de la ville, sommé par la princesse de faire marcher ses troupes ou de les faire sortir de la ville, ne pouvait obéir et ne savait pas résister. Convaincu de l'inutilité d'une lutte dans laquelle ses armes étaient brisées d'avance dans ses mains, du danger d'une sédition au milieu d'une bataille, pour la ville et pour la duchesse elle-même, il conseillait timidement la capitulation avec la nécessité. La garde nationale et les volontaires s'indignèrent. M. Lainé proposa un plan de défense par les citoyens seuls qui égalait la résolution de son âme et l'héroïsme de Saragosse. La duchesse frémit de honte et de désespoir à l'idée d'abandonner, sans combattre, une patrie où tous les cœurs étaient à sa cause et où les armes seules manquaient aux bras de ses amis.

L

Cependant un jeune officier des volontaires bordelais, M. de Martignac, dont le courage égalait l'éloquence, avait eu, en avant du pont de la Dordogne, une conférence avec Clausel pour connaître les pensées de ce général et pour essayer de ralentir sa marche sur la ville. Clausel avait parlé avec déférence de la duchesse d'Angoulême et avec affection du prince, dont il avait, peu de temps auparavant, reçu à Toulouse les honneurs et les décorations que les Bourbons prodiguaient en vain aux lieutenants de Napoléon. Il parut même s'inquiéter et s'attendrir sur les périls qu'une femme contrainte à fuir bientôt d'une ville en insurrection militaire aurait à courir dans sa retraite. Il annonça à M. de Martignac que tout était miné dans Bordeaux sous ses pas, que les troupes étaient à lui, que les correspondances entre son armée et l'armée de Decaën traversaient les airs par des signaux d'intelligence, et qu'il entrerait à jour fixe et à heure dite dans la ville et dans les forts. Il écrivit dans ce sens à la princesse une lettre impérieuse et respectueuse à la fois, pour la sommer de ne pas tenter une lutte inutile et pour lui offrir les sûretés et les honneurs dus à son rang, à son sexe et à son caractère. M. de Martignac se chargea de ce message, et le remit à la duchesse. Elle le lut avec l'impassibilité d'une âme exercée depuis sa naissance aux insultes du sort; elle le communiqua à ses conseillers et aux officiers de la milice civique. Un cri général d'indignation s'éleva de tous les rangs. La ville entière courut aux armes; l'état-major, le conseil général de département, le conseil municipal, les autorités, les citoyens s'assemblèrent en tumulte. Le général Decaën fut appelé pour répondre de ses moyens de défense. Il ne répondit de rien, si le feu s'engageait entre ses soldats et ceux de Clausel. M. Lainé jura par la dignité de sa patrie « que l'histoire de Bordeaux et de la France ne serait pas déshonorée par l'abandon d'une princesse, fille de Marie-Thérèse, demandant des armes à des Français pour la défendre, et obligée de fuir devant la sédition de quelques prétoriens. » M. de Martignac affirma « que les gardes nationaux qu'ils avait laissés au pont de la Dordogne mourraient à leur poste avant de laisser passage sur leur ville à l'invasion. »

Il était minuit. Il repartit pour aller porter les refus de la ville à Clausel. Mais déjà le pont forcé par les bataillons du général était traversé par son armée. Avant le jour, Clausel et ses troupes allaient se montrer sur la rive droite de la Garonne, en face de Bordeaux, et solliciter de là l'insurrection de l'armée de Decaën. A ces nouvelles, le conseil de la ville et celui de la duchesse se résolurent à accepter les conditions offertes par le général, et lui demandèrent vingt-quatre heures seulement pour assurer la dignité du départ de la princesse, l'honneur et la sûreté de la ville. Clausel consentit. Il demeura immobile sur la rive droite, sans déployer le drapeau tricolore par respect pour les regards de la nièce du roi. Cette résolution des conseils répondait mal et timidement à l'intrépidité de l'âme de la princesse, elle le laissait luire dans ses traits et dans son dédain. Le peuple, en apprenant ces conditions, partage sa honte, se répand en imprécations contre la lâcheté de ses chefs et contre la perfidie des soldats. La garde nationale sort en tumulte de ses foyers et se précipite d'elle-même aux portes de la ville. Un des plus intrépides et des plus entreprenants généraux de Bonaparte, portant la même fougue et la même audace aux Bourbons, Donnadieu, s'offre pour la commander. Le sang va couler entre la ville et Clausel, entre la ville et la garnison. Le général Decaën, interrogé de nouveau, répond enfin que ses troupes ne tireront pas contre leurs frères de l'armée de Clausel. On s'irrite contre lui, on lui reproche son impuissance, on l'accuse de connivence et de perfidie. « Comment se peut-il, s'écrie la duchesse, que des troupes dont vous me répondiez hier refusent aujourd'hui de combattre pour leur roi, pour leur drapeau, pour la ville qui leur est confiée, pour moi? Non, ce sont là des lâchetés et des crimes que je ne croirai qu'après les avoir vus! Rassemblez les régiments dans les casernes, j'irai juger par moi-même du cœur et des bras de vos soldats! » En vain les généraux, inquiets d'une résolution qui peut provoquer l'outrage d'une soldatesque indocile et mal contenue par les chefs, tentent de la détourner. La princesse n'écoute rien que son intrépidité. Elle court aux casernes de Saint-Raphaël, passe dans les rangs, fait former le carré, harangue elle-même les officiers et les soldats d'une voix mâle de courage, touchante de supplications, entrecoupée de sanglots.

« Officiers et soldats, leur dit-elle, vous savez les événements qui agitent la France. Un usurpateur suivi de séditieux vient enlever la couronne à mon oncle et à votre roi que vous avez juré de défendre. Bordeaux est menacé par une poignée de soldats révoltés. La garde nationale, les citoyens, le peuple, sont décidés à soutenir l'assaut de ces bandes armées. Voilà le moment pour vous de montrer que les serments des soldats français ne sont pas de vaines paroles. Je viens ici pour vous les rappeler et pour juger par moi-même de vos dispositions. Êtes-vous résolus à défendre avec moi la ville et à la conserver au roi? Répondez avec franchise, interrogez-vous librement, j'aime mieux un refus qu'une trahison. Parlez! »

LI

Les fronts se baissent, les regards se détournent, les lèvres restent muettes à cette interrogation. La princesse attend, regarde, rougit, sent défaillir en elle son espérance, reprend son courage dans son désespoir, et ne ménageant plus rien, puisque tout est perdu : « Vous ne vous souvenez donc plus, reprend-elle du ton du reproche et de l'objurgation, des serments que vous renouveliez il y a si peu d'heures encore entre mes mains? Eh bien, si quelques-uns d'entre vous s'en souviennent et restent fidèles à leur honneur et à leur roi, qu'ils sortent des rangs et qu'ils le disent! » Quelques rares épées s'élevèrent au-dessus des rangs pressés des officiers comme pour s'offrir à la défense. Elle les compta d'un regard triste, mais non découragé. « Vous êtes bien peu, dit-elle, n'importe, vous êtes des braves, on sait du moins sur lesquels on peut compter. » Les soldats, muets et immobiles, contemplaient cette scène sans se laisser attendrir. Le nom de Napoléon contre-balançait dans leur cœur la nature. La princesse se retira l'humiliation sur le front. Les officiers confus cherchaient à compenser leur froideur par leurs respects. Ils lui juraient qu'aucune offense personnelle ne serait faite impunément à une femme héroïque et malheureuse confiée à leur foi, que le sang de ses amis leur serait aussi sacré que le leur, que l'armée ne permettrait pas qu'on insultât la garde nationale. « Il ne s'agit pas de moi, répliqua la princesse avec dédain de ses propres périls, il s'agit du roi. Encore une fois, voulez-vous le servir? — Nous ne combattrons pas contre nos frères, nous n'accepterons pas la guerre civile, nous n'obéirons qu'à la patrie, » répondirent les troupes. Elle sortit indignée, non vaincue, et se fit conduire à la seconde caserne.

LII

La sédition, les vociférations et les délires des soldats l'en repoussèrent. Les cris de : « Vive l'empereur! » offensèrent de loin ses oreilles. Elle voulut affronter jusqu'à l'extrémité sa fortune, et se rendit à la troisième caserne dans le château. Accompagnée d'un petit groupe d'officiers et de citoyens consternés, elle traverse les voûtes et les ponts de la citadelle et pénètre dans la cour. Les troupes en bataille, à peine contenues par leurs officiers, murmuraient contre la consigne qui les emprisonnait dans ces murs, et frappaient la terre de la crosse de leurs fusils. La présence de cette princesse qui vient solliciter et importuner leur fidélité trahie dans leurs cœurs les impatiente et les ameute. Elle ne se décourage pas de leur contenance, elle leur adresse la parole en marchant : « Eh quoi! leur dit-elle, est-ce à ce régiment d'Angoulême, à ce régiment à qui j'étais fière de donner mon nom, que je parle en vain? Avez-vous donc pu oublier si vite toutes les préférences dont vous avez été comblés par mon mari, par celui que vous nommiez votre prince?... Et moi, entre les mains de qui vous avez si souvent renouvelé votre serment de fidélité, moi qui vous ai donné vos drapeaux, moi que vous nommiez votre princesse! quoi! vous ne me reconnaissez plus?... »

Les soldats émus rougissaient de ces reproches dont tous leurs souvenirs, depuis un an, leur rappelaient la force et la constance. Des officiers d'intelligence avec Clausel les détournèrent de cet attendrissement par des gestes de dépit et de répulsion. Les soldats regardèrent ces officiers et restèrent inaccessibles à la générosité envers cette femme. Elle laissa tomber ses mains de son front et pleura devant eux : « Oh! Dieu! dit-elle avec l'accent du reproche au ciel et aux hommes, il est cependant bien cruel, après vingt ans d'infortune et d'exil, de s'expatrier encore! Je n'ai pas cessé cependant, dans l'exil ou sur les marches du trône, de faire des vœux pour le bonheur de la patrie! Car je suis Française, moi, ajouta-t-elle avec l'injure d'un sentiment qui ne se contenait plus, je tiens mes serments, je crois à l'honneur, quoique je ne sois qu'une faible femme, et vous, allez! vous n'êtes pas Français! »

Le régiment d'Angoulême se contint pourtant. Le 62ᵉ régiment de ligne répondit par des vociférations et des menaces à la garde nationale qui rejaillissaient jusque sur la princesse. Un seul officier de ce régiment, indigné des outrages du corps, tira son épée du fourreau, se rangea à côté de la duchesse d'Angoulême : « Ah! c'en est trop! s'écria-t-il en bravant ses soldats, moi, du moins, je tiendrai mon serment, je ne vous quitterai pas! » Les cris fanatiques de : « Vive l'empereur! » répondirent à cet acte de courage. Les soldats rompirent les rangs et parurent vouloir se précipiter sur le groupe des royalistes. La duchesse, provoquée à fuir, resta debout et sans pâlir, bravant cette foule ameutée. Un rappel battu fit reprendre leurs rangs aux troupes. La princesse s'éloigna, emportant le désespoir de sa cause et la tristesse d'un second exil, dont le ciel seul savait la durée.

LIII

Elle chargea en rentrant dans son palais M. de Martignac, le négociateur de la veille, de porter au général Clausel ses recommandations pour Bordeaux : « Vous lui direz que, dans un temps plus heureux, je l'avais distingué parmi les généraux pour son intelligence et pour son courage. Il m'assurait souvent alors de sa reconnaissance et de son affection. Dites-lui que je ne lui demande qu'une preuve de son souvenir : c'est de traiter avec égard la ville que j'aime et que je lui rends. Ce qu'il fera pour Bordeaux sera senti par mon cœur comme ce qu'il aurait fait pour moi-même. »

Cependant la garde nationale et le peuple, animés d'un sentiment civique, s'étaient rassemblés pour combattre, et demandaient à grands cris qu'on les conduisît aux casernes, qu'on leur livrât les forts, qu'on les plaçât aux postes avancés. La duchesse courut devant le front de bataille des citoyens, et se tenant debout dans sa calèche découverte pour laisser dans tous les yeux l'impression du deuil de sa physionomie et pour convaincre par les regards autant que par les paroles : « Je viens, s'écria-t-elle quand les acclamations suscitées par sa présence furent retombées, je viens vous demander une dernière preuve d'affection; promettez-moi d'obéir à tout ce que je commanderai. — Nous le jurons ! s'écria la foule qui croyait recevoir l'ordre de combattre. — Eh bien ! reprend la princesse, je viens de visiter et d'interroger les troupes ; elles sont de cœur à nos ennemis. Ni ma présence, ni ma voix, ni mes reproches n'ont pu les rappeler à leur devoir. Combattre ne serait que faire immoler vous et vos enfants pour une cause trahie. Vous avez assez fait pour l'honneur de votre ville et de votre cause ; résignez-vous ; réservez au roi, mon oncle, des amis fidèles pour des temps plus heureux ! Je prends tout sur moi, et je vous ordonne de déposer les armes ! — Non, non ! répondirent des miliers de voix ; nous voulons mourir pour la liberté du pays, pour le gouvernement que nous avons proclamé les premiers, pour le roi, pour vous ! » Les rangs rompus se pressaient autour des roues de sa voiture en groupes passionnés de visage, de voix, de gestes. On embrassait les mains de la fille de Louis XVI ; on formait une voûte d'épées nues sur sa tête. Les larmes du peuple se mêlaient aux siennes et demandaient vengeance contre ces soldats mutinés. Une mêlée de cœurs, une émeute de tendresse, dont Clausel et ses troupes voyaient le tumulte, entendaient les clameurs de la rive opposée de la Dordogne, attestait au ciel, aux fleuves, aux soldats la violence que l'armée faisait à la nation et à l'honneur. Des canons braqués sur la ville et menaçant cette multitude se préparaient à les foudroyer. La duchesse rentra dans son palais, entraînant cette foule ivre de douleur et de rage à sa suite. Elle y rassembla les généraux pour leur donner l'ordre de capituler. « Je vous remets la place, leur dit-elle ; c'est vous, messieurs, qui répondez de la vie de ce peuple. » Ils lui promirent de se jeter entre leurs troupes et la population.

LIV

.. Mais pendant qu'ils répondaient ainsi de leurs régiments, une fusillade retentissait jusque sous les fenêtres du palais. C'était une partie de la garde nationale qui faisait feu sur un bataillon douteux et qui demandait vengeance de l'assassinat. On transportait les blessés sous les yeux de la princesse ; les officiers s'interposaient en vain pour prévenir le massacre. Les régiments forçaient les portes de leurs casernes pour se précipiter sur le peuple ; ils se rangeaient en bataille sur les places publiques. Le drapeau tricolore, arboré en signal par Clausel sur la rive droite, l'était au même instant sur les forts de la ville. La nuit tombait sur cette scène de trahison, de violence, de deuil et de mort. La duchesse profita des ténèbres pour sortir sans tumulte d'une ville qui voulait la retenir de force, et où sa présence allait faire couler le sang des citoyens par l'armée. Une escorte de gardes nationaux à cheval et de serviteurs dévoués la conduisit à Pauilhac, où elle s'embarqua au lever du jour sur une chaloupe apostée qui la porta à un bâtiment de guerre anglais. A peine y était-elle montée que le fleuve se couvrit de barques remplies de gardes nationaux et de peuple voulant la suivre jusque sur les flots et imprimer pour les derniers regards l'adieu passionné de cette partie de la France. « Adieu ! s'écria la fille de Louis XVI en essuyant ses yeux mouillés de tant de larmes et en se penchant vers les chaloupes remplies de ses défenseurs et de ses amis, quand je reviendrai, je vous reconnaîtrai tous ! » Le vent tempêtueux qui s'élevait emporta les dernières acclamations de la patrie. La mer orageuse semblait vouloir rejeter la princesse sur les ports de France. Son frêle sloop erra quelques jours sans pouvoir jeter l'ancre sur la côte d'Espagne. Débarquée enfin au port du Passage, elle y reçut du roi d'Espagne l'offre d'une hospitalité de famille à Madrid. Mais, nécessaire au roi dont elle conseillait et consolait l'exil depuis tant d'années, elle voulut le rejoindre, s'embarqua de nouveau, subit de nouvelles tempêtes, arriva enfin à Plymouth, de là à Londres, où le duc de La Châtre, ambassadeur de son oncle auprès du gouvernement britannique, lui donna l'hospitalité dans sa maison. Elle ne tarda pas à rejoindre le roi à Gand. Princesse héroïque dont le sort était de lutter depuis le berceau jusqu'à la mort avec l'infortune, à qui la nature avait refusé quelques-unes des grâces féminines qui implorent la pitié des hommes, mais à qui le sang de sa mère avait donné le courage qui sait braver le sort et se passer de pitié! « C'est le seul homme de sa race, » s'écria Napoléon vainqueur en apprenant de Clausel la conduite, la vigueur et l'héroïsme de la duchesse d'Angoulême à Bordeaux. Il se trompait, car le duc d'Angoulême, mari de cette princesse, montrait au même moment, dans une autre partie du Midi, que si cette famille n'avait pas le génie et la fortune d'un grand capitaine, elle avait au moins en lui le cœur d'un soldat.

LV

Après le départ de la duchesse, M. Lainé, président de la chambre des députés, dédaigna de se soustraire par la fuite à la vengeance de Napoléon, qui l'avait deux fois proscrit sans avoir pu l'intimider. Ce citoyen, qui résumait en lui la violence faite à la représentation nationale, sentit que sa tête devait répondre à la tyrannie de la dignité de la patrie vaincue. Il publia la protestation suivante, et la fit afficher par toute la France.

« Au nom de la nation française, et comme président de la chambre de ses représentants, je déclare protester contre tous décrets par lesquels l'oppresseur de la France prétend prononcer la dissolution des chambres. En conséquence, je déclare que tous les propriétaires sont dispensés de payer des contributions aux agents de Napoléon Bonaparte, et que toutes les familles doivent se garder de fournir, par voie de conscription ou de recrutement quelconque, des hommes pour sa force armée. Puisqu'on attente d'une manière si outrageante aux droits et à la liberté des Français, il est de leur devoir de maintenir individuellement leurs droits. Depuis longtemps dégagés de tout serment envers Napoléon Bonaparte, et liés par leurs vœux et leurs serments à la patrie et au roi, ils se couvriraient d'opprobre aux yeux des nations et de la postérité, s'ils n'usaient pas des moyens qui sont au pouvoir des individus. Chaque histoire, en conservant une reconnaissance éternelle pour les hommes qui, dans tous les pays libres, ont refusé tout secours à la tyrannie „ couvre de son mépris les citoyens qui oublient assez leur dignité d'hommes pour se soumettre à de méprisables agents. C'est dans la persuasion que les Français sont assez convaincus de leurs droits, pour m'imposer un devoir sacré, que je fais publier la présente protestation, qui, au nom des honorables collègues que je préside, et de la France qu'ils représentent, sera déposée dans des archives, à l'abri des atteintes du tyran, pour y avoir recours au besoin.

» Comme le duc d'Otrante, se disant ministre de la police, m'outrage assez pour me faire savoir que je peux rester en sûreté à Bordeaux et vaquer aux travaux de ma profession, je déclare que si son maître et ses agents ne me respectent pas assez pour me faire mourir pour mon pays, je les méprise trop pour recevoir leurs outrageants avis. Qu'ils sachent qu'après avoir lu, le 20 mars, dans la salle des séances, la proclamation du roi, au moment où les soldats de Bonaparte entraient dans Paris, je suis venu dans le pays qui m'a député, que j'y suis à mon poste, sous les ordres de madame la duchesse d'Angoulême, occupé à conserver l'honneur et la liberté d'une partie de la France, en attendant que le reste soit délivré de la plus honteuse tyrannie qui ait jamais menacé un grand peuple. Non, je ne serai jamais soumis à Napoléon Bonaparte, et celui qui a été honoré de la qualité de chef des représentants de la France aspire à l'honneur d'être en son pays la première victime de l'ennemi du roi, de la patrie et de la liberté (ce qui n'arrivera pas), s'il était réduit à l'impuissance de contribuer à la défendre. »

LVI

Le duc d'Angoulême, parti, comme on l'a vu, de Bordeaux le 10 mars, avait appelé à lui avec promptitude tous les régiments et tous les volontaires que la vallée du Rhône pouvait concentrer, après le passage rapide de Napoléon, pour relever la cause royale sur ses pas, reconquérir Grenoble, Lyon, la Bourgogne, et marcher à sa poursuite sur Paris. Ces forces militaires étaient peu nombreuses ; les volontaires y suppléaient par l'intrépidité. Leur fidélité semblait redoubler par la défection successive des troupes. Le prince, concentrant son petit corps d'armée à Sisteron et au Pont-Saint-Esprit, pressé d'un côté de reprendre Lyon, inquiet de l'autre de l'attitude indécise de Masséna, dont l'armée menaçante occupait Marseille, la Provence, Avignon, et pouvait prendre entre deux feux les royalistes, précipita ses mouvements. Il avait enlevé, en passant à Marseille, trois régiments à Masséna, qui s'était replié sur Toulon. Trois mille volontaires de cette ville avaient marché avec ces régiments pour rejoindre le neveu du roi. Douze ou treize mille hommes composaient toute sa force. Il les divisa en deux corps. Le premier fut confié au général Loverdo, ayant pour lieutenants le général Gardanne et le général Ernouf. Le duc d'Angoulême commandait lui-même le second corps. Il avait pour chef d'état-major le général d'Aultanne. La colonne de Loverdo, chargée d'opérer sur la rive gauche du Rhône, suivait la route que Napoléon avait tracée en fondant d'Antibes sur Grenoble.

Elle s'avançait au nombre de sept mille hommes et avec six pièces de canon sans obstacle pendant les premiers jours. Mais à Lyon, à Grenoble, dans le Dauphiné, les généraux bonapartistes et les gardes nationaux qui avaient ouvert ces villes et ces provinces à l'empereur, et qui redoutaient la vengeance des Bourbons, s'armaient en masse pour arrêter le reflux du Midi. Loverdo rencontra, aux environs de Gap, les premières colonnes de ces levées et les premiers bataillons accourus de Grenoble pour lui disputer les défilés. Gardanne, et deux des trois régiments de Masséna, le 58ᵉ et le 83ᵉ de ligne, au lieu de combattre, passèrent à l'empereur, découvrant ainsi les volontaires du Midi, trahis et dispersés avant d'avoir pu combattre. Ernouf et Loverdo se replièrent sur Marseille. L'aile droite de l'armée royale était ainsi évanouie.

Le duc d'Angoulême, sans se déconcerter d'une défection à laquelle tant d'autres l'avaient préparé, couvert sur sa droite par le Rhône, poursuivit seul sa marche en avant. Arrêté à Montélimart par le général Debelle, à la tête des volontaires bonapartistes rassemblés aux coups du tocsin, il y remporta un brillant avantage dû à l'intrépidité du comte d'Escars, commandant de son avant-garde. Ce succès et le dénûment de troupes dans lequel l'empereur avait laissé cette vallée du Rhône firent augurer au duc d'Angoulême et à son armée une prompte occupation de Lyon. Le prince, se fiant aux volontaires commandés par le colonel Magnier de la sûreté de la rive droite, traversa le fleuve, et vint reprendre sur la rive gauche la place que la défection de ses régiments avait abandonnée aux bonapartistes. Après un combat brillant à Loriol, il atteignit l'armée impériale, fortifiée au passage de la Drôme. La position, défendue par du canon, des bataillons de ligne, de la cavalerie, de la gendarmerie et des corps nombreux de gardes nationaux des montagnes du Dauphiné, paraissait insurmontable. Le prince montra sans émotion comme sans jactance le courage du soldat et le coup d'œil du chef. Il se porta au pont pour le reconnaître sous le feu des bonapartistes. Pendant qu'il les foudroyait sous deux batteries de canons et d'obus, il fit passer la rivière à gué à un bataillon de volontaires chargé de revenir sur eux en flanc, pendant qu'il forcerait lui-même le pont avec le 10° régiment de ligne de son armée. Malgré les instances de ses officiers, qui voulaient retenir son ardeur et qui se jetaient à la bride de son cheval, il s'élança au galop sur le pont, jonché de morts et de blessés, à la tête de vingt-cinq voltigeurs. Son élan entraîna et écrasa tout ; les cris de : « Vive le roi ! » retentissants sur la droite, et le drapeau blanc flottant sur les collines, firent refluer en désordre sur la route de Valence les bataillons de l'empereur. L'armée royale traversa la Drôme, et s'avança sans rencontrer d'obstacles sur Valence. Il y établit son quartier général, en attendant que le général Ernouf, qui avait occupé Sisteron le 27 mars, et qui devait s'avancer sur Grenoble par le pied des Alpes, fût à sa hauteur. Le lendemain il fit occuper Romans par une avant-garde, maître ainsi du passage de l'Isère et des débouchés de Grenoble et de Lyon.

Mais la défection de Gardanne et de ses régiments, sa droite découverte, Masséna douteux, Avignon occupé par des régiments hostiles, la rive gauche du Rhône se levant à la voix des officiers à demi-solde, Lyon se remplissant de bataillons de marche, le général Chabert refluant de Grenoble avec les régiments embauchés, le général Piré lui barrant la rive droite de l'Isère, Grouchy débouchant de Lyon à la tête d'une armée de ligne, Nîmes prêt à lancer deux régiments sur le Pont-Saint-Esprit et à lui couper la retraite sur la Provence, les nouvelles de Paris, celles de Bordeaux, un seul régiment, le 10°, resté fidèle au milieu de cet abandon général des régiments fondus sous sa main, la vie de cette poignée de volontaires dévoués qu'il allait sacrifier à une cause perdue et à une gloire inutile, décidèrent le prince à subir la nécessité. Il se replia sur le Pont-Saint-Esprit. Les bataillons qu'il y avait laissés venaient d'y être attaqués et dispersés par l'armée de Nîmes, commandée par le général Gilly. Le prince avait destitué ce général suspect en passant à Nîmes. Gilly, défectionnaire et irrité, avait reformé une armée derrière le prince pour lui couper la retraite ou pour l'atteindre dans sa marche sur Lyon. Le tocsin sonnait dans toutes les montagnes, appelant aux armes les Cévennes et les paysans protestants de ces vallées, où les persécutions mutuelles ont laissé un levain de vengeance que chaque événement politique fait fermenter. Le prince fut contraint de s'arrêter, cerné de toutes parts, à Lapalud. On le conjura de se soustraire à la captivité, et peut-être à la mort des princes de sa race, dont on lui montrait le présage dans la destinée du duc d'Enghien. Des guides sûrs lui offrirent de le conduire en Piémont par les sentiers des montagnes. Il s'indigna à l'idée de ne pas partager le sort des braves soldats compromis pour sa cause, résolu à les sauver ou à périr avec eux. Gilly lui fit proposer une convention honorable. Le baron de Damas, son chef d'état-major de l'armée royale, la discuta et la signa. Le prince se rendit de sa personne au Pont-Saint-Esprit pour l'exécuter. Il y entrait sur la foi d'une convention qui lui assurait la liberté et la retraite ; mais le général Grouchy, entré avant lui dans cette ville, et refusant de reconnaître la capitulation de Gilly, fit arrêter le prince. L'empereur, informé par le télégraphe de cette proie tombée sous ses mains, autorisa Grouchy à le faire conduire prisonnier et à le faire embarquer à Cette pour l'Espagne. Grouchy se hâta d'exécuter cet ordre, de peur d'un contre-ordre qui ne tarda pas en effet à arriver. Mais il n'était plus temps. Le duc, déjà embarqué, voguait vers Barcelone. L'empereur lui-même, en donnant ce contre-ordre douteux, ne pouvait désirer de retenir dans ses mains son ennemi vaincu. Ce captif aurait embarrassé sa politique. Captif, il eût été un reproche ; mort, il eût été un crime. Napoléon n'avait pas intérêt à irriter l'animosité des familles royales contre lui. Sa lettre à Grouchy est dure, mais digne ; la voici :

« Monsieur le comte Grouchy, l'ordonnance du roi en date du 6 mars, et la convention signée le 13 à Vienne par ses ministres, pouvaient m'autoriser à traiter le duc d'Angoulême comme cette ordonnance et cette déclaration voulaient qu'on me traitât moi et ma famille. Mais, constant dans les dispositions qui m'avaient porté à ordonner que les membres de la famille des Bourbons pussent sortir librement de France, mon intention est que vous donniez des ordres pour que le duc d'Angoulême soit conduit à Cette où il sera embarqué, et que vous veilliez à sa sûreté et à écarter de lui tout mauvais traitement. Vous aurez soin seulement de retirer les fonds qui ont été enlevés aux caisses publiques, et de demander au duc d'Angoulême qu'il s'oblige à la restitution des diamants de la couronne, qui sont une propriété de la nation.

» Vous remercierez en mon nom les gardes nationales du patriotisme et du zèle qu'elles ont fait éclater, et de l'attachement qu'elles m'ont montré dans ces circonstances importantes.

» Au palais des Tuileries, le 11 avril 1815.

» NAPOLÉON. »

L'armée du duc d'Angoulême, intrépide, bien commandée, fut victorieuse dans trois combats, où le sang et la bravoure personnelle du prince avaient relevé le nom des Bourbons de son discrédit militaire ; mais, trahie par ses propres régiments, à l'exception d'un seul, le 10e, modèle de constance, cernée par trois armées, noyée dans des populations hostiles, elle fut décimée encore, après la capitulation, par les assassinats des protestants, préludes des assassinats catholiques. Il ne resta de cette campagne du duc d'Angoulême dans le Midi qu'une gloire stérile pour sa cause, une sérieuse estime pour son nom dans le cœur des troupes, et le devoir noblement accompli de disputer au moins la France à l'épée qui subjuguait tout, excepté l'honneur.

FIN DU TOME DEUXIÈME DE L'HISTOIRE DE LA RESTAURATION

TABLE DES SOMMAIRES

LIVRE DOUZIÈME.

Napoléon à la Malmaison. — Ses préparatifs pour la mort du duc d'Enghien. — Interrogatoire du duc d'Enghien. — Son jugement. — Sa condamnation. — Son exécution. — Arrivée de la princesse Charlotte à Paris. — Jugement de la conduite de Napoléon.............. 3

LIVRE TREIZIÈME.

Les Bourbons quittent l'Angleterre. — Indifférence de la France et des alliés envers les Bourbons en janvier 1814. — Le comte d'Artois entre en France. — Sa situation au milieu des alliés. — Débarquement du duc d'Angoulême en Espagne. — Ses proclamations. — Ordre du jour du maréchal Soult. — Attitude de Wellington. — Conspiration royaliste à Bordeaux. — Entrée du duc d'Angoulême à Bordeaux. — Le duc de

Berri à Jersey. — Dualité du parti royaliste à Paris. — Discussions entre le Sénat et l'abbé de Montesquiou, commissaire de Louis XVIII. — Reconnaissance de Louis XVIII comme roi de France par le Sénat, le 6 avril 1814. — Départ du comte d'Artois de Nancy. — Son entrée à Paris. — Le Sénat le reconnaît comme lieutenant général du royaume. — Réception du Sénat et du Corps législatif par le comte d'Artois. — Il nomme un conseil de gouvernement. — M. de Vitrolles. — Convention du 23 avril. — Députation du comte de Bruges et de Pozzo di Borgo à Louis XVIII. — Départ de Louis XVIII d'Hartwell le 18 avril. — Son entrée à Londres. — Son arrivée à Douvres. — Son discours au prince régent. — Il part pour la France et débarque à Calais. — Il traverse Boulogne, Montreuil, Abbeville et Amiens. — Sa halte à Compiègne. — Députation des maréchaux de Napoléon. — Discours de Berthier. — Députation du Corps législatif. — Conférence de Louis XVIII et d'Alexandre. — L'empereur d'Autriche et le roi de Prusse se rendent à Compiègne. — Repas des souverains..................... 35

LIVRE QUATORZIÈME.

Projet de déclaration royale proposé par le Sénat à Louis XVIII. — Son refus. — Il se rend à Saint-Ouen. — Députation du Sénat. — Discours de M. de Talleyrand. — Déclaration de Saint-Ouen. — Entrée de Louis XVIII à Paris. — Son cortége. — Il se rend à la cathédrale. — Son entrée aux Tuileries. — Il nomme son ministère. — M. d'Ambray. — L'abbé de Montesquiou. — L'abbé Louis. — M. Beugnot. — Le général Dupont. — M. Ferrand. — M. de Talleyrand. — M. de Blacas. — Mémoire de Fouché à Louis XVIII. — Création de la maison militaire du roi. — Charte de 1814. — Opposition de M. de Villèle. — Traité de Paris. — Départ des alliés. — Formation de la chambre des pairs. — Ouverture des chambres le 4 juin 1814. — Discours du roi. — Discours du chancelier d'Ambray et de M. Ferrand. — Adresse de la chambre des pairs et du Corps législatif. — Ordonnance sur l'observation du dimanche. — Projet de loi sur la presse. — Discours de l'abbé de Montesquiou. — Rapport de M. Raynouard. — Adoption de la loi par le Corps législatif et la chambre des pairs. — Mesures financières présentées au roi par l'abbé Louis. — Loi de restitution des rentes et des biens non vendus. — Exposé des motifs de M. Ferrand. — Rapport de M. Bédoch. — Discours de M. Lainé et du maréchal Macdonald. — Adoption de la loi. — Le général Excelmans et le maréchal Soult. — Le duc d'Orléans au Palais-Royal. — Le duc et la duchesse d'Angoulême en Vendée. — Le duc de Berri. — Le comte d'Artois. — Le prince de Condé. — Le duc de Bourbon. — Retour de la France aux Bourbons. — Situation de Louis XVIII. — Départ de M. de Talleyrand pour Vienne. — Congrès de Vienne............ 89

LIVRE QUINZIÈME.

Renaissance de la littérature, de la philosophie, de l'histoire, de la presse. — Madame de Staël. — M. de Chateaubriand. — M. de Bonald. — M. de Fontanes. — M. de Maistre. — M. de Lamennais. — M. Cousin. — Les salons de Paris. — Le cabinet du roi. — M. de Talleyrand. — Madame de Staël. — Madame de Duras. — Madame de La Trémouille. — Madame de Broglie. — Madame de Saint-Aulaire. — Madame de Montcalm. — M. Casimir Périer. — M. Laffitte. — Béranger. — Les journaux. — La reine Hortense. — Brochure de Carnot. — Lettres de Fouché. — Rapports de Louis XVIII et de Barras.... 185

LIVRE SEIZIÈME.

Napoléon à son départ de Fontainebleau. — Son voyage. — Sa rencontre avec Augereau. — Accueil des populations à son passage. — Son débarquement à l'île d'Elbe. — Aspect de l'île. — Vie de Napoléon à Porto-Ferrajo. — Ses intrigues. — Ses pensées. — Ouvertures de Murat à Napoléon. — Son entrevue avec Fleury de Chaboulon. — Il se décide à rentrer en France. — Ses préparatifs. — Son départ de l'île d'Elbe. — Traversée. — Ses travaux en mer. — Il dicte ses proclamations à l'armée et au peuple. — Incidents de voyage. — Il dicte l'adresse de la garde à l'armée. — Son débarquement au golfe Juan le 1er mars 1815.

— Il passe devant Antibes. — Il traverse Cannes, Grasse, Digne et Gap. — Sa halte à la Mure. — Napoléon au pont de Vizille. — Il entraîne un bataillon de l'armée royale. — Défection de Labédoyère. — Entrée de Napoléon à Grenoble. — Enthousiasme des campagnes. — Marche sur Lyon. — Louis XVIII apprend le débarquement de Napoléon. — Préparatifs de défense. — Départ des princes pour l'armée. — Situation équivoque du duc d'Orléans. — Convocation des deux chambres. — Proclamation de Louis XVIII. — Ordre du jour du maréchal Soult. — Protestations du maréchal Ney... 234

LIVRE DIX-SEPTIÈME.

Stupeur générale à la nouvelle du retour de Napoléon. — Impressions diverses. — Intrigues bonapartistes à Paris et dans l'armée. — Défiances de la cour. — Renvoi du maréchal Soult du ministère de la guerre. — Nomination de Bourrienne au ministère de la police. — Intrigues de Fouché. — Son entrevue avec le comte d'Artois. — Conspiration orléaniste dans l'armée. — Drouet d'Erlon, Lefèvre-Desnouettes, les frères Lallemand. — Manifestations du parti constitutionnel. — La Fayette. — Adresses de la chambre des pairs et de la chambre des députés. — Manifeste et discours du roi. — Allocution du comte d'Artois à Louis XVIII. — Discours de M. Lainé. — Les chambres déclarent la guerre à Napoléon sur la proposition de M. Barrot. — Protestation de Benjamin Constant.. 299

LIVRE DIX-HUITIÈME.

Situation de la France. — Attitude de l'armée et du peuple de Lyon. — Les princes à Lyon. — Entrée de Napoléon dans cette ville. — Décrets et proclamations. — Son départ de Lyon. — Il passe par Villefranche et Mâcon. — Défection de Ney. — Napoléon arrive à Châlon-sur-Saône, à Avallon, à Auxerre. — Entrevue de Napoléon et du maréchal Ney. — Il passe à Montereau. — Ordre donné au général Gérard. — Il arrive à Fontainebleau.. 327

LIVRE DIX-NEUVIÈME.

Indignation de Paris contre Napoléon.—Le comte d'Artois passe la revue de la garde nationale. — Nouvelles de la marche de Napoléon. — Démonstrations royalistes de Paris. — Conseil du roi et des ministres. — Ordonnance de clôture de la session des chambres. — Départ du roi dans la nuit du 20 mars. — Proclamations de M. de Chabrol et de M. Bellart. — Le général Excelmans. — Entrée de Napoléon dans Paris. — Ovation militaire.— Froideur des Parisiens. — Entrevue de Napoléon et de Cambacérès.— Il crée son ministère. — Adresse du Conseil d'État. — Adhésion de Benjamin Constant. — L'empereur forme sa maison militaire. — Revues. — Fuite de Louis XVIII. — Son arrivée à Lille. — Défection de la garnison. — Le roi abandonne Lille et s'établit à Gand. — Le comte d'Artois à Béthune. — Il passe en Belgique. — Entrée de l'armée impériale à Béthune. — Soulèvement de la Vendée. — L'armée de Napoléon arrête l'insurrection. — Le duc et la duchesse d'Angoulême à Bordeaux. — Le duc part pour le Midi à la nouvelle du débarquement de Bonaparte. — Conseil tenu par la duchesse d'Angoulême. — Marche du général Clausel sur Bordeaux. — Combat du pont de la Dordogne.— Défection de la garnison de Blaye. — Entrevue du général Clausel et de M. de Martignac. — Capitulation de Bordeaux. — Résistance de la duchesse d'Angoulême. — Défection des troupes. — Départ de la duchesse de Bordeaux. — Elle passe en Angleterre et vient rejoindre Louis XVIII à Gand.—Protestation de M. Lainé. — Opérations du duc d'Angoulême dans le Midi. — Défection d'une partie de son armée. — Combats de Montélimart, de Loriol et du pont de la Drôme. — L'armée royale s'établit à Valence. — Elle se replie sur Pont-Saint-Esprit. — Le duc d'Angoulême est cerné à Lapalud. — Il capitule. — Il est arrêté par Grouchy. — Il est conduit en Espagne. — Lettre de Napoléon à Grouchy.................................... 363

FIN DU DIX-HUITIÈME VOLUME.

PARIS. — TYPOGRAPHIE COSSON ET COMP., RUE DU FOUR-SAINT-GERMAIN, 43.

www.ingramcontent.com/pod-product-compliance
Lightning Source LLC
Chambersburg PA
CBHW060518230426
43665CB00013B/1571